2013年度国家社科基金重点项目(编号：13AZD083)

中国（新疆）与中亚国家的 能源与贸易互联互通建设战略研究

高志刚 等◎著

RESEARCH ON ACHIEVING ENERGY AND
TRADE CONNECTIVITY BETWEEN CHINA (XINJIANG) AND
CENTRAL ASIAN COUNTRIES

经济管理出版社
ECONOMY & MANAGEMENT PUBLISHING HOUSE

图书在版编目（CIP）数据

中国（新疆）与中亚国家的能源与贸易互联互通建设战略研究/高志刚等著 . —北京：经济管理出版社，2019.8
ISBN 978 - 7 - 5096 - 6894 - 8

Ⅰ . ①中…　Ⅱ . ①高…　Ⅲ . ①能源经济—国际合作—经济发展战略—研究—中国、中亚 ②国际合作—经济合作—经济发展战略—研究—中国、中亚　Ⅳ . ① F426. 2 ② F436. 062 ③F125. 536

中国版本图书馆 CIP 数据核字（2019）第 183400 号

组稿编辑：申桂萍
责任编辑：魏晨红
责任印制：黄章平
责任校对：张晓燕

出版发行：经济管理出版社
　　　　　（北京市海淀区北蜂窝 8 号中雅大厦 A 座 11 层　100038）
网　　　址：www. E - mp. com. cn
电　　　话：(010) 51915602
印　　　刷：三河市延风印装有限公司
经　　　销：新华书店
开　　　本：720mm×1000mm/16
印　　　张：21
字　　　数：399 千字
版　　　次：2019 年 10 月第 1 版　　2019 年 10 月第 1 次印刷
书　　　号：ISBN 978 - 7 - 5096 - 6894 - 8
定　　　价：88. 00 元

前　言

在经济全球化的背景下，国际间、区域间的交流与合作越来越密切，区域经济合作已成为当今世界经济发展的一个主要趋势。区域经济合作组织形成和发展的主要目的是利用各成员国的群体力量，促进生产要素在成员国间的自由流动、优化配置，从而促进各成员国的经济增长。

近年来，随着经济合作的加深，亚太地区的经济合作越来越多，经济一体化趋势愈加明显，这使中亚、西亚各国包括中国面临更多的机遇与挑战。20 世纪90 年代以来，中亚地区各国经济上采取全方位的开放政策，力求加强对外经济联系，积极参加国际经济组织和组建地方性组织。中亚地区建立了包括独联体框架内的次区域经济合作组织、国际组织发起的各种区域合作组织、周边或世界大国发起的中亚区域合作组织等众多的区域经济合作机制。

中国也广泛开展、积极参与中亚地区的多边和双边经济合作，在不同的合作机制下，积极推动中国与中亚各国经济合作。

中国倡导的"上海合作组织"（以下简称上合组织）自 2001 年成立以来，签署了《关于开展多边经济合作的基本目标和方向及贸易投资便利化进程的备忘录》《成员国多边经贸合作纲要》《多边经贸合作纲要落实措施计划》《上合组织成员国关于加强多边经济合作、应对全球金融危机、保障经济持续发展的共同倡议》《上海合作组织 2025 年发展战略》《上海合作组织成员国政府间国际道路运输便利化协定》等多项重要的指导经济合作的文件，确立了该组织未来发展的基本目标、任务、合作的重点领域和实施的保障机制。

亚洲开发银行主导的中亚区域经济合作组织（以下简称 CAREC）制定的《中亚地区区域合作战略与规划》为区域发展提供了一个长期框架，并通过签订《交通和贸易便利化战略行动计划》《贸易政策战略行动计划》《能源领域合作战略》《综合行动计划（CAP）》《能源行动计划》《CAREC 项目成果框架》等文件，建立了成员国的合作领域和合作机制。

中亚地区紧邻中国，石油、天然气储量居世界前列，21 世纪以来，中国与中亚地区国家的政治联系日益紧密，经贸、能源合作不断深化，国家间贸易额不断扩大，贸易形式逐渐多样化，从原有的边境贸易发展到共同建设边境合作中心等自由贸易区，合作方式和内容逐渐多元化。同时，中国从中亚地区进口油气数量逐年增加。特别是近年来，中国在哈萨克斯坦、乌兹别克斯坦、土库曼斯坦等国投资开采油气资源，并同中亚国家合作建设中哈石油管道、中国—中亚天然气管道等一系列能源运输通道。上述事实说明，中国与中亚能源和贸易正逐渐深入、务实地开展。

近年来，我国与东南亚国家尤其是与东盟的经贸合作发展迅速，已上升到前所未有的新高度。近年来，中国和东盟领导人多次强调实现互联互通是合作的优先领域和重点方向，互联互通逐渐成为中国—东盟经贸合作的新领域。我国把加强与东盟互联互通作为提升中国与东盟经济一体化水平、夯实双方关系的重要途径。相比之下，我国与位于欧亚大陆腹地、在地缘政治和地缘经济上具有重要战略地位的西北周边国家尤其是中亚国家经贸合作，无论是合作方式还是合作层次都明显滞后，与各方面合作的发展不相适应，已成为整个国家对外开放战略的短板，严重制约了国家的整体崛起。

面对全球经济下滑的威胁，面对俄白哈关税同盟在2010年1月1日的条约正式生效以及2015年1月1日成立的欧亚经济联盟，面对中国与东盟自由贸易区的建立和互联互通项目的实施，中国如何依托新疆这个前沿阵地和桥头堡与西北周边国家尤其是中亚各国通过进一步加强合作以应对挑战，如何通过构建经贸合作机制与平台，尤其是互联互通战略，以促进双方经贸合作的深入发展，实现我国"向西开放战略"的目标，进而更好地发挥中国在与西北周边国家经贸合作中的主导和引领作用，加快建设并实现中国与中亚自由贸易区的未来愿景，需要政府、企业、学者和社会各界的关注和思考。

在这些经贸合作中，中国新疆紧邻中亚，是国家向西开放的桥头堡，是中国与中亚国家经济合作的交会点，具备地缘、经济互补和文化相连等独特优势，也是中国参与中亚区域经济合作的具体承载区。随着中国西部大开发和向西开放战略的深入实施，新疆在这一格局中具有不可替代的战略地位。2013年9月，习近平主席提出共同建设"丝绸之路经济带"的倡议。"推进丝绸之路经济带"已经写进党的十八届三中全会《中共中央关于全面深化改革若干重大问题的决定》，从而上升至国家战略。2015年3月28日，经国务院授权，国家发展和改革委员会、外交部、商务部联合发布了《推动共建丝绸之路经济带和21世纪海上丝绸之路的愿景与行动》，标志着"一带一路"倡议已经进入实施推进阶段。中央已经明确把新疆定位为"丝绸之路经济带"核心区。中亚五国作为古代丝绸之路的重要通道、我国向西开放及国际经济合作的重要伙伴，是"丝绸之路经济带"

沿线的核心区域，所以研究中国新疆与中亚五国能源与贸易的互联互通对推进"丝绸之路经济带"建设具有十分重要的理论价值与现实意义。不但有利于中国新疆更好地融入中亚区域经济合作，促进区域内商品、资本、人员的自由流动，从而优化区域资源配置、促进地区经济增长，而且有利于建立和完善中国新疆与中亚国家在宏观、中观和微观层面上的合作机制，提高区域经济合作的争端解决能力和协议执行能力，进而有力地推动中国新疆与中亚国家的区域经济合作向深层次、宽领域发展。同时也为建设"丝绸之路经济带"，加强政策沟通、设施联通、贸易畅通、资金融通和民心相通目标的实现奠定科学研究的基础。

本项目于 2014 年 3 月开题后正式启动，项目组成员赴新疆重点口岸阿拉山口、霍尔果斯、巴克图、伊尔克什坦、吐尔尕特、吉木乃，阿拉山口综合保税区、喀什综合保税区、乌鲁木齐综合保税区，中哈霍尔果斯国际边境合作中心、霍尔果斯经济开发区、喀什经济开发区，伊犁州、博州、塔城地区、喀什地区、喀什海关、乌鲁木齐海关、商务厅，重点外贸企业新疆野马集团、新康公司等进行调研。此外，部分课题组成员到哈萨克斯坦阿拉木图州和阿拉木图市、首都阿斯塔纳和工业重城卡拉干达，俄罗斯圣彼得堡、莫斯科和新西伯利亚的高校和研究机构进行调研，重点了解了上述区域的市场环境、当地的基础设施建设、银联系统分布、交易支付方式、美元交易情况、中国产品的市场竞争力和认可度、对外商投资和产品的政策环境等；与当地学者专家交流了哈萨克斯坦与俄罗斯的发展规划、亚欧经济联盟和"一带一路"如何对接、中国产业竞争力、人民币国际化与汇率以及潜在合作领域等方面的问题。通过调研掌握了项目研究的大量的第一手资料和信息，为项目的顺利开展奠定了基础。

经项目组成员努力，在 CSSCI 期刊发表 25 篇论文，北大核心期刊发表 7 篇论文，主要发表在《经济社会体制比较》、《国际贸易问题》、《俄罗斯东欧中亚研究》、《财经科学》、《中央民族大学学报》（哲学社会科学版）、《山东大学学报》（哲学社会科学版）、《北京工商大学学报》（社会科学版）、《俄罗斯研究》、《国际经贸探索》、《亚太经济》、《经济问题》、《兰州学刊》、《国际商务——对外经济贸易大学学报》、《国际经济合作》、《甘肃社会科学》、《新疆社会科学》、《贵州社会科学》、《新疆大学学报》（哲学·人文社会科学版）、《宏观经济管理》、《国际经济合作》、《开发研究》、《开放导报》等刊物上，还有 5 篇咨政报告被国家发展和改革委员会主管、中国经济体制改革杂志社主办的《改革内参》，新疆专家顾问团主办的《决策参考》及新疆社会科学院主办的《要报》采纳，提交相关政府部门。

本课题是涉及区域经济学、国际经济学、国际经济合作、国际贸易学、产业经济学等多学科的交叉性研究课题，亦属实证性分析研究，其研究需要广泛借鉴各学科的相关研究方法，并以相关理论为指导（如区域经济集团化的形成机理和效应理论、区域经济发展理论、产业结构理论、国际竞争力理论、国际贸易与国际分工的阶梯理论、比较优势和要素禀赋理论等）。具体采用理论分析与统计分析并重、实证分析与规范分析相结合的研究方法，运用比较分析方法、统计学方法、宏微观分析方法，对统计资料进行定量评价与定性分析，并结合实地调研、专家咨询、网上查询以及定性分析、判断与综合，得出最终研究成果。多学科交叉研究和以数量分析支撑研究结论是本书的最大特色。

本课题的特色和创新表现在以下方面：一是在问题选择上，本课题从理论阐述（研究互联互通的理论依据）入手，抓住三大关键问题，即中国（新疆）与中亚国家能源合作在互联互通中存在的主要问题、贸易发展与投资合作中存在的主要问题、贸易与投资便利化中障碍因素，进行中国（新疆）与中亚国家能源与贸易互联互通的战略设计、制度构建，提出具有可操作性的政策建议，研究视角独特，逻辑关系严密，问题把握准确，形成了一些有价值、有新意的学术观点，如"贸易便利化是实现中国（新疆）与中亚国家贸易互联互通的关键环节及重要影响因素；投资便利化是互联互通中的重要内容和组成部分，而且投资的便利化能够极大地带动贸易的发展；促进中国（新疆）与中亚国家能源领域的互联互通主要应从能源安全角度出发，通过能源通道建设，实现能源战略性合作；中国必须以'丝绸之路经济带'构想提出为契机，发挥主导作用，同沿线国家合作解决相关问题，为进一步发展能源与贸易互联互通、确保我国能源安全和在上海合作组织内部和中亚地区更好地发挥建设性作用争取更为有利的地位"等。二是在研究方法上，广泛借鉴各学科的相关研究方法，在综合查阅、深入调研获得详尽数据资料的基础上，采用成熟的数量分析工具和方法，注重多学科交叉互补，文献资料来源广泛，将理论阐释与数量分析相结合，使研究结论建立在理论扎实、分析严密的基础上，更具可信度，为理论分析和政策制定提供依据，最终提出具有前瞻性、指导性和可操作性的战略目标、制度设计以及政策建议，力图为中国政府在与中亚国家的能源与贸易合作中制定互联互通战略形成有效的理论自信的话语体系。这种话语体系所体现出来的巨大价值在于其作为一种思维视野、发展理念、制度设计和实践方法，能给人一种全新的诠释和一种理性认识的质的飞跃。

课题完成后，经新疆社会科学规划办组织跨省双匿名通讯鉴定，全国哲学社会科学工作办公室验收审核，本课题被评定为良好项目。在此基础上形成了本书的基本框架，并交付经济管理出版社出版发行。

中国（新疆）与中亚国家在能源与贸易领域的互联互通专门研究还很薄弱，需要对中国（新疆）与中亚国家的贸易便利化、投资便利化进行深入研究，提出中国（新疆）与中亚国家能源与贸易互联互通的战略设计，为中国（新疆）与中亚国家能源与贸易领域的互联互通奠定科学研究的基础，提供实践操作的依据。中国（新疆）与中亚国家在能源与贸易领域的互联互通的加快推进最终要落实在可行和可操作的制度设计上，包括机制设计、模式选择和平台构建，需要国家层面、地方政府层面和企业层面的共同努力。希望本书能为"丝绸之路经济带"倡议的推进和新疆核心区的建设奠定科学研究的基础。

高志刚

2019 年 8 月

目　录

理论与综述篇

实证分析篇

战略对策篇

总 论 篇

第一章　中国（新疆）与中亚国家的能源与贸易互联互通建设战略研究

第一节　中国（新疆）与中亚国家的能源与贸易互联互通的现状与问题

由于能源合作作为每一个主权国家至高的安全战略，地方政府在具体合作中起到载体作用，但是在战略性合作安排中要服从中央的整体部署和安排。因此，本部分能源合作分析主要是从国家层面进行的。

一、中国（新疆）与中亚国家的能源合作与互联互通的现状与问题

1. 中国（新疆）与中亚国家的能源合作与互联互通的现状

相比于其他中亚国家，中国与哈萨克斯坦的能源合作可谓破冰前进的第一站。中哈能源合作始于1997年哈国领导人访华，主要合作领域为中国公司在哈萨克斯坦参与石油天然气开采和运输工程。自此，中国与哈萨克斯坦的石油和天然气开采、成品油生产、油气销售等整个能源产业链各环节的深入和广泛的合作成为主流。中国与哈萨克斯坦之间的能源合作以石油天然气为主要载体，管道运输为主要运输方式，通过哈萨克斯坦连接土库曼斯坦、俄罗斯等周边国家，通过中国油气领域的大型国有龙头企业具体参与，在油气资源勘探开发、炼油、销售等环节开展了一系列的能源合作。

中国与吉尔吉斯斯坦的能源合作进程比较顺利，但是总量规模远不如中国与哈萨克斯坦的合作。中国与吉尔吉斯斯坦的能源合作以服务贸易（以修复油气矿

井、提高开采率为核心内容的技术性服务）为起点，转向煤炭资源开发利用、水力资源开发利用为主的能源开发合作。

塔吉克斯坦化石能源较为短缺，电力生产、成品油炼制等工业严重滞后，中国企业在塔吉克斯坦的能源合作开发是从满足塔吉克斯坦国内能源市场需求开始，逐步形成油气能源勘探开发、运输管道和多国合作开发的格局。

中国与土库曼斯坦的能源合作主要领域为天然气，土库曼斯坦作为主要的供应方，中国作为需求方，以购销协议为主，运输管道建设为载体，在天然气运输管道建设等方面中国提供更多的技术支持和资金支持。

中国与乌兹别克斯坦油气合作于 2003 年以后才开始起步，中资企业进入后主要涉及的能源领域为油气资源勘探开发、天然气管道建设、电站改造、钻井设备及化学品供应、提高老油田采收率等，但合作进程缓慢，协议履行难度大。

2. 中国（新疆）与中亚国家能源合作及互联互通存在的问题

（1）能源合作局限于传统能源。中国与中亚国家的合作集中于油气管道运输网络建设的合作，油气勘探开采领域的合作，油气勘探开采领域的服务贸易和技术贸易合作，煤炭资源电能转化领域，水电站建设和输变电站建设等领域。但清洁能源开发利用以及清洁能源技术研发等领域的合作比较少见。

（2）双方普遍存在信任危机。无论是中亚国家对中国持有的中国威胁论，还是中国企业因中亚国家的社会政治体制领域的不确定性产生的不安全感，都会影响中国和中亚国家在能源合作领域更深层次、全领域、全方位的合作。

（3）能源合作模式简单。从合作的具体实践来看，一是全产业链合作模式没有形成。大部分合作主要集中于勘探领域，但是开采后的实际销售权或油气产品经营权还是在中亚国家手中。二是中国与中亚国家能源合作资金来源单一，主要是金融支持为主的贷款换产品模式，能源项目融资不畅在一定程度上加大了能源金融合作风险，也使很多民营企业对海外能源开发投资望而却步。

（4）能源合作实体股权结构不符合市场经济法则，存在很大的低效率隐患。在整个合作中，中方始终作为最大的经济风险承担者签署合作协议，中亚国家在合作中总是处于有利地位，虽然在哈萨克斯坦和吉尔吉斯斯坦实现了中资公司控股权，但是这种控股安排也是多个经济实体之间的间接控股方式。而且大部分股权合作中采用了对等股权，这一股权安排在实际运行中导致内部控制不力，治理不合理，内部控制信息成本加大，存在很大的低效率隐患。

（5）能源互联格局形成，互通层次尚待提高。中国与中亚能源互联得到提升，但互通处于不平衡发展状态。无论是从中国与中亚能源贸易数据，还是中国对成品油、天然气需求规模来看，都没有做到能源领域的互通。除哈萨克斯坦外，其他国家出于对民族工业的保护和能源安全等利益考量，并没有允许中国企业进驻并参与成品油生产加工。因此，如何在实现了能源互联的基础上加大能源互通力度是努力方向。

（6）各类区域经济合作组织及协调机制的作用没有有效发挥。中亚国家参与的区域经济合作组织主要包括上合组织、中亚区域经济合作、中亚合作组织、欧亚经济共同体（现在的欧亚经济联盟）、中亚南亚交通和贸易论坛等，前四个区域经济合作组织是重点。但通过比较发现，以上四种组织对中亚区域经济合作都起到了较大的推动作用，但由于各种合作组织相互重叠，合作的成本大，并且相互掣肘，在区域经济合作尤其是能源合作过程中存在较高的不稳定性和不可预计性，影响了合作效果。

（7）中国（新疆）与中亚能源合作处于初级发展阶段。一是新疆能源企业与中亚国家的能源合作没有形成规模，没有产生实际影响力。二是炼油加工项目初具规模，但影响力不大。三是新疆与中亚国家在能源合作中并没有起到载体作用。目前新疆仅作为能源运输管道的一个通道，从中没有得到相应的发展空间。

（8）中国（新疆）在与中亚国家能源合作与互联互通中还存在外部经济风险。作为连接东西方能源的重要通道，中亚成为各大国争夺的地缘政治经济焦点。在这一区域的能源之争中交织着美国、俄罗斯、欧盟、日本、韩国、印度、巴基斯坦等国和利益集团的多方博弈。多国博弈、复杂的能源利益关系影响着中国与中亚能源合作与互联互通格局。俄罗斯在中国与中亚能源合作与互联互通中的影响力较大，其利用一系列经济利益手段且采取平等对待中亚各国的能源外交斡旋，使中亚国家有了明显的俄罗斯外交倾向。通过支持中亚能源出口多元化、鼓励美国公司参与开发中亚的能源等策略，美国极力将中国排斥在"世界石油心脏地带"（北非—西非—中东—中亚—里海—俄罗斯）之外。日本、土耳其、伊朗、印度等国也以不同的方式卷入地缘竞争，使"丝绸之路经济带"能源合作涉及的地缘竞争变得更加复杂。

此外，中亚政治不确定性也会产生能源合作与互联互通的巨大政治风险。中亚民族与宗教矛盾突出，出现了恐怖主义势力。受境内外三股势力影响，新疆维护稳定任务艰巨。这些都会对中国与中亚能源合作与互联互通产生影响。

二、中国（新疆）与中亚国家的贸易发展与投资合作的现状与问题

1. 中国（新疆）与中亚国家的贸易发展现状与问题

（1）现状。自2001年以来，在中国加入世界贸易组织、中亚国家经济全面发展、上海合作组织区域经济合作以及新疆经济快速增长等有利因素的推动下，新疆对中亚国家的进出口总规模越来越大，从2001年的17.72亿美元上升至2014年的276.69亿美元，增长了14.4倍。其中，出口规模由2001年的6.69亿美元上升到 2014 年的 234.83 亿美元，增长了 34.1 倍；而进口规模由 2001 年的 11.03 亿美元上升至 2014 年的 41.86 亿美元，增长了 2.8 倍；贸易差额从 2001 年的逆差 4.35 亿美元上升为 2014 年的顺差 192.96 亿美元。尽管近年中亚五国在新疆对外贸易中所占的比重持续下降，但 2014 年仍然保持在 62%，可见中亚五国是新疆外贸市场的重要组成部分。

哈萨克斯坦是中国新疆与中亚五国贸易额占比最大的国家，吉尔吉斯斯坦次之，其他三个国家（塔吉克斯坦、乌兹别克斯坦、土库曼斯坦）占新疆与中亚五国贸易额的比重均不超过 10%。其中，哈萨克斯坦所占的份额呈波浪式下降趋势，2011~2014 年所占的份额呈连续下降的态势，2014 年达到最低值 38%，而 2005 年最高时超过 60%。吉尔吉斯斯坦所占的份额从最高 2008 年的 37% 降至 2014 年的 15%，目前基本保持平稳。

中国（新疆）主要从中亚五国进口初级产品，出口工业制成品和高新技术产品。2013 年中国（新疆）对中亚五国的出口中，工业制成品出口总额和占比远高于初级产品和高新技术产品，分别为 186.5 亿美元和 83.7%。这表明新疆对中亚国家的出口主要集中于劳动密集型产品。相对于出口来说，新疆对中亚五国进口总值较小，也就是说新疆对中亚五国之间存在较大的贸易盈余，主要体现在制成品和高新技术产品上。

中国（新疆）与中亚五国之间的贸易主要为边境小额贸易和一般贸易，加工贸易占的比重很小。2009~2014 年新疆对中亚五国的边境贸易占所有的贸易方式的比重以小幅度逐年递减，但各年的占比均保持在 50% 以上，是新疆与中亚国家最主要的贸易方式。一般贸易占比从 2009 年的 21.46% 上升到 2014 年的 39.71%，占比越来越大，表明新疆与中亚国家之间的贸易方式得到了优化。

（2）问题。中国新疆经济增长放缓，2013 年后经济增速持续下滑，2015 年经济增速为 8.8%，比 2012 年下降了 3.2 个百分点，经济增长动力不足，对中国新疆与中亚贸易合作及发展的深入开展产生影响；新疆生产加工能力不足，双边贸易成本增加；贸易结构不合理，新疆对中亚出口以机电、运输设备、服装等为主打产品，高新技术产品和高附加值产品所占比重很小；面向中亚的企业外贸层次低，缺少赢得整个中亚市场的长远谋略，政府对民营企业"走出去"缺乏有力的政策支持；新疆与中亚双方的交通等现代化基础设施互联互通水平低，通行能力差，通道制约明显，通信和信息传输通道建设相对滞后；海关存在政策性障碍，中亚国家对进出境限制较多，办理签证、劳务许可等手续繁复艰难且办理时间较长，特别是与中亚国家开展经济合作相关的投资签证、商务签证、劳务签证办理艰难，影响了新疆与周边国家人员往来的便利性，大通关协作机制尚未有效发挥；中亚贸易环境不佳，法制不健全，执行效率差，腐败问题突出，对外政策缺乏连贯性，增加了企业成本和企业风险，对新疆产品设置关税和非关税贸易壁垒，贸易保护主义严重；面临我国其他省份和城市的竞争，新疆与中亚贸易发展的优势地位受到挑战，区位优势有弱化趋势。

2. 中国（新疆）与中亚国家的投资合作现状与问题

（1）现状。新疆对外经济技术合作发展分为三个阶段：20 世纪 90 年代初为起步阶段、2001～2008 年为发展阶段，2009～2014 年为快速发展阶段。截至 2015 年末，新疆企业累计实际对外直接投资 38.98 亿美元，新疆对中亚国家的直接投资占新疆对外直接投资的很大比重（据估计有些年份占 70% 以上）。截至 2016 年 1 月 21 日，在中亚五国，共有 338 家新疆境外投资企业。其中，投资到哈萨克斯坦的最多，共有 162 家，占新疆境外投资企业总数量的 47.9%；吉尔吉斯斯坦有 55 家，占 16.3%；乌兹别克斯坦有 74 家，占 21.9%；塔吉克斯坦有 42 家，占 12.4%；土库曼斯坦最少，仅有 5 家，占 1.5%。新疆对中亚国家的投资多年来主要集中在能源、矿产、商贸等传统领域，近几年涉及新技术、新兴产业以及农业、市场建设等非资源领域投资增多。

新疆对中亚直接投资表现出以下特点：①从投资规模上看，投资的绝对规模不大，2015 年新疆对外直接投资仅占中国对外直接投资的 0.62%；但增长速度较快，尤其是 2013 年"丝绸之路经济带"倡议实施以来，年平均增速达到 52.9%，远远超过全国同期 18.4% 的水平。②从企业投资的国别分布来看，最多的是哈萨克斯坦，乌兹别克斯坦次之，吉尔吉斯斯坦和塔吉克斯坦相差不大，对土库曼斯坦的投资明显滞后。③从投资主体和投资上来看，新疆股份制企业和民营贸易企业成为中亚投资的主力军，主要涉及矿产资源开发利用、机械设备生产销售、建材设备和建筑材料生产加工销售、业务及信息咨询、电商等领域。

（2）问题。中亚各国位于亚欧大陆的中心位置，具有很重要的地缘政治、经济战略地位，中亚日益成为大国博弈的焦点，大国博弈增加了中国（新疆）在中亚投资的风险和不确定性；"中国威胁论"得到了欧美日等国家的推波助澜，中亚国家对中国存在戒备心理，影响双边投资合作；中亚国家加大了对本国资源的控制，提高了外资的进入门槛，增加了投资难度；中亚国家政治、经济局势不稳定，非传统安全因素更是逐渐占据主导地位，投资风险大；中亚国家投资政策变动频繁，多数外资企业表示预测这种变化的难度非常大，使新疆对中亚直接投资发展面临诸多不稳定因素，风险较大，投资壁垒较高；中亚国家投资环境较差，与中国签订的《促进和保护投资协议》执行不到位，投资商利益常遭侵害；中亚国家外汇管制严格，汇率变化大，致使中国投资企业面临较大的金融风险；中亚国家产业配套支撑环境欠佳，中亚制造业发展水平较低，基础设施发展缓慢，物流成本过高；中国新疆目前尚未建立与中亚各国政府层面的投资协调与对话机制，双方官方机构之间的沟通还不够，信息流通不畅；新疆产业发展水平较低，高层次人才不足，开拓中亚市场能力不足。

第二节　中国（新疆）与中亚国家的能源合作博弈分析与策略

一、中国（新疆）与中亚国家的能源合作博弈分析

1. 中国（新疆）与中亚国家在能源供给中的竞合态势

竞争主要来自大国为争夺资源在中亚国家进行的博弈，尤其是来自俄罗斯的中亚能源战略。中国（新疆）在与中亚国家的合作过程中，一方面，需要付出更多的成本；另一方面，在与他国的竞争中，中国（新疆）目前的经济实力和软实力难以在竞争中取得显著优势。加之中国（新疆）能源大量进口的刚性需求，在一定程度上降低了中方的议价能力，中国（新疆）作为世界上油气资源的消费和进口大国，仍没有与之对应的能源合作话语权。

中国（新疆）与中亚国家在能源上的合作，推动力主要是世界能源格局的变化、符合区域内尤其是中亚国家的发展利益诉求以及全球化的经济发展促进区域经济合作。

2. 中国（新疆）与中亚国家能源合作博弈分析

以中国（新疆）与哈萨克斯坦能源合作为例，通过构建三阶段讨价还价模型，可以得出如下结论：第一，在中哈油气资源合作的过程中，无论双方采取什么策略、获得多少比例，都与总收益成正比。在中哈油气资源合作中，通过合作产生更多的合作剩余来提高双方收益。中方一方面应积极挖掘合作优势，再进一步提高自身利益；另一方面要关注哈方利益，在不损害哈方利益的情况下提高合作收益。第二，中方要通过多种渠道，尽可能掌握充分真实的信息，提高贴现因子，对于卖方的优势要尽可能减少其发挥作用，充分发挥自身优势，获得更高利益分配比例。第三，力量大小与合作利益是成正比的，力量越大，收益越大；反之，越小。中国（新疆）应不断增强自身力量，通过多种方式提高哈方合作意愿，减少不合作动机，提高谈判破裂点，获得更多的利益分割。

二、中国（新疆）与中亚国家的能源合作策略

1. 充分利用两大平台，深化能源合作与互联互通

中哈能源合作平台主要依托两国都参与的影响力较大的两个国际合作组织：

一个是上海合作组织，另一个是由亚洲开发银行主导的 CAREC 合作机制。这两个国际组织为中国（新疆）与中亚能源合作提供了一个国际化的平台。在"丝绸之路经济带"建设的背景下，以能源、交通、经济、贸易、金融、文化等领域为重点，更大地发挥 SCO 和 CAREC 机制的作用，深化中国（新疆）与中亚国家能源合作与互联互通，成立能源俱乐部，实施《能源领域合作战略》，促进双边的经济发展。

2. 寻求合作方的利益均衡点，要进一步改善与中亚的关系

充分利用目前既有的国际能源利益格局，积极拓展能源外交，建立稳定的协作关系和利益纽带。利用对接方利益均衡点，共同维护社会稳定，保障能源安全。在中国（新疆）与中亚能源贸易互联互通过程中，充分利用经济互补性和地缘优势，采取"资源换项目""贷款换能源"等模式在内的多样支付方式解决融资问题，以政治合作、经贸合作、文化交流带动能源合作及互联互通。

3. 投资中亚能源领域，合作开发资源

中亚能源领域投资是中国的经济安全与地缘政治利益，应加紧实施中国（新疆）与俄罗斯、中亚间已立项的能源开发项目，加大现有政策性资金的支持力度。进入海外大型的油气田应考虑与欧美大型跨国企业合作，共同参股成为国外油气项目的股东，一起融资、共同承担风险。通过进入上游勘探开采领域，以融资为抓手，打通能源开发加工贸易的全产业链，参与能源价格的形成，把握能源定价权。通过资本输出买断油气田股权、风险勘探、自主开发的方式，在中亚建立一批能源生产供应基地及资源储备基地，解决依靠进口随机采购的单一能源合作形式，减小因能源价格的波动而影响中国（新疆）经济发展。

4. 成立"丝绸之路经济带"能源合作委员会

在"丝绸之路经济带"的建设过程中，能源合作是重点、是突破口，构建"丝绸之路经济带"能源合作委员会是可行的。中国（新疆）与中亚国家作为"丝绸之路经济带"上的核心国家，协商建立"丝绸之路经济带"能源合作委员会，是符合双方国家经济利益的。

5. 构建能源合作与互联互通合作新机制

一是构建对话协调机制，二是建立信息共享机制，三是建立项目评估机制，四是建立能源应急机制，五是建立投融资机制。

6. 探索能源合作与互联互通的企业模式

中国（新疆）与中亚国家的油气资源合作主要以生产型合作模式为主，兼有服务型合作模式。在以上合作模式的基础上，中国（新疆）企业与哈方进行油气资源合作主要通过以下几种方式：直接进口石油和天然气；直接参与该国的油气田开发；参股、收购或并购该国油气田资产；合资建设和经营炼油厂或通过

贷款换"石油"的方式参与合作等。中国（新疆）的石油企业可以与中亚国家的石油企业建立联盟，既可以采用股权式联盟或合作生产联盟，也可以采用多层次合作联盟，以达到共同拥有市场、合作研究与开发、共享资源和增强竞争能力等目的。

7. 构建促进中国（新疆）与中亚能源合作与互联互通的产业政策体系

完善"通道＋基地"建设模式，推进中国（新疆）能源加工储备基地的建设，建设以中国（新疆）为主的中亚次区域经济圈物流中心和能源加工中心，培育围绕能源经济发展的产业集群，优化新疆的能源经济产业布局。

第三节　中国（新疆）与中亚国家贸易便利化与投资便利化分析与对策

一、中国（新疆）与中亚国家贸易便利化分析与对策

1. 中国（新疆）与中亚国家贸易便利化分析

通过构建包括基础设施（公路的质量、铁路基础设施质量、口岸基础设施质量）、海关环境（海关程序负担、贸易壁垒的普遍性）、国内制度环境（政府制定政策的透明度、政府管制的负担、腐败指数）和电子商务（互联网用户数、企业电子商务使用率、最新技术的可获得性）4 个一级指标和 11 个二级指标在内的贸易便利化测评指标体系，采用层次分析法，对中国（新疆）与中亚五国贸易便利化水平进行评价，主要结论如下：

中国得分为 0.65，处于一般便利的水平，其他国家均处于贸易不便利的行列，哈萨克斯坦得分为 0.37，塔吉克斯坦得分为 0.34，而巴基斯坦得分为 0.36，吉尔吉斯斯坦和蒙古得分分别为 0.3 和 0.31。中国是这几个国家中经济发展较好、开放程度最大的国家，国家的开放程度与贸易便利化水平有一定的关系，开放程度越大，进行贸易的手续越简单，货物流通的速度越快。因此，中国（新疆）与中亚国家需要积极采取贸易便利化改革措施，并在贸易便利化领域积极开展合作，削减阻碍贸易发展的壁垒，简化程序，减少交易时间和交易成本，从而最终促进区域贸易的发展。

2. 中国（新疆）与中亚国家贸易便利化发展中存在的问题

中亚国家贸易便利化发展进程缓慢且不均衡；中亚国家关税水平较低，但关税结构复杂、贸易政策经常变动，中亚国家关税制度中普遍存在关税高峰，在清

关费用、海关估价等方面还存在较高的贸易壁垒；中亚各国海关信息化建设滞后，中国（新疆）与中亚国家间海关合作发展也较为滞后，导致中国与中亚各国跨境交易成本的增加；中亚国家运输成本高，尤其是公路运输成本很高，铁路运输由于中国（新疆）与中亚国家运输轨距的不同需要在口岸区域换装，导致中方出口货物通关不畅，交通运输便利化是瓶颈；中国（新疆）与中亚国家检验检疫合作水平低，中亚国家烦琐的检验程序和检验单证要求，增加了进出口企业的检验费用，给企业带来极大不便。

3. 中国（新疆）与中亚国家贸易便利化的对策

（1）中国（新疆）应积极参与并推动区域内贸易便利化发展。一是通过参与中亚经济合作组织的八国海关联盟来积极推动区域内的海关合作。二是通过上海合作组织和CAREC合作机制的多边沟通机制积极推动区域内的贸易便利化建设，推动中亚国家建立简单、透明、较低且相对一致的关税结构，推动中亚国家消除非关税壁垒，并加快其国内运输基础设施，尤其是公路基础设施建设，以降低跨境交易成本。三是与中亚国家建立多层次的交流沟通机制，促进区域内贸易便利化。

（2）促进中国毗邻中亚国家的新疆境内的贸易便利化发展。虽然目前中国贸易便利化程度明显高于中亚国家，但理论和经验研究表明，条件成熟的国家若率先、单独地进行贸易便利化建设，其也能从中获益。因此，建议促进中国毗邻中亚国家的新疆境内的贸易便利化发展。具体包括：①加强新疆"丝绸之路经济带"交通物流中心的建设，构建以乌鲁木齐为中心，以新疆主要口岸为节点的高效、快捷的现代物流体系。②多元化筹措口岸建设资金，加快新疆口岸基础设施建设，推进新疆"电子口岸"建设。③积极落实2014年9月签署的《上海合作组织成员国政府间国际道路运输便利化协定》，切实推动过境运输合作。④加强与中亚国家，尤其是与哈萨克斯坦海关部门的沟通和协调，建立和完善与中亚国家海关部门的交流合作机制，实现同哈萨克斯坦、吉尔吉斯斯坦海关数据交换和共享。⑤加强与中亚国家的检验检疫合作，开展检验检疫证书互认工作，依托CAREC机制，加速中亚区域标准一致化建设。

二、中国（新疆）与中亚国家投资便利化分析与对策

1. 中国（新疆）与中亚国家投资便利化分析

通过构建包括市场开放（市场准入、对外开放）、基础承载（市场规模、基础设施）、营商环境（启动经营的手续、启动经营的天数、获得贷款便利、外国所有权发生率、营商便利程度）和政府行动（政府决策的透明度、保护投资者的力量、解决争端法律框架的效率、不定期付款和贿赂、公共机构效率和问责）

4个一级指标和14个二级指标在内的投资便利化测评指标体系，采用层次分析法，对中国（新疆）与中亚五国投资便利化水平进行评价，主要结论如下：

（1）中国（新疆）与中亚五国投资便利化水平基本呈现逐年增高的趋势。其中，哈萨克斯坦的增长幅度高于中国，在6个国家中，中国仅在2011年排名第一位，2012~2015年均列于哈萨克斯坦之后，位居第二位。排名第三位至第六位的国家依次为吉尔吉斯斯坦、塔吉克斯坦、乌兹别克斯坦和土库曼斯坦。

（2）中国及中亚五国投资便利化水平呈现明显的差异化，投资便利化水平分为三个层次。居于第一层次水平的是哈萨克斯坦和中国，这两个国家投资便利化水平较其他4国具有十分明显的优势；居于第二层次水平的是吉尔吉斯斯坦和塔吉克斯坦，并且吉尔吉斯斯坦投资便利化水平相对更高；居于第三层次水平的是土库曼斯坦和乌兹别克斯坦，投资便利化水平还处于较低状态。

2. 中国（新疆）与中亚国家投资便利化的对策

（1）营造便捷的企业营商环境。中国的企业营商环境虽然已得到较大程度的提高，但相比而言，即便是与中亚国家相比，仍有一定的差距，特别是最具简洁性的企业经营的启动手续、启动天数等衡量指标都较落后。这说明企业的经营仍过多地受制于行政力量。因此，大力建设服务型、高效型、法治型的政府，减少行政力量对市场、对企业的过多管制及干预，是营造便捷的企业营商环境的根本。要加大市场培育力度，在管理体制、金融服务、法律保障、政府行政等众多领域去除繁杂的、不符合国际惯例的行为和做法，做好行政简化。特别是在投资者资产保护、行政过程透明、保持各项政策、规则的持续性等问题上，加大建设力度，努力建设一个具有高度吸引力的市场环境。增强服务型政府的建设力度，加大为进入市场的企业后续经营运作中提供服务的便捷性和高效性。

（2）促进中国企业进入中亚市场。首先，在国家层面助推投资便利化进程。继续加大和促进中国与中亚国家政府间交流与合作，继续加大谈判与磋商力度，创建灵活有效的协调机制，加大双方的理解和互信程度，增强合作的紧密程度，加强有关制度、规则以及各种法律的对接工作，并予以具体落实。

其次，采取有效的政府行动，便于中国企业进入中亚市场。①建立风险防范机制，对于中亚国家存在的稳定风险、法律风险、政治风险、金融风险、市场风险等各种风险，要深入研究，建立风险防范和预警机制。②必须加强对中亚国家的了解，提高认知程度，加强相关领域的专业性研究，增强对中国企业在中亚国家进行投资的科学性和专业性指导。③加强对企业的引导，引导企业特别是涉外企业加强对法律、规则的重视程度，引导企业更加注重内在发展动力因素的提升，增强企业对相关投资国度的法律、规则及习俗的重视及熟悉程度，并能够在相关问题发生后能知晓最佳的解决路径。④加强政府宣传平台的建设，运用多种语言，加大中国及中亚国家相关法律法规、制度要求、各种政策、各类信息的宣传和传播力度，提高对企业的指导，增强各类政策的透明度，规范各类办事程序，对中亚国家相关国情、经济社会发展趋势、政策趋势、投资趋势等内容提供及时、准确的信息，增强对企业的切实助力作用。⑤加大对中国民营企业走出国门、走入中亚市场的支持力度，为民营企业在国际化运营中出现的融资难题、法律保障等提供切实的帮助。⑥针对中亚国家日益增强的贸易保护主义和行为展开研究，提高风险预警能力。⑦充分发挥上海合作组织在中国及中国新疆与中亚国家贸易投资过程中的作用，特别是要发挥投资促进工作组的作用。⑧进行机构创新及机制创新，设立专门的促进投资便利化领导小组，力促在立法政策透明、机构协调等软环境建设上有新突破。

（3）完善现代科学技术支撑下的基础设施建设。加强基础设施建设。交通基础设施落后是中国与中亚国家间互联互通建设的一个重要内容。充分利用亚洲基础设施投资银行和丝路基金，为中亚地区的基础设施改善提供支持。

加强信息平台建设。加强与中亚各个国家的政府间合作，建立由双方政府合作牵头的网络信息平台及官方网站，为电子商务及信息化物流建设奠定基础。采用先进的信息技术，借鉴先进国家的监管和服务模式，推进信息的标准化、无纸化和自动化，加大信息通信技术安全和保密的合作，切实建立起适应跨境电子商务发展的物流系统、支付系统、信息系统等。

第四节　中国（新疆）与中亚国家能源与贸易互联互通的战略设计

一、战略思路

紧紧围绕"丝绸之路经济带"倡议，依托中国（新疆）与中亚国家的地缘优势和能源贸易合作基础，坚持平等相待、互利共赢、开放包容、共同发展、创新驱动、绿色和谐、政府引导、市场主体的原则，充分利用上海合作组织、中亚区域经济合作机制（CAREC）、亚洲基础设施投资银行和丝路基金等合作平台，加强国家层面的顶层设计和外交推动，充分发挥中国（新疆）在我国向西开放的核心区位优势，积极实施能源合作与互联互通战略、贸易便利化战略、投资便利化战略、区域经济合作战略、产业转移与产品提升战略、边境自由贸易区战略和自贸试验区战略，以政策沟通为保障、以设施联通为先导、以贸易畅通为重点、以资金融通为纽带、以民心相通为根基，加快推动中国（新疆）与中亚国家能源与贸易的互联互通，促进区域经济一体化，将中国（新疆）与中亚打造成利益共同体和命运共同体，实现各国的共同发展与繁荣。

二、战略目标

1. 近期目标

到 2020 年，中国（新疆）与中亚国家能源与贸易的互联互通水平显著提升，建成现货交易、期货交易和场外交易共存共生的多层次能源交易体系，大幅降低交易成本，不断提高便利水平，建立投资贸易便利化信息平台；中国（新疆）与中亚区域经济一体化水平有所提高，加快建设中哈霍尔果斯边境合作中心并取得实质性进展，获批中国（新疆）自由贸易试验区，启动中国—吉尔吉斯斯坦边境自由贸易区和中国—塔吉克斯坦边境自由贸易区的研究。

2. 远期目标

到 2030 年，中国（新疆）与中亚国家能源与贸易的互联互通的硬件设施和软件条件基本完善，建成以油、气、煤、新能源等多种能源互补的"多轮"驱动的能源供应体系，建设完善的信息通畅投资贸易便利化信息平台，实现货物自由流通；中国（新疆）与中亚区域经济一体化水平明显提升，把中哈霍尔果斯边境合作中心建成中哈霍尔果斯边境自由贸易区，把新疆建设成为深化中国与中亚投资合作的示范区，把新疆打造成面向 21 世纪陆上丝绸之路沿线国家和地区投资合作新高地，中国（新疆）自由贸易试验区取得显著成效，适时启动中国与中亚区域自由贸易多边谈判或中国—欧亚经济联盟自由贸易区谈判。

三、战略内容

从战略等顶层设计方面加以规划，形成一整套完整的中国（新疆）对中亚国家的政治、经济战略布局，充分发挥新疆在我国向西开放中的桥头堡优势，建立区域合作新机制，实施能源合作与互联互通战略、贸易便利化战略、投资便利化战略、区域经济合作战略、产业转移与产品提升战略、边境自由贸易区战略和自贸试验区战略，加快中国（新疆）与中亚国家在物理、人文及制度方面的互联互通建设，促进能源与贸易领域的合作，推动各国互利共赢、共同发展，为实现中国（新疆）与中亚国家形成经济发展共同体、政治安全共同体和社会文化共同体的未来愿景奠定坚实的基础。

1. 能源合作与互联互通战略

中国（新疆）与中亚国家能源合作是"丝绸之路经济带"能源合作的重要内容，也是中国与中亚国家产能合作的主要领域之一。能源合作采取以管道、电网为主，铁路、公路运输并重的能源供给模式，促成"丝绸之路经济带"核心区域的通道网络体系建设，形成铁路、公路、管运相互衔接的立体运输的互联互通体系，实现能源通道网络对接和互联互通。通过中国（新疆）与中亚国家能源合作与互联互通战略，维护国家战略利益，确保中国能源战略安全。

2. 贸易便利化战略

依托中国内陆发达省区，面向中亚，进一步减少和消除要素跨境流动的障碍和降低交易成本，建立高效的贸易便利体系，提升"丝绸之路经济带"背景下中国与中亚周边国家的区域贸易便利化水平，把新疆建设成中国与中亚贸易的合作示范区，把中国新疆与中亚贸易合作建设成为 21 世纪陆上丝绸之路经济带沿线国家和地区贸易合作新高地。

3. 投资便利化战略

加强中国（新疆）与中亚国家投资便利化战略的实施是改善夯实各国经济发展基础，改善各国经济环境以及构建中国（新疆）与中亚国家能源与贸易互联互通战略的重要举措。以制度创新为核心，推进"一带一路"建设，构建开放型经济新体制、探索中国（新疆）与中亚国家经济合作新模式，支持和鼓励中国（新疆）企业"走出去"，扩大在中亚投资；充分发挥地缘优势，率先推进中国（新疆）与中亚地区投资自由化进程，把中国（新疆）建设成为深化中国与中亚投资合作的示范区，把中国新疆打造成面向 21 世纪陆上丝绸之路沿线国家和地区投资合作新高地。

4. 区域经济合作战略

以建设"丝绸之路经济带"为契机，依托中国（新疆）与中亚国家的地缘优势和能源贸易合作基础，充分发挥上合组织和中亚区域经济合作机制（CAREC）的平台作用，加强国家层面的顶层设计和外交推动，充分发挥中国（新疆）向西开放的综合优势，积极推进中国（新疆）与中亚国家区域经济合作，以实现各国互利共赢、共同发展、构建经济共同体为区域经济合作的核心目标，以交通、能源、投资贸易便利化和贸易政策等重点合作项目为加强区域经济合作的重要领域，以中哈边境自由贸易区、中吉边境自由贸易区、环阿尔泰山次区域经济合作以及边境口岸（及边境经济合作区）的建设作为区域经济合作的重要载体和示范工程，以区域经济合作的方式和模式创新为动力，不断拓展中国新疆与中亚区域经济合作的领域，最终建立中国—中亚自由贸易区。

5. 产业转移与产品提升战略

实现中国（新疆）与中亚国家能源与贸易互联互通，一个重要的环节即中国（新疆）对中亚国家的产业转移与产品提升。实施产业转移和产品提升战略，不仅可以推进中国（新疆）和中亚国家的经济合作，也有利于化解我国产能过剩矛盾、推动双边结构调整和产业优化升级。通过产业转移和产品提升战略，改变中亚市场对"中国制造"的低端印象，把新疆建设成为中国面向中亚的产业转移与投资合作的示范区和新高地，促进能源与贸易领域的合作，推动各国互利共赢、共同发展。

6. 边境自由贸易区战略

加快实施自由贸易区战略，是适应经济全球化新趋势的客观要求，是全面深化改革、构建开放型经济新体制的必然选择，是我国积极运筹对外关系、实现对外战略目标的重要手段。充分发挥中国（新疆）地缘优势，加快推进构建边境自由贸易区战略是实现与中亚国家能源与贸易互联互通的前提条件。推进中国与中亚自贸区建设是我国贯通丝绸之路经济带的必然选择，也是我国突破"C"形包围，保证能源、经济、军事安全的关键。在当前共建"丝绸之路经济带"的新形势下，国家应倾力打造中国（新疆）与中亚国家边境自由贸易区，以促进区域全面经济伙伴关系建设，弥补整个国家对外开放战略的区域短板。中国需要依托新疆这个前沿阵地和桥头堡与中亚各国及丝绸之路经济带其他沿线国家进一步加强合作，促进双方经贸合作的深入发展和转型升级，实现我国"丝绸之路经济带"建设目标和中国与中亚自由贸易区建设的未来愿景。依托伊尔克什坦口岸，打造中吉边境自由贸易区。立足中哈霍尔果斯边境合作中心，建设中哈边境自由贸易区。力争将中哈霍尔果斯边境合作中心升级为中哈霍尔果斯边境自贸区，落地关于货物、服务、投资等合作的实质性优惠协定。与此同时，将中吉边境自贸区谈判尽早提上议事日程，加快双边边境自贸区谈判，力争签署中吉边境自由贸易区货物贸易协定。

7. 自贸试验区战略

新疆作为丝绸之路经济带核心区，要充分利用自贸试验区这一契机，进一步深化互联互通建设，打造"丝绸之路经济带"核心区增长极和对外开放格局升级版。

中国（新疆）自由贸易试验区的定位是打造"丝绸之路经济带"沿线自由贸易试验区，以中亚国家为重点，辐射"丝绸之路经济带"沿线其他国家，促进经贸合作和投资贸易便利化。围绕立足中亚、服务全国、面向"丝绸之路经济带沿线"国家的战略要求，充分发挥新疆的比较优势，把自贸区经济培育成新的经济增长点，成为新疆建设"丝绸之路经济带"核心区重要抓手，把自贸试验区建设成为深化"丝绸之路经济带"合作的示范区，打造面向"丝绸之路经济带"沿线国家和地区开发合作新高地。范围涉及乌鲁木齐出口加工区、喀什经济开发区（喀什综合保税区）、霍尔果斯经济开发区、阿拉山口综合保税区四地，以乌鲁木齐为主导，与喀什、霍尔果斯、阿拉山口一起形成"一心＋三翼"的空间布局。

乌鲁木齐依托出口加工区和综合保税区建设综合型自由贸易区，重点定位金融领域和现代服务业开放领域，推动贸易转型升级，对新疆自贸区进行统筹管理。喀什经济开发区依托喀什综合保税区，建设以保税仓储为重点的物流型自由贸易区，以及金融贸易区和优势资源转化加工区。霍尔果斯经济开发区可依托中哈霍尔果斯国际边境合作中心和拟建的综合保税区，建设出口加工型自由贸易区、跨境人民币创新金融业务试验区以及国际旅游示范区，发展转口贸易和跨境旅游。阿拉山口综合保税区发挥综合保税区的功能政策，开拓中亚、西亚和欧洲市场，建设区域国际物流中心（国际中转分拨物流配送分中心）、保税加工制造业基地、国家石油储备库和金属矿石储备基地及配套加工基地。

第五节 中国（新疆）与中亚国家能源与贸易互联互通的制度设计与政策建议

一、模式选择

1. 能源互联互通模式

目前，我国与中亚国家的能源合作主要是"政府主导，企业参与"的双边能源合作模式。随着能源合作参与主体的增加和合作领域的深化，以及能源互联互通的需要，中国与中亚国家能源双边合作模式需要升级，即从双边合作的基础上转向多边合作。俄罗斯一直是中亚地区能源地缘政治格局演变最核心的力量，与中亚国家构建能源多边合作模式时，不能把俄罗斯排除在外。

"丝绸之路经济带"建设为中国与中亚—俄罗斯多边能源合作提供了有利的契机，构建"丝绸之路经济带"能源合作委员会是现代能源合作趋势下可行的多边能源合作模式。此外，设立上海合作组织能源俱乐部亦可作为中国与中亚—俄罗斯能源合作的多边模式。

2. 贸易互联互通模式

（1）宏观层面——边境自由贸易区模式。一般口岸区域基本能满足建立边境自由贸易区的条件，如果双方都有设立边境自由贸易区的强烈愿望，通过谈判、协商解决自由贸易相关政策问题，边境自由贸易区模式就有实现的可能。中哈霍尔果斯国际合作中心的运营虽然没有达到预期的效果，但毕竟向边境自由贸易区的方向迈出了可贵的一步，如果能进一步建成边境自由贸易区，可为中吉、中塔建立边境自由贸易区提供经验和借鉴。

从中国与吉尔吉斯斯坦的贸易额、口岸条件来看，建议先建立中吉边境自由贸易区作为试点，可考虑在伊尔克什坦口岸建立。从目前双方口岸的通关、基础设施、园区建设、政策支持等条件看，在中方伊尔克什坦口岸园区设立边境自由贸易区更具可行性。

（2）中观层面——中国（新疆）自由贸易试验区模式。建设中国（新疆）自由贸易试验区不仅可以发挥新疆的比较优势，还可以把自贸区经济培育成新的经济增长点，成为新疆建设"丝绸之路经济带"核心区重要抓手，同时对新疆加强与中西亚国家的经贸合作，进一步深化互联互通建设，也有着重要的现实意义和深远的影响。

中国（新疆）自由贸易试验区的定位是打造"丝绸之路经济带"沿线自由贸易试验区，以中亚国家为重点，辐射"丝绸之路经济带"沿线其他国家，促进经贸合作和投资贸易便利化。中国（新疆）自由贸易试验区可采取"一区四园"模式，范围涉及乌鲁木齐综合保税区、喀什经济开发区（喀什综合保税区）、霍尔果斯经济开发区、阿拉山口综合保税区四地，以乌鲁木齐为主导，与喀什、霍尔果斯、阿拉山口一起形成"一心＋三翼"的空间布局。

（3）微观层面——企业跨境合作模式选择。作为中国与中亚国家贸易互联互通的微观主体，选择适合的跨境合作模式是企业进行境外投资、拓展国外市场的重要前提。企业跨境合作模式主要有以下五种：联合开发模式、跨境企业参股模式、合资经营模式、合作经营模式和战略联盟模式。各种模式之间并不是孤立存在的，各种模式的选择也不是绝对的。选择何种合作模式以及模式的组合需要根据具体的能源项目及具体合作的主体与层次确定。中国与中亚企业间合作应根据市场经济的要求、国际惯例和规范等具体情形来选择适合自己的合作模式，从而更好地开拓国际市场。

二、机制设计

1. 功能性合作机制

（1）对话交流机制。中国和中亚国家可以依托上海合作组织和 CAREC，建立商务、贸易、经济、交通、能源等多领域的对话交流机制，加强中国与中亚国家交通运输、海关、检验检疫机构等相关职能部门间的交流与合作，及时、交流和磋商区域内多边和双边经贸合作中存在的争议和问题，共同促进双边贸易发展。

（2）组织协调机制。倡导组建具有实体功能的"中国—中亚互联互通合作工作组"，专门协调各相关领域部门的战略规划与行动实践。工作组成员由国家级领导担任，形成常态化的包括决策、磋商谈判、协调决策、议事、专业工作、日常事务办公、监督和反馈评估等机制。

（3）信息交互机制。信息交互的具体内容主要包括：①经贸合作中的重大经济战略、经济调控政策和出台的相关规章、制度、实施细则等信息交互机制。利用网络、媒体等传媒手段将信息及时发布，以巩固合作的基础。②政府重大决策的信息交互机制。在对于有利于区域经济合作的区域政府重大决策，应及时、透明、公开地发布，形成有效的信息互动，便于行为主体间推进合作的开展。

（4）争端解决机制。逐步建立、发展和完善以法律为导向的、程序严密的争端解决机制。①通过政治方法，即协商、调停、调查、和解等，保障争端各方的自主权利。②通过法律方法，即成立临时或常设机构，制定处理争端的程序和规则，明确仲裁机构作出的裁决或判决对合作各国具有的法律约束力。成立专门负责区域合作协调的仲裁机构，并制定相应的《争议仲裁条例》，使其成为争端解决的法律依据和制度保障。

（5）利益保障机制。在构建区域合作利益保障机制时应充分考虑到利益谈判、利益补偿方式、补偿内容、补偿资金筹集、补偿的实施等方面，来保障合作各方的利益。应设置专门的谈判机构、补偿执行机构和监督机构，制定相关的《利益保障条例》，明确补偿的方式、内容、范围、对象、标准等，补偿资金应由合作各国共同出资筹集。

（6）行为约束机制。为保障合作的顺利、健康发展，需要辅助建立约束区域合作各方行为的机制。明确合作双方应遵守的规则，违反应承担的责任，造成相关损失的补偿或赔偿规定。通过相关政策和法规对区域合作关系进行规范，对参与合作双方的权利、义务等具体行为进行约束，并对合作中的非规范行为做出惩罚性的制度安排。

2. 领域性合作机制

（1）贸易合作机制。制定和落实中国新疆与中亚国家贸易合作框架性协议，包括货物贸易和服务贸易两方面。在货物贸易方面：①研究制定关于商贸物流合作的工作方案和推动商贸物流合作的沟通协调机制建设。②研究和设计符合新疆和中亚国家口岸、合作中心等通关模式，建立检疫和海关间的通关联网核查。在服务贸易方面：①重视人员流动。简化签证手续，可以试行短期或者商务互免签证制度。②注重人力资源开发。在贸易合作推广方面，可以通过贸易博览会、贸易论坛、招商会等不同形式推动新疆与中亚国家贸易合作。

（2）投融资合作机制。投资方面，鼓励构建便利化、透明化、具有竞争性的投资合作机制，引导和带动民间资本参与国际竞争与合作。一是制定较完善的投资合作制度。不仅包括投资门槛、资金的使用、损失的补偿，还应包括投资利润的汇回、争端解决等一整套投资保护制度。二是制定统一的投资保护标准。投资保护标准应与国际标准相衔接。投资协议的签署可以借鉴《中国—东盟投资协议》。

融资方面，除了争取丝路基金、亚洲基础设施投资银行、亚洲开发银行等资金外，还可以在债券市场等方面做有益的探索和尝试，拓宽资金来源渠道，创新融资模式。一是创新联合信用评级模式；二是积极鼓励金融租赁业的跨国家、跨区域发展；三是完善债券市场的清算体系，建立互联互通债券统一的清算机构；四是配套完善债券市场的监管体系。

（3）能源合作机制。中国与中亚国家在能源领域的合作由最初的石油、天然气等传统能源，逐渐转变为以传统能源为主，以新能源为辅的多元能源合作形式。因此，中国与中亚国家间能源合作应在能源管理体制、利益分配、决策机制等方面设计能源合作机制，积极参与构建国际社会的双边或多边声誉机制，实现国家间的能源合作。

（4）能源应急机制。在中国与中亚油气资源合作的过程中，可以尝试建立相关机制，以应对国际油气价格波动对双方造成的重大影响，在双方遇到紧急供求时，能直接给予对方帮助，减少双方损失。初期可考虑先建立中国与哈萨克斯坦、中国与土库曼斯坦的双边能源战略联盟，等时机和条件成熟时，再建立多边能源战略联盟，形成多边能源应急机制。

（5）交通运输合作机制。加快实施已经签订的《上海合作组织成员国政府间国际道路运输便利化协定》。针对各国具体情况，也可以签订双边运输补充协定，对所涉及的双边相关问题进行协商。协商完善后的《双边运输补充协定》，将作为标准严格执行。

（6）基础设施合作机制。基础设施合作是中国新疆与中亚国家互联互通合作的基础和重点，涵盖交通、能源、通信等领域。结合新疆"丝绸之路经济带"核心区交通枢纽中心建设，交通基础设施合作不仅包括公路、铁路、航空等硬件设施的建设和合作，更重要的是应配套相应的包括道路标准、交通规则等法律、法规、政策等方面的建设。

（7）跨境手续简化机制。简化货物、服务、人员流动等跨境手续，推动在海关、质检、交通运输、签证办理等方面的便利化进程，以建立人员、货物及服务的出入境管理信息平台，实现信息共享为基础，完善检验、检疫、监测、监管机制，从而简化跨境手续，营造高效、便捷的出入境秩序，促进贸易投资便利化。

（8）文化交流和合作机制。一方面，可以通过定期举办文化博览会、文化周、艺术节等艺术形式，交流和展示不同区域、不同民族的文化精髓；另一方面，可以通过举办文化论坛、主题研讨会等学术形式，共同研讨在推进文化互联互通中存在的重大问题，从而顺利推进文化交流和合作。

三、平台构建

1. 发挥好上海合作组织和 CAREC 的平台作用

上海合作组织和 CAREC 是中国与中亚国家开展区域经济合作的两大主要平台，中国（新疆）与中亚能源与贸易互联互通要依托这两个影响力较大的平台，谋求中国（新疆）在不同层面、不同领域的经济利益和经济诉求，并积极推动丝绸之路经济带沿线国家的能源和贸易合作。两个性质不同的同一地区多边合作组织在合作领域上有相互重叠性和竞争性，但两个组织之间也存在明显的差异性和互补性。上海合作组织有法律合约基础，合作领域涵盖安全、经济和人文多个重要领域，最高决策和议事级别是国家首脑，在推动区域合作方面更富有强制力和成效。CAREC 由国际金融组织和地区内国家构成，是以贷款项目为基础的合作机制，其较强的融资能力和高效的资金利用率有效地推动了成员国之间在运输和贸易投资便利化等领域的合作。充分利用两个组织的互补性，通过主动参与、不断完善合作机制来进一步推动区域经济合作，必将有利于中国与中亚国家区域经济合作战略目标的实现。

2. 中国（新疆）与中亚国家能源与贸易互联互通的平台设计

从国家层面考量，为推动"丝绸之路经济带"的建设，当前应建立专门针对如何构建"丝绸之路经济带"的首脑会晤机制和专业性沟通平台。中国与中亚各国应就经济发展和对策进行充分交流，加强各个国家之间的对话、交流和磋商，尽早就丝绸之路的顶层设计达成共识，确定相应的合作机制（共同制定机制协调与仲裁、基础设施建设、贸易一体化政策、货币金融合作及文化交流与人力建设等方面的准则）。并由中国牵头成立协调小组，厘清合作机制中的各种标准，推动各领域标准的统一与施行范围的拓展，争取早日能够达成"丝绸之路经济带"内部的基本治理框架。此外，要设立风险评估部门，提供一套适合中国与中亚国家的投资风险评估标准，主要包括安全、政治稳定性、政府效能、法律和监管环境、宏观经济风险、外贸及支付问题、劳动力市场、金融风险、税收政策、当地基础建设水平、各国信贷风险等，寻找合适的基础设施等投资项目，科学评估其投资价值，使各国的投资使用更有效率、回报率更高。

从新疆层面考量，要从宏观发展战略和规划的高度重视新疆参与中亚区域经济合作，积极推进中亚区域经济一体化。其突出特征是形式上国家的整体参与和新疆的直接参与相结合。在平等互利的基础上，签订以收益分配为主题的合作协议，并在协议内容中规定合作的机构、范围、领域和监督、管理机制。在中国与中亚国家领导人会晤的基础上，中国发展和改革委员会、财政部、商务部、新疆维吾尔自治区人民政府和中亚五国相应部门、地方政府应积极进行对话、磋商与谈判，搭建中亚次区域经济合作协调委员会。该机构每年可以举行一次会议，主要承担两种职能：一是根据各中央政府的授权和各中央政府间达成的原则框架，制定出具体的、具有可操作性的合作方案和相关政策，并组织协调好主要项目的协调、衔接工作；二是发现合作开发中存在的问题，属于授权范围内的事务可以及时协商解决，超出授权范围的事务提交中央政府，乃至上合组织，由双边或多边协商解决。中亚次区域经济合作协调委员会下设常设机构——秘书处负责日常事务，经多边协商后秘书处可设在新疆乌鲁木齐市或某个中亚国家。还可建立交通、能源、矿产、贸易与投资、旅游、环境、电信、金融等行业或项目合作联席会议，设立工作小组，具体讨论并筛选近期、中期和远期建设的重点项目事宜。

在国家层面，进一步统筹协调及解决合作开发中遇到的新情况和新问题，在地方政府具体参与层面，应充分发挥新疆参与合作的地缘优势和核心区优势。

四、政策建议

为了加快中国与中亚各国能源与贸易的互联互通，应该从国家层面、地方政府层面和企业层面采取对策。

1. 国家层面的能源与贸易互联互通的政策建议

（1）加快中国与欧亚经济联盟自贸区研究，推进自贸区建设。以国务院2015年12月6日印发的《关于加快实施自由贸易区战略的若干意见》为依据，充分借鉴中国—东盟自由贸易区的经验，尽快启动中国与欧亚经济联盟签署自贸区协定的可行性研究。协商确定双边自由贸易区的实施范围、保障机制及相关政策等基本框架，以贸易、投资、产业与金融合作为抓手，加速实现双边贸易便利化。双方应加快落实"丝绸之路经济带"倡议和欧亚经济联盟对接合作的谈判进程，可将上海合作组织作为"丝绸之路经济带"和欧亚经济联盟对接合作的重要平台，拓宽务实合作空间，确定好对接合作模式、优先领域、制度安排、保障措施及应规避的问题等。可考虑以哈萨克斯坦作为突破口，加快"光明之路"新经济政策与"丝绸之路经济带"倡议的对接合作，进而推动与整个联盟的对接。

（2）加快推进亚洲基础设施投资银行建设进程，设立丝路基金下中亚次区域经济开发与合作专属基金。加快推进亚洲基础设施投资银行（以下简称亚投行）建设进程，建议设立针对中亚国家基础设施投资建设的部门，政策上可对中亚国家适宜地倾斜，将来可在乌鲁木齐设立亚投行针对中亚国家基础设施建设的分支机构或服务中心。鉴于中亚国家在"丝绸之路经济带"中的重要区位，为使中亚次区域经济合作协调委员会的作用落到实处，同时能够启动合适的合作项目，建议在 400 亿元丝路基金中提取一定的资金设立中亚次区域经济开发与合作专属基金，成立基金管理委员会，隶属于中亚次区域经济协调委员会。凭借专属基金，积极撬动中亚国家政府与银行等多类商业机构积极合作、融资。

（3）推行人民币周边化的金融政策，制定促进贸易和投资的配套政策。应拓展中哈霍尔果斯国际边境合作中心中方境外人民币贷款业务，拓展境外人民币结算代理网络，建立安全高效便捷的人民币跨境清算和结算网络，缩短资金汇划结算的时间，降低费用。参照亚洲基础设施投资银行模式，组建由新疆银行、中国国家政策性银行及中亚国家国有银行共同成立的区域多边金融组织，围绕核心区重点建设任务，对到境外进行基础设施投资、资源开发、加工贸易的企业提供政策性贷款支持和专项商业贷款支持，为符合条件的企业提供打包贷款、境外代付等形式的融资和国际结算服务，为进出口企业提供自由结算、兑换业务，支持核心区内符合条件的企业到国际资本市场融资。建议在乌鲁木齐市建立跨境贸易与投资人民币服务中心，并争取在伊犁、喀什设立分中心，让新疆成为丝绸之路经济带沿线国家实现贸易投资便利化的金融资源洼地和区域金融中心，为核心区建设提供坚强的"第一支撑"作用。

（4）立足中哈霍尔果斯边境合作中心，建设中哈双边自由贸易区。随着俄罗斯危机加深，卢布贬值及国际石油价格的下跌对中俄贸易产生了较大的影响，哈萨克斯坦对俄罗斯目前的处境也有顾虑，为减少对俄罗斯的依赖，增加经济、政治独立性，哈方进一步加强了与中国合作，为中哈推进自贸区建设提供了良好时机。依托中哈霍尔果斯边境合作中心，以互利共赢为目标，协商确定中哈双边自由贸易区的实施范围、保障机制及相关政策等基本框架，以贸易、投资、产业与金融合作为抓手，加速实现中哈贸易便利化。创新思维，突破以往自由贸易区将零关税作为终极目标的传统做法，促进地区商品、资金、技术和人才的自由流动，必要时保留哈方一定关税，中方单向零关税，以提高哈方建设的积极性。鉴于中哈双边自由贸易区整体推进难度较大，可逐步推进。首先推进中哈霍尔果斯自由贸易区试点，然后将自贸区范围逐步扩至新疆，最终实现中哈自由贸易区。

（5）依托伊尔克什坦口岸，打造中吉边境自由贸易区。建议在南疆伊尔克什坦口岸建立中吉边境自由贸易区作为试点，使之成为中吉两国建设丝绸之路经济带的重点启动项目。建议在亚洲开发银行牵头主导的 CAREC 下，在中国新疆和吉尔吉斯斯坦的奥什州设立"中国新疆与吉尔吉斯奥什经贸合作委员会"，隶属"中亚次区域经贸合作协调委员会"，属于高官层面，由中国国家发展和改革委员会、财政部、商务部的司级官员、新疆政府和吉尔吉斯斯坦的相应部门相应级别官员和奥什州政府联合组成，适时启动建立中吉边境自由贸易区的谈判。谈判内容应围绕前面所提到的具体选址问题、关税和非关税政策、投资便利化政策、服务贸易政策等来展开。

（6）解决中国（新疆）与中亚国家经济合作中的签证难、通关不畅等问题。尽快由国家出面协调解决影响中资企业赴中亚国家投资经营活动的签证难问题，积极与中亚国家协商签订互免签证协议，或者缩短当地办理有效签证的时间，延长居留时间；与中亚国家协调解决通关制度不配套，通关不规范及海关、检验检疫等部门协作不力造成的通关不畅问题；加大口岸基础设施建设，改善双方的口岸基础设施条件，使边境口岸真正成为"丝绸之路经济带"便捷的贸易通道，加快实施已经签订的《上海合作组织成员国政府间国际道路运输便利化协定》。

（7）加大对新疆基础设施建设的投资力度，给予新疆倾斜的核心区发展政策。新疆基础设施建设比较落后，与国家赋予的丝绸之路经济带核心区的战略定位不相匹配。国家要加大对新疆基础设施建设的投资力度，特别是对口岸公路、铁路等交通设施建设以及对新疆各个口岸现代化建设的投资力度。同时，要加强交通、能源、通信、口岸设施等基础设施建设规划、技术标准体系的对接，共同推进国际骨干通道建设，提升设施通达水平，建成中国—中亚统一交通物流网络。加快新亚欧大陆桥经济走廊、中伊土经济走廊、中巴经济走廊建设，启动中吉乌铁路建设，形成铁路、公路、航空、通信、管道、电网等互联互通的立体综合交通体系。

国家除了投资、项目方面给予支持外，还需要政策和机制体制创新赋予其"先行先试"的特权。建议将新疆列为提升沿边开放的试点省区，实施特殊的对外开放政策，给予伊宁和喀什机场落地签证政策，允许新疆护照办理实行按需申领，积极与中亚五国协商签订互免签证协议，允许新疆周边有条件国家在乌鲁木齐设立领事馆，近期可允许哈萨克斯坦和吉尔吉斯斯坦设立领事馆；进一步开放乌鲁木齐和喀什国际机场航权，吸引中亚、西亚、南亚和欧洲国家航空公司进入新疆市场。

（8）加快中国与中亚大数据云计算中心建设，推动双边"互联网+能源+贸易"的建设。抓紧时间尽快与中亚国家建设计算、社交、移动、物联网、大数据分析、人工智能等共享的信息平台，并以此为支撑建立现代国际物流体系，必将对新疆商贸物流中心的建设起到推动作用。新疆作为"丝绸之路经济带"核心区，具有面向中亚国家发展"互联网+能源+贸易"的优势，国家应尽快批准跨境电子商务综合试验区落户新疆。

（9）树立长期投资、互利共赢的理念，重视非资源及民生领域的合作。在"丝绸之路经济带"建设中，中国应该力求避免采用易招致排斥的贸易与产业合作方式，即单纯的能源获取，对当地就业和产业产生挤出效应的产品倾销、劣质产品、污染输出等。要深化中国与中亚国家的经济合作，就必须树立长期投资、互利共赢的理念，重视非资源及民生领域的合作。中国要加大与中亚国家已逐渐开始重视的交通、旅游、金融、农业、通信、科技、教育等非资源及民生领域的合作，改变中国只关注中亚能源和资源的印象，让中亚国民获得实实在在的好处和利益，多予少取，才能获得更多民众的支持，为合作奠定民心基础。

（10）确保中国（新疆）与中亚国家之间区域稳定及安全。中国（新疆）与中亚国家的合作面临世界大国博弈的竞争和政治不稳定等挑战，中国与中亚应当以上海合作组织为共同平台，加强政治互信和安全合作，采取一系列有针对性的应对措施，譬如进一步扩大联合防空演习、交流安全情报信息等，争取尽早成立中国与中亚各国反恐机构。在日益复杂的当前全球政治格局，确保双边区域的社会、政治等方面安全的问题显得越来越重要，所以在互联互通建设过程中需要重视安全与经济的双轮驱动。

2. 地方政府层面的能源与贸易互联互通的政策建议

新疆政府层面要充分认识促进与中亚国家能源与贸易互联互通建设的重要性，加强领导和组织工作。

（1）加强中国新疆与中亚国家能源和贸易互联互通合作。

第一，加强基础设施建设合作。加强交通基础设施建设。依托"丝绸之路经济带"核心区战略，积极承担跨境基础设施的修建和修复工作，加快新疆境内的交通基础设施建设。依据《关于推进新疆丝绸之路经济带核心区建设的行动计划（2014~2020年）》，加强新疆交通基础设施建设，增强新疆境内铁路运输网络的连接性，同时，继续建设航空和公路两大重要交通设施，建设阿勒泰、喀什、乌鲁木齐以及和田机场改扩建工程，启动莎车、若羌、图木舒克的新机场建设。积极利用世界银行、亚洲开发银行、亚投行等国际组织贷款资金进行交通基础设施建设。引导民间资本参与经营性城市基础设施和物流基础设施的建设。加大重点口岸基础设施和信息化建设及口岸通关联合办公、口岸检验设备、口岸物流交易系统、口岸物流作业系统设备、口岸服务系统等方面的投入，适应口岸大通关集中办理、集中服务的需要，提高通关效率。

第二，规范和加强海关合作。以中亚经济合作组织下的八国海关合作机制和上海合作组织框架下贸易投资便利化机制为建设平台，建立和完善成员国间的交流合作机制，推动中国与成员国间的贸易便利化协作。主动加强与中亚国家海关部门的沟通和协调，有重点地对双方海关事务的各项制度进行交流、探讨并达成一致的理解，为双方海关管理的协调性安排奠定基础，力争为实现双方海关手续简化、协调、统一和透明提供一个全面、合理、系统的解决方案。积极探讨建立双边统一信息平台的可行性，使双方海关能够便捷地交换业务数据和共享信息。

第三，促进新疆物流业发展，加强中国中亚物流合作。建立由新疆发改委牵头，商务、经委、交通、铁道、民航、信息等有关部门参加的现代物流工作协调机制，按照"大物流、大平台、大服务"的思路，研究提出促进新疆现代物流业发展的政策措施，制定统一的物流业务流程和技术标准等，协调物流产业各相关部门明确分工、各司其职、形成合力，共同推动物流业发展。建设以乌鲁木齐为核心，以霍尔果斯、喀什等为重点城市和以霍尔果斯口岸、阿拉山口口岸、巴克图口岸、伊尔克什坦口岸等主要口岸为区域物流体系，大力发展面向中国中东部地区和中亚国家的现代物流产业。

（2）加强中国（新疆）与中亚国家能源和贸易互联互通的机制建设。为促进中国与中亚国家能源和贸易互联互通，应综合利用上合组织和 CAREC 两个平台，建立和完善以新疆为主体的与中亚地区其他国家的合作机制，包括多层次的对话机制建设、协商与决策机制建设、争端解决机制建设和信息交流机制建设。

第一，中国（新疆）与中亚国家多层次对话机制的构建。建立中国（新疆）与周边国家同级地方政府领导之间的定期会晤、互访机制，双方共同探讨如何推进 CARCE 制定的区域合作目标的实现，确定不同时期合作的重点，协商解决总体目标实现过程中碰到的各种突发问题，并向部长级会议提出进一步合作的具体建议。建立中国（新疆）主要口岸与中亚国家相对应口岸之间的对话机制，加强新疆主要陆路口岸与中亚国家对应口岸管理机构之间的交流与磋商，及时处理和解决双方口岸之间通关过货过程中存在的问题，提高通关效率，保障通关过货通畅，增进口岸合作，降低进出口贸易交易成本。完善和强化中国新疆与中亚国家区域经济合作论坛的作用，就区域合作开发中各类共同问题，邀国内和周边国家及区域合作组织的有关专家、官员、企业家进行交流与沟通，以促进技术、人才、资本、信息的交流与合作，建立区域经济合作与开发的支撑平台。建立和完善中国新疆与中亚国家的金融机构之间的交流机制，加强与其他成员国之间商业银行的业务合作，提升商业银行顺畅贸易、促进投资的功能。

第二，构建中国（新疆）与中亚国家协商机制。建议突出中国（新疆）在参与中亚区域经济合作中的协商和决策作用，具体包括建立对内协商机制和对外协商机制。在对内协商方面，依据中国外交政策，建立由新疆维吾尔自治区政府与 CAREC 框架下重点合作领域（能源、交通、贸易投资便利化和贸易政策）的中国国内相关部门共同组成的"中亚区域经济合作协调小组"。在对外协商方面，首先，新疆维吾尔自治区政府应积极参与出席 CAREC 的各级别会议。其次，除了参与 CAREC 各级别会议，新疆维吾尔自治区政府也应在中央政府的领导下相对积极地开展与 CAREC 相关行为主体的对外交往活动。

第三，建立中国（新疆）与中亚国家争端解决机制。构建中亚区域经济合作争端解决机制要顺应其法律化的发展趋势，逐步建立、发展和完善法律导向的、具有严密程序的争端解决机制。具体包括争端解决机制的法律依据、争端解决机制的组织机构建设、争端解决机制的具体程序建设。

第四，中国（新疆）与中亚国家能源与贸易互联互通合作的执行机制。建立处理 CAREC 具体事务的政府机构，为推进与次区域的合作提供有力的组织保障。建议建立以自治区人民政府主席为组长，分管副主席为副组长，自治区各部门、相关州（市）及有关科研院所主要领导为成员的"中亚区域经济合作协调小组"，进而形成新疆处理中亚区域经济合作相关事务的政府网络机构。在具体的项目实施（交通、贸易投资便利化、能源、贸易政策）中，积极实施 CARCE 框架各个项目下中国新疆阶段的组成部分。新疆应在推进 CARCE 的合作进程中积极构建经贸合作、投资开发、产业合作、科技文化交流等合作桥梁，搭建信息服务、贸易合作、金融服务、人力资源开发合作、公共事务合作等合作平台。

（3）应该利用国家给予的特殊优惠政策，为新疆与中亚次区域经济合作服务。第二次中央新疆工作座谈会提出建设好"丝绸之路经济带"核心区，在实施中国（新疆）与中亚国家能源与贸易的互联互通建设战略时，新疆要充分利用国家给予的各类优惠政策，把政策用足、用活，而且要用各项优惠政策吸引一批具有技术和资金优势的国际企业进入，带动区域内产业结构升级，加强中国（新疆）与中亚国家的深度分工合作。

（4）建立中国（新疆）与中亚国家信息交流平台。设立双边或多边的区域经济信息交流机构，负责定期提供成员方有关贸易与投资领域法律法规的变更，以及投资环境和具体项目的信息；与中亚各国签署信息交流多边或双边协议，将对各方信息交流的范围和程度做出细节性的规定，最大限度地减少由于相互信息封锁而导致的合作风险；建设多样化的区域经济合作信息交流平台，建立区域经济合作信息咨询点，定期举办地方政府区域经济合作交流会，通过交流、协商、达成共识、创新区域经济合作形式、建立共同开发区等方式加深区域经济合作的深度和广度。

（5）提升重点领域金融服务能力，强化金融对核心区建设的支撑作用。加大对基础设施建设类、产业发展类、贸易投资类金融支持力度，提升金融服务有效性和针对性。鼓励政策性、开发性和商业性金融机构与政府签订战略性合作协议，加大对地下能源管线、空中电网、通信和信息传输等通道建设，铁路、公路、机场、轨道交通等交通基础设施，商贸物流设施、口岸通关设施、文化科教、医疗卫生等重点项目设施建设的支持力度。积极设立基础设施类政府投资引导基金，加快组建水利、交通、教育、文化旅游等重点领域投融资公司，解决重大基础设施和公共服务领域投融资。积极发展能源金融，设立能源交易所，探索能源企业股权、能源开采权、碳排放权等相关能源产权交易，建设立足新疆，辐射中西亚、欧洲地区的能源资源交易平台，打造能源交易和结算中心，推动石油、天然气、煤炭和电力等金融衍生品交易创新，提升能源综合定价能力。加快发展产业金融。加大对战略性新兴产业和先进制造业信贷与金融服务支持力度，支持核心区产业发展。

（6）创新跨境融资方式，增强跨境金融服务能力，培育以人民币为核心的跨境融资中心。积极推动核心区金融机构参与上合组织框架下的金融合作，加强上合组织成员国金融机构之间在国际贸易、结算、融资等领域的合作。推动核心区金融机构积极开展与周边国家金融机构在境外设立合资金融机构，开展外汇、信贷、证券、保险、基金、技术援助等领域的合作，培育形成以人民币为核心的本外币跨境融资中心。借鉴上海自贸区成功经验，加快金融创新，满足跨境贷款、结售汇、跨境人民币结算的新需求。结合喀什和霍尔果斯次区域中心金融发展定位，以重点产业发展为导向，推进金融改革创新和跨境人民币创新业务试点。创新开展"进出口保险＋跨境人民币结算＋出口退税账户托管"项下远期结售汇服务，满足风险补偿、汇率避险与结售汇方面需求，提升跨境金融服务能力，形成人民币兑丝绸之路沿线各国货币的区域外汇交易中心。

（7）积极发挥中亚区域经济合作学院（以下简称"中亚学院"）的作用。依托"中亚学院"建立区域经济合作中心，组织中亚区域经济合作各成员方的学者、研究人员以及亚洲开发银行的学者就中亚区域经济合作问题进行系统的、多层面的学术交流与合作，共同促进中亚区域经济合作，不断拓宽合作领域，提升合作水平，形成"国际先进理念本地化、域内知识合作机制化、域内外经验交流双向化"的知识网络。新疆要有计划地建立参加 CARCE 技术援助项目和小额赠款研究项目的骨干队伍。以在乌鲁木齐建立实体学院为契机，增进新疆与中亚各国的经济合作和人文交流，推动"丝绸之路经济带"核心区的建设。

（8）加大新疆对中亚国家的投资力度，改变重贸易轻投资的倾向。20 余年来，依靠"普通"贸易增加新疆与中亚贸易额的潜力已基本耗尽，要想进一步增加双方贸易额，应鼓励相互投资，改变以往"重贸易，轻投资"的倾向。因为，外商直接投资对东道国（主要是发展中国家）的对外贸易有显著的拉动效应。因此，要抓住当前"丝绸之路经济带"建设的有利时机，加大新疆对中亚国家的投资力度。

（9）成立新疆—中亚经贸信息研究机构，建立中亚经贸信息网络。建议自治区成立新疆—中亚经贸信息研究机构，包括"中亚次区域国际合作信息中心""中亚次区域合作动态信息库""中亚次区域国家基础资料库""中亚次区域合作重大项目库""中亚次区域国家法律法规库""次区域合作企业及产品数据库"，通过各种渠道广泛收集中亚国家的政治、经贸政策、结构调整及市场等资料，建立中亚经贸信息网络，加强中亚市场的分析和研究，为政府提供决策依据，同时也为企业联合开拓中亚市场创造良好的条件和信息服务。

（10）改善投资环境，加强新疆与东部省份的联合，实施"东联西出""西来东去""西来西去"战略。新疆应制定比东部和中部地区更加优惠的招商引资、土地使用、税费征管、财政信贷、投资保障、人才引进等方面的政策，优化新疆投资环境，积极引导东部企业参与中国新疆与中亚国家的区域经济合作。一是研究制定新疆鼓励外商投资产业指导目录；二是要在引资观念、招商主体、形式、利用外资方式上创新思路；三是大力发展境外加工贸易，重点支持食品、轻工、建材、服务行业和资源开发企业到境外投资，带动国内相关行业的技术、设备、原材料及劳务输出。并通过引进中西南亚国家的原材料以及中国东部的资金和技术，发展来料加工产业，使新疆成为"中国制造"商品的集散地，真正实施新疆"东联西出""西来东去""西来西去"战略。

（11）加快跨境电子商务综合试验区申报落户新疆，构建新疆"互联网＋外贸"产业链。新疆作为"丝绸之路经济带"核心区，具有面向丝路国家发展"互联网＋外贸"地缘、人文、政策、资金等众多优势，新疆应尽快使跨境电子商务综合试验区申报落户，新疆跨境电子商务综合试验区可采取"一区三园"模式，在南疆依托喀什综合保税区设立喀什跨境电子商务产业园、在北疆依托阿拉山口综合保税区设立阿拉山口跨境电子商务产业园区，依托首府乌鲁木齐众多优势，在乌鲁木齐高新区设立新疆跨境电子商务总部，打造服务新疆、辐射全国和丝绸之路经济带沿线国家的跨境贸易电子商务创新示范基地。新疆要抓紧"丝绸之路经济带"核心区建设的历史时机，加强统筹规划，推动"互联网＋外贸"产业链构建和应用。

（12）加强国际贸易与网络关键技术研究，大力培养网络与贸易融合类专业人才。"互联网＋外贸"涉及网络数据传输保密、大数据存储、电子支付、第三方认证等关键技术，新疆应当在关键技术环节如大数据存储、信息安全防护等方面加大投资力度，并在企业推广使用。"互联网＋外贸"发展需要的是大量网络与贸易融合类专业人才，新疆应尽快制定培养跨境贸易电子商务专业人才政策措施，在全区各高校设立跨境电子商务专业，大力培养跨境电子商务融合专业人才，并对就业进行政策性鼓励与支持。

3. 企业层面的能源与贸易互联互通的政策建议

（1）建立已进入中亚市场的企业联谊会和中亚区域合作的中介服务机构。建议由国家商务部牵头，由新疆商务厅具体负责，与已在中亚国家有较好业绩的企业进行联系，广泛吸收欲打入中亚市场的企业，特别是民营企业和私有经济企业。逐步形成联合参与中亚区域合作开发的企业家联盟，既可以由业绩好的企业介绍进入中亚市场的经验、投资环境、政策法规等，还可起到引路和牵线搭桥的作用，逐步扩大力量和市场份额。另外，亟须建立一个服务组织网络化、服务手段现代化、运行机制市场化的中亚区域合作中介服务机构，为企业提供市场信息、企业信用、项目评估等全方位的参与此区域合作开发的中介咨询服务。

（2）加快企业体制改革，使混合所有制企业发挥带动作用。结合国有企业改革，以拓宽民营企业投资领域、减少外向型民营企业的能源领域进入壁垒为契机，形成国有和民营股权合作的混合所有制企业，成为能源合作领域的新载体。在能源合作领域，国家要更加注重民营企业与国有企业同时"走出去"，形成国有企业和民营企业混合体，让这一混合体在中亚国家参与更为广泛的能源领域内部合作。一方面分散了国有企业的投资风险，另一方面合理利用民间资本力量，发挥民营企业的市场化运作能力，也可以减少中亚国家对中国企业投资的阻力。

（3）民间团体发挥更多作用，实现企业间的直接对接，加强安全和利益的保护。按照市场化运作规律，要推动企业实体"走出去"，在政府层面达成框架合作协议或战略性意向之后，要鼓励和支持中国工商联和商会等半民间或民间组织的力量，创造更多的条件实现中国企业家与中亚各国企业家之间的直接沟通。一方面，国家外交部门要加强对中国企业和民众安全和利益的保护，提高保护能力；另一方面，"走出去"的公民与企业应该在有关部门的协调下，组织民间商会、海外投资者协会等社会组织，增强自身的安全力量，提升与当地社会的谈判能力。还可以探索具有中国特色的海外私人安保服务，让"走出去"的企业和个人能够通过市场来获得安全。

（4）建立开拓中亚市场的中国企业战略联盟，努力开拓中亚市场。在竞合时代，开拓中亚市场，提高中国企业竞争力，首先应建立中国企业间的战略联盟，其次应建立中国企业与中亚国家企业间的战略联盟。其运作形式主要有共同研究与开发、定牌生产、合资经营等。从实践操作角度看，最好先尝试以国内联盟促进国际联盟。中国企业应认真研究中亚市场，重视市场调查，制定占领中亚市场的长远谋略：一是细分市场，根据自身特点，确定企业目标市场。二是实施以专业化分工为基础的商品经营策略，避免出现众多中国公司进出口商品种类单一、竞争点太集中的现象。三是利用政府信誉推出"名、特、新"产品，实施名牌战略，让高质量、精包装、品牌优、适销对路的商品进入中亚市场，增强产品市场竞争力，以适应不断变化的中亚市场环境，树立中国产品新形象。

（5）在新能源、清洁能源合作领域，让民营企业更加有为。在新能源、清洁能源等更为广泛的能源合作领域，让民营企业成为合作先驱。民营企业应该拓展投资视野，不仅要关注化石能源等传统能源领域的合作，要更加注重起点高、具有长远发展潜力的新能源合作项目以及能够短期内对中亚国家产生实际效益的其他能源合作项目。民营企业"走出去"参与中亚国家所需的新能源建设，不仅拓展了能源合作领域，还能够拓展能源领域的互联互通。

（6）中国企业要主动参与和推动中亚国家工业化进程。中亚五国独立后面临的最大问题是如何实现工业化。目前，中国企业在中亚国家的直接投资主要集中在能源领域，在其他工业领域的投资较少。这一现象已经在中亚国家造成负面影响。因此，本书认为：一是中国企业要加大非能源领域的投资，注重在当地加工生产，为生产和资本输出积累更多的经验，进一步提升中国企业对当地国家经济渗透和影响力。二是中国企业在中亚国家实现落地加工后，要更加注意中国生产优势、技术优势和资本优势与当地工业化需求的有机结合。三是中国企业在参与当地工业化进程中尽量避免出现垄断倾向、过度行业集中，实现空间上的合理分布和产业链的适度延长，在产业链各个环节上实现与当地企业的有机结合，形成"你中有我，我中有你"的和谐发展格局。

（7）中国企业要加快形成独特的国际形象。"丝绸之路经济带"建设中，中国企业必须以崭新的姿态和形象出现在中亚各国。为此，一是提高中国企业家的心理素质和修养。中国"走出去"企业家必须有包容的姿态，必须以平等、平衡的心态，较高的心理素质应对各种合作难题，不要事事寻求高层、上级或通过金钱交易解决问题。二是要改变中国产品物美价廉（低端产品）的形象，充分利用当地市场保护机制形成"物美价实""物美价适"和"物美高贵"的新形象。三是要注重形成中国品牌。中国企业"走出去"，尤其是在中亚的合作中必须注重创造属于中国元素的、带有中国特点的品牌影响力。四是中国企业要熟悉当地文化和国际法律，尤其是中亚国家的社会文化和法律法规。在用工方面遵守当地法律法规，避免直接冲突，了解当地的用工标准和法律规定，实现范围广、层次深的利益协调，最终为实现共赢发展提供微观基础。

理论与综述篇

第二章　理论基础与经验借鉴

第一节　理论基础

一、能源与贸易互联互通的理论基础

1. 区域经济一体化形成机理和效应相关理论

从形成经济一体化的动力机制来看，区域经济一体化可以分为制度导向一体化和市场导向一体化两种类型。制度导向一体化以一定的国际协定和组织形式为框架，在经济一体化进程中，各成员国由政府出面，通过谈判达成协议或签署条约制定明确的一体化目标和阶段性建设方案，对成员国在集团中的权利和义务做出相应的规定，并且根据具体情况设置超国家机构，共同决定一体化的发展。市场导向一体化是以经济活动本身自发形成的高度密切联系为基础的，各成员国之间没有签订协议或契约，也没有形成任何超国家机构，它们在保留主权的前提下实现国家间的合作，在现实经济领域中消除各种壁垒，以实现市场的扩大和客观的融合。制度导向一体化和市场导向一体化是区域经济一体化的两个层面。市场导向一体化反映了经济一体化的实质性内容，它是各国市场经济自发的内在要求，但在这种力量支配下的国家之间的经济交往活动没有约束力，并且往往是不稳定的；而制度安排则将这种国际经济关系以某种特定的形式予以固定化和经常化，起着保障一体化成果和促进一体化进程的作用。当市场导向一体化发展到一定阶段时，必然要求建立制度型一体化予以保障，并为促进市场导向经济一体化向纵深发展提供条件①。

---

① 华晓红. 国际区域经济合作——理论与实践［M］. 北京：对外经济贸易大学出版社，2007：14.

关税同盟理论。关税同盟理论是对一体化经济效应的分析，为经济一体化理论的成形和发展构筑基础。该理论形成于 20 世纪 50 年代，其代表人物主要是美国经济学家维纳（J. Viner）和李普西（R. G. Lipsey）。主要论及关税同盟的静态效果和动态效果。关税同盟的静态效果主要包括贸易创造效果、贸易转移效果、贸易扩大效果等。关税同盟的动态效果包括：使成员国之间的竞争加剧，专业化程度加深，资源使用效率提高；获取规模经济；刺激投资；促进技术进步；提高要素的流动性；加速经济成长等①。

共同市场理论。共同市场是区域经济一体化过程中较关税同盟更高一层次的一体化水平，它最大的特点在于实现包括产品、资本、劳动力等在内的生产要素市场一体化，即取消了生产要素流动限制，使产品、资本、劳动力等生产要素在共同市场内自由流动。西托夫斯基和德纽针对共同市场提出大市场理论。大市场理论认为，共同市场把那些被保护主义分割的小市场统一起来形成大市场，通过扩大市场才可能获得规模经济，从而实现技术利益，依据因市场扩大化而竞争激烈化的经济条件来实现上述目的②。其理论的核心，即通过扩大市场获得规模经济，从而实现经济利益。

2. 新经济地理理论

新经济地理理论（简称 NEG 理论）是 20 世纪 90 年代以克鲁格曼为代表的新地理经济学家提出的，该理论以经济聚集为研究对象，以垄断竞争模型为理论支柱，用本地市场效应和价格指数效应解释了经济聚集的原因，并为经济活动的空间研究提供了一个主流经济学的标准分析框架。其主要研究"报酬递增规律"如何影响产业的空间集聚，即市场和地理之间的相互联系。理论假设从规模收益递增和不完全竞争出发，认为外部规模经济和运输成本的相互作用是解释区域产业聚集和区域"中心—边缘"形成的关键，并将运输成本纳入理论分析框架之中③。

3. 区际贸易理论

瑞典经济学家戈特哈德·贝蒂·俄林在《区际贸易和国际贸易》一书中揭示了区际贸易和国际贸易形成的原因，并把国际贸易的运行规律与国内贸易的运行规律的共同点进行归纳，形成了区际贸易理论。他认为劳动力和资本等生产要素在国内与国际上的流动，只有程度上的差别，并无本质上的不同，二者所适用的规律及贸易理论都有很多共同之处。他还认为地区是进行贸易的最基本的单

---

① 李锐，张秀娥，孙明远. 关税同盟理论［N］. 国际商报，2010 - 10 - 13.

② 华晓红. 国际贸易理论与实务［M］. 北京：对外经济贸易大学出版社，2007：113.

③ 刘育红. "新丝绸之路"经济带交通基础设施、空间溢出与经济增长［D］. 陕西师范大学博士学位论文，2012.

位，其划分的标准是生产要素的天然禀赋，而生产要素的类别是可以细分的。因此，他所说的地区范围可大可小，大地区之间和小地区之间都可以以自己的生产要素禀赋优势相互展开贸易。因此，俄林所说的区际贸易既包括国际贸易，也包括国内贸易。但同时俄林又强调了国际贸易与区际贸易的不同点①。沃纳斯伯尔（1996，1999）把新经济地理学模型作为区际贸易新类型的基础，他认为假定生产要素不能自由流动，如果中间性商品受到规模经济和运费的影响，生产过程中所引起的区际经济分化必然出现。沃纳斯伯尔还把运输成本纳入赫克歇尔—俄林的区际贸易模型，发现贸易方式和生产方式不仅取决于资源禀赋和要素密集度，而且依赖于运输成本，后者与国家或区域的地理位置有关②。

4. 区域（国家）分工理论

早期的分工理论主要有亚当·斯密的绝对优势理论，大卫·李嘉图的比较优势理论以及赫克歇尔—俄林的生产要素禀赋理论等。绝对优势理论认为，任何国家都有一定的、绝对有利的生产条件，若按绝对有利的条件进行分工生产，然后进行交换，会使各国资源得到有效利用，从而优化资源配置，增进国家利益。但绝对优势理论无法解释无任何绝对优势可言的国家，如何从参与分工中获利。比较优势理论解决了绝对优势理论无法回答的问题，认为一国和地区应选择生产优势最大或劣势最小的那些产品进行生产。比较利益理论发展了区域分工理论，但它不能对比较优势原理的形成做出合理的解释，并且与绝对利益理论一样，它是以生产要素不流动作为假定前提的，与实际情况不相符。赫克歇尔—俄林在分析比较利益产生的原因时，提出了生产要素禀赋理论。他们认为，各个国家和地区的生产要素禀赋不同，这是国际或区域分工产生的基本原因。如果不考虑需求因素的影响，并假定生产要素流动存在障碍，那么每个区域利用其相对丰裕的生产要素进行生产，就处于有利的地位③。

5. 战略伙伴关系理论

战略合作伙伴关系是组织之间为实现特定的战略目标而结成的一种长期的、密切的合作关系。经济学家和管理学者普遍认为，一项社会交易的发生需要三个基本条件：①交易者之间存在相互依赖的关系；②交易者之间存在着相互信任的关系；③交易者之间的交易必须是互惠的。战略合作伙伴在基于对彼此资源需求和相互依赖的前提下，通常会签订较为松散的框架性合作协定，以指导双方未来的合作行为，并且战略合作应该为双方带来公平的绩效分配。战略合作者双方应

① 戈特哈德·贝蒂·俄林. 区际贸易和国际贸易 [M]. 逯宇铎等译. 北京：华夏出版社，2008.
② 徐梅. 当代西方区域经济理论评析 [J]. 经济评论，2002（3）：74 - 77.
③ 吴殿廷. 区域经济学 [M]. 北京：科学出版社，2008：268 - 270.

明确合作行为的本质，并按社会交易的规则采取行动①。

二、贸易便利化、投资便利化与互联互通的关系分析

1. 基本内涵

（1）贸易便利化。贸易便利化迄今在世界范围内尚无一个被普遍接受的统一定义，WTO（1998 年）和 UNCTAD（2001 年）②、OECD（2001 年）③、UN/ECE（2002 年）④、亚太经合组织（2002 年）⑤对贸易便利化均作了阐述，虽表述不同但本质是一致的，即贸易便利化就是简化和协调贸易程序，加速要素跨境的流通。

（2）投资便利化。投资便利化是对国际贸易投资制度、程序和规范的简化与协调。通过简化贸易程序、提高政策管理和手续办理的透明度、基础设施的标准化建设，协调相关标准与规定等，为国际贸易投资活动创造良好环境。

（3）"互联互通"的战略构想与基本内涵。互联互通的经济学要义就是要为资本、劳动力、技术、信息、服务等生产要素的通畅流动创造条件，是要在减少要素流动成本的基础上，促进各国经济的交流与合作发展，提升参与国人民福利水平⑥。习近平主席在"加强互联互通伙伴关系对话会"中，完整阐述了"互联互通"的内涵⑦，不仅包括基础设施的联通，更要以基础设施的联通为纽带，促进中国与沿线国家和地区要素的自由流通，通过观念制度的互通增进区域内经济体的政治互信，以民众民心交流筑牢互联互通的社会根基和软环境⑧。

---

① 任旭，刘延平．从社会交易理论看战略合作伙伴关系 ［N］．光明日报，2009 – 02 – 01.

② 认为贸易便利化是指国际贸易程序（包括国际货物贸易流动所需要的收集、提供、沟通及处理数据的活动、做法和手续）的简化和协调。

③ 对贸易便利化的表述是：国际货物从卖方流动到买方并向另一方支付所需要的程序及相关信息流动的简化和标准化。

④ 将贸易便利化定义为：用全面的和一体化的方法减少贸易交易过程的复杂性和成本，在国际可接受的规范、准则及最佳做法的基础上，保证所有贸易活动在有效、透明和可预见的方式下进行。

⑤ 将贸易便利化定义为：使用新技术和其他措施，简化和协调与贸易有关的程序和行政障碍，降低成本，推动货物和服务更好地流通。通过程序和手续的简化、适用法律和规定的协调、基础设施的标准化和改善，为国际贸易交易创造一个协调的、透明的、可预见的环境。

⑥ 彭刚，任奕嘉．互联互通：经济新常态下的国家战略 ［EB/OL］．http：//www.rmlt.com.cn/2015/0409/381093.shtml.

⑦ 习近平 2014 年 11 月 8 日在《联通引领发展　伙伴聚焦合作——在"加强互联互通伙伴关系"东道主伙伴对话会上的讲话》中指出："我们要建设的互联互通，不仅是修路架桥，不光是平面化和单线条的联通，而更应该是基础设施、制度规章、人员交流三位一体，应该是政策沟通、设施联通、贸易畅通、资金融通、民心相通五大领域齐头并进。这是全方位、立体化、网络状的大联通，是生机勃勃、群策群力的开放系统。"

⑧ 翟崑．"一带一路"开启全球互联互通史的新篇章 ［EB/OL］．新华网，http：//news.xinhuanet.com/comments/2014 – 10/09/c_ 11137223.htm，2014 – 10 – 09.

2. 贸易投资便利化与互联互通的关系分析

互联互通既是有效促进贸易投资便利化的重要途径，也是实现贸易投资便利化的客观、现实需要。在当前全球经济增长乏力的背景下，互联互通合作在密切区域经济联系、缩小发展鸿沟、增强区域竞争力、实现各国经济平稳增长方面发挥了重要作用[1]。习近平主席在"加强互联互通伙伴关系对话会"中指出"互联互通"发展的五大领域，这五大领域的互联互通将促进要素国家间自由流动，有效降低人员、商品、资金等要素的跨境流动的成本与时间，极大程度上促进贸易投资便利化，提高各国的贸易投资效率。互联互通，尤其是基础设施互联互通所形成的新的交通运输路线或方式与制度互联互通带来的贸易投资自由化、便利化会在很大程度上降低贸易时间、物流和关税等成本，从而改变产品的可贸易性和贸易规模[2]；亚洲开发银行副行长格罗夫（Stephen Groff）认为，互联互通是区域合作的重点，将使区域内交通耗时大幅缩短，继而产生巨大的"贸易拉动效应"。互联互通使国家间简化通关和检验检疫等手续，优化通关作业流程，提升与贸易有关的服务支持水平，极大促进区域贸易便利化。加强国家间资源、环保、财税、投资等政策沟通，创造更优的营商环境。今后一个时期，随着中国对外投资数额的增加，周边国家的互联互通项目将是中国开展投资合作的重要内容之一[3]。

贸易投资便利化既是实现能源贸易互联互通的重要手段，也是体现互联互通成效的重要表现形式。贸易投资合作是丝绸之路经济带建设的重点内容[4]，也是推动中国与周边国家能源、贸易互联互通的重要任务之一。相关研究认为，贸易投资便利化是由封闭经济向开放经济转变的过程，是经济全球化和区域经济一体化对贸易投资领域的必然要求[5]。通过合作解决贸易投资便利化问题，有助于消除互通国家投资和贸易壁垒，构建良好的营商环境，深化国家间贸易投资合作，提升区域经济一体化水平。近年来，中国与周边国家能源、贸易投资合作不断加强，已成为周边国家特别是中亚国家最重要的贸易伙伴和投资来源国。但受经济发展水平、社会制度、法律规章等因素的影响，中国与周边国家贸易投资壁垒仍然较多，不利于各国经贸合作水平的提升。通过推进中国与周边国家贸易投资便利化，促进互联互通进程。一是协调中国与周边国家能源与贸易投资法规及政策，建立符合互通各国共同利益、有助于投资便利化的制度法规；二是建立互通

① 王慧. 中国与东盟互联互通渐入佳境 [N]. 人民日报，2012 – 09 – 18.

② 王玉主. 区域一体化视野中的互联互通经济学 [J]. 人民论坛·学术前沿，2015（3）：17 – 29.

③ 秦庚. 区域互联互通将成为我国投资重要方向 [N]. 国际商报，2012 – 05 – 04.

④ 白永秀，王颂吉. 丝绸之路经济带战略实施：目标、重点任务与支持体系 [J]. 兰州大学学报（社会科学版），2015（4）：1 – 6.

⑤ 郭飞，李卓，王飞等. 贸易自由化与投资自由化互动关系研究 [M]. 北京：人民出版社，2006.

国家领域性和功能性合作机制，设置协调处置机构，处理合作方在能源、贸易、投资等领域存在的利益纠纷问题；三是建立应对贸易投资风险的管控机制①，提高互通国家贸易投资风险应对能力。

三、互联互通促进国际区域经济合作的效应分析

1. 互联互通的规模经济效应

从产品供给角度看，互联互通最重要的作用是规模经济效应。互联互通特别是基础设施互联互通，有助于突破区域一体化面临的基础设施瓶颈，使规模经济能够在更大的区域范围内实现。制度性区域合作的目标是通过拆除各国设置的关税等藩篱，把原本相互分割的民族国家建立成为"单一的市场和生产基地"，从而使在这个区域内从事生产经营活动的企业能够实现更大的规模经济②。

2. 互联互通的贸易创造效应

贸易创造效应，一般解释为在关税同盟缔结后，由于同盟各国之间相互取消关税和与关税具有同等效力的其他措施，成员国由原来自己生产并消费的高成本、高价格的产品，转向购买成员国低成本、低价格的产品，从而使同盟国之间贸易规模扩大和福利水平提高。互联互通的深化，一方面可以让更多的经济体融入经济全球化、区域经济一体化进程，扩大消费群体；另一方面通过降低物流成本扩大消费规模，或把更多产品变为可贸易产品，从而促进国际贸易发展。③

四、"丝绸之路经济带"在中国与中亚能源与贸易互联互通中的地位与作用

"丝绸之路经济带"建设是一个庞大的战略性系统工程④，其建设构想以经济合作为先导与基石，以政治合作为前提与推进手段，以促进文化交流、化解安全风险为重要目标，是具有前瞻性的综合战略规划⑤。实现丝绸之路经济带建设的关键是要落实"政策沟通、设施联通、贸易畅通、资金融通和民心相通"，其中政策沟通是前提，设施联通是基础，贸易畅通是纽带，资金融通是手段，民心相通是桥梁⑥。中国（新疆）与中亚国家能源与贸易的互联互通是深化中亚区域合作、构建"丝绸之路经济带"的优先领域和重点方向、提升中国（新疆）与

---

①③ 秦庚．区域互联互通将成为我国投资重要方向 [N]．国际商报，2012 – 05 – 04.

② 王玉主．区域一体化视野中的互联互通经济学 [J]．人民论坛・学术前沿，2015（3）：17 – 29.

④ 白永秀，吴航，王泽润．丝绸之路经济带战略构想：依据、目标及实现步骤 [J]．人文杂志，2014（9）：25 – 31.

⑤ 何茂春，张冀兵．新丝绸之路经济带的国家战略分析——中国的历史机遇、潜在挑战与应对策略 [J]．人民论坛・学术前沿，2013（12）.

⑥ 程中海，罗超．丝绸之路经济带贸易便利化：理论、实践与推进 [J]．石河子大学学报（哲学社会科学版），2015（2）：9 – 17.

中亚经贸合作水平的重要途径，是实现我国能源安全战略和国家安全稳定的重要手段①。

"丝绸之路经济带"倡议是实现中国—中亚国家能源贸易互联互通的重要平台。"丝绸之路经济带"倡议的内容主要包括②：能源安全合作、交通等基础设施合作、贸易与投资领域合作、科教文卫及旅游等领域合作，内容广泛。能源安全合作方面，通过实施"丝绸之路经济带"倡议，建立与中亚地区的能源合作机制，拓展能源合作领域的广度和深度，依托新疆地缘优势，发挥中转作用，加大能源通道建设，降低中国对马六甲海峡的依赖，保障能源供应安全；交通基础设施等通道建设方面，随着中国陇海、兰新铁路与哈萨克斯坦铁路接轨，中国—中亚铁路网基本形成，中国—中亚—欧洲班列相继开通，区域内铁路、公路、港口等交通基础设施不断完善，中国和中亚国家在交通领域的合作不断深化，规模也将进一步扩大。贸易投资领域合作方面，通过"丝绸之路经济带"贸易便利化内涵③可以看出，共建"丝绸之路经济带"，可以深化与中亚国家的经贸合作，推动中国—中亚自由贸易区与跨境经济合作开发区的建设，带动中国与周边国家共同发展。

"丝绸之路经济带"倡议为能源贸易互联互通提供合作形式多样、灵活务实的制度安排。"丝绸之路经济带"倡议是不搞排他性的制度设计，体现了高度的开放性，展现了高度的灵活性和务实性，"丝绸之路经济带"建设既可在双边层面展开，也可通过多边合作进行，同时不排除美国等国家在"丝绸之路经济带"框架内开展合作的可能性，随着"丝绸之路经济带"国际合作的不断推进，区内各国将通过制度合作逐步消除阻碍经济交往有效进行的各种人为因素，形成被各国普遍接受的、保证生产要素在区内高度自由流动与便利化配置的统一制度体系④，这种灵活务实的制度安排利于国家间开展能源贸易互联互通合作。

---

① 高志刚."丝绸之路经济带"框架下中国（新疆）与周边国家能源与贸易互联互通研究构想［J］.开发研究，2014（1）：46-50.

② 惠宁，杨世迪.丝绸之路经济带的内涵界定、合作内容及实现路径［J］.延安大学学报（社会科学版），2014（8）：60-66.

③ 丝绸之路经济带贸易便利化内涵是指：以改善"丝绸之路经济带"沿线国家（地区）国内综合交通运输体系为保障，以促进"丝绸之路经济带"沿线国家（地区）贸易政策公开透明和政策沟通为制度基础，以加强"丝绸之路经济带"沿线国家（地区）贸易信息化和技术化为手段，以实现"丝绸之路经济带"区域贸易自由化为目标，提高"丝绸之路经济带"国家（地区）货物贸易进出口物流效率，简化进出口贸易流程，清除区域国际贸易中的交易障碍，降低交易成本，最大程度地实现"丝绸之路经济带"沿线国家（地区）贸易自由和开放。

④ 郭飞，李卓，王飞等.贸易自由化与投资自由化互动关系研究［M］.北京：人民出版社，2006：3.

第二节　经验借鉴

一、中国与东盟互联互通的经验借鉴

1. 中国—东盟自贸区成立历程回顾

中国与东南亚是近邻，社会、经济、文化方面的交往历史悠久，具有深化合作的地缘优势以及贸易量高、贸易互补等优势。2002 年 11 月，中国与东盟正式签署了《中国—东盟全面经济合作框架协议》，提出涵盖货物贸易、服务贸易、投资与经济合作等内容的 16 项条款，标志着中国—东盟自由贸易区建设的正式启动。2010 年 1 月 1 日，中国—东盟遵照约定签署了《货物贸易协定》《服务贸易协定》和《投资协议》，大部分地区的大部分商品实现了零关税，双方开始进入自由贸易区建成时期。货物贸易方面，自 2003 年 1 月 1 日起双方实施《货物贸易协定》早期收获计划，实行农产品零关税；2004 年 11 月，正式签订中国—东盟《货物贸易协定》，开始加速降低 500 多种商品的关税水平；自 2010 年 1 月 1 日起，中国与东盟 6 个老成员①之间 90% 以上的产品实行零关税，2015 年将与东盟 4 个新成员②之间实现 90% 零关税的目标。服务贸易方面，中国与东盟 10 国于 2007 年 1 月 14 日签署协定，在各自 WTO 承诺的基础上双方进一步开放服务市场，加速实现服务贸易自由化。投资方面，在 2008 年中国—东盟经贸部长会议期间，双方签署了自由贸易区投资协议，同时完成了中国—东盟自由贸易区所有协议的签订。为加深中国—东盟经贸合作，并进一步加强政府、民间各层次交流，双方致力于打造中国—东盟自贸区升级版及中国—东盟命运共同体③。

2. 中国—东盟互联互通的经济效应

中国—东盟自由贸易区的建立促进了双边贸易额的增长。CAFTA 建立后，随着壁垒的撤除及贸易扩张，贸易创造效应越来越明显，东盟向中国的出口增加了 48%，中国向东盟的出口增加了 55%④；双方通过协定关税的下降及非关税政策拓展了中国进口贸易的数量和种类，相对中国多边最惠国关税的下降，扩展边

①　东盟 6 个老成员即文莱、菲律宾、印度尼西亚、马来西亚、泰国和新加坡。

②　东盟 4 个新成员即越南、老挝、柬埔寨和缅甸。

③　魏玲. 东盟共同体建设与"中国—东盟命运共同体"打造相得益彰［J］. 世界知识，2015（13）：22 – 25.

④　沈铭辉. 中国—东盟自由贸易区：成就与评估［J］. 国际经济合作，2013（9）：11 – 17.

际从 CAFTA 协定关税的等量下降中获得了更多的增长[①]。中国与东盟间的贸易往来强劲地增长，中国正在成为东南亚经济增长的发动机。同时，中国—东盟自由贸易区促进了双边投资额的增长。越来越多的中国企业把东盟国家作为主要投资目的地，为东盟自由贸易优惠提供合格的出口平台。随着东盟与中国海外网络的强大联系已经扩展到全世界，东南亚将成为中国正在增长的海外投资的第一目的地[②]。

中国—东盟互联互通主要由硬件基础设施的连接、机制的对接与人文的连接三方面组成[③]，因此从这三方面总结其进展：基础设施建设方面，双方主要集中在大湄公河次区域（GMS）、泛北部湾及东盟东部增长区等区域，我国积极参与连接东盟的基础设施建设，在交通、电力、电信、管道建设等领域取得丰硕成果，与东盟各国之间已经形成了比较完备的东亚生产网络。机制对接方面，中国—东盟自贸区建设大致经历了关税大幅下调、自贸区全面建成、投资和服务贸易市场的进一步开放三个阶段，先后已建成中国—东盟博览会、中国西部国际博览会、中国—东盟商务与投资峰会、中国昆明进出口商品交易会等，推动了中国和东盟"一轴两翼"的区域合作新格局的形成，其中，南宁—新加坡经济走廊为一轴，大湄公河次区域合作区和泛北部湾经济合作区为两翼。人文交流方面，中国与东盟互联互通民间交流的部分包括教育、旅游、文化和人力资源开发等内容，目前各个方面都在有序推进，取得了一系列的成果。

3. 中国—东盟互联互通的经验借鉴

（1）政治互信方面。东盟各成员国在政治经济制度和文化价值观上差异明显，且东南亚国家大多曾经受到殖民统治，对主权问题相当敏感，东盟合作模式坚持互不干涉内政，通过非正式协商达成一致的原则，在组织和决策上有非正式、非强制性的特点，强调主权的神圣不可侵犯，追求国家的绝对平等为核心。为了消除东盟疑虑，维护中国与东南亚已形成的友好关系，中国主动提出六个早期收获计划，并提前两年先行向东盟开放市场。对东盟新成员实行特殊的、差别的和灵活的待遇，并在贸易、基建、医疗方面对东南亚国家提供发展援助。鉴于此，我国对外互联互通时需要结合实际、灵活应对，从而有效加强政治互信。

（2）政策衔接方面。CAFTA 协定关税的削减促进了集约边际的增长，而对扩展边际的促进作用并不明显，表明以关税自由化为主导的贸易政策实质上不利

①　汪颖博，朱小明，袁德胜，曹亮. CAFTA 框架下贸易成本、自由贸易政策与中国进口增长的二元边际［J］. 宏观经济研究，2014（10）：41-51.

②　李杨，刘鹏. 深化中国—东盟合作　打造自贸区升级版［J］. 国际贸易，2015（6）：62-66.

③　Asian Development Bank and Asian Development Bank Institute, Infrastructure for a Seamless Asia, Tokyo: Asian Development Bank Institute, 2009：19.

于贸易结构的调整和优化。与此相反，非关税政策更多地促进了扩展边际的增长，在一定程度上刺激了贸易结构由产品数量增长向产品种类增长转移。更加重视非关税政策衔接，削减非关税壁垒，致力于减少烦琐的通关手续、低效率的物流和缺乏可操作性的技术标准，以及削减进口禁令、许可证等非关税贸易壁垒，加快东盟内部的贸易自由化便利化进程。

（3）市场融合方面。中国与东盟国家产业结构和工业竞争力水平接近及双方在出口商品结构和国别结构上的相似性意味着一种竞争性，通过双方市场的有效融合，在原有水平性分工的基础上，通过市场机制或者协议分工进行产业内专业化分工和大规模生产，提高中国和东盟作为一个整体对外出口的竞争实力，化解双方在对外出口上的相互竞争局面。因此，国际合理分工与市场有效融合将进一步促进国与国之间的互联互通。

（4）物流畅通方面。中国—东盟自由贸易区成立以来，作为贸易畅通的纽带，物流软硬件设施和物流活动的协调合作得到了极大的改善。在基础设施互联互通领域，努力推进基础设施的网络化建设，包括运输、信息与通信技术、能源等基础设施建设，完善东盟物流供应链，进一步提高区域产业分工水平。

（5）自贸区利用方面。由于自贸区优惠关税与世贸组织最惠国关税差异较小，敏感目录商品过多、降税时间过长及信息沟通不畅等原因，中国—东盟自由贸易区利用率较低，限制了中国—东盟自由贸易区的经济影响力，不利于自贸区内互联互通的进一步深化。鉴于此，加强与相关国家互联互通有必要进一步调整优惠关税和最惠国关税之间的税差，将原部分敏感商品，特别是属于初级产品和中间产品类的商品关税进一步降低，以便构建、强化中国核心生产地位。同时有必要继续加强建设双方海关合作，在跨境交易过程中加强贸易便利化，有效降低企业的经营成本。

（6）模式选择方面。小国先发模式的 CAFTA 改变了"核心—边缘"传统模式负效应，通过自由竞争机制和成员国政策协调机制减少冲突、避免产业畸形，使区域内产业发展趋于平衡，加速了成员国之间的产业间贸易。由于专业化分工的加强，产业集聚效应十分明显。鉴于此，我国应加快合作模式的创新，促进国际产业的互联互通。

（7）法律保障方面。双方签订了《东南亚国家联盟与中华人民共和国全面经济合作框架协定》，不仅为中国与东盟之间的全面经济合作与互联互通提供了基本的法律保障，也为促进中国—东盟自由贸易区升级打下了坚实的法律基础。中国—东盟自由贸易区合法运作以多边贸易体制的法律为基础，以中国、东盟本身以及东盟各成员国的法律为补充。鉴于此，可以通过国际法与国内法的有效结合保障国际互联互通进一步开展。

二、欧盟内部互联互通的经验借鉴

欧洲联盟简称欧盟，是根据 1992 年签署的《欧洲联盟条约》所成立的国际联盟，现拥有 28 个成员国，在贸易、农业、金融等方面趋近于一个统一的联邦国家，而在内政、国防、外交等其他方面则类似一个独立国家所组成的同盟。通过各成员国之间的相互合作，从欧洲煤钢共同体、关税同盟到共同农业政策①，从欧洲货币体系到统一大市场和欧元的正式流通，欧盟逐步完成了由经济一体化的低级形式向高级形式发展的过程。

1. 欧盟内部互联互通机制

（1）法律保障机制。欧盟为了统一市场，消除贸易壁垒，实现欧盟成员国在商品、资本、人员和服务方面的自由流通，建立了一套完整的法律体系，即通过大量的立法为商品、资本、人员和服务的自由流通创造条件和环境，用法律来保证竞争在欧盟内有序进行。这个法律体系包括大量的条例、指令和决定等。欧盟指令、欧洲标准和欧洲合格评定方法构成欧盟统一大市场的三大支柱②。

（2）政治整合机制。从起步时的各成员国政府间信息沟通和协商的基础上逐步演变到"紧密的跨政府主义"阶段，各方利益协调与政治整合度逐步提高。尽管以政府间合作为基础，欧洲理事会、部长理事会等代表成员国的机构在决策中仍居主导地位，但随着共同体因素的介入与增多，促成了合作的密度与强度的提升，决策领域日趋广泛，机制性建设不断加强，最终导致诸多利益的有效平衡，欧盟外交与安全决策的政治统合度有所提高③。欧共体作为一个"特殊政体"增强了欧盟协调跨界行政主体的能力。

（3）货币联盟机制。欧盟有欧洲中央银行体系，且在欧元区内有欧元体系。作为世界上最独特的也是最独立的中央银行，欧洲央行唯一的宗旨是保持货币稳定，防止通货膨胀，并通过不断采取举措来缓解危机的不断扩散，稳定市场情绪，遏制危机蔓延。在此基础上，设立永久性的救助机制，稳定欧盟经济，应对危机冲击。为推进欧洲银行业联盟建设，设立了单一监管机制。

（4）内部贸易机制。欧盟贸易政策是欧盟发展最完善、最成熟的共同政策之一。欧盟超国家机构欧盟委员会拥有较大权力，成员国没有一票否决权，也没有单独制定贸易政策的权力。2009 年 12 月 1 日生效的《里斯本条约》基本解决

① 徐雪，夏海龙. 发达国家农业补贴政策调整及其经验借鉴——基于欧盟、美国、日本的考察［J］. 湖南农业大学学报（社会科学版），2015（3）：70 – 74.

② 蒋田芳，张文斌. 欧盟铁路互联互通技术规范及欧盟指令符合性认证综述［J］. 铁道技术监督，2014（10）：1 – 6.

③ Helen Wal Lace，William Wallace and Mark A. Poliack，Policy—Making in the European Union［M］. 2010，Oxford Univer – sity Press，2005：432 – 455.

了欧盟与成员国在贸易政策领域长期权责不清的问题。此外，欧盟坚持内部贸易自由化优先的原则，构建内部单一服务市场，统一市场规则，消除成员国之间的贸易障碍、降低交易成本、扩大产品市场份额，实现贸易创造效应和转移效应，增加区域内贸易交易额，加速资本自由流动，实现资本在区域间的最优化配置，同时也非常注意与多边贸易体制相协调。

（5）多元决策机制。突出特点是多元互动，灵活务实。欧洲（首脑）理事会、欧盟部长理事会（简称部长理事会或理事会）、欧洲议会、欧盟委员会（简称欧委会或委员会）等都不同程度地参与决策，并以一定程序实现互动。但各机构享有的决策权是不同的，欧洲（首脑）理事会和部长理事会是决策核心，拥有主要的决策权，作为欧盟超国家机构的欧委会和欧洲议会则分别拥有提案权、部分立法权、同意权和部分否决权，也不同程度地参与决策。除此之外，还有经济与社会委员会、区域委员会等组织以咨询的形式参与欧盟决策，如图 2 - 1 所示。

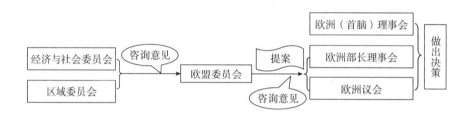

图 2 - 1　欧盟决策机制

（6）利益平衡机制。欧盟内部决策程序和机制为各成员国实现共同利益和谋求国家利益提供了一个可以操作的制度框架，各成员国借此进行讨价还价，实现了利益的整合。无论是欧盟各大机构之间的决策权分享制度，还是理事会的多种表决制度，都在制度层面承认差异，并为求同存异做出有效的安排，表现出对各成员国利益的尊重，成员国可以利用该机制维护自己认为重要的国家利益[1]。此外，通过结构基金（Structure Fund）和凝聚基金（Cohesion Fund）实现"协调和平衡发展"及"经济和社会凝聚"的目标，解决不同发展水平的成员参与合作的激励问题，避免因成员之间发展不平衡导致的"合作博弈"破产[2]。

---

① 穆雪茗，白长虹，李春晓，陈晔. 欧盟经验下的京津冀旅游一体化利益协调问题研究 [J]. 未来与发展，2015（6）：80，92 - 95.

② 卓凯，殷存毅. 区域合作的制度基础：跨界治理理论与欧盟经验 [J]. 财经研究，2007（1）：55 - 65.

（7）大国博弈机制。欧盟政策体系从内容、决策方式到实施过程都反映了大国的利益及其博弈。作为利益平衡的需要，决策过程中谈判和妥协色彩浓重，势必影响决策效率和效果，马拉松式谈判将更加艰难和复杂。大国之间的分歧及其妥协也将最终决定欧盟的走向。此外，政府间政治和超国家政治作为欧盟政治中两种并存机制①，它们之间存在着复杂的联动关系，欧盟各个成员国利用政府间政治机制来抵制超国家机构的能力并不是对称的，大国比中小国家更能够利用政府间政治的合作途径来影响超国家机构的政策决定。

2. 欧盟内部互联互通的经验借鉴

欧盟内部政治和经济领域互联互通的机制、有效务实的决策机制、利益平衡机制以及大国博弈与小国共享机制，实现了国家与超国家政治并存与联动，为欧盟内部互联互通提供了良好的平台。通过跨界治理实现欧盟区域合作与发展的经验，对我国实施互联互通战略具有重要的借鉴意义。

欧盟注重加强各方面合作及平衡欧盟与成员国的权利：在以实现经济协调发展为目标的区域合作中，各个成员不可避免地要进行产权的部分让渡，并由超越行政区划的组织机构来行使由各成员让渡出来的这部分权利，以制定整体性的合作发展规划，协调解决成员之间的利益矛盾冲突。② 通过加强欧洲议会的作用，加强欧洲议会与成员国议会之间的合作；通过欧盟与各成员国共同融资或完全由成员国资助，增加农业补贴、改善农业环境等措施促进结构调整、农村发展、市场营销；通过"授权原则"允许各成员国颁布自己在贸易政策方面的措施；通过"替代性共有权力"逐步放松投资政策；通过《欧共体条约》强调文化和视听服务贸易、教育服务贸易、社会与健康服务贸易属于欧共体和成员国的平行共有权利，欧共体对该权力的行使不损害成员国的既有权利，有关该方面的国际协定需得到各成员国的一致同意，并由欧共体和各成员国共同订立。鉴于此，在我国互联互通进程中，应充分尊重各国的既有权利，加强各方面的合作。

欧盟委员会前主席普罗迪在 2001 年就提出，欧盟的未来不只是一个贸易集团，而是要成为一支政治力量③。为实现欧洲的政治抱负，欧洲不仅进一步深化经济一体化，而且有选择地、逐步地将经济一体化的机制适用于政治一体化领域④。经济一体化基础上的政治一体化进一步增加欧盟内部互联互通的深度和广

① 李计广. 欧盟贸易政策体系及其决策机制研究 ［D］. 对外经济贸易大学硕士学位论文，2004.

② 卓凯，殷存毅. 区域合作的制度基础：跨界治理理论与欧盟经验 ［J］. 财经研究，2007（1）：55－65.

③ R. Prodi, European Parliament ［EB/OL］. http：//www. youtube. com/watch？v＝－I8M1T－Gg-RU. 2001－02－13.

④ 邝光裕，戴黍. 城市群建设：欧盟区域一体化的经验与启示 ［J］. 安徽理工大学学报（社会科学版），2015（1）：40－46.

度。然而，由于不同领域涉及的国家利益与敏感性不同，及各领域一体化不平衡，欧洲一体化的渐进性与不平衡性累积了深层次的结构性问题，使得欧盟的各种政策、机制表现出碎片化的特征，各领域政策难以协同发挥作用，有时甚至会相互掣肘。鉴于此，我国可尝试在推进经济互联互通的基础上，逐步加深彼此的政治联通。在此过程中，应充分注意与相关国家间政策、机制的对接，协调各领域互联互通的进度与平衡。

欧盟的法律框架保证了合作组织与政策工具的合法性与有效性。政策是行为主体制定的，而且还需要由行为主体来运用，行为主体制定和运用政策工具还要有相应的合法性。因此，组织机构及法律框架构成了欧盟经验不可或缺的重要方面。《欧洲经济共同体条约》是欧盟的法律基础，它规定了欧盟的政策目标、政策工具以及政策行为主体的组织架构。[①] 因此，区域合作的法律基础很重要，其作用在于使合作具有约束性，从而减少合作中的交易成本。在我国互联互通进程中，应注重与合作方构建合作的法律框架体系。

三、北美自由贸易区互联互通的经验借鉴

北美自由贸易区（North American Free Trade Area，NAFTA）成立于1994年，由美国、加拿大和墨西哥三国组成。北美自由贸易协定不仅打开了美国的市场，也打开了墨西哥和加拿大的市场，创造了一个拥有4亿人口的单一市场[②]，突破了以水平分工为基础的一体化模式。NAFTA通过发达国家与发展中国家的垂直分工，在经济发展水平差异很大、经济结构不同、互补性强的自贸区取得令人瞩目的成功。NAFTA的高效运行促进了美国、加拿大、墨西哥三国的贸易发展，改善了成员国投资环境，提高了自贸区的国际竞争力。

1. 北美自由贸易区互联互通现状

（1）贸易畅通方面。区内贸易自由化的特点是先实施工业品贸易自由化，后实现农产品贸易自由化，全面、灵活地规定重要产品、敏感产品实现贸易自由化的时间表及相关政策扶持措施。经过二十多年的发展，根据国际货币基金组织的数据，NAFTA成员国之间的货物贸易额增长迅速，三边贸易额翻了一番，NAFTA对三国贸易相互依赖的影响并不相同。NAFTA成立后，美加贸易基本保持稳定增长，墨西哥与美国、加拿大两国的贸易则增长迅速。与商品贸易相比，NAFTA成员国之间的服务贸易的发展成果相对较小。在NAFTA的服务贸易自由

① R. Prodi, European Parliament ［EB/OL］. http：//www. youtube. com/watch? v = - I8M1T - Gg-RU. 2001 - 02 - 13.

② 威廉·库珀，王宇. 从NAFTA到TPP（上）——纪念北美自由贸易协定签订20周年［J］. 金融发展研究，2014（9）：3 - 7.

化方面，商业服务和旅游所占比重相对较大，而运输和政府服务则没能完全开放。

（2）投资自由方面。NAFTA 规定成员国不得对其境内的投资者限定经营条件，保证各成员国投资者利润、销售所得、借贷支付等转移自由；不得直接或间接征用协定成员国企业的投资；其他成员在另一成员国开设银行、证券和保险机构，并保证不得实施非歧视待遇。良好的投资环境与强大、确定且透明的投资框架，确保了长期投资所需要的信心与稳定性，吸引了大量的直接投资（FDI）。

（3）产业分工方面。加拿大的原材料、墨西哥的劳动力与美国的技术管理相结合，形成了以美国为轴心的生产和加工一体化。加拿大和美国一直有着密切的贸易联系，经济发展水平差异不大，美加生产一体化主要表现为水平的产业内分工，两国在飞机和汽车制造、钢铁、食品加工、化学品和布料加工业等存在着密切的产业内贸易联系。在此基础上，NAFTA 进一步带动了美国和墨西哥的生产和加工垂直一体化。

（4）环境合作方面。北美自由贸易区环境合作委员会展开了三边合作计划，鼓励区内的信息、技术和经验交流，推动实施可持续发展农产品贸易项目，禁止使用危险化学药剂，为社会提供环境管理系统的信息与指导，制定保护野生动物和自然生态系统的战略等。

（5）机制衔接方面。北美自由贸易协定明确规定，三个会员国必须遵守协定规定的原则和规则，以取消贸易障碍、创造公平竞争的条件、增加投资机会为宗旨，坚持"求同存异，共谋发展，互敬互让"，用严格的制度性安排规范和约束有关各方的行为[①]。基于此，建立了以磋商为必经程序并以仲裁程序为主要解决方式的争端解决机制，确定管辖权的条款，建立仲裁程序，成立了强有力的组织机构，以确保协定有效实施，进而促进三边及多边合作。

（6）原产地规则方面。NAFTA 有效、严格的原产地规则有助于保护成员国利益，促进国际直接投资。NAFTA 原产地规则对原产于区内与区外的产品严格实行差别待遇，使日本和欧盟制造商不得不到墨西哥生产汽车零部件，从而推动了非 NAFTA 国家对墨西哥汽车业的投资。因此，出现了非 NAFTA 国家对墨西哥汽车业投资额的增长超过 NAFTA 内部投资的现象。同时，原产地规则也导致在北美的日本和欧盟服装制造商由原先从亚洲采购纺织品转向在墨西哥全程生产纤维、织物和服装。伴随外商对中间产品投资的增长，纺织、裁剪、服装配件、服装缝纫、漂洗整理直到服装批发业都逐渐集聚到墨西哥，从而在墨西哥内部形成了更为紧密的纺织服装产业链。尽管如此，NAFTA 内部仍然存在原产地规则滥

---

① 周文贵. 北美自由贸易区：特点、运行机制、借鉴与启示［J］. 国际经贸探索，2004（1）：16－21.

用等问题，使 NAFTA 并不足以确保北美地区的经济融合①。

2. 北美自由贸易区互联互通经验借鉴

（1）组织模式方面。NAFTA 具有鲜明的自身特色，根据成员国的差异性需求，设计了一套兼具软法与硬法特征的组织架构与法律制度，具体表现为：一是弱化的机构框架；二是差别性的制度安排；三是独特的争端解决制度②。一方面，由于组织内不存在一套系列分权的超国家因素机构，而只设立国与国之间平等合作的诸个机构，突出国家主权，具有软法特征；另一方面，北美自由贸易区"是一个在国际贸易规则方面具有较高层次的规则精确性"③ 的组织，法律承诺的约束力及多套争端解决机制的启用等又突出了其硬法特征。这种灵活的制度安排不仅恰当地解决了北美自由贸易区内各成员国经济发展水平不一带来的诸多问题，而且开创了"南北合作"的新路径。相比之下，我国参与的区域经济组织大多以软法为主，较为松散且缺乏约束力④。因此，我国在参与互联互通法律制度的制定时，应充分发挥法律的强制性，同时借鉴"差别性"制度安排，采取一些有效的、可行性的对策推动这种"差别性"的制度建构，突出强调弱者利益保护、强调透明度、强调领域内的公平竞争，以实现区域组织内各成员国利益的平衡，提高各国互联互通的积极性。

（2）机制建立方面。在 NAFTA 协定中，争端解决机制是其受到瞩目的特色之一。ISDM⑤ 机制中关于争议解决方式和程序方面有较为完整且适应其投资需要的规制，被誉为"是到目前为止对投资者权利提供最高保护标准的投资条约"⑥。NAFTA 规定，当一成员方因违反 NAFTA 协定投资条款而使另一成员方在贸易、环境、健康、投资和商业纠纷中造成经济损失时，允许受损一方直接寻求国际仲裁来解决争端。强制性的并伴有违约惩罚的争端解决机制保证了 NAFTA 协定的权威性，增强了区内投资环境的确定性。然而，我国所参与和推动的一体化组织虽然目标明确，但缺乏具体的法律规则，而且在市场开放和贸易投资自由化的时间和速度上，对各成员没有统一的要求，这在一定程度上延缓了彼此互联互通的进度。因此，在参与互联互通过程中，应突出"法制化"，争端解决模式兼顾法制性与政治性、统一性与灵活性。

① 涂志玲. NAFTA 十年回顾与展望［J］. 求索，2005（4）：12 – 14.

② 王传丽. 国际贸易法［M］. 北京：法律出版社，1998：503.

③ F. M. Abbott. NAFTA and the Legalization of Would Politics：A Case Study International Orgnization［J］. 2000，54（3）：524.

④ 王春婕. NAFTA 模式对我国的借鉴价值分析［J］. 商场现代化，2005（16）：132 – 133.

⑤ ISDM：Investor – State Dispute Settlement。NAFTA 第十一章确立的投资者诉国家争端解决机制。

⑥ 叶兴平. 国际争端解决机制的最新发展：北美自由贸易区的法律与实践［M］. 北京：法律出版社，2006.

墨西哥加入北美自由贸易区对我国未来探索参与国际互联互通具有较大启示。虽然 NAFTA 的实施过程中，美国与加拿大对墨西哥照顾较多①，NAFTA 的建立也加速了墨西哥经济转型，促进了出口的飞速增长，带动了外资大规模流入，然而事实并非如此。NAFTA 并未有效地提高普通墨西哥人的工资和生活水平，墨西哥农业也成为 NAFTA 后受冲击和伤害最大的产业②。

世界范围的自由贸易实践证明，自由贸易并没有有效解决各国（地区）的国内就业问题。因此，我国作为劳动密集型发展中国家，互联互通过程中应慎重签署垂直型区域一体化协议。签约时，应争取单列发展中国家的利益保护条款或特别保障条款，缓解劳动力市场开放早期面临的较大冲击。

众所周知，农业一直是各国关注的敏感行业，也是新一轮多哈回合谈判的焦点和难点，发达国家在此方面毫不让步，其巨额的农业补贴已经使发展中国家蒙受了巨大损失。在此情况下，发展中国家更应该注重保护本国农业和农民的利益，不宜盲目参与农业自由化，此方面墨西哥已经提供了前车之鉴。作为农业人口众多的发展中国家，在参与国际互联互通过程中，我国应该加长农业自由化的过渡期，放慢农业自由化进程，以留出足够时间完成我国农业人口向城市的转移，从农业部门向其他部门转移，从而顺利完成城市化进程。

四、对中国（新疆）与中亚国家互联互通建设的启示

1. 制度与机制先行

中国（新疆）与中亚国家互联互通建设需要分阶段、有计划地开展。第一阶段重在加强制度环境等基础性框架合作，在各方领导的重视和推动下，增强政治互信、加强合作领域内的制度建设、探索合作模式、明确合作领域和目标、拓展合作渠道。第二阶段排除合作阻碍。经过第一阶段的制度搭建及合作的深入开展，需要及时商讨和处理合作中存在的阻碍双方合作进一步深化的"瓶颈"制约及重点和难点问题。第三阶段继续深化领域性合作，包括项目优选、技术升级、多元化合作方式等。

2. 明确优先发展领域和项目

在"丝绸之路经济带"框架下，依托新疆"丝绸之路经济带"核心区建设，中国（新疆）与中亚国家互联互通优先合作领域是基础设施互联互通，不仅包括铁路、公路、航空网络一体化的综合交通运输体系，还包括通信、信息网络建设，区域公共电网建设等。在规则、制度融合与协调方面，应以国际标准为指导，参与制定区域内统一的合作框架与标准体系；专业技术、行业领域要制定区

---

① 王素芹. NAFTA 与 CAFTA 的对比分析 ［J］. 经济纬经，2005（3）：46－48.

② 乔颖. NAFTA 对墨西哥经济的负面影响及其启示 ［J］. 世界经济研究，2005（6）：80－84.

域内均认可的技术规范和相应的制度条例等。在"跨边界"区域，要重视信息的透明和共享性，通过建立信息平台、完善相关数据库、实施"单一窗口"（一次性处理所有要求，最小化和标准化数据要求和程序），简化通关手续，实现通关便利化。在促进人员流动方面，可借鉴 APEC 商务旅行卡，简化商务人员跨境流动手续，进一步促进区域内各国人员交流，同时扩大教育科技等领域的合作，通过互派留学生、教师互访等形式加强教育领域合作；通过艺术节等民间交流形式，实现区域内民心相同。

3. 构筑多层次、多渠道的资金保障体系

中国与中亚国家互联互通建设，尤其是在基础设施建设作为优先、重点领域推进时，大型跨境基础设施项目建设的资金来源问题是关键，也是核心问题。中国—东盟基础设施融资主要是市场驱动、自下而上，受到了一些"瓶颈"制约，就目前的开展情况而言，自上而下的合作模式更为必要。一方面，通过国家间的合作带动私人部门投资，将地区储蓄有效转化为基础设施投资；另一方面，积极利用好"丝路基金"和亚投行的资金，明确资金总额、区域内各国出资方式、出资额度和投资使用规则。加强与亚洲开发银行、世界银行集团等多边金融机构的合作，积极寻求其资金支持。同时，在债券市场可以进行有益的探索。保障重大项目推进过程中有持续、稳定的资金来源。

第三章　研究动态与文献综述

第一节　国内外研究动态

一、关于中国与中亚国家能源研究

1. 关于中国与中亚国家能源合作的研究

Thomson（2009）认为从中国的视角来看，中国国内能源产量远远不能满足中国迅速增长的能源需求，能源贸易对中国来说是一个重要的问题，中国必须要加强同中亚国家，特别是哈国（有大量的能源储备）的经济联系。Iftikhar A. Lodhi（2009）认为，尽管巴基斯坦具有开发煤炭和水电的潜力，但是在短期内却很难受益于这些资源，必须依赖进口燃料来保持经济增长。Irina Ionela Pop（2010）分析了中国在中亚的能源利益、能源安全战略、中亚的能源外交以及与俄罗斯、印度和日本在能源领域的合作与联系；剖析了中国在中亚能源战略的地缘政治和地缘经济的影响因素，能源效率、持久性及潜在发展的能力。G. Ivashentsov（2010）分析了俄罗斯的能源储备以及能源领域发展的现状以及俄罗斯在中亚的能源战略，最后提出了俄罗斯在中亚的能源策略。Tariq Husain（2011）分析了巴基斯坦能源行业的有关问题并强调了解决这些问题，以及能源和环境之间联系的重要性，提出了提高能源效率的解决方案。

王礼茂和李红强（2009）主要分析了中国与周边的东亚、东南亚、中亚和俄罗斯等国家和地区在油气领域的合作和竞争，并分析了其地缘政治影响。张新花（2009）阐述了中亚国家的"资源立国"战略及其能源生产潜力，分析了美国、俄罗斯、欧盟、日本、印度等国家和地区对中亚能源的博弈，提出了中国的中亚能源策略。柳天恩（2011）研究了俄罗斯能源政策调整对中俄能源合作的影响。

石岚（2011）认为，中亚及其相邻的里海地区有着丰富的石油天然气资源，毗邻的地理位置为中国与中亚国家能源合作创造了得天独厚的条件。张耀（2011）尝试对中国在上海合作组织框架下与其他成员国进行能源合作的基础、现状、未来发展趋势以及这种合作对于中国能源安全的积极意义进行较深入的思考。李英杰（2011）归纳出中俄、中哈能源合作的不同，并试图梳理出中国国际能源合作的特征与发展趋势，为中国国际能源合作提供指导和建议。李言彪（2013）在对中国与上海合作组织其他成员国能源合作概述的基础上，探讨了能源合作存在的主要问题并提出了相关建议。袁培（2014）指出，在"丝绸之路经济带"框架下，将达成新的区域共识、新的合作政策制度以及产生新的合作机制，也将为提升能源领域合作的水平、建立稳固可信的合作关系提供解决的思路和平台。杨方舟（2014）指出，俄罗斯、美国、欧盟都制定了目标明确的中亚政策，争夺该地区的油气资源，对中国与中亚国家的能源合作形成了很大挑战，中国必须处理好大国之间关系，并借助上海合作组织的平台，不断提升自己在中亚事务中的地位，与中亚国家建立起更加密切的能源合作关系。袁培等（2015）认为，中国与中亚国家能源安全链的构建可通过政府的主导和企业为载体来实施，以市场化运作为原则，通过依托上合组织框架下的协商互动平台、能源交易互动平台、资金融通互动平台以及油气源储备机制、能源运输网络体系与内部的"政策、法律与机制"来组织完成，最终实现中亚各国的共同利益。李鹏（2015）通过构建演化博弈模型分析了中国与中亚国家的能源合作问题，发现降低中国及中亚国家在进行能源合作时各自的付出成本，会提高各自的收益及能源合作的可能性；中亚国家与中国进行能源合作的意愿不强烈是导致中国与中亚国家能源合作项目成果较少的主要原因。邓秀杰（2015）从"丝绸之路经济带"建设的大背景出发，重点分析了当前中国与中亚国家油气合作所具有的优势和面临的挑战，努力构建公平合理、合作共赢的中亚国际能源新秩序。刘佳（2015）对中国与中亚国家的能源、经济、政治、安全和文化等方面进行横向比对，挖掘双方可能开展合作的立足点，并指出需要注意、改进或规避的问题。杨泽伟（2016）指出，中国与中亚国家能源合作法律制度以双边和区域合作法律制度为主，较少涉及多边合作的法律制度，中国与中亚国家能源合作法律制度的重构，需要完善双边合作法律制度、强化区域合作法律制度、重视多边合作法律制度以及创立新的国际合作法律机制等。高全成和刘丹（2016）分析了中国与中亚五国能源合作的内容、方式，应用 SWOT 分析方法对构建中国与中亚五国能源合作机制的可行性、现有机制及其存在问题进行了分析，提出了中国与中亚五国能源合作机制的基本框架。

2. 关于中国新疆与中亚国家能源通道建设研究

张建锁和马永强（2006）阐述了"疏通中路，拓展两翼"的能源通道路线建设框架："疏通中路"即促成哈国铁路在霍尔果斯接轨，继续在哈国境内合作建设中哈输油管道二期工程，推进第二条中哈输油管道建设；"拓展两翼"，即在南翼适时建设中—吉—乌铁路以及中土天然气管道，相机建设瓜达尔港—新疆油气运输线或伊朗—巴基斯坦—新疆原油天然气管道输出线，在印度对接产油国，打开联通波斯湾油气富集区的陆上能源通道。吴爱军和吴杰（2006）对现有的和可能的能源通道进行了比较分析。汤一溉（2007）以全球化的视野分析了国际能源供需问题，并介绍了中亚能源性资源的状况，提出构建新疆能源大通道的思路。陈小萍（2009）分析了建立中巴贸易能源通道的重要意义及贸易能源通道建设面临的挑战。王伯礼（2010）提出了包含西北五省和内蒙古在内"177333"的西北陆上能源资源通道布局，设计了17个资源地、7个入境口、3横3纵线路格局、3个战略性运输枢纽。石岚（2011）认为，中国与中亚地区修建的多条石油和天然气管道有助于保障中国能源供应，但也面临一系列新的问题和压力，需要提前做好风险研判与科学规划。张磊（2013）就中国西北能源通道建设金融支持问题，提出强化与国际组织及金融机构协作，建立能源开发基金，着力推进新疆能源通道过境口岸建设，推进中国西北能源通道贸易双方本币结算，发挥财政与金融、金融与资本运营手段的联动作用促进能源通道建设。张晨阳（2015）认为，新疆与中亚国家的合作优势明显，在中国—中亚能源大通道中起着重要的节点作用，能源的中转给新疆的发展带来了机遇，应建立能源大通道建设的评价指标体系，以明确能源大通道未来的建设走向。

二、关于中国新疆与中亚国家贸易发展研究

1. 关于中国新疆与中亚国家贸易的互补性和竞争性研究

中国（新疆）与中亚贸易合作主要基于贸易产品的互补性和竞争性。胡颖和李道军（2006）认为，中国与中亚国家在贸易上存在互补性，但互补性指数不高。李钦（2009）认为，新疆和中亚国家在贸易上存在着一定竞争，但中国与中亚五国农产品在市场上竞争性微弱，互补性很强。吴学君（2010）认为，中国和俄罗斯农产品的贸易模式主要是产业间贸易，产业内贸易水平不高。宋志刚（2010）对中俄两国的贸易关系进行了实证研究，结果表明：中俄之间存在着互补性贸易，但在不同的行业或产品中存在较大差异，两国初级产品存在的互补关系最为明显。王群飞和孙跃兰（2011）运用巴拉萨模型检验了中国—巴基斯坦自由贸易区的贸易创造与贸易转移效应，得出中巴自由贸易协定的实施对区内两国的贸易创造、对区外国家的贸易转移效应均不明显，应利用中巴双方产品结构的互补性，促进双边贸易进一步增长。朱金雀（2011）认为，近几年来双方出口的商品结构有很强的互补性，中国出口相对于中亚五国进口存在互补性的农产品主要是以资本和技术为主的加工农产品，中国进口相对于中亚五国出口存在互补性的农产品主要是以土地和资源为主的初级农产品。布娲鹣·阿布拉等（2012）认为，在发展中国与中亚国家的双边贸易时，中国应充分利用双边在农业机械产品贸易上的互补性，发挥比较优势，促进农业机械产品出口贸易的发展。张娇和马惠兰（2013）研究中国与中亚国家园艺产品的贸易互补性时，得出水果、茶及香料、果蔬制品等园艺产品在中国园艺产品的市场渗透率高，贸易互补性较强；蔬菜贸易具有一定的互补性和市场潜力；烟草及其制品、活树及花卉等园艺产品的贸易互补性不显著。霍伟东和路晓静（2014）采用 RCA、GL、ES、TI 指数对中国与上海合作组织成员贸易竞争性、互补性进行比较研究，提出要加强中国与其他成员紧密联系应加大对成员国的直接投资、大力发展产业内贸易、改变能源消费结构、发展新疆与中亚国家次区域经济合作、抓住"后危机"时代机遇促进区域经济发展。党菲（2014）测算了新疆出口的优势商品以及排名、新疆出口商品的未来竞争力状况和新疆出口最具优势的前15种商品，旨在找出新疆商品出口的主要洲际、国家，新疆出口商品结构优化的路径、新疆出口最具优势竞争力、对出口商品结构贡献最大和最具潜力的优势商品，对其他区域出口商品结构优化有一定的借鉴和指导意义。王野（2015）运用因子分析方法，分析了新疆畜牧业和种植业生产区的竞争力，并进行了平稳性验证，进一步明确了新疆农产品各个生产地区的优势及不足，同时运用钻石模型和 SWOT 模型对新疆农产品贸易的竞争优势进行了详细分析。

2. 中国新疆与中亚国家贸易便利化研究

胡颖（2009）认为，中亚国家在海关通关、贸易物流、商务环境等方面促进了贸易便利领域的发展，但总体上表现为贸易便利化进程缓慢，各国贸易便利化发展差异大，贸易便利化各领域发展失衡，这严重制约了区域内的贸易增长。胡颖（2011）分析了新疆与中亚国家贸易便利化发展中存在的问题，即新疆主要边境口岸阶段性通关不畅、交通运输便利化的瓶颈、中国新疆与中亚国家海关合作程度低、中国与中亚国家检疫检验合作水平低下。艾赛提江（2012）测算了贸易自由化和贸易便利化程度对中亚贸易的影响，并根据统计结果为促进中国中亚双边贸易便利化给予建议。刘海梅（2013）认为中俄贸易便利化问题比较复杂，需要从政府和企业等多方面加以探讨，既需要技术层面的合作，也需要战略层面的合作。王文华（2015）提出，新疆与中亚是丝绸之路上的重要中转站，两地可依托上海合作组织，成立丝绸之路世界文化遗产保护协会，通过促进跨境旅游签证便利化、修通高铁、完善旅游配套设施、口碑营销等多种措施，在"丝绸之路经济带"背景下逐步实现旅游一体化。马骏（2015）指出，目前中国新疆与中亚国家的区域贸易合作发展水平还处于促进贸易便利化的初级阶段，合作的动力仍然体现为功能性推动，贸易便利化水平的提升仅是增加了贸易转移，并没有出现显著的贸易创造效应。何剑和王小康（2016）通过构建扩展的贸易引力模型分析影响中国出口贸易的因素。结果表明：中国与中亚周边国家贸易便利化处于不便利水平，贸易便利化对出口的带动效应大于关税减让；在贸易便利化结构指标中，对中国出口贸易的影响度从高到低依次为海关环境、口岸效率、规制环境和电子商务。

3. 中国新疆与中亚国家贸易发展的制约因素研究

赵常庆（2002）认为，中亚国家经济发展水平较低，法制不健全，投资环境不理想，中国向中亚国家出口低质产品使国家信誉降低，交通运输和口岸服务水平不高是导致中国与中亚国家贸易额小、经济技术合作水平低的主要因素。商务部欧洲司和国际贸易经济合作研究院联合课题组（2004）分析了上海合作组织成员国（主要是中亚国家）贸易便利化和投资促进现状，得出上海合作组织成员国之间存在的关税和非关税壁垒，制约了区域内贸易规模的扩大。杨爱琴（2006）认为，进出口的商品结构不合理、贸易增长的空间有限、竞争激烈、中亚五国对中国人员进出境的限制，以及结算方式落后是制约贸易发展的主要因素。保建云（2008）认为，中国与中亚各国进出口贸易的不平衡性与波动性特点显著，不利于双边与多边贸易的平稳与持续发展，同时现有的贸易商品结构限制了双边与多边进出口贸易的进一步发展，有待进一步优化。胡颖（2009）指出，中国与中亚国家在海关通关、检验标准、信息披露等方面的贸易不便利对中国与中亚国家间的贸易影响巨大。王海燕（2009）认为，中哈农业合作领域存在的政策、手续和电子商务等方面的贸易不便利极大地阻碍了两国经济合作的迅速发展。任华（2010）认为，侵犯知识产权是阻碍新疆与中亚贸易往来的主要制约因素。凌激（2010）认为，目前中国与中亚区域经济合作缺少制度性安排。朱金鹤（2011）、冉启英（2013）认为，新疆与中亚五国开展贸易存在体制与制度、基础设施、产业结构与合作、多边贸易发展不平衡、贸易交易成本居高不下、外贸人才严重缺乏等障碍。麦迪娜·依布拉音（2012）认为，中国与中亚贸易行为不规范，具体表现为：与贸易有关的政策变动频繁，难以预见；关税和非关税普遍，通关不规范；贸易术语的运用与国际惯例相悖；双边结算方式不规范；贸易运作随意，无视国际规则和协议。加林·巴班、努尔兰别克·哈巴斯（2014）研究了在上海合作组织与中亚区域合作机制下，中国新疆与中亚国家农业合作的制约因素，并提出开展与中亚国家农业合作、开发资源、销售产品，可以为新疆农业发展和农民增收探索新的空间。

4. 促进中国新疆与中亚贸易发展的措施建议

胡颖和李道军（2006）认为，应该采用合适的产业政策加速新疆产业结构升级，及通过加强资本流动来推动双边贸易的扩大。李钦（2009）提出，新疆应致力于成为中国的"北方香港"，大力发展中转贸易，积极承接东部地区产业转移，发展出口加工贸易，培育本地特色出口产品。凌激（2010）认为，我国应顺应各方关切，将非资源、民生领域合作作为推动区域经济合作可持续发展的着力点；进一步加快区域内贸易投资便利化进程的步伐，积极利用"上合组织"区域经济合作机制，推进与中亚的经济合作。任华（2010）认为，应增强新疆各界在中亚贸易中的知识产权保护意识，加强对国际惯例和中亚国家知识产权法律法规的研究，建立新疆与中亚各国的知识产权保护合作机制。朱金鹤（2011）认为，新疆应积极承接中东部地区的产业，使经济合作从产品合作层次逐渐向产业合作层次提升。高志刚等（2015）提出，通过构建新疆自由贸易试验区，打造"丝绸之路经济带"核心区的重要增长极，从而为中国新疆与中亚国家间的经贸往来提供更快捷优质的服务，成为贸易畅通、货币流通和政策沟通的重要支撑。

三、关于中国新疆与中亚国家投资合作研究

1. 关于投资的数量及领域

段秀芳（2010）从投资的流量和存量、投资领域、投资方式上进行了分析，从数量上看，中国对中亚国家直接投资高度集中在哈萨克斯坦，其次是塔吉克斯坦和吉尔吉斯斯坦，乌兹别克斯坦和土库曼斯坦则很少；从投资流量上看，中国对吉尔吉斯斯坦的直接投资一直较稳定，对塔吉克斯坦和乌兹别克斯坦的投资自2005年以来呈现出持续稳定的增长，而对哈萨克斯坦的投资则呈现出明显的波动性特征。秦放鸣（2012）认为，中国对中亚的投资规模不断扩大、投资对象较集中、投资企业增多、投资领域多元；中亚国家对我国的投资，从整体上看，哈萨克斯坦对我国的投资最连续、投资最多，规模也最大。

投资领域或行业选择方面，国内学者李钢和刘华芹（2004）、赵常庆（2004）、潘光（2005）、陈小沁（2008）、陆南泉（2010）等从不同角度进行探讨，普遍认为以石油为主的能源和基础设施应是投资重点领域。段秀芳（2010）认为，中国企业对中亚国家投资的重点主要应该在石油天然气、有色金属矿产资源开发、电力、电信、铁路建设及改造、家用电器、轻纺、日用品生产、农产品加工等领域，可充分发挥我国先进技术、工艺、设备的优势。李东阳和杨殿中（2012）建议中国企业在哈萨克斯坦主要应在农作物种植与农产品加工、木材加工及木制品生产、纺织品与服装加工、建筑和建筑材料生产、原油加工和油气领域基础设施建设、冶金业和金属制成品生产、化工制药和国防工业、风能太阳能等电力和清洁能源生产、输变电线路建设和改造、交通基础设施建设和通信基础设施建设等领域加大直接投资力度；中国企业对吉尔吉斯斯坦的直接投资仍可将

重点集中在粮食生产、水利、旅游业、交通运输、能源开采等产业上；中国企业对塔吉克斯坦和乌兹别克斯坦的投资都要对两国优先支持的产业进行投资。余晓钟等（2015）基于丝绸之路能源经济带和中国石油企业"走出去"战略的全面实施，结合新疆石油企业所处内外环境的客观实际，构建了新疆石油企业在中亚竞合能力的"综合双钻石模型"，分析了新疆石油企业境外投资的竞争力情况。

2. 关于投资的方式与动因

中国与中亚国家在投资方式上差异较大，主要是由各国经济发展水平和政策体制上的差异所导致的。从国家层面来看，我国对哈萨克斯坦的投资主要以直接投资为主；对乌兹别克斯坦的投资主要是以提供政府贷款为主，直接投资规模较小；对吉尔吉斯斯坦的投资主要是直接投资和无偿援助；对塔吉克斯坦的投资以提供援助为主（李东阳和杨殿中，2012）。

投资动因方面，研究成果极少且一般是定性描述。程云洁（2009）认为，新疆企业走向中亚市场的动因主要是提升经营利益、规避贸易壁垒、开拓市场和获取自然资源。董玉岭（2009）利用 1993～2005 年数据对俄罗斯利用外资的投资发展阶段进行分析，认为俄罗斯仍处于投资发展周期的第二阶段，其利用外资目前还存在较大的波动性。王峰峦（2010）补充认为，地缘与政治是中国对 SCO 成员国直接投资的主要动因。而在直接投资与双边贸易的关系上，李东阳、杨殿中（2012）利用面板数据协整模型，检验了中国对中亚五国直接投资与双边贸易之间的关系，结果表明：中国对中亚五国直接投资与双边贸易之间具有显著的互补关系，属于顺贸易导向型对外直接投资，直接投资的出口效应大于进口效应，直接投资的双边贸易促进效应的强弱排序依次是塔吉克斯坦、吉尔吉斯斯坦、乌兹别克斯坦、哈萨克斯坦和土库曼斯坦。据普华永道哈萨克斯坦合伙人、欧亚大陆交易负责人康斯坦丁（Konstantin Yeliseyev）介绍，哈萨克斯坦支持中国的"一带一路"倡议，可扩大包括交通等在内的大型基础设施项目建设，对于冶金、石化、食品加工等高优先级投资项目，投资者将可享受哈政府在税收等方面的优惠政策，而哈政府对非战略资产放弃优先购买权等因素，将使投资者能够更加便捷地进入矿业、石油和天然气行业（李留宇，2016）。

3. 关于投资的风险与制约因素

陈杰军（2007）研究了投资中亚市场的六大风险；尚青生（2006）和孙迎春、金辛（2009）研究了对中亚的跨国经营风险；郑雪平（2010）、许云霞（2010）分析了中国企业对俄罗斯和中亚投资面临的国家、经济、法律、社会以及文化风险；孙晓谦（2010）分析了对俄罗斯企业投资潜在的风险及其原因，并从法律角度提出规避风险的对策；史春阳（2010）分析了中国企业参与俄罗斯油气资源开发存在的风险，并提出对策建议；王晓峰和陈建平（2013）、王晓峰和王林彬（2013）在研究中哈两国在投资领域合作过程中，认为中方面临的投资风险主要包括：哈国投资壁垒较多、法规修改频繁、政策的连续性和稳定性较差、执法随意性大，政府腐败比较普遍，民族主义倾向增强，利用政府强权干预市场等方面。中俄两国矿业投资方面，李振超（2013）从两国政治关系、经济互补性、区位优势、投资环境改善等方面分析了当前对俄矿产资源勘查开发投资的优势所在，指出了所面临的法律风险、投资壁垒风险、腐败风险等。康斯坦丁（Konstantin Yeliseyev）指出，投资者在哈萨克斯坦投资时应注意当地的信息透明度和可用性问题、保护主义问题、地缘政治问题、法律问题、环境问题、税收问题、官僚主义和腐败问题等（李留宇，2016）。

徐云霞（2010）认为，中亚国家的投资政策与环境，新疆对外投资管理体制、服务机制与产业发展水平是中国新疆对中亚投资的主要制约因素。段秀芳（2010）同样认为，在宏观层面上，中国对中亚国家的直接投资主要受政策体制、服务监管、保障体系等方面的约束；在微观层面上，主要受企业实体的经济能力所制约。秦放鸣、张力民和毕燕茹（2012）则认为，影响中国与中亚投资合作的因素是大国在中亚的博弈，增加了中国投资的不确定性：一是中亚国家投资环境欠佳，影响了其投资的安全性；二是中亚国家加大对本国资源的控制，增加了投资的难度；三是中亚国家对中国的复杂心态，影响双边投资合作。杜蓓蓓（2015）指出，自2010年10月新疆成为全国首个跨境直接投资人民币结算试点以来进展缓慢，对外人民币直接投资和外商人民币直接投资明显不匹配。陈勇和唐世辉（2016）通过对中国参与中亚国家风险投资基金三方博弈的分析，考察其中的收益、净收益的可能状态以及参数约束范围，思考中国应选择的策略。

4. 关于促进投资的对策研究

学者主要从两个层面提出了促进中国对中亚投资的对策建议。在国家层面上，徐云霞（2010）建议：今后应促进沿海地区与中亚在新疆的经济技术对接，发展境外加工和境外转口，实行贸易和投资有机结合，加强对外技术输出。段秀芳（2010）认为，应该以新疆为依托，进一步加强与中亚国家的经济技术合作，加快实施"走出去"战略，积极发展面向中亚国家的外向型产业；积极利用我国在上合组织中的主导地位和影响力，加快推进以石油天然气为主、劳动密集型优势产业为辅的对中亚国家的直接投资，保持和扩大我国产品在中亚国家的竞争优势；加强与中亚各国政府高层的对话和交流，推动中亚合作交流机制，加快"中哈霍尔果斯国际边境合作中心"建设，加快推动上海合作组织贸易和投资便利化。高欣（2011）建议完善中俄投资合作机制、辟建中俄自由贸易区、推进中俄投资合作、将黑龙江省沿边开放地带建设上升为国家战略、引导和鼓励俄罗斯对华直接投资向技术密集型行业转移、为俄罗斯企业进行跨境收购提供政策支持。李振超（2013）提出了进一步深化两国政治互信、加大财政资金支持引导力度、加强重点地区的投资、完善投资方式等对策建议。秦放鸣等（2012）认为，应明确中国对中亚国家的投资思路，确定投资战略；增强政治互信，加大生产型投资；依托上海合作组织，建立区域投资机制；贯彻和体现"双赢"和"多赢"原则。王晓峰和陈建平（2013）提出中国政府应尽快与哈国修订1992年签订的《关于鼓励和相互保护投资协定》，尤其要规定投资争端在无法通过协商、谈判途径解决的情况下，直接采用 ICSID 机制。李悦（2014）从财政支持、贸易促进、金融支持、风险防范机制等方面，为中国政府提出了支持企业开展对中亚五国直接投资的对策建议。刁莉等（2016）提出加强与中亚国家的金融合作，拓宽融资渠道，扩大技术溢出效应，协调投资行为并将投资和贸易发展与丝绸之路经济带建设相结合的对策建议。

在企业层面，赵义（2012）建议选择合适的投资领域、选择合资方式进入、强化商标注册意识、妥善处理与各级政府和工会的关系、积极克服文化障碍。陈良玺等（2013）建议企业在政府的主导下加强自身管理，增强风险意识，运用法律维护自身权益，妥善解决环境保护问题，积极寻找俄罗斯矿业市场的投资机会，为我国企业"走出去"提供支持。王晓峰和陈建平（2013）建议在哈中资企业应熟悉哈国的单边、双边、区域、多边等多层次的投资争议解决机制及其规范，尤其要注意将与投资有关的争议尽可能地写入仲裁协议，还要注意哈国加入的与投资有关的国际条约。丹尼尔（2014）从自然环境、政治环境、经济环境、法律环境以及服务环境几个方面着手对哈萨克斯坦的投资环境和发展前景进行分析，同时对哈国的油气、矿产、轻工业及农业等主要投资领域进行详细的分析，继而提出促进投资的对策建议。刁莉等（2016）提出企业应慎重评估中亚国家的投资环境和项目，采取合规经营和本地化战略，重视团队建设并积极融入中亚各国社会。

四、关于中国新疆与中亚国家区域经济合作的研究

随着世界经济形势的不断变化，国内外学者围绕中国与中亚诸国开展经济技术合作、经济往来的政策措施及相关的经贸政策进行了广泛的研究。其中部分研究成果对该地区的地缘优势、资源禀赋及人文环境做出评价，分析了中国与中亚经济合作现状，探讨了一些重点合作领域，如农业、能源、产业、金融、交通运输等，取得了许多有益的成果，为中亚区域经济合作加强沟通与合作提供了坚实的基础。

Simon W. Tai（2009）研究了中亚国家在贸易自由化和区域经济合作中的角色定位和中亚区域经济一体化问题；Richard Pomfret（2009）讨论了中亚五国贸

易政策中的地方主义和多边主义的交互影响；Ezeli Azarkan（2012）研究了上合组织成员国的利益以及各国同上合组织目标的兼容性问题；Nandakumar Janardhanan（2009）考察了中国同中亚地区其他主要的能源竞争对手的战略问题；Robert Guang Tian（2005）讨论了新疆与中亚的区域经济合作问题，认为加强合作将对中亚和邻国的人民产生巨大收益；凌激（2010）分析了中国与中亚经济合作现状及存在的问题；保建云（2009）、王海燕（2007，2010）分析了中国参与中亚区域经济合作的前景与机制；谢霖（2010）提出了金融危机影响下中国与中亚经济合作新思路；毕燕茹（2010）基于产业结构国际化视角研究了中国与中亚产业合作；秦放鸣（2012）分析了中国对中亚投资的因素，提出了加强中国与中亚国家投资合作的对策建议；彭文进（2012）分析了中亚和中国农业合作的潜力，提出了双方农业合作思路；朱姝（2009）提出了建立中国与中亚区域经济合作的争端解决机制；安尼瓦尔·阿木提（2009）着眼于国际能源生产的地缘格局，结合我国中亚能源合作目标，提出我国参与中亚能源合作的原则及对策；毕燕茹和秦放鸣（2008）分析了中国与中亚国家交通运输合作的可能性；赵祎诚（2007）、李宝琴（2012）、王习农（2012）、高志刚等（2015）分别探讨了中国与中亚国家建立自由贸易区的相关问题。崔凡和覃松（2016）指出区域经济合作对改善中国的地缘政治环境具有非常重要的意义，提出在中亚地区，应继续推动上海合作组织框架下的经济贸易合作，借助"一带一路"倡议，与哈萨克斯坦、吉尔吉斯斯坦等中亚国家共同促进贸易便利化，并朝着建立自贸区合作方向推进，为中国的经济发展创造良好、稳定的地缘环境。

自苏联解体以来，国内外学者围绕以新疆为重点的中国与中亚诸国建立和发展经济合作关系、相关的贸易政策措施乃至中亚区域经济合作的研究，引起了国内外政府、学术机构、企业等各方面的广泛关注，也进行了一系列的研究，取得了许多有益的成果。研究大多集中在中国（新疆）参与中亚区域经济合作的可行性、策略以及中国（新疆）参与中亚经济合作的具体领域等方面，大多研究集中在理论探讨阶段，对于新疆参与中亚经济合作的模式、机制等问题的研究较少。高志刚（2005，2006）提出了新疆可采取"增长三角"模式、"跨国经济合作开发区"模式和"边境自由贸易区"模式参与中亚次区域经济合作，同时提出中国新疆参与中亚次区域合作中的企业合作模式。高志刚（2007，2010）等提出了新疆参与中亚国家区域经济合作平台的设想与思路，主张由各地方政府出面，建立健全对话机制，形成社会、经济信息网络体系。聂文元和李豫新（2008）在上海合作组织框架下探讨区域对话机制、协调仲裁机制、信息交互机制和利益保障机制的完善问题。王海燕（2008）探讨了上海合作组织框架下中亚区域经济合作面临的问题并提出了对策建议。马瑞霞（2009）探讨了上海合作组织机制化建设的成果，并对上合组织的组织机构建设提出政策建议。竹效民（2010）对中国新疆与中亚国家经济技术合作现状进行了分析，并对未来合作进行了展望。玉素甫（2011）提出了八条促进新疆与中亚经济一体化的对策。高志刚和王彦芳（2015）指出，环阿尔泰山次区域经济合作模式亟须升级，合作机制有待完善，从宏观层面提出了"一核三翼"的边境自由贸易区合作模式构想，从微观层面提出五种企业跨境合作模式选择，并提出构建中俄蒙哈"四国六方"多层次对话机制、新疆参与"环阿尔泰山次区域经济圈"合作协商决策机制、争端解决机制、经济合作执行机制及信息交流机制。张薇（2016）认为，应立足资源和地缘基础，推进中国—中亚经济走廊建设；正视文化和现实差异，加强次国家层面的合作；充分发挥新疆区位优势，打造中国—中亚合作的重要桥头堡；加强与沿线国家互联互通，采取综合应对策略。

五、关于"丝绸之路经济带"的研究

1. 能源与安全

依托"丝绸之路经济带"建设，在上海合作组织框架下，积极参与维护中亚地区安全与稳定的活动，增强双方政治互信、军事互信与安全互信，在国防安全上形成战略互补，消除"东突"分子存在的思想土壤，维护区域安全与稳定。从长远来看，以上海合作组织为平台，进一步打击跨国有组织犯罪、贩毒和三股势力，将成为中国与中亚地区开展跨国合作的一项重要内容（惠宁，2014）。能源合作将成为丝绸之路经济带建设的突破口，能源新丝绸之路为未来打造与中亚—俄罗斯能源合作示范区奠定了坚实基础（庞昌伟，2014）。诱发能源合作环境风险的根本原因在于以能源为代表的经济利益与环境利益的冲突，因此借鉴发展的政治经济学分析范式，通过利益矛盾—行为方式—制度安排—激励机制的分析框架，深入剖析"丝绸之路经济带"能源合作中环境风险的发生机理，从完善区域对话协商机制、构建区域环境规制机制、建立市场化的运行机制等方面提出防范与应对"丝绸之路经济带"环境风险的路径（石莹，2015）。"丝绸之路经济带"能源通道建设应采取联动发展模式、培养"丝绸之路经济带"建设型专业人才、加强项目的生态与环境保护、构建完善的金融支持体系和提升项目决策中大数据的作用，以打开我国与中亚地区能源合作的新局面（郭菊娥，2015）。中国（新疆）必须以"丝绸之路经济带"建设为契机，发挥主导作用，同周边国家合作解决相关问题，为进一步发展能源与贸易互联互通、确保我国能源安全和在上海合作组织内部及中亚地区更好地发挥建设性作用争取更有利的地位（高志刚，2014）。中哈能源合作的最大问题还是法律冲突问题，欧亚经济联盟的关税同盟和上合组织的有关规范都不足以涵盖全部，中哈能源合作的深化有赖于克

服双方的法律壁垒，并做出相应的战略规划（解蕾，2014）。罗清和和曾婧
（2016）根据区域特征把"丝绸之路经济带"划分为三个层级，即中亚经济带、
环中亚经济带和亚欧经济带。"丝绸之路经济带"有助于深化中国与中亚地区的
能源资源合作，促进区域内部的和平稳定和繁荣发展，最终实现与中亚地区贸易
一体化的目标。余晓钟和高庆欣等（2016）分析了大国因素和中国国情对中国—
中亚能源合作战略的影响，构建了"丝绸之路经济带"建设背景下的中国—中
亚能源合作的框架，探讨了中国—中亚能源合作的实现过程、模式及其推进策
略。岳立和杨帆（2016）从"丝绸之路经济带"能源合作现状出发，认为应该
构建"丝绸之路经济带"能源合作风险防控体系，创新能源合作新模式，开发
系统完善的金融服务体系、数据信息系统、咨询服务系统及技术培训体系，创建
能源合作对话平台、发展能源多边合作组织机制，完善能源合作法律体系，建设
能源合作示范区。徐洪峰和李扬（2016）认为，在中亚地区大国博弈的局面下，
中国在"丝绸之路经济带"框架下布局中亚地区能源战略、构建中亚能源合作
新制度面临挑战，需要更多的战略谋划和战术技巧。

2. 贸易与金融

"丝绸之路经济带"建设背景下，中国与中亚国家未来合作潜力巨大，但也
存在诸多不确定性与挑战。对此，中国与中亚国家需要加强在基础设施、非资源
领域、跨境金融与自由贸易区等方面合作，为未来双边互利合作注入新动力（程
贵，2015）。丝绸之路建设对中国扩大中亚商品贸易、降低能源进口风险及提升
中亚国际影响力具有重要的经济意义，应通过消除贸易壁垒、促进通关便利化及
调整贸易投资结构来解决新丝绸之路建设中存在的问题（徐德洪，2014）。通过
贸易引力模型实证研究发现，国家经济规模是影响中国与"丝绸之路经济带"
上国家贸易规模的最重要因素，也成为制约贸易规模进一步拓展的最重要因素。
中国在"丝绸之路经济带"贸易发展中，要将"丝绸之路经济带"上经济规模
较小的国家视为重要的利益攸关方，而不仅仅是产品出口的市场，并且依托巨大
国内市场扩大进口。通过承担更多责任，成为带动"丝绸之路经济带"国家经
贸发展的重要力量（高新才，2014）。通过构建引力模型对中国与中亚五国贸易
潜力进行实证分析，双方经济发展水平、上合组织对出口及双边贸易总量有积极
的影响，而距离及关税税率水平对出口和双边贸易总量起到一定的阻碍作用，其
中关税水平对双边贸易总额的阻碍作用更为强烈。因此，推进上合组织框架下中
国—中亚自由贸易区的建立，加快中国与中亚国家互联互通建设有利于促进中国
对中亚国家的双边贸易（高志刚和刘伟，2015）。袁洲和何伦志（2016）以2000
~2014年中国与"丝绸之路经济带"核心区中亚及俄罗斯六国贸易额的面板数
据为样本，在常规贸易引力模型基础上，探索引入了金融参与程度、伙伴国出口

商品结构、外国投资净流入量三个新变量，对中国贸易的影响因素和贸易潜力进行分析，并有针对性地提出了拓展中国与上述六个国家贸易水平和层次的措施建议。高新才和王一婕（2016）利用贸易结合度指数、贸易互补性指数与贸易专业化指数分析中国与中亚国家贸易互补性，认为应该"依托比较优势强化产业间互补，深化产业分工拓展产业内互补"，以进一步发展中国与中亚国家的贸易关系。张亚斌等（2016）通过系统构建了贸易便利化测度体系，运用主成分分析法测度"丝绸之路经济带"的贸易便利化水平，并基于拓展贸易引力模型实证分析其对中国贸易流量的影响，同时估计了中国与各国的贸易潜力。

未来"丝绸之路经济带"金融中心建设应以法治为主导、政府推动型金融中心建设为模式选择，通过完善法规，推动金融中心法治化建设；确保国家能源战略，创建石油期货交易场所；降低准入门槛，吸引外资金融机构，促进各类主体平等竞争；完善市场功能，促进金融资源整合与创新；加快基础建设，重视金融人才，培育良好服务环境（杨为程，2014）。金融"支持丝绸之路经济带"建设在当前阶段应以开发性金融形态为主导，同时积极培育商业性金融。金融支持"丝绸之路经济带"建设的三大战略路径包括基础设施建设、新型城镇化建设、新型资源工业化建设（王保忠，2015）。以"贸易合作—金融合作—货币合作"为总体路径，完成"丝绸之路经济带"人民币区域国际化"突破→加强→实现"的目标。通过贸易合作机制和人民币嵌入机制的设计，初步实现人民币的区域性流通（王晓芳，2015）。

3. 交通基础设施与物流

"丝绸之路经济带"的交通基础设施建设与中国同中亚国家贸易增长存在长期的均衡关系，交通基础设施建设不仅能够对经济带的贸易繁荣起到促进作用，而且作用时间持久且贡献度逐年增加，因此有必要加大对"丝绸之路经济带"的交通基础设施投资（龚新蜀，2014）。新"丝绸之路经济带"交通基础设施发展较快，但存在空间非均衡特征；西北地区的空间差距大于西南地区；公路空间极化程度呈现先高后低态势，而铁路和资本空间极化程度则呈现"M"形变化趋势；基本经济因素、人力资源因素、对外贸易因素、新经济地理因素均对交通基础设施具有影响，但影响效果不同（吕承超，2015）。

在"丝绸之路经济带"区域现有的交通条件、经济条件和物流业发展的基础条件上可以建立"丝绸之路经济带"区域物流合作的政策机制，规划出物流园区和物流中心，建立"丝绸之路经济带"区域物流合作组织机制，建立"丝绸之路经济带"区域物流合作的信息平台，建立健全"丝绸之路经济带"国际物流服务系统（李宁，2014）。"丝绸之路经济带"国际物流绩效改善能够显著推动中国对"丝绸之路经济带"贸易伙伴的机电产品出口。国际物流绩效改善的各项措施对中国机电产品出口影响程度不同，影响程度大小依次为国际运输便利性、物流服务质量、追踪货物能力、清关效率，而物流基础设施质量、货物运输及时性对中国机电产品出口影响并不显著（魏修建，2014）。康晓玲、宁婧（2016）运用引力模型，选取世界银行物流绩效指数实证分析了"丝绸之路经济带"国际物流绩效对中国农产品出口的影响。谢婷婷（2017）选取"丝绸之路经济带" 9 个省市 1990 ~ 2015 年的数据，在梳理物流产业、金融发展与经济提升的作用机理的基础上，运用面板数据模型，研究物流产业、金融发展对经济增长的驱动作用。

第二节　文献述评

中国（新疆）在巩固和增强与中亚在能源和贸易上的互联互通方面进行了大量卓有成效的努力。除相继建成第二亚欧大陆桥、中哈石油管道、中国—中亚天然气管道外，各方还共同成立了上海合作组织，中国与哈萨克斯坦、乌兹别克斯坦、塔吉克斯坦等国还建立了国家级的经济合作委员会，在加强能源合作与贸易往来、消除贸易壁垒、促进人民币本币结算等方面取得较好的效果。

通过大量的文献整理和分类，发现中国与中亚国家在贸易合作方面，主要是基于贸易产品的互补性，而制约贸易发展的主要因素还是基础设施、海关通关、检验标准、信息披露等贸易不便利，因此，贸易便利化是实现中国（新疆）与中亚国家贸易互联互通的关键环节及重要影响因素。

中国（新疆）与中亚国家能源合作方面的研究主要集中在能源需求、能源安全及能源通道建设方面，促进中国（新疆）与中亚国家能源领域的互联互通主要应从能源安全角度出发，通过能源通道建设，实现能源战略性合作。

现有研究存在以下三个缺陷：一是大多是站在国家角度从政治领域合作和经济技术合作方面分析中国与中亚或周边国家的区域经济合作问题，研究主要集中在中国参与中亚区域经济合作的策略和中国的中亚能源战略方面，对于在"丝绸之路经济带"建设背景下中国（新疆）与中亚区域经济合作的未来整体战略的研究很少，相对于实践来说，理论研究比较滞后。二是上海合作组织成立后，希望通过政府推动提升经济合作层次促进双边贸易发展的愿望更加明显。然而，目前合作进展缓慢，成效并不是很大。现有研究主要集中在上海合作组织框架下，很少将中亚其他区域合作机制纳入研究范围，尤其是中国新疆参与的亚洲开发银行主导的中亚区域经济合作组织，这既不利于了解和借鉴其他区域合作组织的成功经验，也不利于中国（新疆）政府在全面、协调的基础上做出正确的政策选择。中国与西北周边国家能源与贸易的互联互通战略及合作平台构建应该依托上合组织和亚洲开发银行主导的 CAREC 合作机制这两种资源，作为推动中国与中亚区域经济合作的驱动轮，谋求中国在不同层面、不同领域的经济利益和经济诉求。三是关于中国与中亚五国经济合作的基本现状，国内学者的认识基本上是一致的，即虽然双方的经济合作已发展到多个领域，但总体上仍属初级阶段，经济合作过程中还存在着诸多难点和制约因素，针对此，学者们也提出了一些对策建议，但对策建议的可操作性不强，尤其是如何从国家层面、地方政府层面和企业层面加快中国与中亚国家经济合作的研究有待进一步加强。

实证分析篇

第四章　中亚国家经济发展水平的分析与预测

第一节　中亚国家经济发展分析

中亚五国自 1991 年相继独立以来，各国的经济发展均取得了较好的成效，但各国之间经济发展状况的差别也日益显著，整体上表现出哈萨克斯坦、土库曼斯坦经济状况相对较好，塔吉克斯坦和吉尔吉斯斯坦相对较差的态势，以下从经济总量、国民收入水平、产业结构和对外贸易四个方面分析中亚五国经济发展水平状况。

一、经济总量分析

从 GDP 总量上看，哈萨克斯坦的 GDP 1990～2014 年一直稳居中亚五国之首，特别是 2000 年以后，哈萨克斯坦 GDP 增长远高于其他四国，经济发展较快。其次是乌兹别克斯坦和土库曼斯坦，塔吉克斯坦和吉尔吉斯斯坦最后。从增长趋势及速度上看，可以划分为 1990～2000 年、2001～2014 年两个阶段。1990～2000 年中亚五国 GDP 基本呈下降趋势，在 2000 年各国 GDP 跌落最低点后，2000～2014 年各国 GDP 处于上升趋势，特别是 2005 年后增速较为明显，只有哈萨克斯坦在 2014 年出现 GDP 下滑现象，如表 4－1 所示①。

中亚五国经济发展的趋势与各国自身的资源状况和自身所处的地缘区位及外部环境密切相关。1990～1999 年由于各个国家处于独立后的修复时期，基础设施和政策制度处于完善阶段，加之受 1998 年俄罗斯金融危机的影响，使 1990～

---

① 本书采用的原始数据均来自世界银行数据库。

表4-1　1990~2014年中亚五国GDP情况　　　　单位：亿美元

年份	哈萨克斯坦	吉尔吉斯斯坦	塔吉克斯坦	土库曼斯坦	乌兹别克斯坦
1990	269.33	26.74	26.29	32.32	133.61
1995	203.74	16.61	12.32	24.82	133.5
2000	182.92	13.7	8.61	29.05	137.6
2005	571.24	24.6	23.12	81.04	143.08
2007	1048.5	38.03	37.2	126.64	223.11
2009	1153.09	46.9	49.79	202.14	328.17
2010	1480.47	47.94	56.42	221.48	393.33
2011	1880.49	61.98	65.23	292.33	453.24
2012	2035.17	66.05	76.33	351.64	511.83
2013	2318.76	73.35	85.07	410.13	567.96
2014	2122.48	74.04	92.42	479.32	626.44

资料来源：世界银行数据库。

1999年各国的GDP基本呈下降趋势，且在1999年跌落至最低点。在经历10年的恢复后，各国的经济趋势上升明显。其中，哈萨克斯坦和土库曼斯坦等国凭借自身的资源等优势，经济发展速度远高于其他国家。而吉尔吉斯斯坦和塔吉克斯坦等国，由于自身资源产量相对较少，因而经济发展较为缓慢。2014年哈萨克斯坦GDP为下滑趋势的原因是受俄罗斯卢布贬值及国际原油价格大幅下降等的影响。

从中亚五国GDP增长率来看（见图4-1），乌兹别克斯坦和哈萨克斯坦的GDP增长率相对较为稳定，塔吉克斯坦次之，土库曼斯坦和吉尔吉斯斯坦增长率波动性相对较强。1999~2014年，土库曼斯坦和乌兹别克斯坦的增长率基本上处于领先，哈萨克斯坦和塔吉克斯坦次之，吉尔吉斯斯坦的增长率相对较低。

1990年，哈萨克斯坦人均国内生产总值为1850美元，吉尔吉斯斯坦1119美元，塔吉克斯坦984美元，土库曼斯坦1204美元，乌兹别克斯坦1148美元。哈萨克斯坦比塔吉克斯坦约高0.9倍。与上述数据相比，2014年，中亚各国人均国内生产总值分别为：哈萨克斯坦12276.39美元，吉尔吉斯斯坦1269.14美元，塔吉克斯坦1099.02美元，土库曼斯坦9031.54美元，乌兹别克斯坦2037.70美元，哈萨克斯坦比塔吉克斯坦高10.17倍。人均GDP变动趋势和增速大致与GDP相同，依然是1990~1999年为缓慢增长阶段，2000年后增速明显。哈萨克斯坦人均GDP依然位居首位，不同的是土库曼斯坦的人均GDP居于第二位，吉尔吉斯斯坦、塔吉克斯坦和乌兹别克斯坦三国人均GDP相差不大，塔吉克斯坦居于最后（见图4-2）。

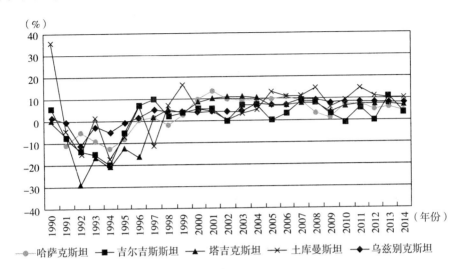

图4-1 1990~2014年中亚五国GDP增长率变化趋势

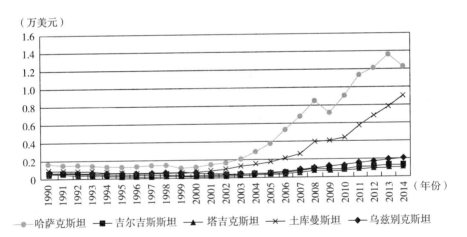

图4-2 1990~2014年中亚五国人均GDP变化趋势

由以上GDP总量、各国人均GDP及GDP增长率分析可知，中亚国家之间的经济差距在逐渐拉大。究其原因，主要有以下五点[1]：

第一，历史原因。苏联"劳动分工"政策使哈萨克斯坦成为工业国，吉尔吉斯斯坦和塔吉克斯坦成为农业国。工业国和农业国的收入本身就存在很大差

① 赵常庆.中亚国家经济发展进程中的问题探讨 [J].俄罗斯学刊，2014，4（20）：67-71.

距。苏联时期，由于联盟中央调解，上述差距虽然存在但并不大。苏联解体后，中亚五国各行其道，工业国的优势显露出来。

第二，自然资源禀赋不同。哈萨克斯坦富有石油和有色金属，土库曼斯坦拥有丰富的天然气资源，乌兹别克斯坦拥有石油天然气资源，虽然谈不上丰富，但能自给，吉尔吉斯斯坦和塔吉克斯坦水利资源丰富，却得不到开发，换不来急需的资金。目前中亚各国经济发展基本还是靠出售资源维持。拥有稀缺资源的国家，经济状况就好些，反之就差得多。

第三，国内形势不同。这里主要指国内是否稳定。塔吉克斯坦独立后爆发了长达五年多的内战，造成大量人员伤亡和经济损失，很多技术精英离开了塔吉克斯坦。当别的国家已经渡过独立初期的困难开始经济复苏时，该国经济却出现了倒退，无法与中亚其他国家相抗衡。除内战外，塔吉克斯坦还与乌兹别克斯坦等国存在矛盾，而其毗邻国家阿富汗又给其国家安全带来了不稳定因素，这些给塔吉克斯坦经济的恢复和发展带来了阻碍。2005 年和 2010 年吉尔吉斯斯坦国内爆发两次动乱，2010 年还发生大规模的民族冲突，每次事件都使该国经济出现停滞或倒退。总之，国内局势不稳定是上述两国经济落后于中亚其他国家的主要原因。中亚国家独立 20 多年来，除上述两国外，其他国家基本在稳定中度过，从而保证了经济的发展。

第四，国家治理水平不同。哈萨克斯坦和乌兹别克斯坦等国对经济进程掌控较好。特别是哈萨克斯坦坚决执行改革开放，独立后引进的外资达 1600 亿美元，人均引资额居中亚国家首位。独立以来哈萨克斯坦提出《哈萨克斯坦——2030》和《哈萨克斯坦——2050》两大发展战略，明确了国家的发展方针和具体措施。乌兹别克斯坦经济发展较为稳健，但对外开放明显不够，其经济发展速度略逊于哈萨克斯坦。

第五，人口因素。中亚国家人口增长速度存在差异。1990~2014 年，塔吉克斯坦人口由 529.73 万人增至 840.89 万人，增长了约 57.74%。人口增速如此之高，使国土面积小、自然资源禀赋并不丰富的塔吉克斯坦经济压力进一步增大。经济增长的成果都被人口增长所吞食。除哈萨克斯坦外，其他中亚国家也存在类似问题，只有哈萨克斯坦人口在 20 年间较为稳定。1990 年哈萨克斯坦人口为 1634.80 万人，2014 年为 1728.91 万人，增长率仅为 5.76%。

二、国民收入水平分析

中亚五国的人均国民收入变化趋势和各国 GDP 变化趋势相同，2014 年哈萨克斯坦、吉尔吉斯斯坦、塔吉克斯坦、土库曼斯坦、乌兹别克斯坦五的人均国民收入水平分别为 11670 美元、1250 美元、1060 美元、8020 美元、2090 美元，

较之于独立初期增长幅度明显。1993~2014 年各国人均国民收入水平位次变化
不大，基本是哈萨克斯坦居于首位，土库曼斯坦第二，乌兹别克斯坦、吉尔吉斯
斯坦和塔吉克斯坦位居第三至第五名的次序。中亚五国人均国民收入按增速的大
小可分为 1993~1999 年、2000~2014 年两个阶段，1993~1999 年各国收入水平
较为接近，相互之间的差距并不明显。2000 年之后，差距开始增大，其中哈萨
克斯坦的增速最快也最为明显，使得其人均收入远高于其他国家，各国之间的人
均收入差距不断增大。土库曼斯坦的增长趋势也较为明显，人均收入水平远高于
乌兹别克斯坦、吉尔吉斯斯坦和塔吉克斯坦三国。中亚五国人均国民收入如
表 4-2 所示。

表 4-2　1993~2014 年中亚五国人均国民收入情况　　　　　单位：美元

年份	哈萨克斯坦	吉尔吉斯斯坦	塔吉克斯坦	土库曼斯坦	乌兹别克斯坦
1993	1430	450	290	800	590
2000	1260	280	170	600	630
2005	2950	450	320	1600	530
2006	3860	500	370	1960	600
2007	4980	610	440	2330	760
2008	6150	760	570	3050	960
2009	6780	860	650	3570	1130
2010	7440	850	730	4070	1300
2011	8190	880	780	4660	1510
2012	9780	1040	880	5410	1730
2013	11560	1220	990	6880	1940
2014	11670	1250	1060	8020	2090

资料来源：世界银行数据库。

油气产业的快速发展是带动哈萨克斯坦与土库曼斯坦经济增长和人均国民收
入保持较快发展的重要原因。以哈萨克斯坦为例，近年来哈萨克斯坦的石油产量
一直呈现上升趋势，1999 年石油产量为 2674 万吨，2003 年则上升至 4530 万吨，
增长近 1.7 倍。以每吨原油为 7 桶、每桶原油价格 30 美元计算，2003 年仅石油
一项就使哈萨克斯坦获利近 100 亿美元，约占该国 GDP 的 40%。

三、产业结构分析

自 1991 年各国相继独立后，经历 20 余年的发展，各国的产业结构不断调整
和优化，但经济发展仍是以第一产业或第二产业为主，第三产业对经济发展的带
动作用并没有得到充分体现。

由图 4-3、图 4-4 可知，产业结构状况较好的为哈萨克斯坦，其农业增加值占比自 1990 年以来处于下降趋势，在 2014 年占比降为 4.61%。塔吉克斯坦的农业增加值 20 年大体上呈现出稳定占比态势，如 1992 年和 2014 年占比分别为 27.40% 和 27.90%。其他三个国家农业增加值占比呈不同程度的下降趋势。从工业增加值占比情况看，哈萨克斯坦工业增加值占比略有下降。1990 年和 2014 年分别为 44.60% 和 35.99%。土库曼斯坦的工业增加值比重上升最快，1990 年和 2014 年分别为 29.61% 和 48.44%。乌兹别克斯坦的工业增加值占比自 1990 年波动下降后至 2014 年又回到原有水平，1990 年和 2014 年占比分别为 32.96% 和 33.65%。其他两国呈增长态势。

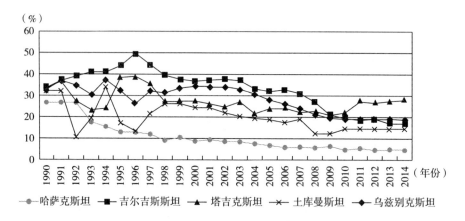

图 4-3　1990~2014 年中亚五国农业增加值占 GDP 的百分比

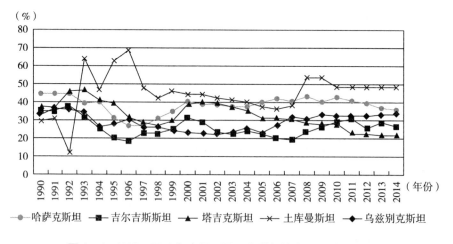

图 4-4　1990~2014 年中亚五国工业增加值占 GDP 的百分比

四、对外贸易分析

鉴于对外贸易和区域经济合作对本国经济增长和可持续发展的重要性，中亚五国发挥各自的自然资源优势，将发展外向型经济和加强对外贸易合作作为经济发展战略。中亚国家的对外贸易表现出贸易量急剧增长、初级产品出口比重高等特点①。

从对外贸易总量上看，中亚五国对外贸易额呈上升趋势（见表4-3），特别是2000年以来，对外贸易增速明显。其中哈萨克斯坦尤为突出，其2014年的对外贸易额达到1194.51亿美元。从2000年以后的年均增速来看，各国都实现了两位数增长，哈萨克斯坦最高，接下来是土库曼斯坦，塔吉克斯坦最低。

进入2000年以后，随着国际市场石油等原材料价格的持续上扬，哈萨克斯坦经济发展步入快车道，GDP连续多年保持强劲增长态势，对外贸易发展很快。吉尔吉斯斯坦是中亚五国中较早加入世贸组织的国家，近年来经济保持了相对较快的增长态势，对外开放度较高，对外贸易总额中存在着大量的转口贸易，这是其对外贸易总额快速增长的主要原因之一。

从贸易结构方面看，中亚国家对外贸易结构较为单一。中亚五国矿产资源较为丰富，主要有石油、天然气和金属矿产等。资源结构决定着贸易结构，加之中亚五国大都处在经济发展初期，各国当局为了政局的稳定和国内消费者福利水平的提高，大都采取了依靠本国丰富资源的大量出口来促进经济增长，以确保本国经济政治独立与稳定的战略。中亚五国主要的出口商品占出口总额的比重如表4-4所示。

表4-3　1994~2014年中亚五国商品出口情况　　　　单位：亿美元

年份	哈萨克斯坦		吉尔吉斯斯坦		塔吉克斯坦		土库曼斯坦		乌兹别克斯坦	
	出口	进口	出口	进口	出口	进口	出口	进口	出口	进口
1994	32.31	35.61	3.4	3.16	4.9	5.45	21.45	14.7	25.5	26.05
2000	88.12	50.4	5.05	5.54	7.85	6.75	25.06	17.86	28.17	26.97
2005	278.49	173.53	6.72	11.02	9.09	13.3	49.44	29.47	47.49	36.66
2006	382.5	236.77	8.91	19.31	13.99	17.23	71.56	25.6	56.17	43.8
2007	477.55	327.56	13.21	27.89	14.68	24.55	89.32	36.19	80.29	63.4
2008	711.72	378.89	18.56	40.72	14.09	32.73	119.45	56	102.98	92.77

① 高志刚.中亚国家区域经济合作现状及发展缓慢的原因分析［J］.新疆财经大学学报，2013（4）：12-18.

续表

年份	哈萨克斯坦		吉尔吉斯斯坦		塔吉克斯坦		土库曼斯坦		乌兹别克斯坦	
	出口	进口	出口	进口	出口	进口	出口	进口	出口	进口
2009	431.96	284.09	16.73	30.4	10.1	25.7	50	68	107.35	90.23
2010	599.71	311.07	17.56	32.23	11.95	26.57	65	57	116.95	86.89
2011	843.36	369.06	19.79	42.61	12.57	32.06	130	76	132.54	104.72
2012	864.49	463.58	18.94	53.74	13.6	37.78	165	99	112.1	120.34
2013	847	488.06	17.91	60.7	11.61	41.51	170	100	126.43	129.98
2014	782.38	412.13	15	55	11.8	45.2	175	103	133	139

资料来源: 世界银行数据库。

中亚国家经济结构单一, 其日用品生产能力薄弱, 而能够出口换汇的商品则更少。几十年来, 中亚各国供国内使用的商品质次价高, 根本无法与进口商品竞争。在中亚各国当中, 哈萨克斯坦的主要出口商品为石油、有色金属、粮食、铁矿石、煤、化工原料等; 乌兹别克斯坦主要是棉花、瓜果、天然气; 土库曼斯坦主要是天然气、棉花; 吉尔吉斯斯坦主要是畜产品、汞、锑; 塔吉克斯坦主要是棉花、瓜果、铝等。实际上, 这些国家生产的商品远不止这些, 乌兹别克斯坦生产的飞机、汽车、植棉机械、丝绸和棉制品, 哈萨克斯坦生产的采矿机械等也能出口到独联体国家, 但由于这些商品竞争力不强, 因此影响不大。

表4-4 中亚五国出口商品占出口总额的比例 单位:%

年份		1995	2007	2012
吉尔吉斯斯坦	矿物原料比例	11.8	29.1	14.9
	纺织及纤维制造比例	19.3	10.8	12.2
	珍珠、玉石及贵金属比例	0	20.1	33.8
	比例总和	31.1	60	60.9
哈萨克斯坦	矿物资源比例	29.2	69.7	75.1
	贱金属及其制品	41.2	17.1	13.1
	化学制品比例	9.6	3.9	4.5
	比例总和	80	90.7	92.7
土库曼斯坦	天然气比例	46.6	53.4	56.6
	石油化工比例	8.9	19.7	18.6
	原油比例	1.7	9.5	6.6
	比例总和	57.2	82.6	81.8

续表

年份		1995	2007	2012
乌兹别克斯坦	天然气比例	12.7	14.1	13.6
	石油化工比例	36.4	26.3	28.8
	原油比例	30.2	30.4	33.6
	比例总和	79.3	70.7	76
塔吉克斯坦	矿物资源（包括能源）比例	25.9	2.4	14.3
	棉纺纤维比例	18.8	21.8	15.6
	金属原料及制品比例	45.4	62.6	33.8
	比例总和	90.2	86.8	63.7

资料来源：联合国商品数据库（http：//comtrade. un. org/data/）；考虑到土库曼斯坦、乌兹别克斯坦、塔吉克斯坦按产品分类贸易额数据的可得性，此处统一截至 2012 年。

中亚国家的经济结构是苏联时期形成的。苏联的"劳动分工"政策使中亚一些国家成为工业原料、能源、棉花、畜产品的生产基地，而这些国家需要的机械产品、运输工具、日用品、家用电器等需从苏联其他加盟共和国输入或从其他国家进口，这就导致了中亚国家普遍经济结构单一。哈萨克斯坦形成了以采油、有色金属采炼、采煤、粮食种植为主的经济结构，吉尔吉斯斯坦成为畜产品供应地，乌兹别克斯坦和塔吉克斯坦则成为苏联的果菜园和棉花基地。在实行计划经济的年代，国家可以通过商品调拨解决苏联各加盟共和国的商品供应问题，尽管也遇到计划不周和调拨不及时而出现商品空档问题，但经济结构单一的问题并没有带来大的影响。然而，苏联解体后，由于各加盟共和国原有的经济联系中断，各国都面临自行解决经济发展和人民生活需要的问题，经济结构单一的弊病就逐渐暴露出来。独立以来，中亚各国一直希望解决经济结构单一带来的问题，并为此采取了诸多措施。乌兹别克斯坦从维护国家粮食安全出发，减少棉花种植面积，扩大粮田面积，利用原料充足的有利条件发展棉纺织业，建立小汽车生产厂；哈萨克斯坦实施工业创新计划发展高新技术产业，以减少对能源和原料出口的依赖；土库曼斯坦发展棉纺织业和石化产业，提高棉花和天然气的附加值。然而，由于各国都面临资金短缺、技术落后和人才缺乏等问题，生产出来的产品普遍缺乏竞争力，在国内难与进口商品匹敌，在国际市场更缺乏竞争力。在国内现有条件和急需资金的情况下，将有一定竞争力的产品出口到国际市场，以换取大量资金是中亚各国必然的也是不得已的选择。中亚各国已意识到经济结构单一所带来的弊病，但这种状况改变起来十分困难。在经济全球化的条件下，中亚国家缺乏竞争力的产品想打入国际市场困难重重。这就造成了各国长线产业越长，短线产业越短的局面。虽然已经独立 20 多年，但中亚国家的经济结构仍改观不大。中亚国家应从本国实际出发，将本国的长线产业做大做强，没有必要耗费巨资搞"进口替代"，因为这不仅是资金问题，还要考虑本国技术力量和市场容量问题。对中亚国家而言，"小而全"未必是合理的经济结构。经济结构的合理性要从本国实际出发，关键在于提高经济效率，促进本国经济发展，提高人民福祉，满足人民高质量的物质需求。

从贸易对象看，由于地域和经济发展等情况，中亚五国的贸易伙伴主要集中在少数几个国家。从表 4-5 和表 4-6 中可以看出：第一，中亚五国的对外贸易主要集中于少数几个国家，无论是进口还是出口，少数国家都占据了半数以上，且大都维持在 50% 以上，吉尔吉斯斯坦与塔吉克斯坦的进口以及土库曼斯坦的出口超过 80% 都集中在五个主要贸易伙伴国。而中国是唯一无论是进口贸易还是出口贸易都位于五国贸易伙伴中前两名的国家（除了中吉进口排在第四名以外）。第二，中亚五国的主要贸易伙伴分布较为集中，经济发展阶段各不相同。这些国家部分是与中亚五国有历史渊源或地理区位较近的国家，如中国、俄罗斯、土耳其及中亚其他国家；部分是距离较远的国家，这些国家主要是从中亚国家进口原料，经过精细加工后再出口到中亚国家，如阿联酋；还有一些是发达国家，中亚国家主要是从这些国家进口大量的机械装备，如德国、韩国。第三，中亚五国间的贸易量较小，除哈萨克斯坦外，其他中亚国家间的贸易流量都非常小，这主要是因为中亚其他各国间的经济发展水平相近、产业结构相似、贸易互补性较差所致。

表 4-5　中亚五国 2014 年主要出口贸易伙伴　　　　　　单位:%

哈萨克斯坦		吉尔吉斯斯坦		塔吉克斯坦		土库曼斯坦		乌兹别克斯坦	
国别	份额	国别	份额	国别	份额	国别	份额	国别	份额
中国	16.01	乌兹别克斯坦	29.35	土耳其	23.35	中国	69.7	中国	26.07
加拿大	11.45	俄罗斯	28.52	伊朗	13.01	土耳其	4.57	俄罗斯	17.12
瑞士	9.53	中国	6.60	阿富汗	10.75	意大利	3.89	哈萨克斯坦	14.23
法国	8.53	哈萨克斯坦	6.28	哈萨克斯坦	10.56	阿富汗	2.8	土耳其	12.75
意大利	5.36	阿富汗	5.81	意大利	8.57	阿联酋	2.77	孟加拉	9.74
合计	50.88	合计	76.56	合计	66.24	合计	83.73	合计	79.91

资料来源：亚洲开发银行官方网站，http://www.adb.org/statistics。

表4-6 中亚五国2014年主要进口贸易伙伴 单位:%

哈萨克斯坦		吉尔吉斯斯坦		塔吉克斯坦		土库曼斯坦		乌兹别克斯坦	
国别	份额	国别	份额	国别	份额	国别	份额	国别	份额
俄罗斯	34.45	中国	54.58	中国	46.59	土耳其	24.78	俄罗斯	23.56
中国	28.08	俄罗斯	18.24	俄罗斯	16.58	俄罗斯	14.11	中国	19.38
乌克兰	4.82	哈萨克斯坦	7.82	哈萨克斯坦	10.48	中国	10.59	韩国	14.73
德国	2.37	土耳其	4.39	土耳其	5.23	阿联酋	6.95	哈萨克斯坦	10.08
美国	2.23	乌兹别克斯坦	2.17	伊朗	3.49	乌克兰	4.79	德国	4.76
合计	71.95	合计	87.20	合计	82.37	合计	61.22	合计	72.51

资料来源:亚洲开发银行官方网站,http://www.adb.org/statistics。

第二节 中亚国家经济发展水平预测

通过对中亚国家经济发展水平的预测,了解中亚国家的经济发展趋势,对确定中亚国家经济发展目标和发展策略以及建设"丝绸之路经济带"有重要的意义,也为后续研究奠定了基础。

一、基于ARIMA模型的哈萨克斯坦经济发展水平预测分析

(一) ARIMA 模型的基本原理

ARIMA 模型即自回归求和移动平均模型,是由博克思和詹金斯(Box & Jenkins)提出的著名时间序列预测方法。ARIMA(p, d, q)模型可用来描述非平稳的时间序列经过 d 次差分之后变为平稳的时间序列数据,当 d = 0 时,变成 ARMA(p, q)模型,用来描述平稳的时间序列,它是 ARIMA 模型的一种特例。ARMA(p, q)模型是 q 阶移动平均模型,即 MA(q)模型与 p 阶自回归模型,即 AR(p)模型的有效组合,用公式表示为:

$$Y_t = C + \phi_1 Y_{t-1} + \phi_2 Y_{t-2} + \cdots + \phi_p Y_{t-p} + \varepsilon_t + \theta_1 \varepsilon_{t-1} + \theta_2 \varepsilon_{t-2} + \cdots + \theta_q \varepsilon_{t-q}$$

其中,Y_t 是时间序列在 t 期的观测值,Y_{t-p} 是时间序列在 $t-p$ 期的观测值;C 是截距项;ϕ_1,ϕ_2,…,ϕ_p 是自回归模型系数,p 是自回归模型的阶数;θ_1,θ_2,…,θ_q 为移动平均模型的系数,q 为移动平均模型的阶数;ε_t 是均值为0、方差为 σ^2 的白噪声序列。

ARIMA 模型在经济预测过程中既考虑了经济现象在时间序列上的依存性,

又考虑了随机波动的干扰性，对于经济运行短期趋势的预测准确率较高，是近年应用比较广泛的方法之一。

(二) 基于 ARIMA 模型的哈萨克斯坦经济发展水平预测

1. 数据来源与描述

预测哈萨克斯坦的经济发展水平主要采用 GDP、进口额、出口额（这里指的是货物和服务的进出口额，下同）三个指标。数据来源于世界银行数据库，剔除物价因素以 2005 年不变价，单位均是亿美元，数据的时间段为 1990 ~ 2012 年。生成 GDP_t、IM_t、EX_t 三个序列，每个序列有 23 个样本，并对这三个指标依次进行预测。

2. 数据平稳性检验及平稳化处理

建模之前首先需要判断序列的平稳性，可以通过时序图来粗略地进行主观判断，但是检验序列平稳性的标准方法是单位根检验[①]，通常用的是 DF 和 ADF 检验，考虑到 DF 检验存在一些缺点，笔者采用 ADF 单位根检验。若序列非平稳，最常用差分法对数据进行平稳化处理。分别对序列 GDP_t、IM_t、EX_t 进行 ADF 检验，结果如表 4 - 7 所示。

表 4 - 7　GDP_t、IM_t 和 EX_t 序列差分后单位根检验结果

差分序列	t - Statistic	Prob.	判断结果
GDP_t	- 2.552571	0.3025	存在单位根
$dGDP_t$	- 1.071091	0.9076	存在单位根
$ddGDP_t$	- 7.029270	0.0001	不存在单位根
IM_t	- 6.637056	0.0001	不存在单位根
dIM_t	- 4.147356	0.0190	不存在单位根
EX_t	- 2.728344	0.2357	存在单位根
dEX_t	- 3.536917	0.0611	存在单位根
$ddEX_t$	- 5.091165	0.0038	不存在单位根

注：d 是对原序列进行一阶差分，dd 是对原序列进行二阶差分。

由表 4 - 7 可知，$ddGDP_t$ 和 $ddEX_t$ 序列在 1% 显著性水平上都是平稳序列，并且由二阶差分后的时序图可以判断并不存在过度差分的问题。由于 IM_t 序列虽然本身是平稳的，但该序列在前几期有一定的趋势性，为了使拟合后的模型预测更准确，对 IM_t 序列进行了一阶差分。对三个平稳的 $ddGDP_t$、dIM_t、$ddEX_t$ 序列分别根据自相关图进行白噪声检验，一种是根据序列的自相关图来主观判断，另

① 高铁梅. 计量经济分析方法与建模 [M]. 北京：清华大学出版社，2005.

一种是根据 Bartlett 统计量来判断①，这里采用序列的自相关图进行判断。自相关图检验的结果表明这三个序列均为非白噪声序列，可以进行建模预测。

3. 模型的建立与识别

ARMA（p, q）模型及其子模型 AR（p）模型、MA（q）模型的 p 值和 q 值是根据平稳的时间序列自相关函数（ACF）图以及偏自相关函数（PACF）图的拖尾性或截尾性来确定的。但是这种方法的缺点是具有很大的主观性，因此需要通过调整的 R^2、残差方差检验、F 检验定阶法、AIC 准则、BC 准则客观地选出最佳的模型。

通过对序列的 GDP_t ADF 检验，可以确定 ARIMA（p, d, q）模型中的 d=2，根据 ddGDP_t 序列的自相关图拖尾，偏自相关图的特点，所以可以建立 AR（1）模型，MA（1）模型或者是 ARMA（1, 1）模型。用 EViews 软件可以得到三个模型的估计结果，如表 4-8 所示。

表 4-8　三种模型估计结果比较

模型	变量	变量系数	t – Statistic	Prob.	调整的 R^2	残差平方和	AIC	SC
AR（1）	C	3. 127280	0. 700458	0. 4926	- 0. 052477	6316. 308	8. 793035	8. 892608
	AR（1）	0. 052770	0. 229443	0. 8211				
MA（1）	C	5. 385663	0. 845017	0. 4086	0. 321088	4577. 896	8. 412826	8. 512304
	MA（1）	0. 995592	19. 24973	0. 0000				
ARMA（1, 1）	C	1. 696711	0. 294192	0. 7722	0. 261765	4184. 286	8. 481236	8. 630596
	AR（1）	- 0. 218141	- 0. 933219	0. 3638				
	MA（1）	0. 999989	167549. 5	0. 0000				

然后对三个模型进行比较，选出最佳模型。首先比较 AR（1）模型与 MA（1）模型，AR（1）模型的系数是不显著的，MA（1）模型的系数是显著的，并且从调整的 R^2 来看，MA（1）模型的较大，AIC 准则和 SC 准则均可说明 MA（1）模型比 AR（1）模型要好。再用 F 检验定阶法对 MA（1）模型和 ARMA（1, 1）模型进行比较，检验统计量 $F = \dfrac{(Q_1 - Q_0)/S}{Q_0/(N - r)} \sim F(S, N - r)$，其中，$Q_0$ 代表无约束的残差平方和，Q_1 代表有约束的残差平方和，S 为约束条件个数，N 为无约束条件模型中的实际观测值个数，r 为无约束条件模型中所有要估计的参

---

① 向云，候亭，李振东．ARIMA 模型在云南省 GDP 预测中的应用［J］．时代金融，2014（3）：87-91.

数的个数。MA（1）模型与 $ARMA$（1，1）模型相比，是有约束条件的模型，因此，$F = \dfrac{(4577.896 - 4184.286) \div 1}{4184.286 \div (20 - 3)} \sim F(1, 17)$，经计算可得，检验统计量 F 的值为 1.5992，小于在 5% 水平下的临界值 4.45，所以接受 H_0 假设，选择 MA（1）模型。根据调整的 R^2 以及 AIC 准则和 SC 准则均可以判断出 MA（1）模型要优于 ARMA（1，1）模型。然后对 MA（1）模型进行白噪声检验以及检验模型对原序列的拟合效果，如图 4 - 5 所示。

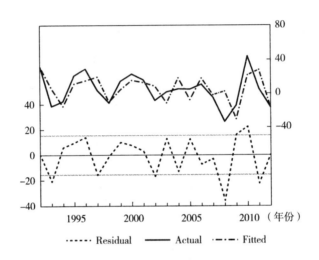

图 4 - 5　$ddGDP_t$ 序列的残差时序图及实际值与拟合值时序

从图 4 - 5 可以看出，模型的拟合值与实际值具有高度的一致性，并且残差的波动范围也比较小，$ddGDP_t$ 残差序列的自相关图全部落在了两倍标准差之内，说明残差序列是白噪声序列，模型很好地解释了系统的动态性，MA（1）模型拟合较好。因此，$ddGDP_t$ 序列所拟合的模型为 MA（1）模型：

$$\widehat{ddGDP_t} = 5.385663 + \varepsilon_t + 0.995592\varepsilon_{t-1}$$

Se	（6.373440）	（0.051720）
T 值	（0.845017）	（19.24973）
P 值	（0.4086）	（0.0000）

用上述相同的方法来估计进出口预测模型，由于篇幅所限，中间详细过程略。由于 dIM_t 序列是平稳的，所以 $d = 1$，建立 ARIMA（p，1，q）模型，通过 dIM_t 序列的 ACF 图和 PACF 图的特点以及根据 F 检验定阶法、调整的 R^2、AIC 准则以及 SC 准则进行对比分析，选出最优模型为 ARMA（1，1）模型，最后通过检验可知模型拟合效果很好，拟合值与实际值有高度的一致性，模型很好地解

释了经济系统的波动性。因此，dIM_t 序列所拟合的模型为 ARMA（1，1）模型：

$$截距项 = \frac{c}{1 - \phi_1} = \frac{12.42947}{1 - 0.694421} = 40.678144$$

$$dIM_t = 40.678144 + 0.694421 dIM_{t-1} + \varepsilon_t - 0.937255 \varepsilon_{t-1}$$

Se　　　（5.669614）　　（0.081712）　　　（0.052603）

T 值　　（2.192295）　　（8.498407）　　　（-17.81760）

P 值　　（0.0417）　　　（0.0000）　　　　（0.0000）

对序列 EX_t 进行两次差分后的序列 ddEX_t 是平稳的非白噪声序列，对该序列进行拟合，根据 ddEX_t 序列的自相关图和偏自相关图的特点认为可模拟出三种可能的模型：AR（1）模型、MA（1）模型、ARMA（1，1）模型，通过定阶法以及准则检验可知，ddEX_t 序列所拟合的模型为 MA（1）模型：

$$ddEX_t = 0.423042 + \varepsilon_t - 0.999894 \varepsilon_{t-1}$$

Se　　　（0.712536）　　（0.146797）

T 值　　（0.593717）　　（-6.811416）

P 值　　（0.5597）　　　（0.0000）

4. 模型预测

利用检验通过的模型来预测未来的数据，预测的方法分为静态预测和动态预测。事实证明，静态预测比动态预测要更为准确，因为静态预测对每个时期形成预测值时使用的是滞后因变量的实际值[1]。

首先用 EViews 软件根据 1990～2009 年的数据对 2010～2013 年哈萨克斯坦经济发展水平进行预测，通过静态与动态预测对比可知，动态预测误差率较高，因此本书进行的是静态预测，然后预测结果与其实际值进行对比，以便来判断模型的拟合效果以及预测的准确度，如表 4-9 所示。

表 4-9　2010～2013 年预测值与实际值比较　　　　单位：亿美元

指标	2010 年	2011 年	2012 年	2013 年
GDP 预测值	749.9797	852.7660	871.4267	919.2891
GDP 实际值	772.4532	830.3872	871.9065	924.2209
GDP 预测误差率	2.909%	2.695%	0.055%	0.534%
IM 预测值	292.1083	296.3348	312.8255	356.4263
IM 实际值	272.0770	290.8503	345.2393	364.9097
IM 预测误差率	7.362%	1.886%	9.389%	2.326%

---

① 高铁梅. 计量经济分析方法与建模［M］. 北京：清华大学出版社，2005.

指标	2010 年	2011 年	2012 年	2013 年
EX 预测值	324. 2662	330. 6925	342. 3850	351. 9481
EX 实际值	321. 9768	333. 2460	342. 3860	340. 4195
EX 预测误差率	0. 711%	0. 766%	0. 000%	3. 387%

从表 4 - 9 可以看出，衡量哈萨克斯坦经济发展水平指标的预测值与实际值相差很小，预测误差率很低，说明模型的拟合效果很好，并且预测精度较高，可以对未来 8 年哈萨克斯坦的经济发展水平进行静态预测分析，预测结果如表 4 - 10 所示。

表 4 - 10　哈萨克斯坦 2014 ~ 2020 年经济发展水平预测　　单位：亿美元

指标	2014 年	2015 年	2016 年	2017 年	2018 年	2019 年	2020 年
GDP	971. 2680	1027. 615	1088. 172	1153. 083	1222. 347	1295. 955	1373. 890
IM	367. 8060	379. 3124	390. 8996	402. 5367	414. 2031	425. 8842	437. 5596
EX	362. 0799	374. 1890	387. 3086	401. 4358	416. 5711	432. 7141	449. 8684

（三）主要结论

从表 4 - 10 可以看出，哈萨克斯坦的国内生产总值 2014 年超过 970 亿美元，到 2020 年超过 1370 亿美元，随着哈萨克斯坦经济发展战略的推进，哈萨克斯坦经济发展突飞猛进，提前实现了《2010 ~ 2020 年的经济发展目标》中提出的到 2020 年 GDP（与 2009 年相比）增长 1/3 的宏伟目标。2014 年货物和服务进口将达到 367 亿美元，到 2020 年预计超过 437 亿美元，随着进口额的不断提高，出口额由 2014 年的 362.1 亿美元提高到 2020 年的 449.9 亿美元，进出口额的增长，预示着哈萨克斯坦经济发展水平的不断提高，产业结构不断优化，就业率不断提高，资源利用越来越充分，经济发展突飞猛进。

二、基于 BP 神经网络的塔吉克斯坦经济发展水平预测分析

1. BP 神经网络模型的基本原理①

BP 神经网络模型具有良好的非线性映射逼近性能，是目前各类预测中应用最广泛、效果最好的神经网络之一，是一种用于前向多层神经网络的学习算法，由鲁梅尔哈特、麦克莱伦德于 1985 年提出来的。其采用误差逆转算法、BP 算法

---

① 李聪. 基于 BP 神经网络的股票指数期货价格预测 [D]. 青岛大学硕士学位论文，2012.

用于多层网络，网络中不仅有输入隐含层节点和输出层节点，还有一层至多层隐层节点。每层有若干个互不连接的神经元节点，层与层之间的神经元采用完全连接的方式。信息首先由输入层输入，然后传入隐含层节点，经特性函数作用后，再传至下一隐含层，直到最终传至输出层进行输出。特性函数通常选用 S 型函数，如 $f(x) = \dfrac{1}{1 + \theta^{-x}}$。BP 神经网络拓扑结构如图 4-6 所示。

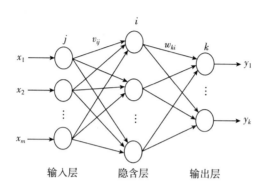

图 4-6　BP 神经网络拓扑结构

x_1，x_2，$\cdots$，x_m 为输入变量，y_1，$\cdots$，y_k 为输出变量，输入层有 m 个节点，隐含层有 q 个节点，输出层有 h 个节点，输入层神经元 j 与隐含层神经元 i 之间的连接权值为 v_{ij}，隐含层神经元 i 的阈值为 θ_i，隐含层神经元 i 与输出层神经元 k 的连接权值为 w_{ki}，输出神经元 k 的阈值为 γ_k。BP 神经网络中隐含层神经节点的输入 u_i 和输出 h_i，即 $u_i = \sum v_{ij} x_j - \theta_i$，$h_i = f(u_i) = \dfrac{1}{1 + \exp(-u_i)}$；输出层神经节点的输入为 s_k，输出为 y_k，即 $s_k = \sum w_{ik} h_i - \gamma_k$，$y_k = f(s_k) = \dfrac{1}{1 + \exp(-s_k)}$。

BP 学习的目的是对连接权值进行调整，使其对任一输入都能得到所期望的输出，以其输出与样例的期望输出进行比较，如果误差不能满足要求，则沿着原来的连接路线返回，并利用两者的误差按一定的原则对各层节点的连接权值进行调整，使误差逐步减小，直到满足要求为止。

BP 算法的学习步骤如下：

（1）从训练样例集中取一样例，把输入信息输入网络中，对所选样本进行训练。

（2）进行参数设置并且运行程序，分别计算各层节点的输出。

（3）计算网络的实际输出与期望输出的误差。

（4）从输出层反向计算到第一个隐含层，按一定原则向减小误差方向调整网络的各个连接权值。

（5）对训练样例集中的每一个样例重复以上步骤，直到对整个训练样本的实际误差收敛到期望误差为止，则训练结束。

（6）把上述 BP 神经网络模型保存，并重新导入系统进行预测。

2. 塔吉克斯坦经济发展水平预测的实证分析

（1）数据来源与变量选取。考虑到各个指标数据的可获得性，本书选取的 1993 ~ 2013 年的经济数据来自世界银行数据库，所有指标数据均是以 2005 年不变价美元计算的，单位是亿美元。一个国家的经济发展状况通常用 GDP 来衡量，因此选取一些经济发展水平的影响因素，建立它们与 GDP 之间的关系，并进行预测。变量选取：国内生产总值 GDP（y）、固定资本形成总额（x_1）、资本形成总额（x_2）、最终消费支出（x_3）、货物和服务出口（x_4）、农业增加值（x_5）、制造业增加值（x_6）、工业增加值（x_7）、服务等附加值（x_8）、国民总收入（GNI）（x_9）。选用 1993 ~ 2011 年的数据作为学习样本，以 2012 ~ 2013 年的数据作为检验样本，其中 GDP 为输出样本，$x_1 ~ x_9$ 为输入样本，对 2014 ~ 2020 年的 GDP 进行模拟预测，因此输入层节点数为 9，输出层节点数为 1，隐含层节点的选取采用多次试凑法来确定。

（2）数据处理。BP 神经网络的隐含层多数情况下采用 Sigmoid 转换函数，考虑到 S 函数的饱和区以及提高训练的速度和灵敏度，为了达到神经网络的逼近和收敛，要求输入样本数据的数值在 0 ~ 1，因此需要对数据进行归一化处理，并且为保证建立的模型具有一定的外推能力，最好使得预处理后的数据在 0.2 ~ 0.8[①]。归一化公式：

$$x^1 = \frac{x - x_{\min}}{x_{\max} - x_{\min}}$$

（3）运行程序并且得出结果。用样本数据对网络进行训练，迭代一定次数，当平均误差达到系统设定精度时，可以获得稳定的网络结构、连接权值、节点以及阈值。BP 神经网络模拟次数为 10000 次，通过多次试凑隐含层节点数为 5 较合适，设定系统精度为 0.000001，训练系统精度为 0.0000013，与训练系统精度相差微小，可认为近似达到了误差要求，因此训练结束。训练样本、检验样本的预测结果与实际值的对比，如图 4 - 7 所示。

图 4 - 7 给出了网络仿真预测走势与原始数据的真实趋势，1993 ~ 2011 年训练样本的预测值与实际值差别很小，预测趋势基本一致，拟合效果很好，而 2012 ~

---

① 董艳，贺兴时. 基于 BP 神经网络的西安市宏观经济预测［J］. 价值工程，2009（11）：88 - 90.

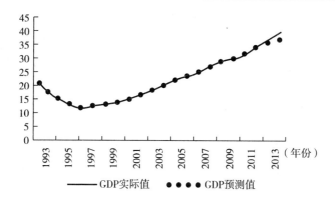

图 4 – 7　GDP 的预测值与实际值对比

2013 年的检验样本预测值与实际值的误差稍大，但是这种误差控制在合理范围内，是预测所无法避免的问题。因此从总体来看，网络仿真预测与原始数据的走向基本一致，趋势符合，将该网络模型保存，并且重新导入系统对 2014 ~ 2020 年的 GDP 进行预测，该仿真模型具有合理性、可行性和科学性。预测结果如表 4 – 11 所示。

表 4 – 11　2014 ~ 2020 年 GDP 预测结果　　　　单位：亿美元

年份	2014	2015	2016	2017	2018	2019	2020
GDP	43.9960	47.3177	50.2202	52.8170	54.9226	56.6455	57.9767

3. 主要结论

从预测结果的数据可知，2014 年 GDP 为 43.9960 亿美元，比 2013 年的 GDP 增长了 11.5263%，2014 ~ 2020 年的 GDP 呈逐年上涨趋势，但是环比增长率呈下降趋势，分别为 11.5263%、7.5500%、6.1341%、5.1708%、4.1191%、3.1370%、2.3501%。到 2020 年 GDP 达到 57.9767 亿美元，比 2013 年增长 46.9662%，年均增长率为 6.7095%，说明塔吉克斯坦经济在不断发展，经济水平不断提高。

三、基于灰色理论的乌兹别克斯坦经济发展水平预测

1. 灰色预测的基本原理

对包含已知信息以及不确定性信息的系统进行预测，称为灰色预测。由于数列存在潜在的规律性，灰色预测的过程是随机的，但也是有序的。灰色预测过程就是根据各因素的发展趋势以及相异程度进行关联分析，挖掘原始数据生成序列的规律性，建立微分方程来预测未来的发展趋势。

灰色预测常用 GM (1, 1) 模型，根据原始序列累加生成新序列拟合一阶线性微分方程，根据微分方程解的逼近理论揭示原始数据的指数趋势特征。

GM (1, 1) 模型的建模原理如下[①]：

(1) 原始序列有 n 个观察值，记为 $x^{(0)}$，即

$$x^{(0)} = \{x(1), x(2), \cdots, x(n)\}$$

(2) 把原始序列累加生成新的序列，目的是把摆动的无规律的序列转化成递增序列，方便研究寻找规律性，对原始序列 $x^{(0)}$，进行 1 – AGO 变化，得到生成的新序列 $x^{(1)}$，即

$$x^{(1)}(m) = \sum_{k=1}^{m} x^{(0)}(k), \quad m = 1, 2, \cdots, n$$

(3) 把新序列 $x^{(1)}$，建立预测模型的微分方程 GM (1, 1)，即 $\dfrac{dx^{(1)}}{dt} + Ax^{(1)} = B$，式中的待估参数为 A 和 B，其中 A 称为发展灰度，B 称为内生控制灰度。按 OLS 原理求解，向量 A 为 $\tilde{A} = (C^{T}C)^{-1}C^{T}X$，其中：

$$C = \begin{bmatrix} -\dfrac{1}{2}[x^{(1)}(1) + x^{(1)}(2)] & 1 \\ -\dfrac{1}{2}[x^{(1)}(2) + x^{(1)}(3)] & 1 \\ \vdots & \vdots \\ -\dfrac{1}{2}[x^{(1)}(n-1) + x^{(1)}(n)] & 1 \end{bmatrix}, \quad X = \begin{bmatrix} x^{(0)}(2) \\ x^{(0)}(3) \\ \vdots \\ x^{(0)}(n) \end{bmatrix}$$

(4) 对 GM (1, 1) 进行求解，则得到预测模型为：

$$\widehat{x^{(1)}(m+1)} = \left[x^{(0)}(1) - \frac{B}{A}\right]e^{-Am} + \frac{B}{A}, \text{还原成原始数据，则模型变形为：}$$

$$\widehat{x^{(0)}(m+1)} = \widehat{x^{(1)}(m+1)} - \widehat{x^{(1)}(m)} = (1 - e^{A})\left[\widehat{x^{(1)}(1)} - \frac{B}{A}\right]e^{-Am}$$

2. 基于灰色理论的乌兹别克斯坦经济发展水平预测

(1) 变量选取与数据来源。本书用的是单序列预测，即 GM (1, 1) 模型，对国内生产总值 (GDP)、进口额 (IM)、出口额 (EX) 分别进行预测，由于灰色预测是小样本的预测，样本个数并不需要太多，因此笔者选取了 5 年的样本数据，即 2009 ~ 2013 年，数据来源于世界银行，以 2005 年为不变价美元消除了价格因素的影响，建立模型，然后对 2014 ~ 2020 年的三个指标的发展水平做出预测。

---

① 谢乃明，刘思峰. 离散 GM (1, 1) 模型与灰色预测模型建模机理 [J]. 系统工程理论与实践，2005 (1)：93 – 99.

（2）建立模型并进行预测分析。根据以上基本原理，本书以三个序列即GDP、进口额和出口额用 2009~2013 年的数据来分别建立 GM（1，1）模型，进行预测分析。

对 GDP 的建模及预测：

①原始数据序列 $x^{(0)} = \{198.0752, 214.9116, 232.7492, 251.8347, 271.9814\}$

②1 - AGO 序列 $x^{(1)} = \{198.0752, 412.9868, 645.7360, 897.5707, 1169.5521\}$

③$C = \begin{bmatrix} -305.531 & 1 \\ -529.3614 & 1 \\ -771.6534 & 1 \\ -1033.5614 & 1 \end{bmatrix}$, $X = \begin{bmatrix} 214.9116 \\ 232.7492 \\ 251.8347 \\ 271.9814 \end{bmatrix}$, 经计算得发展灰度 $A =$

-0.0784，内生控制灰度 $B = 191.1195$，系数 $(1 - e^A)\left[\overbrace{x^{(1)}(1)} - \dfrac{B}{A}\right] = 198.7561$，

所以 $\overbrace{x^{(0)}(m+1)} = \overbrace{x^{(1)}(m+1)} - \overbrace{x^{(1)}(m)} = 198.7561e^{0.0784m}$。

④ 模 拟 值 的 计 算 为 $\{198.0752, 214.9669, 232.4998, 251.4628, 271.9723\}$。

⑤2014 ~ 2020 年 GDP 预测结果为 $\{294.1547, 318.1463, 344.0947, 372.1594, 402.5132, 435.3426, 470.8497\}$。

对出口额（EX）的建模及预测：

①原始数据序列 $x^{(0)} = \{116.7905, 124.526, 150, 141.654, 157.108\}$。

②1 - AGO 序列 $x^{(1)} = \{116.7905, 241.3165, 391.3165, 532.9705, 690.0785\}$。

③$C = \begin{bmatrix} -179.0535 & 1 \\ -316.3165 & 1 \\ -462.1435 & 1 \\ -611.5245 & 1 \end{bmatrix}$, $X = \begin{bmatrix} 124.526 \\ 150 \\ 141.654 \\ 157.108 \end{bmatrix}$, 经计算得发展灰度 $A = -0.0615$,

内生控制灰度 $B = 119.2014$，系数 $(1 - e^A)\left[\overbrace{x^{(1)}(1)} - \dfrac{B}{A}\right] = 122.5757$，所以

$\overbrace{x^{(0)}(m+1)} = \overbrace{x^{(1)}(m+1)} - \overbrace{x^{(1)}(m)} = 122.5757e^{0.0615m}$

④ 模 拟 值 的 计 算 为 $\{116.7905, 130.3496, 138.6166, 147.4079, 156.7567\}$。

⑤2014 ~ 2020 年 EX 预测结果为 $\{166.6984, 177.2707, 188.5134, 200.4692, 213.1833, 226.7036, 241.0815\}$。

对进口额（IM）的建模及预测：

①原始数据序列 $x^{(0)} = \{116.98, 112.15, 141.67, 168.34, 179.546\}$。

②1 - AGO 序列 $x^{(1)} = \{116.9800, 229.1300, 370.8000, 5391.1400, 718.6860\}$。

③ $C = \begin{bmatrix} -173.055 & 1 \\ -299.965 & 1 \\ -454.97 & 1 \\ -628.913 & 1 \end{bmatrix}$，$X = \begin{bmatrix} 112.15 \\ 141.67 \\ 168.34 \\ 179.546 \end{bmatrix}$，经计算得发展灰度 $A = -0.1478$，

内生控制灰度 $B = 92.9024$，系数 $(1 - e^A)\left[\widehat{x^{(1)}(1)} - \dfrac{B}{A}\right] = 102.4351$，所以

$$\widehat{x^{(0)}(m+1)} = \widehat{x^{(1)}(m+1)} - \widehat{x^{(1)}(m)} = 102.4351 e^{0.1478m}。$$

④模拟值的计算为 $\{116.9800, 118.7501, 137.6634, 159.5892, 185.0070\}$。

⑤2014 ~ 2020 年 IM 预测结果为 $\{214.4732, 248.6325, 288.2324, 334.1393, 387.3579, 449.0526, 520.5735\}$。

3. 主要结论

2014 ~ 2020 年乌兹别克斯坦各个经济指标预测如表 4 - 12 所示。

表 4 - 12　乌兹别克斯坦各经济指标预测结果　　单位：亿美元

指标	2014 年	2015 年	2016 年	2017 年	2018 年	2019 年	2020 年
GDP	294.1547	318.1463	344.0947	372.1594	402.5132	435.3426	470.8497
EX	166.6984	177.2707	188.5134	200.4692	213.1833	226.7036	241.0815
IM	214.4732	248.6325	288.2324	334.1393	387.3579	449.0526	520.5735

从表 4 - 12 可以看出，国内生产总值（GDP）、出口额（EX）、进口额（IM）均呈现出逐年上升趋势，且增长较为迅速。2014 年 GDP 为 294.1547 亿美元，比 2013 年增长 8.15%，到 2020 年 GDP 达到 470.8497 亿美元，比 2014 年增长 60.07%，年均增长率为 8.16%。2014 年出口额为 166.6984 亿美元，比 2013 年增长了 6.10%，到 2020 年出口额达到 241.0815 亿美元，比 2014 年增长 44.62%，年均增长率为 6.34%。2014 年进口额为 214.4732 亿美元，比 2013 年增长 19.45%，2020 年为 520.5735 亿美元，比 2014 年增长 142.72%，年均增长率为 15.93%。2014 ~ 2020 年，贸易额一直处于贸易逆差状态，且差值越来越大。

四、基于 VAR 协整模型对吉尔吉斯斯坦经济发展水平预测

1. 基于 VAR 协整模型对吉尔吉斯斯坦经济发展水平预测的实证分析

1980 年，Sims 提出了向量自回归模型（VAR），该模型广泛应用到了经济系统动态性分析中，并常用于预测相互联系的时间序列系统及分析随机扰动的动态冲击，来解释各种经济冲击对经济变量的影响[1]。该模型是采用多方程联立的形式，对模型的全部内生变量的滞后进行回归，从而估计全部内生变量的动态关系，进而进行经济预测。

（1）指标选取与数据来源。本书选取吉尔吉斯斯坦进口额（IM）、出口额（EX）、国内生产总值（GDP）、固定资本形成总额（国内固定投资总额）（FC），均是以 2005 年不变价，单位是亿美元，数据来源于世界银行，数据时间段为 1995 ~ 2013 年。

（2）平稳性检验。本书用 ADF 方法对每个序列进行平稳性检验，调整滞后阶数，使得 DW 的值在 2 附近以保证无自相关，使得检验结果可信。检验结果如表 4 - 13 所示。

表 4 - 13　变量的平稳性检验结果

变量	滞后阶数	ADF 检验值	P 值	结论
GDP	1	- 1.9069	0.6071	不平稳
dGDP	0	- 4.5311	0.0028	平稳
EX	1	- 0.9239	0.7546	不平稳
dEX	0	- 5.7213	0.0003	平稳
IM	1	- 2.7303	0.2380	不平稳
dIM	0	- 3.0749	0.0043	平稳
FC	0	- 2.3470	0.3910	不平稳
dFC	0	- 3.1241	0.0039	平稳

注：d 表示一阶差分。

从表 4 - 13 可以看出，GDP、EX、IM、FC 序列非平稳，一阶差分之后在 5% 的显著性水平下是平稳的，所以四个变量都是 I（1）过程，同阶单整可能存在协整关系。为避免出现伪回归，对不平稳的序列不能直接建立模型，而要先进行协整关系检验。从四个经济变量的时序图可以看出（见图 4 - 8），走向和趋势大致相同，估计可能存在较强的协整关系，需要进行进一步的检验。

---

① 高铁梅. 计量经济分析方法与建模［M］. 北京：清华大学出版社，2005.

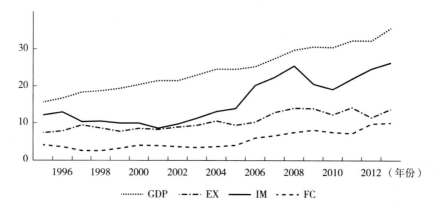

图4-8　各个变量的时序

（3）协整检验。只有当同阶单整的变量之间存在协整关系时，才能对序列进行回归；否则，很有可能出现伪回归情况。一般有两种方法进行变量间的协整检验：一种是对回归方程的残差进行检验的 EG 两步法，另一种是基于回归系数的 Johansen 检验。前者主要用于单变量协整关系的检验，后者则用于多变量间协整关系的检验。本书采用 Johansen 检验，首先建立 VAR 模型，并确定模型的最优滞后阶数，由表 4-14 可以看出模型的滞后阶数选择 1 最合适，经验证 VAR（1）拟合效果较好。然后再对协整方程中是否有趋势项进行检验（因篇幅有限，检验结果略），结果表明协整方程中的趋势项并不显著，因此去掉趋势项方程拟合较好。协整检验结果如表 4-15 所示。

表4-14　滞后阶数的选择

Lag	Logl	LR	FPE	AIC	SC	HQ
0	-128. 7962	NA	71. 6731	15. 6231	15. 8191	15. 6426
1	-70. 4790	82. 3301 *	0. 5298 *	10. 6446	11. 6248 *	10. 7420
2	-53. 7440	15. 7506	0. 7305	105581 *	12. 3226	10. 7335 *

注：*代表该则下最佳滞后阶数。

表4-15　Johansen 协整检验

Hypothesized NO. of CE（S）	Eigenvalue	Trace Statistic	5% Critical Value	Prob.
None	0. 8792	58. 6182	47. 8561	0. 0036
At most 1	0. 5707	22. 6862	29. 7971	0. 2618

续表

Hypothesized NO. of CE（S）	Eigenvalue	Trace Statistic	5% Critical Value	Prob.
At most 2	0.2610	8.3120	15.4947	0.4326
At most 3	0.1812	3.3995	3.8415	0.0652

可以看出，变量间存在唯一的协整关系，协整方程式为：

$$GDP_t = 3.5081 + 2.1229 EX_t - 0.5663 IM_t + 1.5059 FC_t + EC_t$$
$$(0.1330) \quad (0.0670) \quad (0.1505)$$
$$(-15.9661) \quad (8.4531) \quad (-10.0046)$$

EC_t 代表残差项，方程式下第一行括号内数字是渐进标准误，第二行括号内数字是 T 值，其绝对值都大于2，说明每个变量都是显著的。协整方程式表明：经济增长与进口、出口、固定资本形成总额存在唯一的长期稳定平衡关系，并且出口以及固定资本形成总额均能促进经济增长，出口的促进力度要大于固定资本形成总额，进口阻碍经济增长，并且阻碍作用并不大。

（4）基于 VAR 协整模型的预测分析。用 VAR 模型进行预测的优点是不必对任何解释变量在预测期内的取值做特殊的预测处理，该模型可以对每个变量在未来时间段内进行同步预测。基于上述模型对各个变量在 2014～2020 年时间段内进行静态预测，原因是经笔者检验静态预测要比动态预测精确度高，预测结果如表 4-16 所示。

表 4-16　吉尔吉斯斯坦各经济指标预测结果　　单位：亿美元

指标	2014 年	2015 年	2016 年	2017 年	2018 年	2019 年	2020 年
GDP	35.4112	38.7619	38.8507	41.4311	41.6024	43.8611	44.2486
EX	12.7169	15.6877	14.6395	16.6836	15.8410	17.5676	16.9929
IM	32.8406	35.2839	38.9852	39.8936	42.9482	43.9936	46.6470
FC	13.0035	13.6929	15.9567	16.2978	17.9204	18.2504	19.6460

2. 主要结论

从以上预测结果可以得出：国内生产总值（GDP）、进口额（IM）以及固定资本形成总额（FC）均出现逐年上升趋势，出口额（EX）出现上下浮动趋势，但总体趋势仍是上涨趋势。2014 年 GDP 为 35.4112 亿美元，到 2020 年 GDP 为 44.2486 亿美元，2020 年比 2014 年增长了 24.96%，年均增长率为 3.78%，经济缓慢增长。由 2008 年以来的数据发现出口额总是出现震荡增长，几乎是隔一年出现数值下滑，次年之后又开始增长，2014 年出口额为 12.7169 亿美元，比 2013 年下降 7.91%，之后每年都是出现"增长—下降—增长"趋势，到 2020 年出口额达到 16.9929 亿美元，比 2014 年增长 33.62%，年均增长率为 4.95%，增速也较慢。2014 年进口额比上年增长 24.38%，达到 32.8406 亿美元，2020 年达到 46.6470 亿美元，比 2014 年增长 42.04%，年均增长率为 6.02%。固定资本形成总额逐年上升，2020 年达到 19.6460 亿美元，比 2013 年增长 51.08%，年均增长率为 7.12%，相对于其他指标来说，增速较快。

五、基于组合预测的土库曼斯坦经济发展水平预测

1. GDP 的组合预测模型

组合预测是根据权重将各个单项预测综合在一起，集中了各个单项预测的优点，具有单项预测无法具有的优势，依据不同则分类不同，如表 4 – 17 所示。

表 4 – 17　组合预测分类

依据	组合预测与单项预测的函数关系	权重计算方法的差异	权重是否发生变化
类别	线性组合预测、非线性组合预测	最优组合预测、非最优组合预测	不变权重组合预测、变权重组合预测

组合预测中权重的确定方法有很多种，经常用的主要有等权重法、预测误差平方和倒数法、简单加权平均法、权重确定的规划法[①]。笔者并没有使用上述方法，而是在预测误差平方和倒数法的基础上进行改进，使用平均预测误差平方和倒数法来确定权重，因为只有每个单项预测模型的观察值一样的时候各个模型的误差平方和比较起来才有意义，若观测值个数不同时，误差平方和的高低并不能代表预测精度的高低，而使用平均预测误差平方和就没有这方面的限制，平均预测误差平方和是反映预测精度高低的一个重要指标，平均预测误差平方和越低说明指标预测精度较高；反之亦然。因此，平均预测误差平方和越低说明在组合预测中的重要性越高，反之则反是。令 $\omega_i = \dfrac{e_i^{-2}}{\sum\limits_{i=1}^{n} e_i^{-1}}$，$i = 1$，

① 门小琳. 组合预测方法在我国 CPI 预测中的应用［D］. 南京财经大学硕士学位论文，2011.

2，$\cdots$，n，其中，$\sum \omega_i = 1$，e_i^{-1} 是第 i 个单项平均预测误差平方和的倒数；$e_i = \dfrac{1}{n}\sum (x_{it} - x_t)^2$，其中，$x_{it}$ 为 t 时刻 i 种预测方法的预测值，x_t 为 t 时刻的观测值。

（1）趋势外推法。经济的发展会随着时间的推移，常常表现出一定的客观规律性。趋势外推法是根据数据过去和现在的发展趋势，来对未来数据进行预测推断的方法。可分为线性趋势外推法和曲线趋势外推法。根据数据散点图的趋势，选择合适的方程，利用 OLS 的基本原理来确定参数，建立模型进行预测。笔者根据年份与所对应 GDP 的散点图来观察趋势特点、选择模型类型，根据不同时间段内的趋势图拟合不同类型的模型进行分析，根据各参数准则选取合适的模型。一般认为拟合优度越高越接近 1，则模型选择越好，外推预测越准确。

本书分别研究了 1993～2013 年、2000～2013 年、2004～2013 年三个时间段内的散点图，如图 4-9 至图 4-11 所示，三种模型的设定及拟合结果如表 4-18 所示。

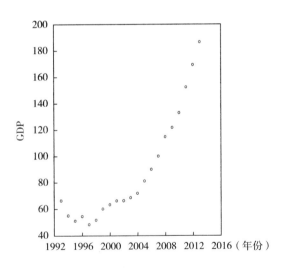

图 4-9　1993～2013 年对应 GDP 的散点图

通过对三个模型进行比较发现，第一个模型的拟合度最高，达到 0.9915，最接近 1，经计算得平均预测误差平方和为 13.9976，因此选用第一个模型对 2014～2020 年的 GDP 发展做出预测。预测结果如表 4-19 所示。

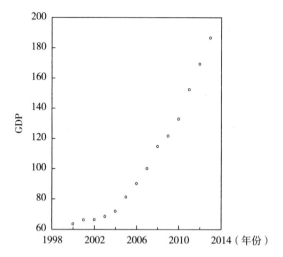

图 4 - 10   2000 ~ 2013 年对应 GDP 的散点图

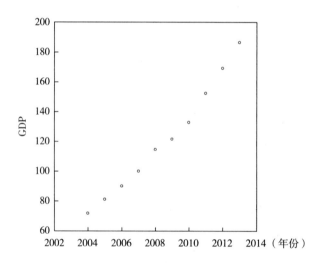

图 4 - 11   2004 ~ 2013 年对应 GDP 的散点图

表 4 - 18   模型估计结果

时间段	模型设定	模型估计	R^2	e_i
1993 ~ 2013 年	$Y = A + BX + CX^2$	$GDP = 67.8776 - 5.7311T + 0.5335T^2$	0.9915	13.9976
2000 ~ 2013 年	$Y = A + Be^x$ 取对数得到：$LNY = LNA + LNB \times X$	$LNGDP = 3.9300 + 0.0887T$	0.9715	0.0037
2004 ~ 2013 年	$Y = A + BX$	$GDP = 53.0482 + 12.5211T$	0.9814	24.4536

表 4 - 19　2014～2020 年 GDP 预测值　　　　　　　单位：亿美元

年份	2014	2015	2016	2017	2018	2019	2020
预测值	200.0192	218.2966	237.6412	258.0528	279.5314	302.0771	325.6898

（2）灰色预测法。笔者选取 2009～2013 年的数据作为样本，用 GM（1，1）模型对 2014～2020 年的 GDP 做出预测，预测的实证结果如下：

①原始数据序列 $x^{(0)} = \{121.5472, 132.7269, 152.2368, 169.1379, 186.3884\}$。

②1 - AGO 序列 $x^{(1)} = \{121.5472, 254.2740, 406.5109, 575.6488, 762.0372\}$。

③$C = \begin{bmatrix} -187.9106 & 1 \\ -330.3925 & 1 \\ -491.0799 & 1 \\ -668.8473 & 1 \end{bmatrix}$，$X = \begin{bmatrix} 132.7269 \\ 152.2368 \\ 169.1379 \\ 186.3884 \end{bmatrix}$，经计算得发展灰度 $A = -0.1105$，

内生控制灰度 $B = 113.7560$，系数 $(1 - e^A)\left[\widehat{x^{(1)}(1)} - \dfrac{B}{A}\right] = 120.4125$，所以

$$\widehat{x^{(0)}(m+1)} = \widehat{x^{(1)}(m+1)} - \widehat{x^{(1)}(m)} = 120.4125 e^{0.1105m}。$$

④模拟值的计算为 $\{121.5472, 134.4828, 150.1972, 167.7479, 187.3494\}$。平均预测误差平方和 $e_i = 2.0198$。

⑤2014～2020 年 IM 预测结果为 $\{209.2424, 233.6914, 260.9985, 291.4964, 325.5580, 363.5997, 406.0867\}$。

（3）ARIMA 模型预测。笔者选取 1987～2013 年 GDP 数据，通过单位根检验得知 GDP 序列是 2 阶平稳的，所以 d = 2，由自相关和偏相关图可知，p = 1，q = 1 较为合适，因此可供选择的模型有三种，即 AR（1）、MA（1）、ARMA（1，1），三种模型的拟合结果表 4 - 20 所示。

表 4 - 20　三种模型估计结果比较

模型	变量	变量系数	t - Statistic	Prob.	调整的 R^2	残差平方和	AIC	SC
AR（1）	C	0.7023	0.6119	0.5469	0.2234	1556.618	7.1768	7.2749
	AR（1）	-0.4967	-2.7600	0.0114				
MA（1）	C	0.9427	8.4824	0.0000	0.4412	1169.751	6.8435	6.9411

模型	变量	变量系数	t - Statistic	Prob.	调整的 R^2	残差平方和	AIC	SC
MA（1）	MA（1）	-0.9996	-11.0640	0.0000				
ARMA（1，1）	C	1.2055	2.4048	0.0255	0.6573	655.6966	6.3955	6.5428
	AR（1）	-0.3209	-1.4442	0.1634				
	MA（1）	-1.4865	-10.3030	0.0000				

根据表 4-20 对三个模型做出最优选择，调整的 R^2 越大越好，残差平方和越小越好，AIC 准则和 SC 准则下，该项指标越小越好，但从这几项标准来判断认为 ARMA（1，1）模型最好，但是该模型中的 AR（1）项系数是不显著的，因此模型存在缺陷，综合各方面考虑，认为最佳模型是 MA（1）模型，模型如下所示：

$$\widehat{ddGDP_t} = 0.9427 + \varepsilon_t + -0.9996\varepsilon_{t-1}$$

Se　　　　（0.1111）　　（0.0903）

T 值　　　（8.4824）　　（-11.0640）

P 值　　　（0.0000）　　（0.0000）

经计算得出该模型的平均预测误差平方和为 43.3241，用该模型对 2014～2020 年的 GDP 做出预测，大量实践经验证明静态预测的精度要高于动态预测，因此本书用的是静态预测，预测结果如表 4-21 所示。

表 4-21　2014～2020 年 GDP 预测值　　　　单位：亿美元

年份	2014	2015	2016	2017	2018	2019	2020
预测值	204.5727	223.7008	243.7733	264.7727	286.7271	309.6115	333.4349

（4）组合预测。使用平均预测误差平方和倒数法来确定权重，然后对各个单项预测的数值进行加权。则组合预测值如表 4-22 所示。

$$GDP = \frac{13.9976^{-1}}{13.9976^{-1} + 2.0198^{-1} + 43.3241^{-1}}GDP_1 +$$

$$\frac{2.0198^{-1}}{13.9976^{-1} + 2.0198^{-1} + 43.3241^{-1}}GDP_2 +$$

$$\frac{43.3241^{-1}}{13.9976^{-1} + 2.0198^{-1} + 43.3241^{-1}}GDP_3$$

表 4 - 22 2014～2020 年 GDP 预测值 单位：亿美元

年份	2014	2015	2016	2017	2018	2019	2020
预测值	207.9412	231.4351	257.4941	286.3982	318.4611	354.032	393.5014

2. 主要结论

通过组合预测可知，GDP 值呈快速增长趋势，2014 年达到 207.9412 亿美元，比上年增长 11.56%，2020 年 GDP 为 393.5014 亿美元，比 2014 年增长 89.24%，年均增长率为 11.22%。

第三节 本章小结

通过以上对五个国家的预测可知，经济实力排在前两名的国家是哈萨克斯坦和乌兹别克斯坦，在内来几年内，五个国家的经济均呈现出不断增长态势，但各个国家每年的经济增长率是有所差异的，增速不同，如图 4 - 12 所示，土库曼斯坦每年的 GDP 增长率均在 11% 以上，高于其他四个国家，但呈现出略微下降的趋势。乌兹别克斯坦每年经济增长率波动范围很小，几乎停留在 8% 以上，总体上增长率排名第二。哈萨克斯坦经济增长率在 5%～6% 以上，波动范围不大，总体上呈现出缓慢增长趋势。塔吉克斯坦经济增长率变化幅度较大，呈现出下降

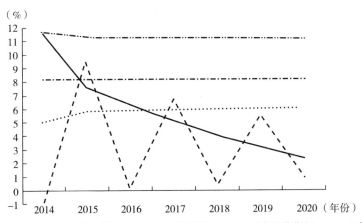

图 4 - 12 2014～2020 年中亚五国 GDP 增长率

趋势，尤其是 2014～2015 年下降幅度很大，介于乌兹别克斯坦与土库曼斯坦经济增长率之间，2016 年下降到哈萨克斯坦与兹别克斯坦之间，2017 年之后低于哈萨克斯坦呈现出不断下降趋势。吉尔吉斯斯坦经济增长率呈现出上下摆动的大幅度变化，2014 年经济增长率呈现出负值，为 -0.9% 以上，到 2015 年达到 9% 以上，其余年份在 -0.9%～9% 波动。虽然中亚五国的经济增长率呈上升或是下降或是上下不断波动的趋势，但经济总量都是在逐年增加的，也说明各国的经济是在不断发展的，只不过是速度快慢不同而已，这种发展态势为深化中国（新疆）与中亚国家的能源和贸易合作提供了较好的经济基础和经济环境。

第五章　中国（新疆）与中亚国家能源合作现状、博弈分析与互联互通对策

第一节　中国（新疆）与中亚国家能源合作与互联互通现状

新疆作为中国向西开放的重要门户，处于与中亚、西亚、中东、俄罗斯等地区和国家开展能源合作的重要战略要地。作为"丝绸之路经济带"的核心区，新疆在包括能源合作在内的中国对外经贸合作中越来越成为重要的地缘载体。由于能源合作作为每一个主权国家至高的安全战略，地方性政府部门在具体合作中起到载体作用，但是战略性合作安排总体是服从于中央的整体部署和安排。因此本节虽然讨论中国（新疆）与中亚国家能源合作现状，但是大部分能源合作项目主要是从国家层面进行的。本书以此为基础展开讨论并在必要的阐述中，加以讨论新疆在具体合作中所起到的作用及可能发挥的优势。

由于中亚国家与中国在能源领域的合作多以双边谈判为主，且不同国家之间的合作内容、合作层次以及合作起始点不同，因此本书从国别合作入手进一步讨论中国（新疆）与中亚国家能源合作与互联互通现状。

一、中国与哈萨克斯坦能源合作与互联互通现状及特点

1. 现状

相比于其他中亚国家，中国与哈萨克斯坦的能源合作可谓是破冰前进的第一站。中哈能源合作始于1997年哈国领导人访华，主要合作领域为中国公司在哈萨克斯坦参与石油天然气开采和运输工程。1997年6月，中石油获得哈萨克斯坦阿克纠宾斯克油气公司60.3%的股权，同年又获得对乌津油田的开采权益。以上

述系列实际合作为基础，中国与哈萨克斯坦签署了政府间石油天然气合作协议。自此，中国与哈萨克斯坦的石油和天然气开采、成品油生产、油气销售等整个能源产业链各环节的深入和广泛的合作成为主流。2004 年，中哈原油管道正式开工；2005 年，中哈原油管道一期工程（阿塔苏—阿拉山口段）正式竣工投产；2007 年，中哈原油管道二期工程开工建设；2009 年，肯基亚克—库姆科尔原油管道正式开始商业输油；2012 年，中亚天然气管道 A/B 线沿线压气站全部建成投运；2013 年，中哈天然气管道二期第一阶段（巴佐伊—奇姆肯特段）竣工；中哈天然气管道二期工程（哈南线）项目顺利通过哈萨克斯坦国家验收。中国与哈萨克斯坦之间的能源合作以石油天然气为主要载体，管道运输为主要运输方式，通过哈萨克斯坦链接土库曼斯坦、俄罗斯等周边国家，通过中国油气领域的大型国有龙头企业具体参与，在油气资源勘探开发、炼油销售等各环节开展了一系列的能源合作，具体合作进程如表 5－1 所示。

表 5－1　中国与哈萨克斯坦油气能源合作内容与进程

序号	合作内容	时间	备注
1	中哈领导探讨油气合作	1997 年 2 月	合作启动
2	中石油收购哈萨克斯坦阿克纠宾斯克油气公司 60.3% 股权	1997 年 6 月	股权控股
3	中石油赢得哈萨克斯坦乌津油田国际招标	1997 年 8 月	招标收购
4	签署《中哈政府间石油天然气合作协议》	1997 年 9 月	政府层次
5	中哈合资组建哈萨克斯坦西北输油管道公司，中国投资哈萨克斯坦肯基亚克至阿特劳的输油管道建设	2001 年 12 月	运输领域
6	中石油与哈萨克斯坦政府合作开发最大石油储备区——扎纳诺尔矿区	2002 年 12 月	开发领域
7	中哈联合声明公布中国参与哈属里海大陆架油田勘探和开发	2003 年	勘探开发领域
8	中哈合资西北输油管道公司购买阿克纠宾斯克油气公司 25.12% 以上股权	2003 年 5 月	项目分布广泛
9	中石油从哈萨克斯坦尼尔森公司手中购买了哈国北部扎齐油田项目 50% 股权	2003 年 6 月	实现初期项目投融资
10	签署《中华人民共和国政府和哈萨克斯坦共和国政府关于在油气领域开展全面合作的框架协议》和《关于哈萨克斯坦阿塔苏至中国阿拉山口原油管道建设基本原则协议》等文件	2004 年 5 月	合作层次提高到全面合作

续表

序号	合作内容	时间	备注
11	中哈双方签署原油管道建设补充协议	2004年6月	中哈原油管道正式启动
12	中哈确立战略合作关系，民营企业开始参与能源合作	2005年	民企参与，突破国有企业垄断
13	新疆工商联石油业商会与哈萨克斯坦石油商会在乌鲁木齐市举行友好商会协议签字仪式	2005年9月	商会发挥作用
14	中石油收购哈萨克斯坦石油公司	2005年10月	完全控股
15	中国—哈萨克斯坦石油管道正式对中国输油	2006年5月	合作见成效
16	中国进出口银行的50亿美元贷款用于能源合作，作为中石油与哈萨克油气公司合作的专项资金	2008年10月	启动跨国公司金融支持
17	哈萨克开发银行代表团与中国国家开发银行签署了2亿美元的授信协议	2008年12月	启动能源领域金融合作
18	中哈双方签署了能源领域合作的一系列协议，以扩大两国在石油天然气领域的合作	2009年4月	扩大到金融、技术和生产领域
19	A. 中国国家开发银行向哈萨克斯坦发展银行提供1亿美元贷款，用于哈工业领域项目和基础设施建设项目融资 B. 中国进出口银行与哈萨克斯坦开发银行签订向哈方提供50亿美元的贷款协议，贷款投向涉及能源、电力、冶金、建材、铁路、港口建设等多个领域 C. 哈萨克斯坦国家油气公司与中石油勘探开发公司的合资公司，签署了联合收购中亚石油公司所拥有的曼格斯套油气公司100%普通股的协议	2009年4月	扩大到能源生产销售基础设施等关联领域
20	新疆广汇实业股份有限公司与哈萨克斯坦TBM公司在乌鲁木齐签约油气项目合作开发协议，签订了《收购哈萨克斯坦斋桑油气区项目交割备忘录》及《供气协议》	2009年6月	新疆民营企业开始参与
21	A. 中国国家开发银行与哈萨克斯坦"萨姆鲁克—卡泽纳基金会"签署融资合作协议 B. 中国投9.39亿美元购买哈萨克斯坦石油天然气公司股权	2009年9月 2009年10月	中国金融机构直接参与能源投融资安排
22	中亚天然气管道霍尔果斯计量站出站阀门开启，标志着中亚管输天然气正式入境	2009年12月	中亚天然气合作见成效

续表

序号	合作内容	时间	备注
23	哈萨克斯坦铜业公司同"萨姆鲁克—卡泽纳基金会"与中国开发银行达成为期三年的授信协议，授信额度为 27 亿美元。哈铜业公司是哈最大铜业生产企业，主要产品包括精炼铜和粗铜、有色和贵重金属、煤炭等	2010 年 1 月	金融支持经验运用到煤炭等更广泛的能源领域
24	中国石化集团炼化工程有限公司与日本丸红株式会社、哈萨克工程服务公司组成的联合体，与哈萨克阿特劳炼油厂签署了关于"交钥匙"承包建设原油深加工工程项目的合同	2012 年 6 月	中国主导的工程项目多国合作领域
25	A. 中国进出口银行提供 11 亿美元贷款给阿特劳炼厂建设原油深加工综合体 B. 中国开发银行将提供 18 亿美元用于修建别涅乌—希姆肯特天然气管线，借款人（运营商）为别涅乌—希姆肯特天然气管道有限责任公司（哈天然气运输公司和中石油持股合资公司）	2012 年 6 月 2012 年 12 月	能源合作为主的资本输出和跨国资本融资得到实践
26	丝路基金与哈萨克斯坦出口投资署签署框架协议，出资 20 亿美元，建立中哈产能合作专项基金。中哈能源合作分委会第九次会议在哈萨克斯坦阿斯塔纳召开，是两国政府部门和企业落实"丝绸之路经济带"倡议和"光明道路"新经济政策而采取的实际行动。博鳌亚洲论坛能源资源与可持续发展会议暨丝绸之路国家论坛在哈萨克斯坦首都阿斯塔纳开幕	2015 年5 ~ 12 月	能源合作纳入更为广泛的"丝绸之路经济带"建设的产业合作领域
27	新疆广汇石油公司拟投资 150 亿坚戈在卡拉干达州建造液化天然气厂，在克孜勒奥尔达州建液化气厂	2016 年 3 月	新疆民营企业实质性运作

资料来源：①中国驻哈萨克斯坦共和国大使馆，中国驻哈萨克斯坦共和国大使馆参赞处相关资料整理获得；②张飘洋. 中国与中亚能源金融合作研究［D］. 新疆大学博士学位论文，2016.

通过联合国的数据整理，中国从哈萨克斯坦进口的贸易 HS 商品编码为 2709 的石油原油数据显示，2009 年后中国进口哈国石油量迅速增加，2009 年进口石油约 600 万吨，2010 年约为 1005 万吨，此后几年都较为稳定，年输油量都在 1000 万吨以上（2011 年、2012 年、2013 年、2014 年、2015 年中方进口哈方的原油分别为 1121 万吨、1070 万吨、1117 万吨、1162 万吨、1080.5 万吨），这种较好油气资源合作主要由于 2009 年中哈石油输油管道的成功运营。自 2006 年 7

月投产至2015年底，中哈原油管道已累计向国内输送原油8724万吨，在中国陆路能源进口大通道中发挥了重要作用。

2. 特点

第一，以政府之间的主动合作为起点。哈方主动开放相关领域，我国积极参与相关建设。虽然整个合作过程中，中国在对方的能源产业投资中处于被动状态，很多领域无法实现完全市场化运作的能源贸易安排，但是哈萨克斯坦在能源领域的开放度仍然比其他中亚国家甚至比俄罗斯还要广泛得多。其中，哈萨克斯坦政府在能源合作方面的诚意以及通过能源来获得更多发展资金的意图十分明显。

第二，合作领域比较广泛，已经形成能源合作全领域和宽领域的合作。全领域合作就是在以油气资源为主的能源合作中，从资源勘探、资源开采、资源初级加工、炼油、下游的化工项目以及成品油的国内外销售等方面都有介入。目前，中石油和中石化在哈萨克斯坦多城市开展成品油销售和加油站销售网络。宽领域合作就是中国企业不仅在油气产业上下游领域实现全领域合作，而且在石油开发装备制造业、石油和天然气运输管道建设、技术服务支持等领域都开展相应的合作，并实现了中国金融机构在哈萨克斯坦直接对相关项目进行投融资安排。

第三，金融支持破冰前进，率先完成中国企业生产输出和资本输出。中国与哈萨克斯坦能源合作目前越来越向深层次发展。作为加速合作推动器的投融资机构，中国银行机构和其他国际投资机构发挥更为广泛的作用。从前面的合作进程中可以看到，2009年后，中哈能源合作中的每一项投资都有中国开发银行或中国进出口银行的金融支持。这种金融支持不仅为中哈能源合作的快速实现和迅速见效发挥作用，更为今后的银行机构之间的往来和人民币国际化等提供坚实合作基础，也为今后更广泛的能源合作提供投融资基础。

第四，中哈能源合作提供了中国在其他中亚国家能源合作的先行经验。中哈合作从最初的权益合作逐步走向市场化意义上的股权合作，以国际通行的合作法则为蓝本，适当创新为基础。很多投资领域上形成了五五分成为基础的股权结构，在进一步融资过程中形成了对双方都比较公平的控股公司形式，在具体实践中进一步形成市场化的股权结构。这为中国与哈萨克斯坦企业在能源合作领域的具体股权安排、投融资安排等领域提供了更多的模式，也为中国企业和其他中亚国家企业开展能源合作提供了更多的模式经验。

第五，多层次能源合作格局逐步形成。一方面，中哈能源合作第一阶段主要以油气开采、天然气运输管道工程、石油管道工程等为主。第二阶段过渡到石油天然气资源的勘探开采和炼油加工领域。目前通过中哈合资公司控股子公司为主要载体，金融机构的金融支持为主要投融资渠道，对煤炭等其他化石能源的勘探开发利用领域进行投资。另一方面，能源合作中的国有企业之间的垄断性合作格局被打破，民营企业在商会的对接下开始介入哈萨克斯坦企业之间的油气能源合作，尤其是新疆广汇集团公司破局率先实现与哈方企业合作，为民营企业"走出去"提供了一个可行的模式。

二、中国与吉尔吉斯斯坦能源合作与互联互通现状及特点

1. 现状

中国与吉尔吉斯斯坦的能源合作进程比较顺利，但是总量规模远达不到中国与哈萨克斯坦的合作。其中的根本原因在于吉尔吉斯斯坦相对于哈萨克斯坦而言石油和天然气资源并不丰富，在传统能源领域合作的空间较为狭窄。本书根据中国与吉尔吉斯斯坦之间的能源合作进程做了相应的梳理，具体情况如表 5 - 2 所示。

表5-2 中国与吉尔吉斯斯坦能源合作内容和进程

序号	合作内容	时间	备注
1	中国胜利油田下属公司和江汉油田管理局以承包方式对吉尔吉斯斯坦石油企业进行老油井修复和资源勘探开发作业	1999 年	以生产性服务业作为切入点
2	中吉双方签订《中吉能源领域合作协定》	2002 年 6 月	政府启动
3	中石化工集团公司获得了吉尔吉斯斯坦马利苏四—伊兹巴斯肯特油田开发	2002 年 8 月	勘探开发实质性合作启动
4	中石化集团公司从吉尔吉斯斯坦油田开发项目中获得权益油	2004 年	合作初见成效
5	陕西煤化集团控股的中亚能源有限责任公司在吉尔吉斯斯坦投资成立了中大中国石油公司，是吉国最大规模的石油炼制项目和中资企业在吉尔吉斯斯坦投资的最大项目	2009 年	涉足炼油领域，转向控股性质
6	陕西延长石油取得了吉尔吉斯斯坦勘探开发区块许可证	2011 年 4 月	煤炭能源领域
7	新疆特变电工承建吉重大能源工程项目"达特卡—克明"500 千伏输变电工程	2012 年 8 月	转向煤电领域
8	中国和吉尔吉斯斯坦签署了系列合作融资协议，约定两年内启动中国—中亚管道 D 线吉尔吉斯斯坦境内段建设	2013 年	转向管道运输和金融支持领域
9	熔盛重工收购吉尔吉斯斯坦 4 座油田	2014 年 8 月	跨国公司完全控股

资料来源：张飘洋. 中国与中亚能源金融合作研究 ［D］. 新疆大学博士学位论文，2016.

2. 特点

第一，中国与吉尔吉斯斯坦的能源合作以服务贸易为起点。从合作初始来看，中资企业在吉尔吉斯斯坦的能源合作主要是以修复油气矿井、提高开采率为核心内容的技术性服务为基础的。通过这一项目的成功运行，中国和吉尔吉斯斯坦之间达成了更为宽泛的能源合作框架协议，这为以后的实际性合作打下基础。

第二，吉尔吉斯斯坦的能源合作并不是以油气开发合作为主，重点放在了满足吉尔吉斯斯坦国内能源需求为主的火电站建设、输变电站建设等，这也是由吉尔吉斯斯坦的国情所决定的。吉尔吉斯斯坦作为一个水力资源和煤炭资源丰富的国家，其可以开采利用的能源资源不适合长距离运输，所以中吉能源合作很快转向煤炭资源开发利用、水力资源开发利用为主的能源开发合作。

第三，中吉能源合作属于中国中亚能源合作大框架下的配套开发合作。中国和吉尔吉斯斯坦签署的一系列合作融资协议为中国中亚管道运输 D 线吉尔吉斯斯坦境内段建设项目的投资提供了保证，也为 2014 年的中国公司获得吉尔吉斯斯坦四个油气田开采权利提供了更为便利的融资条件和合作基础。

三、中国与塔吉克斯坦能源合作与互联互通现状及特点

1. 现状

长达十年的内部混乱和以后的政局不稳定，导致塔吉克斯坦在开展对外合作方面，相比于其他中亚国家起步较晚。加之塔吉克斯坦化石能源较为短缺，电力生产、成品油炼制等工业严重滞后，所以中塔之间的能源合作到了 2009 年才开始起步。虽然能源合作较晚，但是中国和塔吉克斯坦之间的能源合作更具务实性。由于塔吉克斯坦国内油气生产能源无法满足正常需求，尤其是电能严重缺乏，中国企业在塔吉克斯坦的能源合作开发首选项目并不是满足中国能源安全需求的项目，而是满足塔吉克斯坦国内能源市场需求的项目。在此基础上逐步形成油气能源勘探开发、运输管道和多国合作开发的一个新局面，具体合作内容如表5－3所示。

2. 特点

第一，以满足当地能源需求为切入点。由于塔吉克斯坦属于严重的电能短缺国家，因此如何利用塔吉克斯坦丰富的潜在能源优势开发并满足当地需求，进而为更为广泛的能源合作打下基础成为当时关键决策。因此，中塔之间的能源合作以水电站建设和输变电站建设为突破口，在当地建设水电站和输变电站，满足当地急需的民生能源需求，并逐步过渡到油气勘探开发和运输管道建设等领域开展较为务实的合作。

表 5 - 3　中国与塔吉克斯坦能源合作内容和进程

序号	合作内容	时间	备注
1	塔吉克斯坦能源和工业部与新疆特变电工集团有限公司签署关于建"努拉巴德 - 1"水电站的协议 塔吉克斯坦电力集团和新疆特变电工集团有限公司签署关于开展罗拉佐尔—哈特龙段、南—北段输电线铺设辅助工作的协议	2009 年 6 月	重点合作电力能源开发和电能输送项目
2	中石油与塔国能源和工业部签署了首份《中国石油与塔吉克斯坦共和国能源和工业部合作备忘录》	2012 年 6 月	政府层面的油气合作启动
3	中石油获得在塔首个油气项目——阿姆达林盆地东部伯格达地区的油气权益	2012 年 12 月	能源合作进入实质性合作
4	中石油代表与塔能源和工业部部长舍拉利·古尔签署《中国石油天然气集团公司与塔吉克斯坦共和国能源和工业部进一步深化油气合作的框架协议》	2013 年 5 月	达成能源领域全面深入合作的基础性协议
5	中石油与塔吉克斯坦能源工业部、道达尔公司、克能石油公司在塔吉克斯坦首都杜尚别共同签署塔吉克斯坦伯格达区块项目油气合作交割协议	2013 年 6 月	能源合作项目进入实质性全面合作阶段

资料来源：①亚心网、中国能源网以及人民网能源部分资料进行整理；②张飘洋. 中国与中亚能源金融合作研究［D］. 新疆大学博士学位论文，2016.

第二，中国和塔吉克斯坦之间的能源合作还没有过渡到更深入的市场化操作的企业层面的股权架构性合作。目前，大部分油气能源勘探开发合作是多个国家跨国公司之间的权益性合作或框架性协议合作，要进入全面的实质性市场化合作需要各方多加努力。而且大部分协议由各国垄断性行业代表之间的协议为主，这种框架性协议具有很大的不确定性。

四、中国与土库曼斯坦能源合作与互联互通现状及特点

1. 现状

中土能源合作是国际环境变化中产生的有利时机促成的合作。1997 年后俄罗斯对土库曼斯坦采取更加排斥政策，尤其是在土库曼斯坦天然气进入欧洲市场方面，俄罗斯采取土克曼斯坦无法获得优先条件和盈利空间的一系列协议。土库曼斯坦国家经济实力不足，国家重建在即，不得不选择新的买主来实现天然气出口，并获得相应的国家建设资金。因此，1998 年土库曼斯坦总统尼亚佐夫断然提出土库曼斯坦必须修建通往中国的天然气管道的倡议。自此中国和土库曼斯坦之间的以天然气为主题的能源合作进入了新的时代，如表5-4所示。

表5-4　中国与土库曼斯坦之间的能源合作内容和进程

序号	合作内容	时间	备注
1	土库曼斯坦提出修建通往中国的天然气管道的合作倡议	1998 年	迫于俄罗斯压力调整天然气出口战略
2	中石油开始筹划铺设连接中国与土库曼斯坦的天然气管道项目	2000 年	天然气运输管道项目启动
3	中石油与土库曼斯坦石油康采恩共同签署了《古姆达格油田提高采收率技术服务合同》	2001 年	能源合作以服务贸易为实质性合作起点
4	中土签署了《土库曼斯坦与中华人民共和国关于铺设土库曼斯坦至中国天然气管道的总协议》	2001 年 6 月	政府层面的合作启动
5	中土签署了《关于实施中土天然气管道项目和土库曼斯坦向中国出售天然气的总协议》	2006 年 4 月	政府合作进入实质性合作层面
6	中石油与土库曼斯坦油气资源管理利用署和土库曼斯坦国家天然气康采恩签署了中土天然气购销协议和土库曼阿姆河右岸天然气产品分成协议	2007 年 7 月	合作进入实践阶段，2009 年 1 月 1 日供气，为期 30 年，300 亿立方米
7	中土两国企业签署增供 100 亿立方米/年的天然气购销合同，总额达到 400 亿立方米/年天然气，建设中国—中亚天然气管道 A/B/C	2009 年 6 月	合作初见成效，并进一步扩大
8	土库曼斯坦—乌兹别克斯坦—哈萨克斯坦—中国天然气管线竣工投入使用，土库曼斯坦通过该线路每年向中国供应至多 400 亿立方米天然气	2010 年 12 月	合作见成效
9	《中国石油天然气集团公司与土库曼斯坦天然气康采恩关于土库曼斯坦加尔金内什气田 300 亿立方米/年商品气产能建设工程设计、采购、施工（EPC）交钥匙合同》和《中国石油天然气集团公司与土库曼斯坦天然气康采恩关于土库曼斯坦增供 250 亿立方米/年天然气的购销协议》，并将规划建设中国—中亚天然气管道 D 线。同时，中国国家开发银行还与土库曼斯坦天然气康采恩签署了该项目建设融资合作协议	2013 年 9 月	天然气能源合作开辟了全方位、全领域、全产业链的全面合作，同时开启了以金融支持为主的宽泛的能源合作时代

续表

序号	合作内容	时间	备注
10	通往中国的管道 B 线、C 线相继建成通气	2014 年 5 月	进入能源合作稳固时期
11	中国石油天然气集团公司承建的土库曼斯坦"复兴"气田一期工程竣工投产	2015 年 9 月	跨国投资工程项目合作见成效

资料来源：新疆师范大学中亚研究院整理获得，http：//ccas. xjnu. edu. cn/s/151/t/194/p/1/c/4307/d/4357/list. htm。

2. 特点

第一，以天然气为主要标的物。中国与土库曼斯坦的能源合作主要领域为天然气。其中土库曼斯坦作为主要的供应方，中国作为需求方，在天然气勘探开发中中方的作用并不大，在天然气运输管道建设等方面中国提供更多的技术支持和资金支持。这些金融支持贷款作为天然气购销协议中的中方付款额度，对土库曼斯坦企业减少了经济负担和风险，而加大了中方的资金成本和经济风险。

第二，以购销协议为主，运输管道建设为载体。几乎所有的中土合作协议都有两个关键词：购销和管道。由于土库曼斯坦与中国之间具有很长的运输距离，而且必须经过几个国家，要想获得土库曼斯坦的天然气，必须与上述国家做好相应的协调工作。在整个合作中看来，土库曼斯坦十分积极主动，但实际上中国在实现整个合作效果所付出的代价远远超过购销协议和管道建设成本所列明的成本。

第三，整个合作中不存在严格意义上的股权合作或市场化合作元素。土库曼斯坦授权的合作对象为政府控制的垄断型企业，该公司在具体合作中总是以实际产品的购销价格作为中方在前期投入资金的最终权益，无论是管道建设、新的天然气资源勘探开采或是进一步加工领域都要求中方建设，最终所有权落入土库曼斯坦手中。中方永远是个买家，土方对所有项目均具有最终所有权。从合作的内容和性质来看，并不符合国际通行的市场法则。

五、中国与乌兹别克斯坦能源合作与互联互通现状及特点

1. 现状

乌兹别克斯坦独立后采用十分封闭的经济发展战略，对外开放度比其他中亚国家低很多，国家管控程度比土库曼斯坦还要强。因此，中乌油气合作起步较晚，于 2003 年后中国油气企业才陆续进入该国市场，主要涉及油气资源的勘探开发、天然气管道建设、电站改造、钻井设备及化学品供应、提高老油田采收率等，如表 5 - 5 所示。

表5-5　中国与乌兹别克斯坦能源合作内容和进程

序号	合作内容	时间	备注
1	新疆吐哈油田勘探开发指挥部与中石油长城钻井公司合作进入乌油田钻井、修井市场	1995 年	服务贸易为切入点
2	吐哈油田公司与乌石油公司就共同开发布哈拉—希瓦地区的 GAZLI 油田区块项目进行谈判，并完成油田增产的经济技术论证	2002 年	提供技术服务
3	中国石油技术开发公司钻机供应项目 1996 年启动，2003 年进入实际合作	2003 年	服务贸易项目
4	中石化胜利油田"东胜"公司油气勘探开发项目，提高费尔干纳盆地安集延区老油田采收率及在老油田区域内和周围地区进行新油田的勘探和开发	2003 年 10 月	中方独资公司勘探，组建开采公司，股权 50%，由乌方指定公司加工
5	中国石油天然气勘探开发公司与乌国家油气公司签订了《中国石油天然气集团公司与乌兹别克国家油气控股公司在石油天然气领域开展互利合作的协议》	2004 年 6 月	政府框架合作启动
6	中乌双方在北京签署了油气勘探协议	2006 年 6 月	实际合作启动
7	乌兹别克斯坦总统卡里莫夫发布总统令，确认所签署的《油气勘探协议》正式生效	2006 年 8 月	实际合作生效
8	由乌国家油气公司、中国石油、韩国国家石油公司、俄罗斯"鲁科伊"海外石油公司和马来西亚国家石油公司共同组成的"咸海油气开发财团"与乌政府签署了"乌兹别克咸海水域油气勘探开发项目产品分成协议"	2006 年 8 月	能源领域的多国合作模式形成
9	中国机械装备集团与乌油气总公司签署"中国机械装备集团咸海油气勘探设备项目"合作意向书。中方向乌提供水上油气钻井设备，用于乌在咸海水域进行石油勘探开采	2004 年 5 月	技术服务合作
10	中国—乌兹别克斯坦的天然气管道动工建设	2008 年 6 月	进入务实合作
11	中石油与乌油气公司在塔什干签署合资开发明格布拉克油田的协议	2008 年 10 月	成功获得地方性油田开发参与权
12	中石油与乌国家石油天然气公司就加强油气合作进行了富有成效的会谈并签署了合作谅解备忘录	2009 年 9 月	全面合作启动

续表

序号	合作内容	时间	备注
13	"乌兹别克石油天然气"国家控股公司与中国"天津润通石油设备有限公司"签订成立合资企业协议,在乌兹别克斯坦布哈拉州生产油气工业设备,项目投资1000万美元,双方对等持股	2010年6月	能源生产设备制造业合作
14	中石油与乌兹别克斯坦油气管道建设签订协议,即管道C线	2011年4月	启动管道运输合作
15	"乌兹别克石油天然气"国家控股公司与中石油签署了关于组织丁二烯橡胶生产和扩大油气领域合作的谅解备忘录,拟生产丁二烯并提炼出可用作轮胎、鞋和其他产品生产原料的橡胶;与新疆广汇石油公司签订液化天然气生产合作协议,拟在乌建成3个天然气液化站;与中集安瑞科控股有限公司签署关于液化/压缩天然气自动加油站设备生产备忘录;与中信建设有限公司、"乌兹别克化工"公司签署三方合作备忘录,拟在费尔干纳氮肥厂生产20万吨甲醇和10万吨二甲醚以提炼可替代型液体燃料	2011年4月	启动更广范围内的能源生产和替代能源加工生产合作协议
16	乌兹别克斯坦总统批准以下油气合作协议:新疆广汇工业公司与乌石油成立液化气加工合资企业的框架协议;中国国家开发银行为南克马奇油田贷款协议以及向中国供应天然气相关文件;乌石油与中石油共同开发纳曼干州明布拉格油田基本原则协议	2011年10月	协议初步生效,能源合作金融支持进入实质性阶段
17	中国国家开发银行和中石油为中亚天然气C线乌国段项目投资22亿美元	2011年12月	银行资本开始助推能源合作
18	中乌合资亚洲天然气运输公司投资3.2亿美元,用于完成"中国—中亚"天然气管道乌境内段C线建设	2014年	合作初见成效

资料来源:①中华人民共和国驻乌兹别克斯坦共和国大使馆,中华人民共和国驻乌兹别克斯坦共和国大使馆参赞处提供的资料整理获得;②张飘洋.中国与中亚能源金融合作研究[D].新疆大学博士学位论文,2016.

2. 特点

第一,以技术服务贸易为切入点。中国在乌兹别克斯坦的能源开发公司主要从事乌兹别克斯坦老油井和天然气管道的修复,提高采用效率为主要技术服务内容,开始启动能源合作。在2006年8月乌兹别克斯坦发布总统令正式生效,批准中国与乌兹别克斯坦合作从事油气勘探协议之前,中资公司在乌主要能源项目就是提供技术性服务。虽然 2004 年达成了勘探协议，但是这一协议明确规定中方承担全部勘探投入，有了商业发现后双方组建对等股权的公司负责开采，但是最终产品的加工权属于乌兹别克斯坦所制定的乌方完全控股公司。实际上这种投资安排也是一种变相的能源领域技术服务贸易。

第二，以装备为主的技术换能源。中乌能源合作集中于能源勘探开采加工等领域的装备制造业。与其他国家不同，乌兹别克斯坦的能源合作并不是直接针对某个能源领域的全面且直接的合作。采用的几乎是为油气能源资源的勘探开发、提高效率、深加工等领域提供技术设备和装备制造业为基础的外围技术合作。在这种合作中，中方始终作为一个技术输出国，逐渐形成了技术设备换能源为主要模式的一种能源合作格局。

第三，能源合作进程缓慢，协议履行难度大。从合作内容和进程来看，乌兹别克斯坦对外来投资十分谨慎。对任何外来重大投资意向，尤其是能源勘探开发投资等领域都采取了十分严格的审批手续，甚至很多合作协议签署后还要申报总统亲自审批。这一系列的过程中变数很大，无法快速进入务实的合作安排，并牵制住中资企业能源合作速度，导致资源配置的浪费和资金利用效率下滑。

第二节 中国（新疆）与中亚国家能源合作与互联互通中存在的障碍

一、存在的主要问题

1. 能源合作局限于传统能源合作

从前面的分析中可以看出，中国与中亚国家的合作集中于油气管道运输网络建设的合作，油气勘探开采领域的合作，油气勘探开采领域的服务贸易和技术贸易合作，煤炭资源电能转化领域，水电站建设和输变电站建设等领域。但是，国际上比较流行的清洁安全能源开发、清洁安全能源利用以及清洁安全能源技术研发等领域的合作比较少见或还没有正式启动。

2. 双方普遍存在信任危机

在能源合作问题上，无论是中亚国家对中国持有的中国威胁论（尤其是中国企业在中亚国家正常的能源生产经营易被他国认为是"掠夺资源"的行为，进而产生一些不友好甚至仇视的心理），还是中国企业对中亚国家的社会政治体制领域的不确定性产生的不安全感，都会影响中国和中亚国家在能源合作领域更深层次、多领域、全方位的合作。

3. 双方都存在能源安全的恐惧心理

从中亚层面来看，由于经济实力比较薄弱，发展经济所需要的资金主要依靠能源资源，在经济安全角度对能源资源持有过多的谨慎态度。中国在能源安全上由于经济规模大，需求缺口很大，以马六甲为主的海上运输通道安全隐患增多等原因，在做出能源领域的合作态度上心急、快速达成协议、加快合作进程的欲望强烈，导致对方国家提出不符合国际合作精神或不切合市场经济运作规律的合作要求，造成了能源合作在恐惧中缓慢进行的局面。

4. 能源合作模式简单

从合作的具体实践来看，一是全产业链合作模式没有形成。大部分合作主要集中于勘探领域，但是开采后的实际销售权或油气产品经营权还是落在中亚国家手中。虽然哈萨克斯坦实现了多个领域、全产业链的整体合作模式，但是哈萨克斯坦却采取了同一个产业链的各个环节由中国的不同实体与哈方的不同企业合作，再与第三国企业共同合作的模式，分散股权，通过第三方牵制中方。二是中国与中亚国家能源金融合作资金来源单一，主要是金融支持为主的贷款换产品模式。目前，中国与中亚国家的能源合作资金主要来源于中国金融机构的信贷，这种单一的资金来源使得很多民营企业对海外能源开发投资望而却步，加之能源项目融资不畅也在一定程度上加大了能源金融合作风险[①]。

5. 能源合作实体股权结构不符合市场经济法则，存在很大的低效率隐患

在整个合作中，中方始终作为最大的经济风险承担者签署合作协议，中亚国家在合作中总是处于有利地位。虽然在哈萨克斯坦和吉尔吉斯斯坦实现了中资公司控股权，但是这种控股安排也是一种迂回曲折、多个经济实体之间的间接控股方式。而且大部分股权合作中采用了对等股权，这一股权安排在实际运行中导致内部控制不力、治理不合理、内部控制信息成本加大、内部决策失败等不利影响，不能产生微观层面的优势。

6. 能源互联格局形成，互通层次尚待提高

中国与中亚能源互联得到提升，但互通处于不平衡发展状态。无论是从中国与中亚能源贸易数据，还是中国对成品油、天然气需求规模来看，都没有做到能源领域的互通。哈萨克斯坦直接要求中石化等企业进驻哈萨克斯坦生产成品油供国内消费者。但是，其他国家出于对民族工业的保护和能源安全等利益考量，并没有允许中国企业进驻并参与成品油生产加工。但是在替代能源的生产和加工领

---

① 张飘洋. 中国与中亚能源金融合作研究 [D]. 新疆大学博士学位论文, 2016.

域实现了一定的互通。如水电站建设、输变电站建设和火电站建设等项目。因此，如何在实现能源互联的基础上加大能源互通力度，在能源互通领域更加创新，实现能源合作上一个新台阶是今后努力的方向。

7. 各类合作组织、协调机制作用的发挥不尽如人意

中亚国家参与的区域经济合作组织主要包括上合组织、中亚区域经济合作、中亚合作组织、欧亚经济共同体、中亚南亚交通和贸易论坛等，其中重点是前四个区域经济合作组织。但通过比较发现，以上四种组织对中亚区域经济合作都起到了较大的推动作用，但同时由于各种合作组织相互重叠，合作的成本大，并且相互掣肘，在区域经济合作尤其是能源合作过程中存在较大的不稳定性和不可预计性，影响了合作效果[①]。例如，2004 年提出的上合组织能源俱乐部由于多种原因迟迟没有变为现实。

8. 新疆与中亚能源合作处于初级发展阶段

一是新疆能源企业与中亚国家的能源企业合作没有形成规模，没有产生实际影响力。吐哈石油公司在中石油总公司的战略部署下试探性地开展相关业务，但是总投资量并不大。广汇能源作为一家民营公司，在中亚国家的主要业务涉及LNG 购销协议。这些项目与全国性能源合作项目相比并不具有真正的影响力。二是炼油加工项目初具规模，但影响力不大。新疆独山子炼油厂通过哈萨克斯坦石油管道购买石油进行炼油，但是由于哈方所供应石油原油质量不稳定、实际设计生产能力较弱等原因无法产生来料加工出口成品油的合作模式，而是停留在来料加工，为下游化工产业提供半成品的国内销售模式。三是新疆与中亚国家的能源合作并没有起到载体作用。目前，新疆仅作为能源运输通道，没有得到相应的发展空间。

二、存在的外部经济风险

1. 复杂的能源利益关系影响着中国（新疆）与中亚能源合作与互联互通格局

环里海中亚能源带地处欧亚大陆纵深腹地，北向延伸至俄罗斯西伯利亚及远东地区，南邻中东、波斯湾，构成巨型油气资源富集区。从世界能源消费格局区位分析，中亚环里海地区西面为巨大的能源消费经济体——欧盟，东面则为中国为代表崛起的新兴国家，南面为印度能源市场，中亚环里海地区成为世界能源市场的中心，资源和地缘双重价值引发了多国利益博弈及国际资本角逐。

地处内陆区域的中亚由于出海口缺失，特殊的地理历史因素使其依附于某一

---

①　高志刚，韩延玲. 中亚国家区域经济合作模式、机制及其启示［J］. 新疆社会科学，2014（4）：73－77.

大国，而作为连接东西方能源的重要通道，中亚也成为各大国争夺的地缘政治经济焦点。与独联体其他国家一样，中亚也有自身的能源利益。目前，20多个国家、80多个跨国公司和十几个国际金融机构云集中亚里海的油气开发领域，累计投资逾百亿美元。在这一区域的能源之争中交织着美国、俄罗斯、欧盟、日本、韩国、印度、巴基斯坦等国和利益集团的多方博弈，从长远的利益考量，中亚国家巧妙地利用各国在能源之争中的矛盾，理性地采取能源平衡外交战略。中亚国家既融入西方、追随美国，也不会彻底倒向俄罗斯，成为俄罗斯的能源附庸国。

从环里海俄罗斯中亚能源带发展的整体格局分析，油气资源呈现出北上（俄罗斯线）、西进（欧美线）、东输（中国线）的格局，而南下（印巴线）线路目前仍处于设想阶段；从里海俄罗斯中亚能源带的利益博弈主体分析，也可以发现美国、俄罗斯为最强势的国际力量，在该区域有较大影响力权重，同时掺杂着复杂的多国利益博弈，使得该区域的利益之争不断升级。借助巴杰石油管线建成，美国另辟蹊径打通了在中亚避开俄罗斯的一条能源输出线路，同时步步紧逼提出跨里海天然气管道计划，力图再建土库曼斯坦天然气绕过俄罗斯输入欧洲线路，这些举措挑战着俄罗斯在中亚能源领域的影响力。俄罗斯希望里海能源通过油气管线流向北方，就能继续其在传统势力范围内的主导地位。中国积极推进"丝绸之路经济带"能源合作，完善环里海俄罗斯中亚能源带管线对接新疆能源通道的建设，伊朗则提出将里海石油运往波斯湾的港口。

在这一独特的能源地缘政治背景下，在大国博弈的格局中，中亚各国官僚容易操纵国家政策，从中获得利润，导致腐败，这进一步加大中资企业在能源合作领域的投资风险。

2. 俄罗斯在中国（新疆）与中亚能源合作与互联互通中的影响力较大

（1）俄罗斯在中亚能源外输拥有一定的主动权。继承了苏联通向各加盟共和国的油气配送管道，俄罗斯天然地获得了对大多数管线掌控权益。目前，俄罗斯依然控制着里海能源外输三条管道当中的两条："里海管道"（哈萨克斯坦—新罗西斯克）和巴库至新罗西斯克管道（田吉兹—新罗西斯克），一方面使得哈萨克斯坦等国依赖俄罗斯，另一方面俄罗斯可获超过200多亿美元的过境税费。这一线路格局与俄罗斯在里海地区"阿特劳—萨马拉""里海财团管道"等管线共同强化了俄罗斯对里海能源的强有力的影响力，同时也构成同美国能源扩张战略抗衡的基石。

（2）俄罗斯在中亚能源领域具有重要地位和影响力。对于中亚的能源过境国，俄罗斯不断强化其垄断地位。2001年，俄罗斯与中亚签订"欧亚能源联盟"，力图控制里海油气资源的输送权，达到控制中亚能源命脉的目的，在能源运输上中亚各国受制于俄罗斯，过境运输不仅给俄罗斯带来丰厚的过境税费，而且还强化了俄对中亚的政治影响力和经济控制力。俄罗斯政府还促成本国企业通过合资的方式开采中亚油气、诱压中亚以战略企业股票对冲欠俄能源债务等各种方式进入中亚国家能源市场。

俄罗斯还频频发动外交攻势，通过"欧亚经济共同体""集体安全条约组织""欧亚经济联盟"重新恢复对中亚的传统影响力。因哈萨克斯坦铀储量富集，需引进俄罗斯先进的核电技术推进哈国电力经济，而与阿塞拜疆、伊朗在里海石油开采权益上存在异议，土库曼斯坦希望得到俄罗斯支持大规模开采里海原油，在这些中亚国家的多重利益诉求下，2000 年伊始，俄罗斯积极推进中亚能源战略，不断提升俄在中亚的影响力、控制力。俄土达成了俄罗斯购买土库曼斯坦天然气并经俄管道为土国输送 500 亿立方米/年天然气的协议。此外，俄气（俄罗斯天然气工业股份公司）承担了经乌兹别克斯坦、哈萨克斯坦运输土库曼斯坦天然气。俄土就紧邻伊朗的陆架油田达成协议，并在里海国家首脑德黑兰峰会上，土库曼斯坦支持俄罗斯立场，抵制单方面开采里海石油。此外，俄罗斯规划投资乌兹别克斯坦油气开采领域。

利用一系列经济利益手段且采取平等对待中亚各国的能源外交斡旋，使中亚国家有了明显的俄罗斯外交倾向，推进了俄罗斯主导下的集体安全条约的进展。通过控制油气输出的基础设施保障俄罗斯在中亚的能源战略利益，维持俄罗斯的能源垄断地位和垄断利润。

（3）俄罗斯"东—西轴心战略"中亚能源取向影响力较大。从 20 世纪 90 年代末，俄罗斯就开始积极推行"东—西轴心战略"。着力改善与欧洲国家（尤其是与德国和法国）的关系，同时强化与中日韩印各国的关系[1]，提出了"巩固独联体，稳定西欧，争夺里海，开拓东方，突破北美，挑战欧佩克"的总体能源外交战略思路。尽管俄罗斯极力推进中亚能源战略，但俄对环里海中亚能源格局的影响能力有限。在开采权上，由于俄罗斯经济实力不足，难以确保足够资金投入开发中；在竞争方式上，俄罗斯只能继续利用地缘优势和传统影响，依靠里海法律地位未定的借口，利用质疑里海能源开发合同的合法性，借机对哈萨克斯坦、土库曼斯坦施加压力，便于在里海能源开发合同中获取一定份额。

（4）俄罗斯对中亚环里海能源富集区的控制能力被弱化。尽管俄罗斯倡导欧亚经济联盟，并力图建立欧亚经济联盟统一能源市场，但随着美国主导的"巴杰线"石油管道建成及中哈原油管道、中亚天然气管线与新疆国际能源通道对接，特别是 TAPI（土库曼斯坦、阿富汗、巴基斯坦、印度）天然气管道开建；

---

① 约瑟夫·斯坦尼斯劳. 变革中的能源格局：21 世纪的最大挑战 [J]. 国际石油经济，2008（7）：1－6.

阿塞拜疆、格鲁吉亚和土耳其之间的跨安纳托利亚天然气管道项目启动。中亚及里海国家已构建了绕开俄罗斯的能源运输基础设施，导致俄罗斯在这一区域的影响力下降，俄对中亚油气管道控制的垄断地位被打破。因此，俄罗斯运往独联体和欧洲传统市场的油气，因受中亚国家政治经济等因素影响，加剧了过境问题的复杂性①。在西方制裁、油价下跌双重因素打压下，俄罗斯能源产业发展受挫，其在国际能源战略格局中的地位呈衰势。

3. 美国为代表的西方大国势力在中亚能源合作领域排斥中国

美国极力将中国排斥在"世界石油心脏地带"（北非—西非—中东—中亚—里海—俄罗斯）外。20 世纪 90 年代以来，美国借助四次局部战争（海湾战争、科索沃战争、阿富汗战争和伊拉克战争），通过经济和外交手段控制了除俄罗斯、南美以外的世界石油资源核心地区。近年来凭借"页岩革命"，美国已超越沙特和俄罗斯成为世界油气生产大国。美国能源战略目标清晰可见：依靠军事实力开展油气地缘政治扩张，渗透到能源资源富集区，通过主导中亚里海通向西欧和印度洋的运输战略通道，阻隔中俄通向环里海能源带的能源战略要道。其具体措施如下：

（1）利用中亚的石油资源以减小对中东石油依赖。20 世纪 70 年代以来，美国对伊朗采取石油禁运。并强化能源供应的多样化，利用中亚的石油资源以减小对中东石油依赖，同时打压、削弱欧佩克的影响。目前，环里海俄罗斯中亚地区对欧主要供气干线已有美主导的"南流""纳布科"及其强烈阻挠的"北溪"三条主要远景干线。美国对"纳布科计划"极力支持，借此进一步强化与欧盟的伙伴关系，以期在政治上赢得欧盟对其全球战略支持，同时通过争取里海中亚国家，推进北约东扩，遏制俄罗斯和中国在这一区域的影响。

（2）支持中亚能源出口多元化，将中亚经济纳入美国所主导的西方体系。美国力推中亚能源出口多元化，并鼓励西方国家参与中亚地区的能源开发和出口，试图将中亚国家纳入美国为主导的西方经济体系，以此遏制及削弱俄罗斯和伊朗的影响。其中，投资修建巴库—第比利斯—杰伊汉管道就是美国极力支持的项目。

（3）鼓励美国公司参与开发中亚的能源。自 20 世纪 90 年代初开始，美国谢夫隆石油公司进入中亚能源开发领域，哈萨克斯坦独立后，组建了"田吉兹谢夫隆"公司。此后，优尼科（Unocal）和德塔赫斯（Delta Hess）等公司参与里海管道财团管道项目；优尼科、阿莫科（Amoco）、埃克森（Exxon）、彭泽尔（Pennzoil）公司参与通往欧洲的东西方向管道项目；1993 年雪佛龙（Chevron）

---

① 王龙林. 页岩气革命及其对全球能源地缘政治的影响［J］. 中国地质大学学报（社会科学版），2014（2）：35 – 40.

公司就开始参与哈萨克斯坦田吉兹油田的共同开发，40 年协议的总投资逾 200 亿美元。目前，美国公司控制着中亚 75% 的新开发及待开发的油气区块，成为该地区能源领域最大的投资者。通过加强对环里海地区的能源投资，美国增强了在国际能源领域的竞争力。目前，美国在里海能源开采权之争中有优势，且获取较大份额。美国通过商业部和私人机构（海外私人公司、进出口银行、贸易发展机构），拓展中亚的能源开发，同时在中亚地区举行了数次联合军事演习，利用强化中亚有关国家的军事联系确保能源供应安全①。

（4）推出南向能源输出战略。2006 年 4 月，针对"上合组织"在中亚的影响力不断扩大的势头，美国策划了喀布尔的"大中亚伙伴关系、贸易和发展"国际会议，参与国包括中亚五国及巴基斯坦、阿富汗等国。"大中亚"计划的战略旨在抗衡"上合组织"，并试图将中亚从独联体中剥离出来，达到最终肢解上合组织、削弱中俄影响，重建美国主导的地缘政治板块。美国通过推进中亚、南亚一体化，实现"南向能源输出战略"，达到控制中亚能源的目的。

4. 土耳其、伊朗等国涉及"丝绸之路经济带"中亚能源领域，强化了复杂性

土耳其、伊朗等国也以不同的方式卷入地缘竞争，使"丝绸之路经济带"能源合作涉及的地缘竞争变得更加复杂。土耳其积极与中亚国家合作，筹划从中亚修建通往土耳其海岸的能源管道，争取中亚能源能够通过土耳其出口。作为泛突厥主义的基地，土耳其在对中亚地区进行经济渗透的同时，还强化了向该地区进行宗教文化渗透，通过在中亚开办中小学、培养留学生、向中亚转播电视节目的方式，极力鼓噪"泛突厥主义"。甚至在阿富汗战争后，土耳其又借助北约派兵介入中亚的维和事宜。然而，泛突厥主义遭到俄罗斯、中国及国际社会的强烈反对，在中亚国家也遭到抵制。土耳其在中亚地区扩张势力还遭遇伊朗的阻力，伊朗外交重点针对伊斯兰国家的关系，特别是把中亚各国的关系视为重点。拥有濒临里海、波斯湾的地缘优势的伊朗，正力争在中亚能源竞争中的有利地缘地位，但伊朗奉行的原教旨主义使其深受中亚各国的防范。

5. 资源国运用组合性政策手段，限制跨国经营

为保障能源收益最大化，中亚各资源国纷纷采取财政、国际收支与汇率、外贸、经济保护主义等组合性政策手段，甚至采取对法律法规进行更改的方式，制约着跨国公司的经营。例如，哈萨克斯坦在 2008 年 5 月后开征了石油出口税（原油的出口关税税率为 109.91 美元/吨，重质馏分油等的税率为 82.2 美元/吨），尽管这一调整暂不会影响到新疆能源通道的进口，因中哈合同在 2004 年前签署，且有"海关体制稳定"条款避免纳税，但哈方修改法律，强制要求外资

---

① 何伦志，安尼瓦尔·阿木提等. 中国的中亚能源发展策略［J］. 上海经济研究，2008（1）：37－46.

遵循新出台的法律条款。中国企业与哈方的利益分配关系将重新界定。此外，哈萨克斯坦近年来修订和颁布了一系列"改善投资环境"和"稳定外国投资及保护外国资产"的法规政策，对外国投资不断限制和施加压力，并逐步取消一些海关和税收优惠政策，哈萨克斯坦政府还提高了开采石油天然气及其加工产品的技术标准，甚至规定国外公司雇用当地劳动者和使用其国内设备。为规避国际多边贸易协调机制，资源国采用其他更为隐蔽和复杂的政策性手段限制跨国经营，导致各种间接性风险上升。

6. 国际合作协调难度较大，缺乏相互信任和理解

牵涉到各国之间法律框架、技术标准不统一，语言文化不同及管理理念的差异。在中国（新疆）与中亚能源合作与互联互通过程中，国际合作的协调难度加大。如中乌、中哈两国成立的合资公司的所有文件都必须用英语、俄语两种语言表述，实行文件的"双签制"。而且合作项目工程量大，承包商多，在设计、招标、修建过程中，各国之间必须先统一标准，这些都在一定程度上影响了工作效率。

此外，利益主体的多元又进一步制约了项目的顺利开展。中国和中亚各国分别成立的合资公司是能源管道建设运营的法律实体。在合资公司中，双方股东各占50%的股份，在项目决策上享有同等权利，所有事情都必须由双方共同达成一致才能进行。各方利益点的不同为项目的决策和运行带来了诸多障碍和风险。例如，由于未来的天然气用户在中国，所有管道建设的成本都将由中国用户埋单，因此中方希望尽量减少管道建设投资，以降低未来终端用户的用气价格。而哈萨克斯坦和乌兹别克斯坦则希望本国的施工承包商和材料供应商拿到高价，以获取丰厚的利润。并且，由于能源管道项目投资大、收益高，一些具有深厚政治背景的利益集团也介入其中，增加了项目开展的复杂性①。

7. 其他影响因素

（1）日本争夺"丝绸之路经济带"能源。早在1997年日本就推出了政治对话和经贸合作为主的"丝绸之路"欧亚外交政策，积极争取中亚及高加索。同时，制定《政府开发援助大纲》，将对外援助重点从"以东亚、东南亚为中心的亚洲地区"延伸拓展到"包括南亚、中亚的亚洲地区"。为了强化对中亚和外高加索地区的渗透，日本外务省将欧洲局的"新独立国家室"改编成"中亚—高加索室"。2004年，日本又启动"中亚—日本"机制，通过向中亚各国提供财政援助，以助中亚各国获得能源出海口，日本石油天然气公司甚至积极开拓中亚能源市场。为此，日本推进"中亚＋日本"部长级对话，积极促进修建由中亚经

---

① 杨方舟. 21世纪以来中国与中亚国家的能源合作研究［D］. 外交学院硕士学位论文，2014：34.

阿富汗，通向印度洋的公路和油气管线。日本 Itochu 石油勘探公司、Inpex 集团公司分别持有里海南部三个油田 10% 和 3.92% 的股权；此外，Inpex 集团公司还持有哈萨克斯坦卡沙甘油田 8.33% 的股权；Itochu 石油勘探公司和 Inpex 集团公司还分别持有巴库—第比利斯—杰伊汉输油管道财团 3.4% 和 2.5% 的股权，日本国际合作银行曾为修建巴杰线提供了 5.8 亿美元的贷款①。

（2）印度争取中亚能源合作。为促成与中亚能源合作，2000 年 4 月印方盛邀土库曼斯坦外长访印，达成了由土向印度提供天然气的谅解备忘录。2002 年，印度国营石油天然气公司也参与卡尔赞巴斯坦油田和阿梅卡尔迪天然气开发。特别是 2003 年印度总理瓦杰帕伊对中亚三国出访，带来了印度与中亚能源合作机会②。印度石油天然气公司正积极进入土库曼斯坦、哈萨克斯坦的石油开采市场，参与中亚油气的开采与经营。此外，印度积极构建周边能源供应网络，力推三条油气输送管道。第一条是向北修建"土库曼斯坦—阿富汗—巴基斯坦—印度"天然气输送管线（TPI）；第二条是向西连接"伊朗—巴基斯坦—印度"天然气管线（IPI）；第三条是向东建设"缅甸—孟加拉国—印度"天然气管线（MBI）。其中，TPI 是土库曼斯坦—阿富汗—巴基斯坦天然气管道（TAP）的延伸线，针对这一问题，印度与土库曼斯坦和阿富汗进行多轮谈判，使得两国接受印度成为 TAP 观察员。2010 年 12 月，印度与土库曼斯坦、阿富汗、巴基斯坦及亚洲开发银行签署协议，启动修建连接四国的天然气管道 TAPI。印度还考虑与俄罗斯、伊朗合作计划建"南北走廊"，将印度孟买、伊朗阿巴斯港、俄罗斯里海港口贯通，再把"南北走廊"与"伊朗—阿富汗—塔吉克斯坦"公路连为一体，构建最长的陆上能源走廊。同时，印度、伊朗正在将伊朗的昌巴哈尔港建成中亚能源输出港③。

三、存在的主要政治风险及社会稳定和生态安全问题

1. 中亚政治不确定性产生了能源合作与互联互通的巨大政治风险

外国势力干涉加速了中亚政治分化。自 2002 年起，独联体一些国家陆续进入国会或总统换届选举年。美国抓住这一时机，在上述国家进行策反，鼓噪"美式民主"，扶植亲美势力政权。1996 ~ 2004 年，在"郁金香革命"前，吉尔吉斯斯坦经济 8 年持续增长，自 2005 年"郁金香革命"后骚乱引致政权更迭，当年

---

①　王海燕. 日本在中亚俄罗斯的能源外交 [J]. 国际石油经济, 2010 (3)：52 – 55.

②　张贵洪, 戎婷蓉. 从博弈到共赢：中印在中亚的竞争与合作 [J]. 南亚研究季刊, 2008 (4)：10.

③　徐冬青. 中国与俄罗斯及中亚国家的能源合作——基于中国能源安全视角 [J]. 世界经济与政治论坛, 2008 (6)：75 – 80.

经济出现负增长，农业生产总值下降了 4.2%，工业生产总值下降了 12.1%。2006 年春，全国停产率达到了 50%。而"郁金香革命"期间的暴力哄抢，导致国内投资环境恶化，大量资金外流，致使经济出现衰退，结构性矛盾进一步恶化，居民生活在贫困线以下，2006～2007 年吉尔吉斯斯坦的经济竞争能力指数排名为 107 位（共 125 个国家）。虽然具备了西方"民主"制度的形式，但实质仍为前总统巴基耶夫的家族式统治，导致重蹈其前任阿卡耶夫总统的覆辙，盲目照搬西方思想和超越国情的改革恶化了国内局势。2010 年吉尔吉斯斯坦政局异动，4 月 7 日首都比什凯克出现大规模反政府示威，6 月 10 日奥什的吉尔吉斯族与乌兹别克族之间爆发大规模族群骚乱，造成严重人员伤亡与财产损失。

此外，2005 年乌兹别克斯坦东南部城市安集延又发生大规模骚乱，政局动荡。

尽管自 2011 年哈萨克斯坦总统大选以来，明确了纳扎尔巴耶夫强势的政治地位，反对派处于明显的弱势地位。但现政权依然面临着各种挑战，收入差距拉大导致社会不满，甚至出现极端事件。2011 年，哈萨克斯坦共产生了 6 起恐怖事件和 7 次袭警事件。2011 年 12 月 16 日，哈萨克斯坦独立 20 周年纪念日，曼吉斯套州的扎纳奥津市出现了大规模骚乱，造成 16 人死亡，百余人受伤[1]。特别是哈萨克斯坦的主体民族哈萨克人占总人口比例有限，哈萨克斯坦经济增长主要依靠石油、天然气和其他矿产资源出口畸形的经济结构来保障，一旦经济增长乏力直接导致政治动荡[2]。

目前在中亚五国中，吉尔吉斯斯坦尚未走出政治动荡的阴影，塔吉克斯坦和乌兹别克斯坦不排除政局动荡的可能。社会矛盾不但可能以颜色革命的方式爆发，也有可能以颜色革命转入族群冲突的模式深化。

2. 中亚民族与宗教矛盾突出，出现了恐怖主义势力

中亚为多民族聚居区域，宗教信仰相当复杂，在"冷战"时期两极格局下掩盖的民族与宗教矛盾全面爆发。中亚地区出现了"伊斯兰复兴党""伊斯兰解放党""乌兹别克斯坦伊斯兰运动"及"瓦哈比派"等组织，企图使民主过程逆转，进一步推翻世俗政权，埋下了中亚区域稳定及安全的祸根。相邻的伊斯兰国家充分利用种族、宗教、语言及地缘上的优势，利用一切可能对中亚地区施加影响，导致泛突厥主义和泛伊斯兰主义的泛滥。另外，中亚各国国内的极端组织和

① 孙壮志. 当前中亚五国政治形势及未来走向 [J]. 新疆师范大学学报（哲学社会科学版），2012（3）：23.

② Виктория Панфилова. Назарбаева хотят сделатьпожизненным. В Казахстане обкатывается сценарий продленияпрезидентских полномочий [EB/OL]. Источник - Независимая газета, http：//www. ng. ru /cis/2010 - 12 - 24 /100_ nazarbaev. html.

分裂组织的暴力化、恐怖化趋势不断升级，不断在各国制造暴力恐怖袭击破坏活动，对中亚各国及周边国家安全稳定造成了主要威胁①。

费尔干纳地区位于乌兹别克斯坦、塔吉克斯坦与吉尔吉斯斯坦三国交界处，成为中亚恐怖分子的根据地，出现了"维吾尔伊斯兰圣战组织""东突民族解放阵线""东突真主党""伊斯兰圣战联盟"和"伊扎布特"等组织的活动。这些组织效仿中东伊斯兰极端组织，使用暴力恐怖手段达到目的。使中亚成为国际恐怖活动威胁的重点区域，产生了恐怖主义与宗教极端主义、民族分裂分子合流。

吉尔吉斯斯坦与中国有 1000 多公里的共同边界和伊尔克什坦、吐尔尕特等陆路口岸，人员往来频繁，"东突"分子活动猖獗，曾在比什凯克中国商品市场纵火，枪击新疆访问团，杀害中国驻吉大使馆领事王建平。2003 年 11 月，在吉高等法院宣布为非法的 4 个恐怖组织当中，3 个与"东突"有关。2016 年 8 月 30 日，中国驻吉尔吉斯斯坦使馆遭到汽车炸弹袭击，造成使馆 3 名人员受伤。

乌兹别克斯坦受着"乌兹别克斯坦伊斯兰运动"和"伊斯兰解放党"等极端势力的威胁，1999 年"乌兹别克斯坦伊斯兰运动"策划了针对卡里莫夫总统的 5 起爆炸，此后又发生多起恐怖爆炸。1999 年 8 ~ 9 月，"乌兹别克斯坦伊斯兰运动"的近千名武装分子在吉尔吉斯斯坦南部地区发动大规模袭击事件，企图在费尔干纳盆地建立"伊斯兰国家"。2005 年，乌兹别克斯坦东南部城市安集延又发生大规模骚乱。2006 年 5 月，"乌兹别克斯坦伊斯兰运动"武装分子侵入塔吉克斯坦与吉尔吉斯斯坦边境，打死边防人员 5 人，并抢走部分武器弹药。

3. 受境内外三股势力影响，新疆维护稳定任务艰巨

中亚三股势力（宗教极端主义、民族分裂主义和暴力恐怖主义）在新疆能源通道区及对接方中亚地区交错复杂，形成不安定的因素，三股势力渗透到后苏联地缘空间、巴基斯坦、克什米尔地区，对中国新疆及周边安全构成巨大挑战。环绕着中国新疆分布着阿富汗塔利班组织、车臣非法武装集团、克什米尔民族分裂主义分子、费尔干纳盆地中亚恐怖分子的大本营，形成了危及中国新疆及周边国家稳定的四大火药桶，构成了合围新疆的"新月形"国际恐怖带。各种伊斯兰极端组织挑拨煽动民族仇恨，大造分裂舆论，对中国新疆及周边国家造成很大影响。据《新疆反恐十年成果展览》统计，20 世纪 90 年代，"东突"分裂势力在新疆实施暴力恐怖案件 250 多起，造成 600 多人伤亡。另据统计，"9·11"事件之前的 10 年，境内外的"东突"恐怖势力就在中国新疆境内制造了至少 360 起恐怖暴力事件②。

而进入 21 世纪恐怖袭击事件开始升级，无论是 2008 年的喀什袭警事件，还

① 蒋建华. 中亚局势变化新趋势及对策［J］. 新疆师范大学学报，2008（4）：48.
② 闫文虎. 论当代伊斯兰复兴运动对我国安全的影响［J］. 国际政治研究，2004（2）：91.

是库车的连环爆炸恐怖袭击事件，都出现了国际恐怖组织惯用的自杀式袭击。令人发指的是，2009 年在境外"三股势力"煽动下和"疆独"势力组织下，乌鲁木齐竟然出现了"7·5"打砸抢烧等严重暴力恐怖事件，造成千人以上的特大伤亡。

4. 中国新疆及中亚生态环境问题，合作区域内人文环境敏感

经济活动是与生态环境统一于动态平衡中，经济发展将不同程度地打破这种平衡，使生态环境系统受到影响。

新疆作为内陆干旱气候与绿洲经济为一体的内生性经济区域，以深居内陆的地理位置、干旱的大陆性气候、山盆相间的地貌格局、西风环流驱动的水文过程、广泛发育的内陆流域、显域性的荒漠土壤植被、隐域性的天然与人工绿洲，构成庞大的自然单元——亚洲中部干旱区，是绿洲—山地—荒漠复合生态系统。在经济发展的进程中，使得原本脆弱的生态环境问题愈加突出。

从新疆范围分析，生态环境质量差、质量劣的县市数目达 41 个，占全疆总面积的 72%，其中北疆生态环境质量优于南疆，北疆西部生态环境质量优于北疆东部。对接中亚能源管道的新疆能源通道在新疆境内的管线主要分布在生态环境质量一般及差和劣的南疆和东疆地区[1]。

而中亚地形复杂、气候恶劣。中亚地区深居亚欧大陆腹地，为典型的温带大陆性气候。降水稀少，极其干燥，温差较大。中亚地区的地势总体呈东南高、西北低，地形较为复杂。油气管线沿线地区生态环境脆弱，地表荒漠化、盐碱化现象严重。中亚地区能源外运的方式主要是利用管道，但恶劣的自然条件造成管道运输成本要比其他地区的管道成本高出大约 6 倍[2]。

第三节　中国（新疆）与中亚国家能源合作博弈分析

新疆是我国重要的能源资源战略储备地，也是从中亚、俄罗斯等国家进口能源资源的重要通道。中亚国家油气资源丰富，被誉为"21 世纪的能源基地"，尤其是天然气资源储量巨大[3]。在国家"一带一路"倡议下，研究新疆与中亚国家

---

① 张磊，高志刚. 生态平衡与经济发展的冲突——有关新疆生态经济问题的探讨 [J]. 生态经济，2008 (8)：56 – 61.

② Gael Raballand, Ferhat Esen. Economics and Politics of Cross – border Oil Pipelines—The Case of the Caspian Basin [R]. Working Paper, Published Online, 2006, 10 (24).

③ http://energy.people.com.cn/n/2014/1115/c71661 – 26031515.html.

能源的合作是立足于新疆的能源经济环境下的切实需求。中亚五国是"亚洲的心脏"，无论是在世界能源的供应上还是与中国的双边贸易中，中亚五国的地位不可比拟。

2008 年世界金融危机以来，在全球经济下行的压力下，中亚五国为尽快从经济疲软的阴霾中走出来，不仅加大对能源的开发力度，对电力等的开发也表现出浓厚的兴趣。由于自身缺乏资金，都积极争取国外投资，引发了新一轮的能源竞争。中国新疆地域辽阔，虽然煤、石油、天然气等能源资源丰富，但我国是能源消费大国，尤其是石油和天然气供给远远不能满足消费需求，2016 年原油对外依存度达到 65.5%①，从这一层面上讲，中国新疆与中亚能源国家的能源合作的重要性也显而易见。

一、中国与中亚国家在能源供给中的竞合态势

1. 竞争态势

主要表现在两个方面：一是大国为争夺资源在中亚国家进行的博弈。作为资源供给方的中亚国家，是国际上资源需求国的争夺地，中国在与中亚国家的合作过程中，一方面，需要付出更多的成本，另一方面，中国目前的经济实力和软实力难以在竞争中取得显著优势。二是中亚国家成立的组织，不利于油气资源的合作。主要是 2015 年前的俄白哈关税同盟和 2015 年以后的欧亚经济联盟，前后存在的这两个组织都是俄罗斯倡导的，一方面将通过关税增加中国石油进口的成本，另一方面会在一定程度上影响中国与中亚国家能源的深化合作。

通过以上两个方面可以看出，其实主要的竞争还是来自俄罗斯与中亚的能源合作尤其是俄罗斯的中亚能源战略。在中亚五国中，油气资源较丰富的有哈萨克斯坦、乌兹别克斯坦以及土库曼斯坦三国。俄罗斯与哈萨克斯坦合作主要倾向于油气产业，投资的主要方向是勘探开发方面的油气管道建设方面。俄罗斯与乌兹别克斯坦、土库曼斯坦在油气行业的合作方面，体现在地质勘探、开采项目以及天然气贸易。

由于这些方面的原因加之中国能源大量进口的刚性需求，在一定程度上降低了中方的议价能力，中国作为世界上油气资源的消费和进口大国，仍没有与之对应的能源合作话语权②。

2. 合作态势

中国与中亚国家在能源上的合作，推动力主要是世界能源格局的变化，符合

---

① 中国原油对外依存度升至 65.5% 再创历史新高［EB/OL］. http：//finance. sina. com. cn/chan-jing/cyxw/2017 - 01 - 13/doc - ifxzqnip0959975. shtml.

② 中国能源国际合作 20 年：仍缺少话语权［N］. 21 世纪经济报道，2013 - 09.

区域内尤其是中亚国家的发展利益诉求以及全球化的经济发展促进区域经济合作。

中国与中亚国家的能源合作，以中哈为例，中石油与哈国家油气公司合作，先后建成中哈原油管道、中哈天然气管道等油气运输通道，不但优化了哈国内油气管网布局，使哈逐步实现了"气化南部"的战略目标，为沿线居民冬季供暖提供了保障，赢得了哈广大民众的赞誉，得到了哈政府和社会各界的肯定，而且也将哈油气管道与需求巨大的中国市场对接，为哈开辟了一条重要的油气资源东向战略通道，促进了哈国油气出口的多元化。

在油品加工方面，中国石油正在实施的奇姆肯特炼厂现代化改造项目，投产后将生产质量符合欧Ⅳ、欧Ⅴ标准的汽柴油，加工深度达90%，不仅可以大幅提升油品质量，还将极大缓解哈国内成品油特别是高标号汽油紧缺的局面。在装备制造方面，中国石油与哈相关企业正在积极洽谈哈总统纳扎尔巴耶夫亲自推动的合资兴建钢管厂和石油装备制造厂项目①。

中哈多年来开展的能源合作为"丝绸之路经济带"建设背景下中哈经济合作奠定了坚实的基础。

二、能源合作博弈模型设计及博弈分析——以哈萨克斯坦为例

在中国（新疆）与中亚国家能源合作中与哈萨克斯坦的合作尤为重要。哈萨克斯坦是世界上主要的石油生产国，位居全世界第 12 位，2016 年石油供应量平均产量 156 万桶/天。哈萨克斯坦最大的油田也储藏着大量的天然气，其中大部分被重新注入油井，以提高石油采收率，2016 年，哈萨克斯坦天然气开采量达 463.3 亿立方米。因此，本部分以中国与哈萨克斯坦能源合作为例进行博弈分析。

讨价还价模型是在 20 世纪 50 年代现代博弈论诞生和发展起来之后才受到重视的，从古典的埃其沃思盒子里证明最优曲线出现的讨价还价模型的雏形，到泽森—纳什的讨价还价模型，再到鲁宾斯坦的讨价还价博弈模型及修正后的穆素的讨价还价模型，都离不开讨价还价这一本质特征：交易主体的行为是相互影响的，在利益上是既冲突又合作的，求讨价还价解，就是确定一个利益分配的问题。中方和哈方在油气资源领域的行为符合讨价还价这一博弈模型的本质。

（1）模型假设。

第一，交易的两个参与者都是理性的，都是为了追求自身利益最大化。中国和哈萨克斯坦分别作为买方和卖方，简记为 C、K，其中 C 的可接受价格区间为

---

① http://energy.people.com.cn/n/2014/1115/c71661-26031515.html.

$[C_1，C_2]$，K 的可接受价格区间为 $[K_1，K_2]$，且 $C_1 < K_1$，$C_2 < K_2$，$C_2 > K_1$。其中 $[K_1，C_2]$ 为谈判区间，如果一方出价不在这一区间内，另一方又不肯妥协，则无法合作。设 P 为最终均衡解，$P \in [K_1，C_2]$，$C_2 - P$ 为 C 方剩余，$P - K_1$ 为 K 方剩余，C 方希望 P 越小越好，K 方希望 P 越大越好，如图 5 - 1 所示。

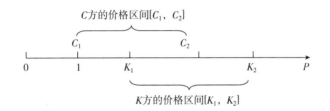

图 5 - 1　C 方和 K 方的价格区间

第二，讨价还价过程是一个动态的过程，这一过程是 N 阶段的重复博弈，本书假设只讨论三阶段的讨价还价情况。

第三，考虑交易过程中的时间因素。假设两个参与者的贴现因子为 σ，即协议的达成随着时间的推移都会有一个损耗，罗伯特·吉本斯将贴现因子定义为"货币的时间价值"，实际上就是贴现率 $\sigma = 1 / (1 + r)$[①]；张维迎将其解释为参与人的耐心程度，区间为 $[0，1]$，越大说明参与人越有耐心，若为 0 则说明参与人完全没有耐心[②]。

第四，考虑到双方力量的因素，这也是不同于一般讨价还价模型的方面。力量简写 S，包括两个方面：一方面是指实力，在讨价还价过程中双方的地位、心理压力[③]、承担风险的能力、机会成本等因素；另一方面是指对实力或力量的感觉，即展示力量的方式。可能双方展示出来是真实的力量，也可能是经过掩盖的虚假的力量。

第五，为了分析的简化易行，假设两个参与者都是风险中性的，则在分析过程中，就可以将收入、支付（收益）、效用等概念不加区别地统一使用。

（2）三种讨价还价模型分析。

第一，力量对等完全信息的中哈三阶段讨价还价模型。为分析方便，暂且假设两国要分割的总收益为单位 1，但是分割比例不确定。在完全信息、实力对等

---

①　罗伯特·吉本斯. 博弈论基础 [M]. 高峰译. 北京：中国社会科学出版社，1999.

②　张维迎. 博弈论与信息经济学 [M]. 上海：上海人民出版社，2004.

③　王刊良等曾建模特别分析过这一因素，结论是心理压力越大，在谈判的过程中越急于求成，所获得的利益就越少，具体见：王刊良，王嵩. 非对称信息下讨价还价的动态博弈：以三阶段讨价还价为例 [J]. 系统工程与实践，2010（9）：1636 - 1642.

的情况下，三阶段讨价还价模型分析如下：在第一阶段，K 方报价 P_1，C 方如果接受，则谈判结束，K 方的收益份额为 M，C 方收益份额为 $1-M$。此时，如果 C 方不接受，则谈判进入第二阶段，C 方报价 P_2，K 方如果接受，则谈判结束，C 方的收益为 σM，K 方的收益为 $1-\sigma M$。如果 K 方不接受，则谈判进入第三阶段，K 方报价 P_3，C 方接受，收益分别为 $1-\sigma(1-\sigma M)$，$\sigma(1-\sigma M)$，因为本书讨论的是三阶段模型，所以此时谈判结束。由 *Rubinstein* 定理得，子博弈精练纳什均衡解为 $M^* = 1/(1+\sigma)$，具体讨价还价过程如图 5-2 所示。

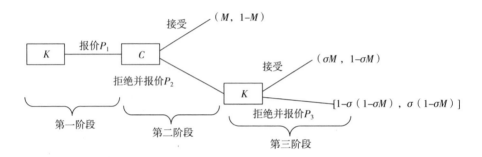

图 5-2 完全信息三阶段讨价还价过程

第二，力量对等不完全信息的中哈三阶段讨价还价模型。由于在现实生活中，中方和哈方在油气资源领域对对方的情况是不完全了解的，在此主要分析信息不对称条件下双方合作的讨价还价情况。这里的信息不对称主要表现在对谈判区间 $[K_1, C_2]$ 如何确定上，并且双方的贴现因子分别为 σ_K、σ_C，且两者不一定相等。假设每次每方还价都服从均匀分布，且掌握信息较多的一方也知道对方的还价服从均匀分布。假设双方存在某种共识，令 $C_1 = K_1$（由于两国都参与过国家或区域间的能源合作，其中中方作为买者，进行不止一次交易，相对比较清楚油气资源的成本价，但对于 C_2 并不确定，C 方清楚自己的保留价格，但是 K 方不知道。假设 K 方认为 C 方的保留价格为 C_{21}，则有如下讨论：令 $Y_1 = C_{21} - K_1$，$Y = C_2 - K_1$，原谈判区间 $[K_1, C_2]$ 对于 K 的映射变为 $[0, Y_1]$，对于 C 的映射变为 $[0, Y]$：

当 $Y \geqslant Y_1$ 时，用逆推法得，在第三阶段 K 报价为 P_3，由于报价服从均匀分布，两方又是风险中性的，故 K 的期望收益为：$E(K) = Max[\lambda \times P_3 + 0 \times (1-\lambda)]$，其中 λ 为 K 方估计 C 方接受还价的概率，$\lambda = (Y_1 - P_3)/Y_1$，解得：$P_3 = Y_1/2$，则 C 的收益为 $Y - Y_1/2$。逆推到第二阶段，将 K、C 两方的收益贴现到第二阶段分别为 $\sigma_K(Y_1/2)$，$\sigma_C(1 - Y_1/2)$。在这一阶段，C 方知道 $Y \geqslant Y_1$，但是 K 方不知道。若 C 方按照计算在第二阶段给出价格 $\sigma_K(Y_1/2)$，则 K 方肯定不同意，

C 方会给出一个让对方相信的价格 P^*，使得 $P^* = (\sigma_K - \sigma_C) \times Y_1/2(1 - \sigma_C)$，这个价格带有欺骗性质，对于 K 来说，这是一个可信欺骗，则双方在谈判区间 $[0, Y_1]$ 之间进行完全信息的讨价还价的原始分蛋糕的模型，但始终 C 能占到便宜。如果 K 仍然不知道 $Y \geqslant Y_1$，但 K 对 C 的出价策略比较了解，则 K 不会相信 C 的报价，两者会一直讨价还价，直到 $Y = Y_1$。

当 $Y < Y_1$ 时，运用逆推法，同在第三阶段，K 不知道 $Y < Y_1$，仍有 K 的收益为 $Y_1/2$，则 C 的收益为 $Y - Y_1/2$。此处 $Y > Y_1/2$，否则，谈判破裂。在第二阶段，C 方出价，C 方仍然会给出让 K 方相信的信号价格 P^*，使得 $P^* = (\sigma_K - \sigma_C) \times Y_1/2(1 - \sigma_C)$，但此处 $Y \leqslant Y_1/2$，而之前 C 的保留价大于 $Y_1/2$，所以 C 的保留价格由 K 先确定自己能得到最大收益 $Y_1/2$，则 C 的最大收益为 $(1 - \sigma_K) Y_1/2$。在第一阶段，将第二阶段的值贴现得：K 的收益为 $Y_1[1 - (\sigma_C - \sigma_K \sigma_C/2)]$，$C$ 方的收益为 $\sigma_C(1 - \sigma_K) Y_1/2$，如表 5-6 所示。

表 5-6　当 Y < Y 时，K 方和 C 方的收益表

阶段	1	2	3
K	$Y_1[1 - (\sigma_C - \sigma_K \sigma_C/2)]$	$\sigma_K Y_1/2$	$Y_1/2$
C	$\sigma_C(1 - \sigma_K) Y_1/2$	$(1 - \sigma_K) Y_1/2$	$Y - Y_1/2$

第三，力量不对等不完全信息的中哈三阶段讨价还价模型。在哲学里，作用的尺度影响称为力量，本书暂时用力量的哲学意义来表示经济学含义。在假设四中已经作了说明，本书的力量包括谈判双方的心理压力、承担风险的能力、机会成本等真实因素和对力量的主观感觉，即展示力量的方式，可能双方展示出来是真实的力量，也可能是经过掩盖的虚假的力量。力量一方面主要是通过贴现因子来表示的，另一方面是以谈判破裂点来表示的（本书不做详细分析）。

在贴现因子方面，S 与 σ 呈现正相关关系，即一方的 S 越大即力量越强，表现为在谈判过程中，心理承受力、风险承受力等相对另一方有优势。在其他条件一致的情况下，S 越大，其在谈判过程中为争取自身利益更能保持一个长时间的谈判，那么任何长时间的谈判利益在他看来贴现到首期都是很高的。不失一般性，设 $\sigma = 1 - 1/(S+1)$，其中 $S \in [0, +\infty]$，$\sigma \in [0, 1]$。根据前面力量对等不完全信息的中哈三阶段讨价还价模型的分析，对 C、K 在第一阶段出价分别对 SK、CK 求偏导，有以下结果：

$$\frac{\partial K_1}{\partial S_K} = \frac{Y_1}{2} \times \sigma_C \times \frac{1}{(S+1)^2} > 0, \quad \frac{\partial K_1}{\partial S_C} = \left(\frac{\sigma_K}{2} - 1 \right) \times \left(\frac{Y_1}{(S+1)^2} \right) < 0 \qquad (5-1)$$

$$\frac{\partial C_1}{\partial S_K} = \frac{Y_1}{2} \times \sigma_C \times \frac{1}{(S+1)^2} < 0, \quad \frac{\partial C_1}{\partial S_C} = \frac{1}{(S+1)^2}(1-\sigma_K) \times \frac{Y_1}{2} > 0 \qquad (5-2)$$

式（5-1）、式（5-2）表明一方的报价与自身的力量成正比，与对方的力量成反比，假设得到正确检验。

任何谈判都有破裂的可能，在破裂的情况下，双方也有可能获得收益，一般用（d_1，d_2）表示。在双方力量均等的情况下，一般假设谈判破裂点①为（0，0），不加以考虑。但双方力量不对等的情况下，谈判破裂点不同，实力强的一方 d 值较大，因为他可能有更多的合作选择或是机会成本更低，即力量越强，则谈判越容易取得更大的分配比例。

（3）模型结论。模型是在前文所有假设前提下进行的，考虑的主要是中哈两国的"双方"博弈，如果要详细分析合作破裂点，最重要的是外部力量的因素，就需分析多人博弈，具体的博弈模型就是更为复杂的联盟了，本书不做详细讨论。就本书分析内容，中哈两国油气资源合作的三阶段讨价还价模型，影响双方合作的因素主要归结为以下三点：

第一，合作总收益的大小，即模型中设定的"1"的决定。在中哈油气资源合作的过程中，无论双方采取什么策略，获得多少比例，都与总收益成正比。在中哈油气资源合作中，通过合作产生更多的合作剩余来提高双方的收益。中方一方面应积极挖掘发挥合作优势，以进一步提高自身利益；同时，要关注哈方利益，在不损害哈方利益的情况下提高合作收益。

第二，对信息的掌握和控制。在信息不对称的情况下，双方在交易过程中有各自的优势：可信欺骗和卖方优势，中方要通过多种渠道，尽可能掌握充分真实的信息，提高贴现因子，对于卖方的优势要尽可能减少其发挥作用，充分发挥自身优势，获得更高利益分配比例。

第三，力量的大小。力量大小与合作利益是成正比的，力量越大，收益越大，反之，越小。中国应不断增强自身力量，通过多种方式提高哈方合作意愿，减少不合作动机，提高谈判破裂点，获得更多的利益分割。

三、中国（新疆）与中亚国家能源合作博弈策略

在"丝绸之路经济带"建设的大背景下，能源合作将是"丝绸之路经济带"

---

① 根据穆素的定义，破裂点即是参与讨价还价的双方无法达成协议时的支付，也就是要求的最低支付，低于此支付，双方就无法达成协议，具体见：阿伯西内·穆素. 讨价还价理论及其应用［M］. 管毅平等译. 上海：上海财经大学出版社，2005.

战略的突破口①。通过上述中哈在油气资源领域的讨价还价模型分析及合作过程中目前存在的问题，本书提出以下策略促进中国（新疆）与哈萨克斯坦的油气资源领域的合作：

1. 重视可再生能源和非资源领域的合作，提高合作总收益

积极挖掘双方油气资源合作的潜在优势，进一步拓展合作广度和深度。在目前的中哈油气领域合作中，要尽快实现油气资源合作纵向一体化，延长产业链，除要从石油资源的勘探、开发方面进行，获得原油外，还要参与石油加工等整个产业链的合作，形成一种石油、石化全方位的合作，加深企业之间的合作程度。开展油气资源领域的合作既要重视对能源资源勘探开发、加工利用方面的合作，也要逐步开展并重视对提高能源使用效率、节能技术等方面的合作。中国新疆在能源设备、技术方面存在一定优势，与哈萨克斯坦互补性强，可以通过技术合作等方面深化合作关系。

同时，在深化中哈油气合作的基础上，重视可再生能源领域的合作包括核能、太阳能、风能、水利等领域。《哈萨克斯坦2050战略》仍然将自然资源作为国家经济发展的战略手段，同时指出到2050年，可替代能源和再生能源占比应不少于全部能耗的一半，可见哈萨克斯坦已经开始重视清洁能源的生产。中国新疆在太阳能和风能的研究与开发上比哈国早很多，风能发电的自主设计和研发能力相对较强，对哈方有一定的吸引力。

除此之外，还应该逐步重视和关注与油气资源合作相关的非资源领域，包括交通基础设施建设、相关技术人员的培训交流、循环经济的发展和环境保护技术的合作等，双方可以编制油气资源合作的指导手册，公开招投标要求，加强两国油气资源企业之间深入长期的合作，建立长久互信的合作机制。

2. 合作意愿信息明确化，减少交易费用，提高贴现因子

中国（新疆）与哈萨克斯坦具有先天的地缘优势，双方的合作具体是从国家的政治外交、地区的文化共生、参与的合作组织三个方面着手。中国应增强哈方的合作激励，传达背叛成本会增加的信号。其中很重要的一个方面是政治外交，两国领导就相关领域的合作宣言，让哈方确认中国与其合作的诚意，增强政治互信，进而增强经贸互信，同时增加哈方背离合作的风险，使哈方不会轻易背离合作条约；中国政府应该鼓励和支持中国新疆与哈萨克斯坦油气资源战略合作，并安排一些适应双方条件的特殊合作项目，在文化制度上，使双方达到一种"文化共生"的共识；中国应该充分利用上海合作组织和亚行倡导的中亚区域经济合作机制的平台，进一步推进中国与哈萨克斯坦油气资源领域的

① 庞昌伟. 能源合作：丝绸之路经济带战略的突破口［J］. 新疆师范大学学报（哲学社会科学版），2014，35（2）：11－18.

合作，加强双方的信任和了解，谋求在不同层面、不同领域的经济利益和经济诉求。

3. 增强中国、新疆、企业的力量

中国在不断增加国家力量的同时，也要重视新疆实力的培养和中国企业的力量。中哈油气资源合作增加了中国的能源供给，同时对新疆能源产业的发展、石油化工基地的建设都是机遇和挑战，在合作的过程中要求新疆能源产业迅速地实现转型和升级，并且带动其他产业的经济发展，切实实现新疆向西开放，发挥"丝绸之路经济带"建设中的核心区作用。

企业合作模式可以考虑战略联盟模式。中国的石油企业可以与中亚国家的石油企业建立联盟，具体的联盟类型既可以采用股权式联盟或合作生产联盟，也可以采用多层次合作联盟，以达到资源和市场共享、开发与经营纵向一体化、增强在全球的竞争力目的。

4. 提高自身合作破裂点，建立多元化的国际能源合作关系

中国应提高自身合作破裂点，减少与哈方合作破裂的损失。在国际层面上，俄白哈关税同盟的建立、欧亚经济联盟的启动在一定程度上影响了中哈能源合作，中国要广泛地同俄罗斯和其他中亚国家——土库曼斯坦、乌兹别克斯坦等油气资源丰富的国家开展油气资源合作，同时维护其海运通道，保证来自中东和非洲的油气资源运输量。

在国内层面，"丝绸之路经济带"倡议的提出，渝新欧、汉新欧等10多条国际联运铁路相继开通，弱化了中国新疆的地缘区位优势，因此新疆也要抓住内陆省份对口援疆的契机，利用自身的地缘优势，通过中国—亚欧博览会等相关展会、平台，积极同内陆省市开展合作，吸引内陆投资，积极开展对哈油气资源合作。

第四节　中国（新疆）与中亚国家的能源合作路径与能源互联互通对策

一、中国与中亚国家的能源合作与互联互通路径

1. 充分利用两大平台，深化能源合作与互联互通

中哈能源合作平台主要依托两国都参与的影响力较大的两个国际合作组织，一个是上海合作组织，另一个是由亚洲开发银行主导的中亚区域经济合作机制。

上海合作组织于 2001 年成立，其职能已经从最初的关于加强边境地区信任和裁军的谈判进程等扩大到开展经贸、能源、交通、金融等多领域的合作。在能源领域，2006 年，俄罗斯提议建立 SCO 能源俱乐部，2007 年设立了相关章程，但并未起实质性作用。2013 年，在上海合作组织合作论坛上，中国提出"成立能源俱乐部，建立稳定供求关系"，在上海合作组织框架下，实现成员国的能源合作，建立能源俱乐部，既是成员国之间多边能源合作的需要，也是中国与中亚能源合作的需要。

由亚洲开发银行主导的 CAREC，是亚行下的主导项目，其制定的《中亚地区区域合作战略与规划》为区域发展提供了一个长期框架，并通过签订《能源领域合作战略》等，建立了成员国的合作领域和合作机制。CAREC 第 13 次部长级会议于 2014 年 11 月在吉尔吉斯斯坦举行，合作的重要领域是能源、贸易和交通运输等。

这两个国际组织为中国与中亚能源合作提供了一个国际化的平台。在"丝绸之路经济带"建设的背景下，以能源、交通、金融、文化等领域为重点，更大程度上发挥上海合作组织和 CAREC 机制的作用，深化中国与中亚国家能源合作与互联互通，促进双边的经济发展。

2. 寻求合作方的利益均衡点，要进一步改善与中亚的关系

充分利用目前既有的国际能源利益格局，积极拓展能源外交，建立稳定的协作关系和利益纽带。利用对接方利益均衡点，共同维护社会稳定，保障能源安全。推进"丝绸之路经济带"建设，有利于中国与中亚国家合力打击"三股势力"、贩毒、跨国有组织犯罪，维护社会稳定，为地区经济发展和人民安居乐业创造良好环境。

在新疆与中亚能源贸易互联互通过程中，应与中亚建立长期稳定的供购关系。充分利用经济互补性和地缘优势，采取"资源换项目""贷款换能源"等模式在内的多样支付方式解决融资问题，以政治合作、经贸合作、文化交流带动能源合作及互联互通。主动参与和帮助对中亚基础设施及对华能源出口口岸的建设与改造；大力推动中亚方面通往我国能源管道支线建设；扩大在中亚能源领域的 FDI 直接投资，积极争取中亚油气资源勘探、开采活动。

3. 投资中亚能源领域，合作开发资源

中亚能源领域投资是中国的经济安全与地缘政治利益，有必要提供足够的资金，根据能源建设的需要，有序地向俄罗斯中亚开展投资，合作开发资源。所以，应加紧实施中国与俄罗斯和中亚间已立项的能源开发项目，加大现有政策性资金的支持力度。对于向俄罗斯及中亚国家提供的有关发展基金和贷款，应本着同等优先的原则，重点向资源性开发项目倾斜，为企业"走出去"进行资源开

发创造条件①。

进入海外大型的油气田应考虑与欧美大型跨国企业合作，共同参股成为国外油气项目的股东，一起融资、承担风险。通过进入上游勘探开采领域，以融资为抓手，打通能源开发加工贸易的全产业链，参与到能源价格的形成，把握能源定价权②。

通过资本输出买断油气田股权、风险勘探、自主开发的方式，解决只有依靠进口随机采购的单一能源合作形式，减少因能源价格的波动影响中国经济发展的稳定性。但买断股权也由于信息不对称等因素，增加了经济风险。因此，实施国外资源风险勘查开发，以获取国外稳定的能源供给就成了必然。应当考虑在中亚建立一批能源生产供应基地及资源储备基地，确保资源的供应安全，从根本上改变能源产品进口靠单一的贸易形式的被动局面，为长期、稳定、经济地利用国外能源提供保障。

可以借鉴发达国家跨国开发的经验，通过援建项目投资、援助贷款与资源开发项目挂钩的做法，保障稳定的资源供给。

4. 成立"丝绸之路经济带"能源合作委员会

在"丝绸之路经济带"的建设过程中，能源合作是重点、是突破口，构建"丝绸之路经济带"能源合作委员会是一个可行的方向。"丝绸之路经济带"上的沿线国家大多是能源生产或是消费大国，能源领域关乎国家安全和经济安全，需要更深入的稳固的伙伴关系，这期间，政府的主导和推动仍是主要力量，而能源合作的制度化和机制化是现代能源合作的趋势。中国与中亚国家作为"丝绸之路经济带"上的核心国家，可以尝试建立"丝绸之路经济带"能源合作委员会，这是符合双方国家经济利益的。

5. 构建能源合作与互联互通合作新机制

一是构建对话协调机制。在中国与中亚国家双赢的原则基础上，借助上海合作组织能源俱乐部的建立，在 CARCEC 框架下，强化与欧亚联盟合作，通过召开能源管理部门和能源企业定期不定期会议，以及参与能源合作论坛等形式，加强能源发展战略和对策交流，通过对话谈判解决存在的利益纠纷及摩擦。

二是建立信息共享机制。依托"丝绸之路经济带"能源合作委员会建设能源信息大数据系统，分享各国间的基本统计数据库，相互了解各国的投资政策、能源发展计划及相关法律法规等。共同创建信息公示平台，及时发布

---

① 韩立华. 中俄能源环境分析与对策建议［J］. 天然气经济，2006（1）：16 – 17.
② 祝慧. "内外兼修"保障中国的石油安全——访中国人民大学国际能源战略研究中心主任查道炯［N］. 中国经济时报，2005 – 07 – 27.

两国能源合作进展情况，介绍能源方面的法律、技术等政策与规范。通过构建畅通、及时、全面的信息交流机制，深化中国与中亚国家能源合作与互联互通。

三是建立项目评估机制。成立由专家团队组成的能源研究机构，评估能源项目合作的可行性，实现能源合作的双赢目标。

四是建立能源应急机制。"应急机制"是国际能源机构的核心机制之一，并规定其成员国履行"紧急储备义务"，即要求各成员国保持不低于其90天石油进口量的石油存量，其目的是减轻成员国在石油供应短缺时的损失。中国正在建立能源储备基地，在中国与中亚国家油气资源合作的过程中，可以尝试建立相关机制，以应对国际油气价格波动对双方造成的重大影响，在双方遇到紧急供求时，能直接给予对方帮助，减少双方损失，初期可以考虑先从双边开始启动，如建立中哈能源战略联盟和应急机制，这在一定程度上可以使中国在世界石油价格的变动上增强影响力和话语权。

五是建立投融资机制。针对能源投资具有数额大、风险高、回收期长的特点，可通过上海合作组织开发银行开展融资活动，创建市场化的能源运行机制及能源价格机制等，促进中国与中亚国家能源贸易保持长期稳定的态势[①]。

6. 探索能源合作与互联互通的企业模式

企业的国际油气资源合作模式主要分为生产型合作模式和服务型合作模式[②]。其中生产型合作模式主要包括租让合同模式和产品分成合同模式；服务型合作模式主要包括风险合同模式、回购合同模式、合资合同模式（也称联合经营合同模式）和特殊合同模式，各合同模式的特点和适用地区如表5-7所示。

表5-7 国际石油合作的企业合作模式分类

模式类型	定义	主要方式	主要特点及主要适用地区
生产型合作模式	由外国公司承担合作项目的勘探、开发和生产成本，资源国收取税费或进行产品分成	租让合同（也称矿税协议）	产品都归外国公司，资源国政府只能征收一定的税率（有一定殖民性质） 美洲、欧洲、中东地区
		产品分成合同	外国公司承担勘探作业和勘探费用，产出油按照规定比例分配产量 独联体、非洲、亚太地区

① 张新华. 中国与中亚国家及俄罗斯能源合作探析 [J]. 新疆社科论坛, 2013 (6)：27.
② 陈绪学. 中土油气合作管理模式研究 [D]. 西南石油大学博士学位论文, 2011：21-25.

模式类型	定义	主要方式	主要特点及主要适用地区
服务型合作模式	外国公司承担勘探、开发的全部风险资金，通过出售油气回收成本，并按照剩余收入的一定比例获取利润	风险服务合同	外国公司承担勘探作业和费用，且承担有无资源的风险。由资源国出售资源及产品，给予外国公司成本费和风险承担费 中东、南美洲地区
		回购合同	分为开发阶段和回购阶段。资源国通过招标对资源进行勘探，正式开采商业运行后回购油气田开采权，并分阶段给予外国公司成本费用 中东地区
		合资合同（也称联合经营合同）	外国公司与资源国联合经营，成立新公司，外国公司出资金和技术，资源国出资源、设备和人员，按比例共享利润 独联体地区
		特殊合同	合同结构复杂，对"投标值"的考虑因素和数学计算复杂，因而成为比较特殊的一类 非洲、亚太地区

资料来源：陈绪学．中土油气合作管理模式研究［D］．西南石油大学博士学位论文，2011.

从企业的合作模式上看，中国与中亚国家的油气资源合作主要是生产型合作模式为主，兼有服务型合作模式。其中中哈在生产型合作模式中，采取的是产品分成合同模式：中方承担所有的勘探风险，中国石油公司承担相应比例的开发和生产费用，全部产量分为成本油和利润油两部分。成本油用来限额回收生产作业费和投资，利润油在哈国政府和中国石油公司之间按照合同规定比例及条件进行分享。中国石油公司还应缴纳所得税，用于合同区的石油作业设备和设施由哈国所有。在服务型合作模式中，主要是合资型合作模式，相对于生产型合作模式，合资型合作模式投资者风险较小，与分享的管理权益有关，但同时获得的收益也较小。

在以上合作模式的基础上，中国企业主要通过以下几种方式与哈方进行油气资源合作：直接进口石油和天然气；直接参与该国的油气田开发；参股、收购或并购该国油气田资产；合资建设和经营炼油厂；通过贷款换"石油"的方式参与合作等。

在中国与中亚国家油气资源合作中还可以考虑战略联盟[①]的企业合作方式。中国的石油企业可以与中亚国家的石油企业建立联盟，具体的联盟类型既可以采用股权式联盟或合作生产联盟，也可以采用多层次合作联盟，以达到共同拥有市场、合作研究与开发、共享资源和增强竞争能力等目的。在目前的中哈油气资源合作中，要尽快实现油气资源合作纵向一体化，延长产业链，除要从石油资源的勘探、开发方面进行，获得原油外，还要参与其石油加工等整个产业链的合作，形成一种石油、石化全方位的合作，加深企业之间的合作程度。开展油气资源领域的合作既要重视对能源资源勘探开发、加工利用方面的合作，也要逐步开展并重视对提高能源使用效率、节能技术等方面的合作。作为最直接合作地的中国新疆正大力发展石油下游产业和精细化工业，延伸石油天然气产业链。目前，新疆已建立了具有炼油、化肥、塑料、化纤等综合生产能力的原油加工和石油化工体系，成为西北地区最大的石油及石油化工基地[②]。中国新疆在能源设备、技术方面存在一定优势，与哈萨克斯坦互补性强，可以通过技术合作等方面深化合作关系。同时，实现能源合作方式多样化。

二、新疆与中亚国家的能源合作与互联互通对策

1. 优化新疆的能源经济产业布局

与新疆能源"通道＋基地"相适应的新疆能源经济布局为：以产业化为方向，构建以四大石化基地为主体的、众多工业园区为支柱的、产业集群异军突起的能源经济格局。

（1）完善"通道＋基地"建设模式，推进新疆能源加工储备基地的建设。以能源通道建设推进新疆能源基地建设。新疆不仅是重要的陆路能源通道，而且能源矿产资源尤具优势，石油、天然气能源矿产蕴藏量在全国占有较大比重，是国家重要的能源资源战略基地。在"西气东输"扩能、能源通道国内配套设施建设的同时，要加快能源基地建设，力争在10年内把新疆建成全国最大的油气生产基地。

以重点培育和建设依托油气资源优势和现有产业为基础，按照"大力支持上游，积极介入中游，加快发展下游"的总体发展思路，形成奎屯—独山子宝塔集团、乌鲁木齐石化、克拉玛依石化和南疆塔河石化四个具有国际竞争力、千万吨级大型炼油基地；集中力量建设乌鲁木齐、克拉玛依—独山子、吐哈、南疆四大

---

　　① 战略联盟是由两个或两个以上有着对等实力或者互补资源的企业之间，通过各种协议而结成的优势相长、风险共担的松散型合作竞争组织。其特征包括组织灵活、边界模糊、关联松散、运作高效、技术先进、发挥优势和彼此信任。

　　② 李钦. 新疆与中亚地区能源垂直一体化合作研究 [J]. 北方经贸，2009（8）：20–23.

石化基地，充分利用国外资源，到 2020 年把新疆建成全国大型油气生产和加工基地。

同时，根据国家石油储备规划和中石油建设规划，在独山子和鄯善建设大型原油储备基地，依托独山子公司现有设施和中哈原油管道，在独山子原有 200 万立方米库存容量的基础上，新增 300 万立方米库容（储油能力约 220 万吨），使原油储备能力达到 500 万立方米，建成国内重要的大型国家原油战略储备基地。鄯善在已建成库容基础上扩建，达到 800 万立方米（储油能力达 580 万吨）的总库容，形成天然气储备 1300 万立方米的规模。并规划在乌昌地区建设 40 亿立方米天然气储气库项目，以适应西气东输二、三线工程调峰需要。

（2）建设以新疆为主的中亚次区域经济圈物流中心和能源加工中心。以现有的能源加工基础为依托，逐步打造天山北坡经济带、克拉玛依—独山子、南疆、吐哈四大国际能源加工产业中心。通过落实差别化产业政策，建设东联西出的能源资源加工基地。扩大原油和天然气进口配额，鼓励和支持各类企业参与境外油气及非常规能源开发利用，提高油气资源在新疆就地加工的数量和深度，着力打造国家大型油气生产加工基地。

（3）培育围绕能源经济发展的产业集群。产业集群是现代产业空间布局的一种重要现象。在产业集群区域，使得该区域经济呈现出异常强劲的发展势头。国内外工业化发展的经验已证明，工业园区是工业发展的载体，也是产业集群的平台。工业园区可以集中一大批专业化的企业，形成相互配套的产业集群，打造规模优势。而根据克鲁格曼的产业集群理论中的规模收益递增理论，产业群规模越大，则其中的企业成本越低，从而整个产业竞争力越强。中亚能源进入新疆后，可就地加工为初级产品和中下游产品，以减少运输成本。因此，要加大在石油炼化、中下游产品加工、储运等方面的配套设施建设。如利用中哈石油管道输送的原油建成的克拉玛依石化 1000 万吨炼油工程，大幅提高了原油就地加工能力；同时，新疆石化工业园区规划建设成为石油石化中下游产品的加工基地，形成一批石油石化产业群。

引进大企业大集团对新疆能源主导产业群的形成起到重大促进作用的同时，应促使新疆中小企业与之分工协作机制的形成，形成大中小企业协调配合的围绕新疆能源基地发展和新疆能源通道建设的产业集群。

2. 发挥财政与金融、金融与资本运营手段的联动作用

（1）发挥财政与金融联动作用推进能源合作。积极争取中央财政性建设资金（中央建设投资资金、建设国债资金）、各类专项资金、国家政策性银行贷款、利用外资和企业的自筹资金。同时，以"丝绸之路经济带"互联互通建设为契机，发挥财政与金融的联动作用，提高财政资金的先导作用，加大基础设施

建设的投入力度，加快建设铁路、管道等国际运输通道，强化连接新疆和内陆各主要经济区的运输能力；鼓励金融机构为新疆通道和基地的基础设施建设、海外能源开发合作提供资金支持。通过贴息等财政政策，利用税收优惠（税收抵免、延期纳税、纳税时的亏损转回和纳税时的亏损结转）[①]，促进能源经济国际合作。

（2）利用金融与资本运营手段联动作用。实施"走出去"战略，在进行跨国经营获取国外能源的同时，适时开展能源资本市场运作。以矿业权为纽带的能源资本市场运作，购买矿业权和购并能源公司。含两种类型，并购目标公司和购买目标公司股份或交叉持股，购买目标公司拟转让能源地产中的股权。在具体操作上，采取财团方式、跨国联合或兼并。在中国新疆与周边中亚国家能源合作中，多年以来通过资本运营已取得一系列的实效。这一系列的跨国能源资本市场的运营，保证了中国新疆与中亚能源合作获得资源的稳定性，极大地推进了新疆能源"通道＋基地"的建设。因此，在这一基础上应继续推进资本运营。

（3）创新金融产品，扩大融资渠道。为了推进中国新疆与中亚能源合作，需加强道路、管道、口岸等基础设施建设，解决运力不足、口岸过货能力偏低等问题，满足基础设施建设的资金需求，从宏观角度，需金融业与财政投融资的配合协调。从微观角度，需要金融机构积极创新金融产品。

支持企业的石油资源勘探开发。探索能源境外投资保险业务，鼓励政策性银行建立专门从事境外投资保险业务的机构分散国内能源企业境外投资风险。探索能源投资信托、能源勘探权证券化等新型金融产品，拓宽投融资渠道。提供融资，即为资源国大型矿业项目提供融资，以换取矿业项目中的部分权益，或取得与资源国的长期供货合同等[②]。

进行能源产品市场运作，利用国外能源的最传统方式，即通过贸易进口的方式取得资源，主要形式为：签订长期、现货贸易、稳定供货合同。

国际石油贸易主要有三种方式，即长期供货合同、份额油和现货期货贸易。新疆能源通道和基地建设供给多元化应在巩固现货交易的基础上，积极探索多元贸易模式。长期供货合同能够确保油气资源获得的稳定性，中方可通过协商合作等方式；份额油是石油公司海外投资获益的方式，可以规避免油价波动带来的利益损失；期货交易可降低交易的价格风险，规避现货交易"买涨不买落"的问题。把市场作为获得原油和油品的主要手段，积极参与原油和油品的期货和现货交易[③]。

---

① 郭新明. 对金融业关注和支持新疆能源大通道建设的思考［J］. 新疆金融，2008（1）：7.

② 吴荣庆，袭燕燕，姚彤. 国外矿产资源勘查开发基本框架及其对策思考［J］. 中国矿业，2001（6）：4 - 10.

③ 赵旭，赵文丽. 能源安全：合作、贸易、通道须全面多元化［N］. 中国化工报，2009 - 01 - 20.

第六章 中国（新疆）与中亚国家贸易发展与贸易便利化分析

第一节 中国（新疆）与中亚国家贸易发展现状与问题

一、中国（新疆）与中亚国家贸易发展现状

1. 新疆对中亚国家贸易规模与国别分析

（1）新疆对中亚国家贸易规模。自 2001 年以来，在中国加入世界贸易组织、中亚国家经济全面发展、上海合作组织区域经济合作以及新疆经济快速增长等诸多有利因素的推动下，新疆对中亚国家的进出口总规模越来越大，从 2001 年的 17.72 亿美元上升至 2014 年的 276.69 亿美元，增长了 14.4 倍。其中，出口规模由 2001 年的 6.69 亿美元上升到 2014 年的 234.83 亿美元，增长了 34.1 倍；进口规模由 2001 年的 11.03 亿美元上升至 2014 年的 41.86 亿美元，增长了 2.8 倍；贸易差额从 2001 年的逆差 4.35 亿美元上升为 2014 年的顺差 192.96 亿美元。如图 6-1 所示。

图 6-1 显示了中国对中亚五国进出口贸易规模、贸易差额、进口增长率和出口增长率在 2001~2014 年的变化情况。该图表明，中国对中亚五国出口总额的增长幅度最大，除 2009 年受到全球金融危机的影响，导致出口规模大幅下降外，其他年份出口规模一直保持连续增长，但 2009 年之后的增幅有所减缓，2014 年达到最大值。而进口总额虽然有一定的增长，但总体增长幅度不大，且从 2012~2014 年连续三年呈下降趋势。从贸易差额上来看，新疆对中亚国家一直保持比较大的贸易顺差，且贸易顺差的变化趋势与出口规模的变化趋势保持一

致。出口增长率虽个别年份有所增长外，总体上呈下降趋势，呈锯齿形，截至2014 年出口增长率几乎接近于零。进口增长率升降波动性比较大，呈跳跃式。2011～2014 年连续三年出现较大幅度下降。

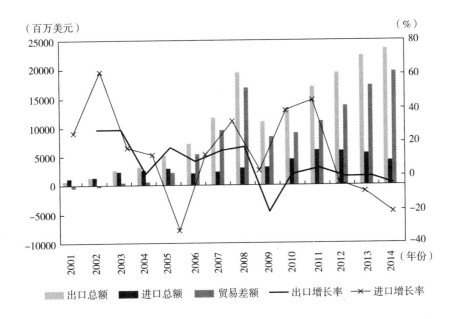

图 6－1 中国对中亚五国进出口贸易规模、进口增长率和出口增长率的变化趋势

资料来源：各年《新疆统计年鉴》。

（2）新疆对中亚国家贸易规模的国别分析。新疆与中亚五国接壤或毗邻，具有得天独厚的地缘优势，沿边开放战略实施以来，新疆对中亚五国的贸易一直是新疆对外贸易的主体，尽管近年中亚五国在新疆对外贸易中所占的比重持续下降，但 2014 年仍然保持在 62%，可见中亚五国是新疆外贸市场的重要组成部分。

图 6－2 显示的是中亚五国分别与新疆贸易额占新疆与中亚五国贸易总额的比重。从图中可以看出，哈萨克斯坦是新疆与中亚五国贸易额占比最大的国家，吉尔吉斯斯坦次之，其他三个国家（塔吉克斯坦、乌兹别克斯坦、土库曼斯坦）占新疆与中亚五国贸易额的比重均不超过 10%。其中，哈萨克斯坦所占的份额呈波浪式下降趋势，2011～2014 年所占的份额保持持续性下降的态势，2014 年达到最低值 38%。相比而言，吉尔吉斯斯坦所占的份额比哈萨克斯坦要低得多，最高年份（2008 年）才接近 40%，总体走势呈倒"V"形。具体而言，吉尔吉斯斯坦在新疆外贸中的占比以 2008 年为分水岭，之前呈持续高速增长，之后呈下降趋势，而 2011～2014 年这一占比从 18% 降至 15%，降幅很小，基本保持平

稳。其他三个国家所占的份额在 2001～2014 年总体呈小幅缓慢上涨趋势，但均低于 10%，占比依次为塔吉克斯坦、乌兹别克斯坦和土库曼斯坦。

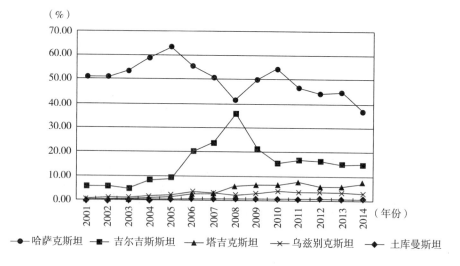

图 6－2　中亚五国分别与新疆贸易额占新疆与中亚五国贸易总额的比重

资料来源：各年《新疆统计年鉴》。

2. 新疆与中亚国家贸易结构

从表 6－1 可知，新疆主要从中亚五国进口初级产品，出口工业制成品和高新技术产品。2013 年新疆对中亚五国的出口中，工业制成品出口总额和占比远高于初级产品和高新技术产品，分别为 186.5 亿美元和 83.7%。这表明新疆对中亚国家的出口主要集中于劳动密集型产品。相比于 2003 年，这三大类产品的出口规模得到了比较大的提升，初级品、制成品和高新技术产品的增长速度分别为 7.3%、7.5% 和 11.7%。但各类产品占当年出口总额的比重却基本维持不变：初级产品占比由 2003 年的 14% 下降到 2013 年的 13.3%，出现了略微的下降；工业制成品由 2003 年的 85.9% 下降到 2013 年的 83.7%，高新技术产品的出口占比由 2003 年的 1.18% 上升到 2013 年的 1.77%。初级产品中，无论是食品及活动物还是非食用原料的出口总值在 2013 年都比 2003 年出现了较大幅度的增长，但 2013 年燃油及原料的出口几乎为零，2003 年其出口值仅为 0.33 亿美元，占当年出口总值的 1.3%，这是因为中亚国家国内资源丰裕。在工业制成品出口中，杂项制品出口比重最大。比较 2013 年和 2003 年工业制成品各类产品的出口比重可知，杂项制品出口比重有所降低，纺织和胶品类出口产品的占比基本维持不变，而机械及运输设备出口占比由 2003 年的 6.5% 上升到 2013 年的 26.13%，上升幅度可观，说明出口贸易结构存在优化。

表 6-1　2003 年与 2013 年新疆与中亚五国主要进出口商品贸易结构对照

单位：亿美元

| 2003 年 | | | | | | 2013 年 | | | | | |
| 出口 | | | 进口 | | | 出口 | | | 进口 | | |
商品	总值	占比（%）	商品	总值	占比（%）	商品	总值	占比（%）	商品	总值	占比（%）
初级品	3.57	14	初级品	4.2	18.7	初级品	29.6	13.3	初级品	47	78.3
食品及活动物	2.29	9	非食用原料	3.36	15.1	食品及活动物	14.9	6.7	燃油及原料#	30.9	58.3
食用原料	0.9	3.5	燃油及原料#	0.6	2.7	非食用原料	1.14	0.5	非食用原料	9.57	18.1
燃油及原料#	0.33	1.3	食品及活动物	0.3	1.3	—	—	—	食品及活动物	6.56	12.4
制成品	21.9	85.9	制成品	18.1	80	制成品	186.5	83.7	制成品	12	20
杂项制品	15.85	62.35	纺品及胶品*	13.4	60.1	杂项制品	94.6	42.5	机械运输设备	6.67	12.6
纺品及胶品*	3.43	13.5	机械运输设备	3.36	15.1	机械运输设备	58.2	26.13	杂项制品	2.5	4.7
机械运输设备	1.64	6.5	化学相关产品	1.1	5	纺品及胶品*	33.7	15.1	化学相关产品	2.47	4.7
高新技术产品	0.26	1.18	高新技术产品	0.4	2.2	高新技术产品	3.31	1.77	高新技术产品	1.14	9.5

注：#具体代指矿物燃料润滑油及有关原料；*具体代指轻纺、矿冶产品及橡胶制品。

资料来源：乌鲁木齐海关；《新疆统计年鉴》（2004，2014）。

相对于出口来说，新疆对中亚五国进口总值较小，也就是说新疆对中亚五国之间存在较大的贸易盈余。根据表 6-1 可知，对新疆贸易盈余贡献体现在制成品和高新技术产品上，初级产品进口值大于出口值。在 2013 年，初级产品的进口值占新疆对中亚五国进口总值的 78.3%，而制成品和高新技术产品仅为 20% 和 9.5%。在初级产品的进口中，燃油及原料进口所占比重最大，为 58.3%，新疆对中亚国家的进口主要体现在能源类的初级产品上。机械及运输设备进口占比为 12.6%，是制成品中进口规模和占比最大的产品。除初级产品之外，其他各类产品进口占比均低于初级品项下各子分类产品的进口占比。对比 2013 年和 2003 年各类产品的进口数据发现：初级品的进口值和占比情况均在 2013 年得到了显著的提升；相反，制成品进口值和占比出现了较大幅度的下降。由于中亚国家的经济发展，新疆对其高新技术产品的进口值和占比都有一定的增长。初级产品中的燃油及原料进口值从 2003 年的 0.6 亿美元增加到 2013 年的 30.9 亿美元，增长最为迅速。进口增长速度次之的是食品及活动物，从 2003 年的 0.3 亿美元增长到 2013 年的 6.56 亿美元。在制成品的进口中，机械及运输设备和化学相关产品虽然 2013 年的进口总值在增加，但是与 2003 年相比这两类产品占 2013 年进口总值的比重在降低。

3. 新疆与中亚国家贸易方式

图 6－3 显示 2009～2014 年新疆与中亚五国主要外贸方式及增速，可以看出：新疆与中亚五国之间的贸易主要为边境小额贸易和一般贸易，加工贸易占的比重很小。

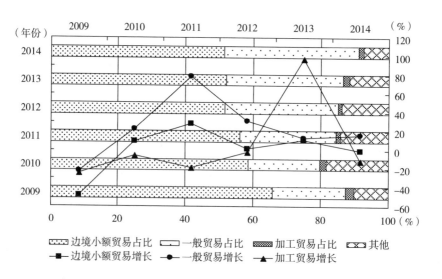

图 6－3 2009～2014 年新疆对中亚五国主要外贸方式及增速

资料来源：乌鲁木齐海关；各年《新疆统计年鉴》。

2009～2014 年，新疆对中亚五国的边境贸易占所有的贸易方式的比重以小幅度逐年递减，但各年的占比均保持在 50% 以上，是新疆与中亚国家最主要的贸易方式。一般贸易占比从 2009 年的 21.46% 上升到 2014 年的 39.71%，占比越来越大，表明新疆与中亚国家之间的贸易方式得到了优化。一般贸易增速在 2010～2011 年一直保持比较高的增长速度，2011 年增速最高，达到 78.3%。但 2012 年和 2013 年增速急剧下滑，在 2013 年只有 12.6%，2014 年一般贸易方式占比增速出现稍许回升。加工贸易在所有的贸易方式中，占比最小；除 2013 年外，其余年份的增长速度为负值，这是因为新疆招商引资难度大、规模小、本地制造业竞争力弱。

4. 新疆与中亚国家的贸易主体

根据表6-2可知，国有企业在新疆与中亚国家的贸易中倾向于进口，每年国有企业在进口领域所占的份额达到70%以上，这主要是因为国有企业在外贸进口中拥有国家的战略资源，而在开拓国外市场的积极性并不高，这就导致了其在进口领域所占份额与出口领域所占份额之间的差额比较大，有的年份达到了70%以上。

表6-2 2009~2014年新疆与中亚国家对外贸易主体占当年贸易总额比重

单位:%

年份	贸易主体	国有企业	私营企业	集体企业	外商投资企业
2009	进口	75.47	20.14	0.4	4.03
	出口	15.49	80.26	2.85	1.41
2010	进口	71.96	22.79	0.99	4.23
	出口	13.18	83.67	1.77	1.38
2011	进口	81.6	15.05	1	2.34
	出口	11.78	86.13	0.94	1.14
2012	进口	84.79	12.12	1.06	2.03
	出口	10.05	88.2	0.94	0.81
2013	进口	82.84	13.68	1.04	2.46
	出口	12.6	86.57	2.78	0.55
2014	进口	73.92	22.4	0.72	2.96
	出口	1.11	88.54	0.74	0.38

注：2014年乌鲁木齐市海关增加民营企业主体记录，据计算民营企业进口、出口所占贸易比重分别为23.12%、89.29%。

资料来源：根据乌鲁木齐海关统计数据整理。

恰好相反，私营企业在新疆与中亚国家的贸易中倾向于出口，出口领域所占份额在考察期内维持在85%以上，2014年同比增长2.3%，但是出口领域份额和进口领域份额之间的差额也比较大，这种差额在2009~2014年基本维持在70%以上。集体企业和外商投资企业在新疆与中亚国家的进出口贸易中作用不是特别明显，相对于国有企业和私营企业占比很小。外商投资企业出口占比一直高于进口占比，而集体企业的进出口占比则不具有规律性。

二、中国（新疆）与中亚国家贸易发展存在的主要问题

1. 新疆经济增长放缓，经济增长动力不足

新疆作为中国与中亚经济合作的前沿阵地和桥头堡，与全国经济增速逐渐回落的态势大体一致，2013 年后经济增速持续下滑，2015 年经济增速为 8.8%，比 2012 年下降了 3.2 个百分点。中国新疆的产能过剩问题全面持续显化，经济处于下行周期。同时，对外出口增长乏力，内需提振缺乏动力。国际经济环境的改善仍然具有不确定性，中国新疆经济已进入稳增长阶段，短期看经济增长动力不足，对中国新疆与中亚贸易合作与发展的深入开展产生影响。

2. 新疆生产加工能力不足，双边贸易成本增加

新疆从中亚进口以原材料为主，没有形成生产加工基地和产业集群，缺乏大规模的加工生产能力，只能运到腹地省份加工，极大地增加了成本。

3. 新疆出口商品结构不合理，高新技术产业占比小

新疆出口中亚国家的商品结构不太合理。新疆对中亚国家出口以机电、运输设备、服装等为主，高新技术产品和高附加值产品所占比重很小，且出口产品档次较低，缺少品牌，针对的主要是中亚中低端市场，而中亚国家高端市场基本被欧盟、美国、日本、土耳其等国家和地区占领。

4. 面向中亚的企业外贸层次低，缺乏有力的政策支持

新疆企业在对中亚的外贸中，仍大量采用边贸形式，主销商品仍是纺织品、鞋类、服装等，贸易主体层次低，参与者以中小企业甚至是个体户为主，贸易主体规模小，对正规贸易规则了解掌握不多，容易触犯当地法律。经过 10 多年的快速发展，中亚国家已走出了"短缺经济"时代，其消费群体已不再满足于低质廉价的商品，开始注重产品的质量和包装。新疆企业普遍存在短视行为，无序竞争、以次充好、违规经营等，缺少赢得整个中亚市场的长远谋略，缺少对当地市场信息的搜集和品牌的创建宣传，售后服务难以保证，而且无序竞争、竞相压价、以次充好、违规操作等情况屡见不鲜，致使中国商品的整体形象严重受损[1]。中国产品在中亚已被认为是"廉价劣质产品"的同义词，归为低档商品。国家对民营企业"走出去"支持力度不够，在企业融资和各项优惠政策上门槛过高。

5. 基础设施互联互通水平低，通道制约明显

新疆与中亚双方的交通等现代化基础设施互联互通水平低，通行能力差，存在较大缺口。新疆向西的铁路通道能力不足，口岸建设滞后，通道瓶颈问题突

---

[1] 新华网，http://news.xinhuanet.com/fortune/2006-07/31/content_4899863.htm.

出。铁路建设上，新疆"东联西出"的铁路通道单一，目前只有兰新铁路一条通道，且运输能力已经趋于饱和。铁路口岸少，路网项目建设滞后，目前对外的开放口岸中仅有霍尔果斯和阿拉山口两个铁路口岸与中亚实现联通；空港建设上，目前仅开通了少量直达中亚、欧洲的国际航线，线路少、覆盖面小，通达城市有限，航空中转及枢纽作用尚未得到发挥；口岸建设上，对外开放的 17 个口岸中只有 8 个是面向第三国开放的口岸，其余的只是双边开放或临时开放；通信和信息传输通道建设上，新疆向西陆地光缆仅与哈萨克斯坦、吉尔吉斯斯坦、塔吉克斯坦三国相通，通信距离长、成本高、质量差，对道路联通、贸易畅通、货币流通和民心相通形成很大瓶颈制约。

6. 海关存在政策性障碍，大通关协作机制尚未有效发挥

存在诸多政策性障碍，大通关协作机制未得到有效发挥。"一关两检"方面，由于体制不同，对接效果差，关检结果未能实现互认，国内各部门协调不畅，难以形成合力。签证方面，中国已允许中亚国家如哈萨克斯坦公民一日免签进入，而中亚各国尚未批准中国公民一日免签进入。目前，中亚国家对进出境限制较多，办理签证、劳务许可等手续繁复艰难且办理时间较长[1]，加之新疆是我国仅有的两个还没有实现护照按需申领的省区之一，现行的签证政策（如缩短部分签证人士往返以及停留时间、降低签证通过率、限制续签、延长签证发放日期等）影响了新疆与周边国家人员往来的便利性，特别是与中亚国家开展经济合作相关的投资签证、商务签证、劳务签证办理艰难，对新疆"走出去"的企业造成了很大困扰。关税方面，中亚各国关税政策变动性很大，缺乏必要的稳定性，且对部分进口产品保留了较高关税[2]。如 2004 年底，哈萨克斯坦政府调整了进口货物的车辆限载标准，单位商品的关税至少增加了 30%，给新疆出口货物带来了不必要的风险和损失。

7. 中国（新疆）参与中亚合作已失去先发优势，缺少成熟经验

在中亚的多种国际合作机制中，中国参与的很少，而且是较晚进入多边合作的大国。有些起步早、基础好、中亚国家又很重视的国际机制如欧亚经济共同体，中国并不是正式成员，经常被排斥在外；有的国际机构和国际金融组织在中亚启动的一系列合作项目，我国参与的也比较晚[3]。中国的向西开放是近几年才提上日程的，尚未如中国东部沿海地区一样摸索出一套适合中亚的、行之有效的

① 凌激. 中国与中亚国家经贸合作现状、问题及建议［J］. 国际观察，2010（5）：17 - 22.

② 相关研究表明，中亚关税税率水平对出口和双边贸易总额起到一定的阻碍作用，其中对双边贸易总额的阻碍作用更为强烈。具体参见：高志刚，刘伟. "一带"背景下中国与中亚五国贸易潜力测算及前景展望［J］. 山东大学学报（哲学社会科学版），2015（5）：24 - 34.

③ 王海燕. 中国与中亚国家参与周边区域经济合作机制比较研究［J］. 新疆师范大学学报，2010（2）：59 - 61.

经验和模式。目前，新疆与中亚的区域经济合作较为松散，国际化层次也比较低，还未建立起立足于长远发展需要的对外经济合作机制，在"丝绸之路经济带"核心区建设的实践中只能总结经验，逐渐摸索适合新疆本地的方式方法。

8. 中亚贸易环境不佳，贸易保护主义严重

新疆与中亚经贸合作保障机制及服务体系尚不健全，在一定程度上制约了贸易便利化进程。中亚国家各种制度尚不完善，法制不健全，执行效率差，腐败严重，对外政策缺乏连贯性，贸易合作存在较大的不确定性。中亚出于保护本国工商业的目的，对新疆产品设置关税和非关税贸易壁垒，增加了新疆商品进出口成本，新疆贸易商常常采用包机包税等"灰色通关"方式非法对中亚出口，加剧了贸易摩擦，阻碍了双边贸易正规化进程，成为双边贸易的"痼疾"，贸易规范化和便利化尚需时日。

9. 面临其他省份和城市的竞争，新疆与中亚贸易发展的优势地位受到挑战

一方面，随着中亚各国尤其是哈萨克斯坦经济发展水平的提高，其经济合作目标定位逐渐从新疆转向中国东部发达省区；另一方面，随着"丝绸之路经济带"建设的发展，陕西、甘肃、重庆等省市纷纷争当"丝绸之路经济带"的新起点、桥头堡、黄金段等，加之开通"渝新欧""汉新欧""蓉新欧""郑新欧""西新欧""粤新欧""义新欧"等国际铁路快线，新疆面临着内陆省区的激烈竞争，新疆与中亚国家贸易额占中国与中亚国家贸易额的比重不断下降，区位优势有弱化趋势。新疆与中亚国家贸易额占中国与中亚五国贸易额的比重由2002年的65%下降到2012年的38%，下降了27个百分点，2013年进一步下降到37.8%。这一情势应该引起新疆政府和企业的高度重视，否则会影响新疆"丝绸之路经济带"核心区的建设。

10. 全球经济危机持续演化，油气价格大幅下降，使中亚各国经济遭受重创

全球经济危机仍在持续，世界经济增长乏力，复振艰难，国际市场需求萎靡，严重影响中亚各国出口。更重要的是，中亚各国的银行自有资本率低，平时依赖国际市场融资维持运行，结构脆弱，抗风险能力低，在本次危机中损失严重，外汇储备下降、债务猛增，危机逐渐由金融业向实体经济蔓延，企业景气程度大大降低。

11. 法制不健全、市场机制不完善，中亚国家的腐败现象严重

世界银行发布的中亚五国国家政策和制度评估（CPIA）公共部门管理和机构集群数值（包括财产权和基于规则的治理、预算和金融管理质量、收入动员效率、公共管理质量，以及公共部门的透明度、问责性和腐败度）均在平均值以下。由于法制不健全、市场机制不完善，影响了中亚各国经贸政策的稳定性和连贯性，是否能有一个稳定有效的政策及维护该良好贸易政策的政权和政治制度，

对于中国新疆和中亚各国的贸易合作至关重要①。中亚国家的腐败现象严重，滥用职权，使经济发展具有很大的不确定性和高风险性。根据透明国际全球腐败指数报告可知，2012 年哈萨克斯坦、吉尔吉斯斯坦、塔吉克斯坦、土库曼斯坦、乌兹别克斯坦腐败程度很严重，分别为全球第 133 名、第 154 名、第 157 名、第 170 名与 170 名，2013 年分别为第 140 名、第 150 名、第 154 名、第 168 名和 168 名，2014 年分别为第 126 名、第 136 名、第 152 名、第 166 和第 16 名②。中亚国家普遍存在腐败和索贿现象，增加了企业成本和企业风险。

第二节　中国（新疆）与中亚国家贸易便利化水平测评

贸易便利化是指减少在买卖双方商品和服务的跨境流动中存在的、由不必要的行政负担引起的交易成本。贸易便利化传统定义聚焦于商品跨越边境时由于非关税壁垒导致的直接成本，包括港口和运输基础设施、口岸效率、清关程序，以及物流成本等边境措施。但是，不同的国际组织和学术机构对贸易便利化的定义是存在差异的③。世界海关组织的定义侧重于海关程序的简化，联合国贸发大会（UNCTAD）的定义侧重于货物过境程序的简化。随着国际、区域、双边协定中贸易便利化议题讨论的逐步深入，贸易便利化的内涵也发生了变化。传统定义的主要考察指标显得过于狭窄，不能覆盖贸易便利的全部内涵。贸易便利化的内涵由港口效率、海关程序等"边境措施"的简化，逐步转向信息和通信技术、合同执行和规章制度一致化等"边境后措施"，即一国国内商业环境的改善。经济合作与发展组织（OECD）将贸易便利化的定义拓展到"包括劳动力流动以及与货物流动有关的金融和服务等内容"。联合国经济及社会理事会（ECOSOC）的定义则包括"政府规章和管制、企业效率、交通运输、信息通信技术和金融等"。APEC 贸易便利化行动计划 Ⅱ 中对改进国内规章制度、商业道德建设和保障贸易安全等更广泛的商业便利化表示关注。④

① 中俄资讯第一门户，http://www.chinaru.info/zhongejmyw/jingmaotegao/28702.shtml.

② http://tieba.baidu.com/p/4153437084.

③ 胡颖．"贸易便利化"的学术论争与中国的改革路径［J］．国际商务，2016（1）：119 - 126.

④ 沈铭辉，余振．APEC 贸易便利化进展及变化［J］．国际经济合作，2009（2）：43 - 46.

一、贸易便利化与区域贸易增长

贸易便利化改革包括硬件设施和软件设施两部分。通过修建区域内铁路、公路和航空基础设施，增强交通基础设施的跨境连接性，将减少货物运输时间。通过签订区域转运协议、协调货物跨境运输管理，减少货物在运输区域的实际检验次数，也将会缩短交易时间、减少货损货差，增强货物运输的安全性。通过加强区域内成员国的通关合作、标准一致化合作，增强通关单证、检验检疫单证的相互认可，缩减进出口贸易程序，也可大大优化贸易环境、降低贸易成本，从而促进双边贸易规模或区域贸易规模的增长。相关研究认为[1]，贸易便利化有益于降低贸易成本，促进双边或区域内贸易流量的提升，并带动成员国的 GDP 增长。

2013 年 9 月，习近平主席在出访中亚四国时提出"丝绸之路经济带"倡议，旨在促进和加强欧亚国家之间的经济联系。中亚国家既是中国西部的毗邻地区，又是中国联系欧洲的中转地区，中亚区域的双重地位，决定了其是"丝绸之路经济带"的核心区域[2]。中亚区域贸易便利化建设，对于深化中国与中亚区域经济合作和促进欧亚国家间商品和要素流动都具有重要而紧迫的实践意义。中国与中亚国家在资源禀赋、产业结构、市场需求等方面有较强的互补性，开展经贸合作的潜力巨大。贸易投资便利化的加快实施将会逐渐消除区域组织内部在贸易投资方面的制约因素，推动中国与中亚各国的经贸合作向新的高度和广度发展。作为中国与中亚国家经贸合作的前沿区域，中国新疆实施贸易便利化改革，将消除阻碍商品、资金等生产要素自由流动的各种障碍、畅通各国贸易，有利于中国东部地区将劳动密集型和资源密集型产业通过新疆逐渐向中亚国家转移；同时，中亚国家丰富的石油天然气资源、原料性资源也将通过新疆进入中国东部地区和中部地区，弥补中国东部地区、中部地区经济建设能源供给缺口。

二、贸易便利化测评指标体系的构建与评价方法

1. 贸易便利化水平评价指标的选择

在确定贸易便利化内涵的基础上，课题组拟构建中国—中亚地区贸易便利化评价指标体系。在设计测评指标体系时，确保贸易便利化指标内在的可操作性和可量化性。如前所述，不同国际组织对贸易便利化的内涵定义不尽相同，因此可

---

① 主要有：APEC. Assessing APEC Trade Liberalization and Facilitation: 1999 Update ［C］. Singapore: Economic Committee, APEC, 1999; UNCTAD. E – Commerce and Development Report 2001 ［Z］. Geneva: UNCTAD, 2001; Wilson J. S., Mann C. L. & Otsuki, T. Assessing the Potential Benefit of Trade Facilitation: A Global Perspective ［J］. The World Economy, 2005, 28 (6): 841 – 871.

② 胡鞍钢，马伟，鄢一龙. "丝绸之路经济带"：战略内涵、定位和实现路径［J］. 新疆师范大学学报，2014 (2)：1 – 10.

测评角度和方面也比较多，这导致数据搜集的困难。首先，与关税措施不同，贸易便利化措施对贸易流量的影响是间接形成的，其影响不如关税明显。其次，中亚区域各国的经济发展水平相差较大，部分国家的贸易统计体系尚处于起步阶段，难以获得权威的贸易数据。基于上述原因，在构建贸易便利化水平评价指标体系时，我们参考了《全球竞争力报告》（GCR）和透明国际组织网站的相关数据，并根据中国新疆与中亚国家双边贸易实际进行测算和评估，评价指标体系如表6-3所示。

表6-3　贸易便利化水平评价指标

目标层	一级指标层	二级指标层	代码	取值范围	数据来源
贸易便利化评价指标	基础设施	公路基础设施质量	A_{11}	1～7	GCR
		铁路基础设施质量	A_{12}	1～7	GCR
		口岸基础设施质量	A_{13}	1～7	GCR
	海关环境	海关程序负担	A_{21}	1～7	GCR
		贸易壁垒的普遍性	A_{22}	1～7	GCR
	国内制度环境	政府制定政策的透明度	A_{31}	1～7	GCR
		政府管制的负担	A_{32}	1～7	GCR
		腐败指数	A_{33}	1～10	透明国际
	电子商务	互联网用户数	A_{41}	具体数据	GCR
		企业电子商务使用率	A_{42}	1～7	GITR
		最新技术的可获得性	A_{43}	1～7	GCR

2. 指标含义

（1）基础设施。基础设施的好坏关系货物能否顺利通关，这是外贸企业考虑的首要因素，也是衡量贸易是否便利的最主要因素之一。本书利用公路、铁路、港口（口岸）等基础设施的质量来衡量这一指标，其得分越高，反映基础设施的质量越高，货物快速通关的可能性也就越大。采用三个二级指标来反映。

第一，公路基础设施。《全球竞争力报告》调查的问题是：目标国家的公路是否发达（赋值分数为1～7分，分数越高代表公路基础设施质量越高。其中，1＝不发达；7＝与世界标准一样，广泛且高效）。

第二，铁路基础设施。《全球竞争力报告》调查的问题是：目标国家的铁路是否发达（赋值分数为1～7分，分数越高代表铁路基础设施质量越高。其中，1＝不发达；7＝与世界标准一样，广泛且高效）。

第三，港口（口岸）基础设施。《全球竞争力报告》调查的问题是：目标国家的港口（口岸）基础设施是否高效（赋值分数为 1~7 分，分数越高代表港口（口岸）基础设施质量越高。其中，1 = 不常见、局限且低效；7 = 与世界最好水平一样常见、广泛且高效）。

（2）海关环境。海关环境主要考察货物在通关过程中的手续是否简捷有效，是否存在贸易壁垒。采用两个二级指标来反映。

第一，海关程序负担。这项指标用以评价海关程序（与出入境商品有关）的效率的高低（赋值分数为 1~7 分，分数越高代表海关程序负担越轻。其中，1 = 十分没有效率；7 = 高效）。

第二，贸易壁垒的普遍性。此项指标用以衡量一国所实施的关税和非关税措施对进口商品在国内市场竞争力的限制程度（赋值分数为 1~7 分，分数越高代表限制程度越低。其中，1 = 强烈限制；7 = 不限制）。

（3）国内制度环境。国内制度环境用来衡量一国国内政策的规范性、透明度以及政府的廉洁程度，反映在从事贸易活动时是否有一个良好的国际贸易环境。采用三个二级指标来反映。

第一，政府制定政策的透明度。主要是指政府在变更影响行业的政策或者规定时，是否会清楚地告知企业（赋值分数为 1~7 分，分数越高代表政府信息越透明。其中，1 = 从不会告知；7 = 总是会告知）。

第二，政府管制的负担。反映在目标国家，进出口商接受政府管制并达到其要求的负担是否繁重（赋值分数为 1~7 分，分数越高代表负担越轻。其中，1 = 十分繁重；7 = 不繁重）。

第三，腐败指数。反映目标国家政府的腐败程度（2012 年以前采用 10 分制，10 分为最高分，表示最廉洁；1 分为最低分，表示最腐败。2012 年以后采用百分制，100 分为最高分，表示最廉洁；1 分表示最腐败）。

（4）电子商务。目前，"互联网 + 外贸"是促进对外贸易发展的重要手段，因此电子商务是衡量一国贸易是否便利的一个重要因素。采取三个二级指标来反映。

第一，互联网用户数。是指每百人中使用互联网的人数，反映的是发展电子商务的基础条件。

第二，企业电子商务使用率。通过查阅《全球信息技术报告》（GITR）中的网络整备指数（NIR），全球竞争力报告（GCR）利用企业电子商务使用率来衡量一国电子商务的开展情况。这一指标主要由以下方面来反映：利用互联网进行买卖商品，利用互联网来与顾客沟通，利用互联网与供应商协调（赋值分数为 1~7 分，分数越高代表互联网使用率越高。其中，1 = 从来不用；7 = 广泛使用）。

第三，最新技术的可获得性。是指在一国中最新技术被利用的程度及获取的难度（赋值分数为 1~7 分，分数越高代表新技术的获得性越高。其中，1 = 不能被广泛获得和利用；7 = 可以广泛获得和利用）。

3. 基于层次分析法的贸易便利化水平权重测量

本书运用层次分析法，并利用 Yaahp 软件来确定贸易便利化水平权重。Yaahp 软件通过影响因素之间的比较，确定判断矩阵，进而通过对矩阵的运算来确定权重。

层次分析法（AHP）是指将一个复杂的多目标决策问题作为一个系统，将目标分解为多个目标或准则，进而分解为多指标（或准则、约束）的若干层次，通过定性指标模糊量化方法算出层次单排序（权数）和总排序，以作为目标（多指标）、多方案优化决策的系统方法。层次分析法运算的主要步骤是：

第一，对系统中各因素的关系进行分析，建立系统的层次关系。

第二，用成对比较法，利用层次分析法的 1 ~ 14 的比例标度排出相对重要顺序，并构造出相关评价指标的判断矩阵，各比例标度值的含义如表 6 - 4 所示。

表 6 - 4　比例标度值的含义（两两指标相比）

标度值	1	3	5	7	9
重要程度	同样重要	稍微重要	明显重要	强烈重要	绝对重要
2、4、6、8 为上述相邻判断的中间值，若因素 i 与 j 比较得 a_{ij}，则因素 j 与因素 i 相比得 $1/a_{ij}$					

第三，根据判断矩阵，计算各因素的权重值。

第四，检验判断矩阵的一致性。利用判断矩阵的特征根来检验矩阵的一致性程度，需要计算一致性指标 CI，即 $CI = \dfrac{(\lambda_{max} - n)}{(n - 1)}$。

CI 值越小，一致性越好；CI 值越大，一致性越差；当 CI 为零时，判断矩阵具有完全一致性。就具体问题进行研究时，为了防止由于随机原因造成的一致性的偏差，我们还需要将一致性指标 CI 与 RI 即随机一致性指标进行比较，得到的检验系数称作 CR（随机一致性比率），CR = CI/RI，RI 的值如表 6 - 5 所示。

表 6 - 5　平均随机一致性指标 RI

矩阵阶数	1	2	3	4	5	6	7
RI	0	0	0.515	0.893	1.119	1.249	1.345
矩阵阶数	8	9	10	11	12	13	14
RI	1.420	1.462	1.487	1.516	1.541	1.558	1.580

当判断矩阵阶数为 1 和 2 时，RI 值为 0.00，本书认为矩阵具有完全一致性；

---

① Yaahp（Yet Another AHP）则是一个层次分析法软件，提供方便的层次模型构造、判断矩阵数据录入、排序权重计算以及计算数据导出等功能。

当判断矩阵的阶数大于 2，CR ＜ 0.10 时，本书认为判断矩阵具有满意的一致性，否则就需要对判断矩阵进行调整，直到其具有满意的一致性。

第五，对总层次进行排序。

4. 基于层次分析法的贸易便利化水平权重判定

（1）建立层次结构。根据贸易便利化指标体系，按照目标层、一级指标层、二级指标层构建层次结构（见表 6 - 3）。

（2）确定判断矩阵和权重。Wilson、Mann 和 Otsuki（2003）以 APEC 国家为样本，在引力模型中运用进口国的港口设施、海关清关、制度效率和电子商务等便利化指标，研究发现四个指标对双边贸易流量都有影响，其中港口设施影响最大，其次是制度改革[①]。Jesus Felipe 和 Utsav Kumar（2012）运用引力模型研究贸易流量和贸易便利化之间的关系，估计了中亚国家从贸易便利化中能获得的收益，研究结果显示，各项贸易便利化指标中，对贸易流量影响最大的是基础设施的改善，然后依次是物流、海关和其他边境机构的效率[②]。刘华芹等（2013）通过问卷调查的方法研究上海合作组织贸易便利化的发展程度，研究认为成员国贸易便利化属于中等偏下水平；贸易制度、关税水平、通关程序和技术性贸易壁垒仍是影响中资企业在成员国开展经营活动的主要障碍[③]。

基于现有文献的结论，以及中国新疆与中亚国家贸易实际，我们对基础设施、海关环境、国内制度环境、电子商务进行成对比较：①与海关环境相比，基础设施是同等重要的；②与海关环境相比，国内制度环境不太重要；③与海关环境相比，电子商务明显不重要；④与国内制度环境相比，基础设施更重要；⑤电子商务与基础设施相比，基础设施十分重要；⑥国内制度环境与电子商务相比，国内制度环境要稍微重要些。通过影响因素之间的对比，利用 Yaahp 软件，我们得到如下判断矩阵，如表 6 - 6 所示。

表 6 - 6　TFI - B 判断矩阵

测评总目标	基础设施	海关环境	国内制度环境	电子商务	W_i
基础设施	1.0000	1.0000	2.0000	7.0000	0.3449
海关环境	1.0000	1.0000	7.0000	7.0000	0.4668
国内制度环境	0.5000	0.1429	1.0000	4.0000	0.1339
电子商务	0.1429	0.1429	0.2500	1.0000	0.0484

① J. S. Wilson, C. L. Mann, T. Otsuki. Trade Facilitation and Economic Development：A New Approach to Quantifying the Impact［R］. Policy Research Working Paper, 2003, 17（3）：367 - 389.

② Jesus Felipe, Utsav Kumar. The Role of Trade Facilitation in Central Asia［J］. Eastern European Economics, 2012, 50（4）：5 - 20.

③ 刘华芹. 上海合作组织贸易投资便利化评估与前景展望［J］. 国际贸易, 2013（11）：48 - 51.

运用 Yaahp 软件，计算得到的一致性比例为 0.0863，小于临界值 0.1，因此我们说这个判断矩阵具有一致性，运用 Yaahp 软件得到二级指标相对于总目标的权重如表 6-7 所示。

表 6-7 贸易便利化评价体系权重

	一级指标权重	二级指标权重
贸易便利化水平测评总目标	基础设施 （0.3449）	公路基础设施质量 （0.1691）
		铁路基础设施质量 （0.0681）
		港口（口岸）基础设施质量 （0.1076）
	海关环境 （0.4668）	海关程序负担 （0.4001）
		贸易壁垒的普遍性 （0.0667）
	国内制度环境 （0.1399）	政府制定政策的透明度 （0.014）
		政府管制的负担 （0.112）
		腐败指数 （0.014）
	电子商务 （0.0484）	互联网用户 （0.0058）
		企业电子商务使用率 （0.0361）
		最新技术的可获得性 （0.0065）

5. 构建便利化水平测评模型

（1）模型构建。在构建贸易便利化水平的模型时，主要考虑到的是：在得到二级指标对于目标的总权重 $W_{ij}(i=1,2,3,4; j=1,2,3)$ 之后，我们再运用二级指标经处理后的规范化数据 $A_{ij}(i=1,2,3,4; j=1,2,3)$，通过加权求和，得到每个成员国的贸易便利化水平评价指数：$TFI = W_{11}A_{11} + W_{12}A_{12} + W_{13}A_{13} + W_{21}A_{21} + W_{22}A_{22} + W_{31}A_{31} + W_{32}A_{32} + W_{33}A_{33} + W_{41}A_{41} + W_{42}A_{42} + W_{43}A_{43}$。

（2）数据的来源。本书的研究中，有关贸易便利化各项指标的赋分数据主要来源于世界经济论坛发布的《全球竞争力报告》（2009~2013年）、《全球信息技术报告》（2009~2013年）（GITR）以及透明国际所发布的权威数据。本书总共比较六个国家的贸易便利化水平，包括中国、哈萨克斯坦、吉尔吉斯斯坦、塔吉克斯坦、蒙古和巴基斯坦。这是由于《全球竞争力报告》中缺乏对乌兹别克斯坦、土库曼斯坦的相关调查数据，因此剔除这两个国家。为增强可比性，我们增加了中国新疆另外两个毗邻国家：蒙古和巴基斯坦。

三、中国与中亚国家贸易便利化水平评价

1. 分指标评价

首先根据各国在各贸易便利化单项指标的排名情况进行分析比较。

（1）基础设施。从国别来看，同属于发展中国家的中国与中亚国家整体的基础设施质量排名都偏后，表明基础设施建设发展滞后是共性现象。但中国基础设施质量排名明显优于中亚国家，如表6-8所示，中国的排名为第69位，哈萨克斯坦在世界排名为第78位，塔吉克斯坦第90位，吉尔吉斯斯坦、巴基斯坦和蒙古基础设施质量更为落后。从基础设施具体类型来看，中亚国家铁路基础设施质量明显高于公路基础设施和口岸基础设施的质量，以哈萨克斯坦为例，其铁路基础设施质量世界排名第29位，但公路基础设施的质量仅排在117位，相差十分悬殊。

表6-8　各个国家基础设施质量测评排名

国家	中国	哈萨克斯坦	吉尔吉斯斯坦	塔吉克斯坦	蒙古	巴基斯坦
基础设施的总体质量	69	78	103	90	137	105
公路基础设施质量	54	117	133	98	141	73
铁路基础设施质量	22	29	79	43	71	66
港口（口岸）基础设施质量	59	115	144	143	126	60

资料来源：《全球竞争力报告》（2012~2013年）。

（2）海关环境。海关环境包括贸易壁垒的普遍性和通关手续障碍两个方面。在贸易壁垒的普遍性方面，哈萨克斯坦排名第64位，优于中国的第79位，更优于中亚区域其他国家。在通关手续障碍方面，中国明显优于中亚其他国家，排名第65位，哈萨克斯坦次之，排名第77位（见表6-9）。总体来看，中国与中亚国家普遍存在贸易壁垒，通关手续障碍较多。因此，未来贸易自由化和贸易便利化改革空间很大。

表6-9　各个国家海关环境测评排名

国家	中国	哈萨克斯坦	吉尔吉斯斯坦	塔吉克斯坦	蒙古	巴基斯坦
贸易壁垒的普遍性	79	64	106	100	74	114
通关手续障碍	65	77	136	91	117	93

资料来源：《全球竞争力报告》（2012~2013年）。

（3）国内制度环境。如表6-10所示，总体而言中国的制度环境明显优于中亚及其他国家。中亚国家中，哈萨克斯坦和塔吉克斯坦的制度环境要优于吉尔吉斯斯坦、蒙古和巴基斯坦。中亚国家在指标"政府管制的负担""政府官员在决策中的徇私舞弊"方面，世界排名靠后，表明其国内政府腐败情况较严重。

表6-10　各个国家的国内制度环境排名

国家	中国	哈萨克斯坦	吉尔吉斯斯坦	塔吉克斯坦	蒙古	巴基斯坦
政府官员在决策中的徇私舞弊	34	91	136	40	130	129
政府管制的负担	23	52	92	22	102	62
政府制定政策的透明度	51	32	87	68	102	109

资料来源：《全球竞争力报告》（2012～2013年）。

（4）电子商务。中国和哈萨克斯坦分项指标各有千秋，总体水平相差不多，中亚及其他国家电子商务水平明显低于这两个国家。从互联网用户数量来看，哈萨克斯坦最高，排名第62位，中国随其后排在第73位，其他国家互联网用户数世界排名很低。在企业电子商务使用率上，中国排名第71位，优于其他国家。然而在最新技术的可获得性方面，令人诧异的是中国排名很低，低于塔吉克斯坦的第84位、哈萨克斯坦的第90位，如表6-11所示。中国技术研发和创新性的普遍缺乏是可能的原因。

表6-11　各个国家电子商务环境排名

国家	中国	哈萨克斯坦	吉尔吉斯斯坦	塔吉克斯坦	蒙古	巴基斯坦
最新技术的可获得性	107	90	136	84	108	83
企业电子商务的使用率	71	91	136	95	81	85
互联网用户数	73	62	97	111	97	120

资料来源：《全球竞争力报告》（2012～2013年）。

2. 综合评价

（1）原始数据的处理。由于数据的来源渠道不同，其取值范围也各不相同，有的是1～7、有的是1～10、有的是1～100，为了能够方便进行对比，首先需要对数据进行标准化处理，利用标准化后的数据进行分析，我们利用线性变换法中的归一标准化方法进行处理。Max为指标i中的最大值，A_{ij}为规范化以后的数值，则$A_{ij} = a_{ij}/\text{Max}$，经过标准化后，将所有原始数值都确定在［0，1］之间，其中1代表在该指标中的最高水平，0代表最低水平。

（2）测量结果及分析。将处理过后的数据代入模型中，得到的结果如表6-12所示。由于贸易便利化评价指数的原始数据是《全球竞争力报告》中的数据，该数据是被调查国家的平均得分，因此计算的贸易便利化指数也是该国贸易便利化平均水平。由表6-12中的数据可以得到各国贸易便利化水平得分，如表6-13所示。

表6－12　　2008～2013 年各个国家贸易便利化评价指数得分

年份	中国	哈萨克斯坦	塔吉克斯坦	吉尔吉斯斯坦	蒙古	巴基斯坦
2008	0.66	0.36	0.31	0.30	0.30	0.38
2009	0.65	0.35	0.30	0.30	0.29	0.38
2010	0.65	0.36	0.34	0.31	0.31	0.37
2011	0.64	0.35	0.36	0.31	0.31	0.36
2012	0.62	0.38	0.36	0.30	0.32	0.35
2013	0.66	0.40	0.37	0.30	0.32	0.34

表6－13　　2008～2013 年各个国家贸易便利化水平得分

中国	哈萨克斯坦	塔吉克斯坦	吉尔吉斯斯坦	蒙古	巴基斯坦
0.65	0.37	0.34	0.30	0.31	0.36

贸易便利化水平可以分为 4 个层级：得分在 0.6 以下为不便利；得分在 0.6～0.7 为一般便利；得分在 0.7～0.8 为比较便利；得分在 0.8 以上为十分便利。

由表 6－13 可知，中国得分为 0.65，属于一般便利，其他国家均属于贸易不便利的层级，哈萨克斯坦得分为 0.37，塔吉克斯坦得分为 0.34，而巴基斯坦得分为 0.36，吉尔吉斯斯坦和蒙古得分分别为 0.3 和 0.31。在比较的这几个国家中，中国是经济发展较好、开放程度最大的国家，国家开放程度与贸易便利化水平有一定的关系，开放程度越大，进行贸易的手续越简单，货物流通的速度越快。因此，中国与中亚国家需要积极采取贸易便利化改革措施，并在贸易便利化领域积极开展合作，削减阻碍贸易发展的壁垒，简化程序、减少交易时间和交易成本，从而最终促进区域贸易的发展。

四、中国与中亚国家贸易便利化发展中存在的问题

1. 中亚国家贸易便利化发展进程缓慢，且极不均衡

中亚国家的贸易便利化有所发展，但发展进程缓慢。中国与中亚国家在海关合作方面已经有了实质性的进展，在区域转运、基础设施和运输协定方面有初步发展，为未来的区域运输网络的形成奠定了基础。但从总体上看，区域贸易便利化进展缓慢，这也表明中国新疆与中亚国家之间的贸易便利化问题将是一个长久的问题。

2. 中亚国家关税水平较低，但关税结构复杂、贸易政策经常变动

中亚国家普遍关税水平不高，但关税结构复杂，存在明显的关税升级。总体

上看，中亚各国平均关税水平较低，属于 WTO 设定的贸易开放国家（除乌兹别克斯坦外），且平均关税水平低于中国。但从关税结构来看，中亚国家关税制度中普遍存在关税高峰①，对本国相应产业提供有效的关税保护。中亚国家参与的区域组织错综复杂，其复杂性主要表现在：一是中亚国家各自参与多个区域贸易一体化组织，在不同程度上给予关税优惠；二是征收各种国内税，对进口产品有歧视性作用。中国尚未与之签订自由贸易协定，因此不能享受广泛的减免税措施，存在贸易转移现象。此外，中亚国家非关税壁垒措施种类繁多，制约了区域内贸易的发展。在清关费用、海关估价等方面还存在较高的贸易壁垒。

3. 中亚各国海关信息化建设的滞后

中亚各国海关信息化建设的滞后，导致中国与中亚国家间海关合作发展也较为滞后，也加大了中国与中亚各国跨境交易的成本。自 2001 年中国海关总署在全国范围内实施"大通关"制度以来，乌鲁木齐海关的信息化建设速度很快，尤其是阿拉山口、霍尔果斯海关基础设施建设逐步完善，信息化程度高于中亚各国。中亚国家海关基础设施建设不足，目前中国海关与中亚国家海关还无法实现电子数据交换和共享。中亚各国的海关制度和规则、海关政策的制定程序普遍具有透明度低、复杂、官僚作风严重等特点；其海关官员更换频繁，海关政策措施经常变动，常令外贸企业无所适从。同时，在哈萨克斯坦，大多数货物海关报关都涉及货物的物理检查，造成清关货物延迟现象时有发生；海关通关时非官方支付很多，这些现象导致通关效率低下，通关成本过高。

4. 中亚国家运输成本高，交通运输便利化是瓶颈

中亚国家的运输成本，尤其是公路运输成本很高，运输时间漫长且无法预计，这部分是由于中亚国家区域的封闭性和远离主要市场的地理区位特点造成的，但更多是因为人为因素造成的。中亚各国大部分现有公路状况比较差，运输途中耗时长，运输成本很高。而公路运输大多由小型和微型企业构成，尚未经过整合成为区域间具有较大规模的运输公司。铁路运输由于中国与中亚国家运输轨距的不同需要在口岸换装，目前主要是在阿拉山口和霍尔果斯口岸，出口由哈方换装，进口由中方换装，而哈方的换装能力远远不能满足中国出口换装的需求，导致中方出口货物积压严重，通关不畅。同时，中亚各国运输业不发达，运输服务市场建设落后，服务质量相对较差。铁路运输和航空运输均由国营公司垄断，市场竞争很有限。

5. 烦琐的检验程序和检验单证要求

首先，在检验检疫标准方面，中亚各国检验检疫标准的制定和变更透明度

---

① 关税高峰是指在总体关税水平较低的情况下少数产品维持的高关税。特定产品的高关税不合理地阻碍了其他国家相关产品的正常出口，构成贸易壁垒。

很低，检验检疫程序复杂且难以理解，中国外贸企业很难获得中亚国家检验检疫标准和程序方面的信息。其次，中亚各国对检验单证的要求多且重复。资料表明，就进口而言，吉尔吉斯斯坦需要单证多达 13 份，哈萨克斯坦需 14 份，乌兹别克斯坦需 11 份（中国是 6 份，德国是 5 份，新加坡是 4 份），过多的检验单证要求增加了进出口企业的检验费用，给企业带来极大不便。最后，中国与中亚国家检验检疫合作水平低。区域内各成员国间技术标准互相认可度低，如中国和吉尔吉斯斯坦的国家检验检疫部门之间目前尚未达成相互承认商检证书的双边协议。

第三节　中国（新疆）与中亚国家贸易发展影响因素与贸易潜力分析

目前，对贸易潜力进行测算的研究方法主要有两种——指数测算分析和引力模型回归。相比来说，引力模型具有操作简易、数据处理过程方便的特点，加之能分析贸易发展影响因素，得到广泛应用。

采用引力模型测算贸易潜力的文献很多。庄丽娟等（2007）运用引力模型估算了广东出口东盟农产品的贸易潜力，对广东农产品出口东盟的影响因素进行了分析[1]。赵丙奇（2007）运用引力模型对东盟五国与八个东盟对话伙伴国相互间的贸易出口潜力进行了测算，实证结果表明进口国的经济总量、空间距离以及变量 APEC 对出口贸易潜力影响最显著[2]。孙林（2008）利用贸易引力模型对农产品贸易潜力进行了测算，分析了中国农产品贸易影响因素[3]。赵雨霖等（2008）运用引力模型得出影响中国与东盟 10 国农产品双边贸易额的主要因素有经济总量、人口、空间距离和制度设计等[4]。帅传敏（2009）采用面板数据，基于引力模型和固定效应假设，分别对中美两国之间以及中美与其主要贸易伙伴之间的农业贸易流量进行了实证分析[5]。赵滁非等（2012）通过竞争力指数及拓展的引力

①　庄丽娟，姜元武，刘娜. 广东省与东盟农产品贸易流量与贸易潜力分析——基于引力模型的研究 [J]. 国际贸易问题，2007（6）：81 – 86.

②　赵丙奇. 东盟与其对话伙伴国贸易潜力的引力模型分析 [J]. 软科学，2007（2）：12 – 15.

③　孙林. 中国农产品贸易流量及潜力测算——基于引力模型的实证分析 [J]. 经济学家，2008（6）：70 – 76.

④　赵雨霖，林光华. 中国与东盟 10 国双边农产品贸易流量与贸易潜力的分析——基于贸易引力模型的研究 [J]. 国际贸易问题，2008（12）：69 – 77.

⑤　帅传敏. 基于引力模型的中美农业贸易潜力分析 [J]. 中国农村经济，2009（7）：48 – 58.

模型对福建省的出口竞争力以及贸易流量和贸易潜力进行分析①。李亚波（2013）采用引力模型计算了中国与智利双边贸易的潜力②。金缀桥等（2015）运用贸易结合度、贸易互补性指数和引力模型对中国与韩国之间的贸易潜力进行了实证分析③。

少数文献通过使用贸易指数的测算来估计贸易潜力。朱晶等（2006）通过分析中国和印度农产品贸易产业间和产业内互补性，揭示两国之间的农产品贸易潜力④。马静等（2009）通过计算相关年份的贸易结合度指数、贸易互补性指数，得出中国与发展中国家的贸易发展存在巨大潜力⑤。杨国川（2010）采用贸易结合度、贸易竞争优势指数、贸易互补性指数和经常市场份额模型等，分析了中国与加拿大之间的贸易互补性和贸易潜力⑥。

而有关中国与中亚五国的贸易潜力测算的研究相对较少，毕燕茹等（2010）运用贸易互补性与引力模型研究了1998～2006年中国与中亚五国贸易潜力测算⑦。王志远（2011）运用传统引力模型对中国与中亚五国贸易关系进行了实证分析⑧。马惠兰等（2014）通过运用引力模型测算了新疆对上合组织其他成员国农产品出口贸易潜力⑨。黄涛等（2015）采用面板数据的引力模型对新疆与中亚的贸易潜力进行了测算⑩。

以上学者通过运用不同方法研究贸易潜力测算为本书提供了很多宝贵的有针对性的建议，也为本书的研究提供了必要的参考。但是，总体来看，目前尚无以关税角度运用引力模型对中国与中亚五国双边贸易影响因素进行数量分析和潜力测算的研究，本书将在此方面进行探索。由于新疆相关数据难以获取，以下主要

---

① 赵涤非，郭鸿琼，陈宴真. 基于引力模型的福建省贸易流量及贸易潜力的实证分析［J］. 福建论坛（人文社会科学版），2012（3）：139-144.

② 李亚波. 中国与智利双边货物贸易的潜力研究——基于引力模型的实证分析［J］. 国际贸易问题，2013（7）：62-69.

③ 金缀桥，杨逢珉. 中韩双边贸易现状及潜力的实证研究［J］. 世界经济研究，2015（1）：81-90，128.

④ 朱晶，陈晓艳. 中印农产品贸易互补性及贸易潜力分析［J］. 国际贸易问题，2006（1）：40-46.

⑤ 马静，马海. 中国与发展中国家的贸易障碍与贸易潜力［J］. 兰州大学学报（社会科学版），2009（6）：118-124.

⑥ 杨国川. 中加贸易互补性及贸易潜力探析［J］. 经济经纬，2010（2）：39-42.

⑦ 毕燕茹，师博. 中国与中亚五国贸易潜力测算及分析——贸易互补性指数与引力模型研究［J］. 亚太经济，2010（3）：47-51.

⑧ 王志远. 中国与中亚五国贸易关系的实证分析［J］. 俄罗斯中亚东欧市场，2011（6）：18-31.

⑨ 马惠兰，李凤，叶雨晴. 中国新疆与上合组织国家农产品贸易潜力研究——基于贸易引力模型的实证分析［J］. 农业技术经济，2014（6）：120-126.

⑩ 黄涛，孙慧，马德. "丝绸之路经济带"背景下新疆与中亚贸易潜力的实证分析——基于面板数据的引力模型［J］. 新疆社会科学，2015（1）：79-85.

分析中国与中亚五国贸易影响因素和贸易潜力。

一、基于引力模型的贸易发展影响因素分析

1. 引力模型的构建

引力模型起源于物理学中牛顿的"引力定理"，后被修正改进应用于国际贸易领域，是学术界研究探析影响贸易相关因素的重要手段。学术界最早将引力模型运用到国际贸易范畴的是 Tin Bergen[①] 和 Poyhonen[②]，他们认为两国或两地区之间的双边贸易总流量与两国之间的国内生产总值成正向关系、与两国之间的空间距离成反向关系。贸易引力模型的基本形式是：

$$X_{ij} = A(Y_i Y_j)/D_{ij}$$

其中，X_{ij} 表示 i 国家对 j 国家的出口额，A 表示常数项，Y_i 表示 i 国国内生产总值，Y_j 表示 j 国国内生产总值，D_{ij} 表示 i 国和 j 国空间距离，一般用两国首都距离或者经济重心距离来衡量。模型两边取自然对数将模型非线性转化为线性形式。

本书通过构建引力模型对 1998～2012 年中国对中亚五国的出口贸易流量及双边贸易流量的面板数据进行回归测算，以中国、哈萨克斯坦、吉尔吉斯斯坦、塔吉克斯坦、乌兹别克斯坦和土库曼斯坦六个国家为样本对象。相关分析变量的解释说明如表 6 – 14 所示。

表 6 – 14　引力模型解释变量说明

变量	变量说明	预期符号	理论分析	数据来源
EX_{ij}	中国对中亚五国的贸易出口额（百万美元）		出口额增大说明中国对中亚五国贸易出口前景看好	世界银行网站
T_{ij}	中国与中亚五国双边贸易总量（百万美元）		贸易总量增大说明中国对中亚五国贸易总量前景看好	世界银行网站
Y_i	中国按不变价计算的国内生产总值（百万美元）	+	中国的经济发展水平越高，则经济总量越大，与双边总贸易和分类产品贸易流量正相关	世界银行网站
Y_j	中亚五国按不变价计算的国内生产总值（百万美元）	+	中亚五国的经济发展水平越高，则经济总量越大，与双边总贸易和分类产品贸易流量正相关	世界银行网站

① J. Tin Bergen. Shaping the World Economy [M]. New York: Twentieth Century Fund, 1962.

② P. A. Poyhonen. Tentative Model of the Volume of Trade between Countries [J]. Weltwirtschaftliches Archiv, 1963.

续表

变量	变量说明	预期符号	理论分析	数据来源
P_i	中国人口总数（百万）	+（-）	中国人口增加能提高供给能力，与贸易额成正比；中国人口增加，当地市场扩大，对外贸易机会减少，减少贸易额	世界银行网站
P_j	中亚五国人口总数（百万）	+（-）	中亚五国人口增加会增加购买力，导致国内需求增加，提高需求能力，从而扩大进口量，与贸易成正比；中亚五国人口增加导致国内生产代替国外产品，减少贸易机会，与贸易额变化成反比	世界银行网站
D_{ij}	两国之间的距离（千米）	-	代表运输成本的大小，是阻碍双边贸易的主要因素	http：//www. chemical - ecology. net/java/lat - long. htm
TR	关税税率	-	关税税率水平越高，越限制双边贸易规模	世界银行的 WITS 数据库
SCO	虚拟变量，两国是否同为上海合作组织成员国	+	组建上海合作组织，借助于贸易协调机制以及贸易创造效应，促进双边总贸易流量的上升	上海合作组织网站
WTO	虚拟变量，两国是否同属 WTO	+	两国同属世贸组织成员，贸易壁垒减少，促进双边贸易量	WTO 官方网站
A_{ij}	虚拟变量，两国是否拥有共同边界	+	贸易双方拥有共同边界将降低贸易成本，促进双边贸易流量增加	Goole 地图

依据本书研究的目标设计，通过引入虚拟变量，得到扩展的引力模型。

$$\ln EX_{ij} = \alpha_0 + \alpha_1 \ln Y_i + \alpha_2 \ln Y_j + \alpha_3 \ln P_i + \alpha_4 \ln P_j + \alpha_5 D_{ij} + \alpha_6 \ln TR + \alpha_7 SCO +$$
$$\alpha_8 WTO + \alpha_9 \alpha_{ij} + u_{ij} \tag{6-1}$$

采用最小二乘法，使用 EViews6.0 软件对数据进行多元线性回归，回归结果如表 6 – 15 所示，表中方程（3）数据是对所有变量回归的结果，通过对模型的不断调整，逐个删除不显著的变量，直至所有变量达到显著为止，最终得到表 6 – 15 中方程（5）最理想的回归结果。可知方程（5）中所有变量达到显著。根据回归结果，采用扩展的引力回归模型（6 – 1）作为测算中国与中亚五国贸易潜力的方程。

$$\ln EX_{ij} = 31.83 + 0.93 \ln Y_i + 2.07 \ln Y_j - 4.09 D_{ij} - 0.25 \ln TR + 0.60 SCO + u_{ij}$$
$$\tag{6-2}$$

该方程写成如下形式：

$$EX_{ij} = e^{31.83 + 0.60sco} Y_i^{0.93} Y_j^{2.07} D_{ij}^{-4.09} TR^{-0.25} \qquad (6-3)$$

该函数表明：其他条件不变的基础上，中国的 GDP 每增加 1%，则出口于中亚国家的贸易额将增加 0.93%；同样中亚国家的 GDP 每增加 1%，则中国出口于该国的贸易额将会增加 2.07%；而中国与中亚国家的空间距离每增加 1%，中国对其出口将降低 4.09%；中国与中亚五国的关税税率每增加 1%，出口将降低 0.25%，上合组织使中国对中亚国家的出口额平均增加 0.60%。

表 6-15　中国与中亚五国出口贸易引力模型实证结果

解释变量	方程（3）	方程（4）	方程（5）
C	94.19	59.82	31.83
	(5.45)***	(6.94)***	(5.08)***
lnY^i	0.68	0.64	0.93
	(7.34)***	(7.82)***	(14.95)***
lnY^j	3.26	3.88	2.07
	(5.31)***	(6.73)***	(5.08)***
lnP^i	-6.12	-0.25	—
	(-2.00)*	(0.89)	
lnP^j	-0.81	-0.19	—
	(-2.83)**	(-1.42)	
lnD^{ij}	-11.06	-7.09	-4.09
	(-5.06)***	(-7.06)***	(-5.59)**
$lnTR$	-0.03	-0.06	-0.25
	0.51	(-8.12)***	(-7.79)***
SCO	-0.83	—	0.60
	(0.05)		(2.63)*
WTO	-0.73	—	—
	(0.06)		
A_{ij}	-0.87	—	—
	(0.02)		
R^2	0.756	0.768	0.793
AdjustedR^2	0.741	0.758	0.791
F-statistic	46.81	46.80	49.70

注：①括号内为 t 统计值；②*** 表示 p<1%，** 表示 p<5%，* 表示 p<10%。

此外，同样通过构建引力模型对 1998～2012 年中国对中亚五国的双边贸易总额的面板数据进行回归测算，以中国、哈萨克斯坦、吉尔吉斯斯坦、塔吉克斯坦、乌兹别克斯坦和土库曼斯坦六个国家为样本数据，采用最小二乘法，通过对模型不显著变量不断地删除与调整，得到最终较为合理的扩展回归模型（6 - 4），限于篇幅，具体变量回归筛选过程不再赘述。

$$\ln T_{ij} = 26.21 + 1.18\ln Y_i + 1.73\ln Y_j - 0.21 D_{ij} - 3.67\ln TR +$$
$$(4.76^{***})(21.56^{***})(4.81^{***})(-7.382^{***})(-5.694^{***})$$
$$0.85 SCO + u_{ij}$$
$$(4.230^{***}) \tag{6-4}$$

$R^2 = 0.820$，Ajusted $R^2 = 0.809$，F - statistic 为 76.781，Prob.（F - statistic）为 0.000000。

该函数表明：其他条件不变的基础上，中国的 GDP 每增加 1%，则中国对中亚国家的出口额将增加 1.18%；而中亚国家的 GDP 每增加 1%，则中国对其出口额将增加 1.73%；中国与中亚国家的空间距离每增加 1%，中国对其出口将降低 0.21%；中国与中亚五国关税税率每增加 1%，双边贸易总额将降低 3.67%，上合组织使双边贸易总额平均增加 0.85%。

2. 影响因素分析

通过中国对中亚五国的出口贸易及双边贸易总额引力模型进行探究，可得出以下结论：

第一，GDP 对出口及双边贸易额有显著影响，其中中亚五国 GDP 相比中国 GDP 对出口额及双边贸易额的促进作用要更显著些，中亚五国的 GDP 每增加 1%，将使中国对中亚五国的出口贸易额增加 2.07%，双边贸易总额提升 1.73%。

第二，模型显示距离对中国与中亚国家的出口及双边贸易总额影响非常显著，其中中国对中亚五国的出口贸易阻碍作用更为强烈，为 4.09%。不考虑变量 GDP，距离能够很好地解释中亚五国与中国的贸易差异，乌兹别克斯坦、土库曼斯坦两国与中国的空间距离最远，无共同边界，相比其他三国贸易成本较高，故双边贸易额波动幅度大，贸易总额较少。整体来说，加快中国与中亚五国互联互通建设有助于双边经贸合作的发展。

第三，由模型的回归结果看，中国与中亚五国的关税税率水平对出口和双边贸易总额起到一定的阻碍作用，其中对双边贸易总额的阻碍作用更为强烈，为 3.67%，故推进上合组织框架下中国—中亚自由贸易区的建立，加快区域一体化的进程有利于促进中国对中亚国家的双边贸易。

第四，由回归结果来看，SCO 变量显著，说明上合组织对推进中国与中亚国家的出口贸易及双边贸易总量有积极的影响，积极发挥上合组织对中国与中亚五国经贸合作领域的作用，加快上合自贸区的建立，再加上中国与中亚五国经济互补性强，将会成为中国对外贸易增长的新方向。

二、基于恒定市场份额模型的贸易波动影响因素研究

1. 恒定市场份额模型原理

恒定市场份额模型（Constant Market Share Model，CMS 模型）是用于分析贸易竞争力和出口增长成因的研究工具，其独到之处是把结构因素作为增长的一个独立变量从其他因素中分离出来并量化。Tyszynski（1951）提出传统的恒定市场份额模型[①]，经过许多研究者对经典模型进行了扩展和完善。该模型能够衡量不同因素对产品出口增长的影响程度，反映一个产业的国际竞争力。因此，本书选取拓展后的恒定市场份额模型进行分析。

传统 CMS 模型是将出口贸易增长分解为结构效应和竞争力效应，其核心假设是：若一国出口竞争力保持不变，则该国在世界市场中的出口份额保持不变，CMS 模型的作用在于分解并量化一国贸易模式及其他因素对贸易绩效的贡献，并可以揭示出一国出口贸易的国际竞争力水平。

恒定市场份额模型的基本表述为：

$$\Delta Q = \sum_i p_i(0)\Delta q_i + \sum_i \Delta p_i \Delta q_i(0) + \sum_i \Delta p_i \Delta q_i \qquad (6-5)$$

其中，ΔQ 表示 t 时期出口国对进口国的出口总额变化，$q_i(0)$ 表示基期进口国 i 类商品的进口总额，Δq_i 表示在 t 时期进口国 i 类产品的进口变化，$p_i(0)$ 表示基期出口国在进口国 i 类产品进口总额中所占的份额，Δp_i 表示 t 时期出口国在进口国 i 类产品进口总额中所占份额的变化。$\sum_i p_i(0)\Delta q_i$ 称为结构效应/进口需求效应，即因进口国产品进口规模及结构变化而导致出口国的出口变化；$\sum_i \Delta p_i \Delta q_i(0)$ 称为出口竞争力效应，它反映了出口国产品出口结构变化而导致的出口变化，该值大于零表示出口国竞争力在出口国市场上提高了；$\sum_i \Delta p_i \Delta q_i$ 称为次结构效应/结构交叉效应，它反映了出口国产品结构与进口国产品进口结构的交叉变化而导致出口国的出口变化。

扩展模型主要是基于变量选择的不同以及分解层次的不同而构造的，其中比较完善、最具代表性的是 Jepma（1986）提出的改进的扩展模型[②]。Jepma 扩展

---

① Tyszynski M . World Trade in Manufacturing Commodities 1899 – 1950 [J]. Manchester School of Economic and Social Studies, 1951 (19): 272 – 304.

② Jempa C. J. Extensions and Application Possibilities of the Constant Market Analysis: The Case of the Developing Countries' ex Ports [M]. Groringen: University of Groningen, 1986.

模型对出口增长的分解分为两个层次，构建模型如下：

第一层次分解如式（6-5），将式（6-5）转换得到式（6-6）：

$$\Delta Q = p(0)\Delta q + \left[\sum_i p_i(0)\Delta q_i - p(0)\Delta q\right] + q(0)\Delta p + \left[\sum_i p_i(0)\Delta q_i - q(0)\Delta p\right] + \left[\frac{q(t)}{q(0)-1}\right]\sum_i p_i(0)\Delta q_i + \left\{\sum_i \Delta p_i \Delta q_i - \left[\frac{q(t)}{q(0)-1}\right]\sum_i \Delta p_i \Delta q_i\right\}$$

$$(6-6)$$

其中，$q(0)$ 表示基期进口国的进口额，$p(0)$ 表示基期出口国在进口国进口总额中所占的份额，Δq 表示进口国两个时期内的进口额变化。根据式（6-6），上述三种出口变化效应可以进行二次分解，即结构效应/进口需求效应可进一步分解为需求规模效应（$p(0)\Delta q$）和需求结构效应（$\sum_i p_i(0)\Delta q_i - p(0)\Delta q$），前者反映因进口国进口需求规模变动引起的出口国出口变化，后者则反映因进口国进口结构变动引起的出口国出口变化；出口竞争力效应可以分解为综合竞争力效应（$q(0)\Delta p$）和产品竞争力效应（$\sum_i p_i \Delta q_i(0) - q(0)\Delta p$），前者反映因出口国对进口国的出口占进口国进口总额的比重变化而导致的出口变化，后者则反映因出口国对进口国的产品出口占进口国进口总额的比重变化而导致的出口变化；次结构效应/结构交叉效应可以分解为净交叉效应（$\left[\frac{q(t)}{q(0)-1}\right]\sum_i p_i \Delta q_i(0)$）和动态交叉效应（$\left\{\sum_i \Delta p_i \Delta q_i - \left[\frac{q(t)}{q(0)-1}\right]\sum_i \Delta p_i \Delta q_i(0)\right\}$），前者表示出口国出口结构与世界进口规模的交叉变化而导致出口国的出口变化，若 $\left[\frac{q(t)}{q(0)-1}\right]\sum_i \Delta p_i \Delta q_i(0)$，则表明出口国出口结构变化能适应进口国进口规模的变化；后者表明出口国出口结构与进口国进口结构的交叉变化而导致出口国的出口变化，若 $\left\{\sum_i \Delta p_i \Delta q_i - \left[\frac{q(t)}{q(0)-1}\right]\sum_i \Delta p_i \Delta q_i(0)\right\} > 0$，则表示出口国对进口国的进口需求增长较快的产品具有较高的出口市场份额。Jepma 模型的因素分解如表6-16所示。

表6-16 Jepma 模型的因素分解

第一层分解	
结构效应 $\sum_i p_i(0)\Delta q_i$	假定出口国在所有目标市场中的出口份额不变，由于目标市场进口规模及结构变化而导致出口国的出口变化

出口竞争力效应 $\sum_i \Delta p_i \Delta q_i(0)$	由于出口国竞争力的变动而导致的一国出口额的变化。它反映了一国能否在所有目标市场中的所有商品上保持其出口份额
次结构效应 $\sum_i \Delta p_i \Delta q_i$	由于出口国出口结构的变动与目标市场进口规模及结构变化的交叉作用而导致的一国出口额的变化
第二层分解	
需求规模效应 $p(0)\Delta q$	反映因进口国进口需求规模变动引起的出口国出口变化
需求结构效应 $\sum_i p_i(0)\Delta q_i - p(0)\Delta q$	因进口国进口结构变动引起的出口国出口变化
综合竞争力效应 $q(0)\Delta p$	因出口国对进口国的出口占进口国进口总额的比重变化而导致的出口变化
产品竞争力效应 $\sum_i p_i \Delta q_i(0) - q(0)\Delta p$	因出口国对进口国的产品出口占进口国进口总额的比重变化而导致的出口变化
净交叉效应 $\left[\dfrac{q(t)}{q(0)}-1\right]\sum_i p_i \Delta q_i(0)$	出口国出口结构与世界进口规模的交叉变化而导致出口国的出口变化
动态交叉效应 $\left\{\sum_i \Delta p_i \Delta q_i - \left[\dfrac{q(t)}{q(0)}-1\right]\sum_i \Delta p_i \Delta q_i(0)\right\}$	出口国出口结构与进口国进口结构的交叉变化而导致出口国的出口变化

2. 中国对中亚五国的恒定市场份额模型实证结果分析

本书采用扩展的 CMS 模型，研究样本为中国、哈萨克斯坦、吉尔吉斯斯坦、塔吉克斯坦、乌兹别克斯坦、土库曼斯坦。为了更大程度地揭示出中国在该区域的出口贸易竞争力，假设中亚五国是一个相对封闭的市场，在模型中不考虑中亚五国之外的贸易情况，而仅关注中亚五国内部的贸易变动状况，根据中国对外贸易的发展阶段和数据获得的年限，分成 2001 ~ 2007 年和 2008 ~ 2014 年两个不同的时期进行分析。由于数据可获得性，本书选取中国对中亚五国出口中的主要国家哈萨克斯坦和吉尔吉斯斯坦分别分析结构效应、需求规模效应、需求结构效应、出口竞争力效应、综合竞争力效应、产品竞争力效应等（见表6 - 17）。

表 6 – 17　中国与哈萨克斯坦、吉尔吉斯斯坦的 CMS 模型分析结果

单位：亿美元,%

	哈萨克斯坦				吉尔吉斯斯坦			
	2001~2007 年		2008~2014 年		2001~2007 年		2008~2014 年	
	绝对额	比重	绝对额	比重	绝对额	比重	绝对额	比重
实际贸易增长	10.80	100	16.45	100	0.54	100	3.72	100
结构效应	2.62	24.28	4.56	27.71	0.41	75.44	2.43	65.26
需求规模效应	2.91	26.95	3.86	23.49	0.67	122.19	1.80	48.3
需求结构效应	-0.29	-2.67	0.70	4.23	-0.25	-46.76	0.63	16.95
出口竞争力效应	2.99	27.68	6.86	41.74	0.03	4.63	0.71	19.01
综合竞争力效应	2.93	27.14	10.48	63.73	-0.05	-9.36	1.12	29.87
产品竞争力效应	0.06	0.54	-3.62	-21.99	0.08	13.99	-0.40	-10.8
次结构效应	5.19	48.04	5.02	30.55	0.11	19.93	0.59	15.73
净交叉效应	5.06	46.83	1.38	8.38	0.04	6.35	0.52	13.89
动态交叉效应	0.13	1.21	3.65	22.17	0.07	13.59	0.07	1.84

资料来源：根据 UNCOMTRADE 数据库整理而得。

（1）哈萨克斯坦。从表 6 – 17 可以看出，中国对哈萨克斯坦出口 2007 年比 2001 年增加了 10.8 亿美元，2001~2007 年结构效应贡献率为 24.28%（绝对额为 2.62 亿美元），需求规模效应的贡献率为 26.95%（绝对额为 2.91 亿美元），需求结构效应的贡献率为 -2.67%（绝对额为 -0.29 亿美元）；而中国对哈萨克斯坦出口 2014 年比 2008 年增长 16.45 亿美元，2008~2014 年结构效应贡献率 27.71%（绝对额为 4.56 亿美元），需求规模效应的贡献率为 23.49%（绝对额为 3.86 亿美元），需求结构效应的贡献率为 4.23%（绝对额为 0.7 亿美元），表明后一时期哈萨克斯坦对中国商品进口需求规模呈现出扩大趋势，增加出口 0.7 亿美元，表明这个时期中国商品在一定程度上更加适应哈萨克斯坦市场的需求。

对于出口竞争力而言，2001~2007 年和 2008~2014 年两个时期出口竞争力效应贡献率分别为 27.68% 和 41.74%，绝对额分别为 2.99 亿美元和 6.86 亿美元，均大于 0，说明中国出口产品在哈萨克斯坦市场有竞争力且呈上升趋势，中国优势产品出口规模的扩大促进中国对哈萨克斯坦的贸易。

次结构效应的贡献率在两个时期分别为 48.04% 和 30.55%，这表明中国出口结构适应哈萨克斯坦进口需求的市场变化。净交叉效应和动态交叉效应均大于 0，表明中国出口结构变化能适应哈萨克斯坦进口规模的变化，且进口需求增长较快的产品具有较高的出口市场份额。

（2）吉尔吉斯斯坦。从表 6 - 17 可以看出，中国对吉尔吉斯斯坦出口 2007 年比 2001 年增长 0.54 亿美元，2001 ~ 2007 年结构效应贡献率为 75.44%（绝对额为 0.41 亿美元），需求规模效应的贡献率为 122.19%（绝对额为 0.67 亿美元），需求结构效应的贡献率为 -46.76%（绝对额为 -0.25 亿美元）；对吉尔吉斯斯坦出口 2014 年比 2008 年增长 3.72 亿美元，2008 ~ 2014 年结构效应贡献率为 65.26%（绝对额为 2.43 亿美元），需求规模效应的贡献率为 48.3%（绝对额为 1.8 亿美元），需求结构效应的贡献率为 16.95%（绝对额为 0.63 亿美元），表明后一时期吉尔吉斯斯坦对中国的商品进口需求规模呈现出扩大的趋势，增加出口 0.63 亿美元，表明这个时期中国商品在一定程度上更加适应吉尔吉斯斯坦的市场需求。

对出口竞争力而言，2001 ~ 2007 年和 2008 ~ 2014 年两个时期出口竞争力效应贡献率分别为 4.63% 和 19.01%，绝对额分别为 0.03 亿美元和 0.71 亿美元，均大于 0，说明中国出口产品在吉尔吉斯斯坦市场有竞争力且呈上升趋势，中国优势产品出口规模的扩大促进了中国对吉尔吉斯斯坦的贸易。

次结构效应贡献率在两个时期分别为 19.93% 和 15.73%，表明中国出口结构适应吉尔吉斯斯坦进口需求的市场变化。净交叉效应和动态交叉效应均大于 0，表明中国出口结构变化能适应吉尔吉斯斯坦进口规模的变化，且进口需求增长较快的产品具有较高的出口市场份额。

三、双边贸易潜力的数量测算与比较

1. 基于贸易结合度的双边贸易潜力分析

本书用贸易结合度指数 TI 来衡量中国与中亚五国贸易相互依存度和互补性。TI 计算公式为：

$$TI_{ab} = (T_{ab}/X_a)/(M_b/M_w)$$

其中，T_{ab} 表示 a 国对 b 国的出口额，X_a 表示 a 国的出口总额，M_b 表示 b 国的进口总额，M_w 表示世界进口总额。如果 $TI_{ab} > 1$，则表明 a、b 两国贸易互补性较强，相互依存度高；如果 $TI_{ab} < 1$，则表明两国贸易互补性和相互依存度较弱。

表 6 - 18 显示，总体来看，除了塔吉克斯坦和乌兹别克斯坦对中国三年平均的贸易结合度指数小于 1，其中塔吉克斯坦对中国的贸易结合度指数三年均小于 1 以外，整体来说中国与中亚五国贸易方面的联系紧密，相互依赖程度较高。

从中国来看，中国与中亚五国间的贸易结合度指数都大于 1，说明中国对五国市场的贸易具有较高的依赖性。其中，对吉尔吉斯斯坦的贸易结合度指数最大，三年的平均值达到 14.49，三年均高于其他四国。而中国对哈萨克斯坦的贸易结合度指数变化不大，基本稳定在 2.67 左右，说明中国对哈萨克斯坦的贸易

依赖程度比较稳定。从五国方面来看，五国对中国的贸易结合度指数明显小于中国对五国，说明中国对五国市场的贸易依赖程度要远远大于五国对中国市场的依赖程度。其中，哈萨克斯坦对中国的贸易结合度指数比较稳定，基本稳定在 1.72 左右，说明哈萨克斯坦对中国的贸易依赖程度比较稳定。

表 6-18　中国与中亚五国间的贸易结合度指数（TI）

年份	中对哈	中对吉	中对塔	中对土	中对乌	哈对中	吉对中	塔对中	土对中	乌对中
2004	2.79	8.40	0.72	0.43	0.73	1.94	2.59	0.29	0.06	1.42
2008	3.00	26.21	5.24	1.63	1.52	1.59	0.96	0.21	0.03	0.42
2012	2.22	8.57	4.20	1.09	1.47	1.62	0.48	0.82	4.11	0.77
平均	2.67	14.39	3.39	1.05	1.24	1.72	1.34	0.44	1.40	0.87

资料来源：由亚洲开发银行（http：//www. adb. org/statistics）、世界贸易组织（WTO）（http：//www. wto. org/）以及中国国家统计局官方网站（http：//data. stats. gov. cn/）计算得出。

　　总之，中国与中亚五国互补关系较强。从资源禀赋角度看，中亚五国具有较丰富的能源储量，哈萨克斯坦、土库曼斯坦和乌兹别克斯坦的石化能源储量分别为 269 亿吨油当量、3.3 亿吨油当量和 44.1 亿吨油当量。而土库曼斯坦和乌兹别克斯坦的水电发电量潜力巨大，年发电量相当于 1400 万吨油当量和 2730 万吨油当量[①]。2013 年，中国石油对外依存度已经高达 60%，对原油的进口已经达到 27103 万吨，伴随高速发展的汽车工业，中国需进口大量的液体燃料。从市场来看，1993 年中国已从净石油出口国转为净石油进口国。而中亚地区地缘优势明显，未来中国需从中亚地区进口大量石油和天然气。中国生产的家电和日用消费品在中亚具有巨大的市场，中亚国家倚重于农业和能源产业，资金短缺技术水平落后，中国可以向中亚五国输送资金与技术。中国和中亚五国较强的互补关系，使得两者经贸合作蕴藏着巨大的潜力。

　　2. 基于贸易引力模型的双边贸易潜力分析

　　贸易引力模型模拟值的一个重要应用就是可通过其与实际贸易额进行比较来估算国与国之间的贸易潜力。本书根据回归结果中的参数估计值（见表 6-15），计算了 1998~2012 年中国对样本区域的双边贸易估算额，最后计算出国家间双边贸易潜力的实现比例，即通过已经实现的双边贸易额与模型模拟估算的双边贸易额之间的比值来判定。当比值大于 1 时，表明国家间双边贸易处于"潜力再造型"状态，此时要拓展新的贸易增长点方可使双边贸易上一个新台阶。而且在该

――――――――――

　　① 文云朝. 中亚地缘政治与新疆开放开发［M］. 北京：地质出版社，2002：86-96.

种状态下易实施贸易保护策略，比值越高，贸易保护发生的可能性就越大；当比值等于 1 时，表明双边贸易处于最优状态；当比值小于 1 时，表明双边贸易处于"潜力巨大型"状态，此时国家间的贸易还有很大的市场空间可以挖掘，市场还未处于饱和状态，比值越低，则表明可挖掘的潜在市场空间越大。本书选取 2007～2012 年为样本年限来测算中国与中亚五国双边贸易潜力实现比例（见表 6 – 19）。

表 6 – 19　2007～2012 年中国与中亚五国的双边贸易潜力实现比例

年份	2007	2008	2009	2010	2011	2012
哈萨克斯坦	0.27	0.74	0.58	0.85	1.03	2.41
	潜力巨大	潜力巨大	潜力巨大	潜力巨大	潜力再造	潜力再造
吉尔吉斯斯坦	0.05	0.58	4.53	1.24	1.48	1.55
	潜力巨大	潜力巨大	潜力再造	潜力再造	潜力再造	潜力再造
塔吉克斯坦	0.41	0.28	0.27	0.34	2.73	2.31
	潜力巨大	潜力巨大	潜力巨大	潜力巨大	潜力再造	潜力再造
土库曼斯坦	0.46	1.16	1.29	0.71	1	2.06
	潜力巨大	潜力再造	潜力再造	潜力巨大	潜力理想	潜力再造
乌兹别克斯坦	0.52	0.84	1.03	0.75	0.83	0.83
	潜力巨大	潜力巨大	潜力再造	潜力巨大	潜力巨大	潜力巨大

资料来源：由亚洲开发银行（http://www.adb.org/statistics）、世界贸易组织（WTO）（http://www.wto.org/）以及中国国家统计局官方网站（http://data.stats.gov.cn/）计算得出。

可以看出，中国同哈萨克斯坦的贸易潜力在 2010 年前都属于贸易潜力巨大型，此后贸易潜力逐渐缩小，而 2012 年随着俄罗斯加入世界贸易组织（WTO），俄白哈关税同盟对外统一关税降低，俄白哈关税同盟对中哈出口的抑制作用减弱，主要由于 2011 年俄罗斯签署 WTO 贸易协定，关税由 2011 年的 10% 平均降至 2012 年的 7.8%。工业品进口关税也由 2011 年的 9.5% 平均降至 2012 年的 7.3%，而 1/3 的商品在俄罗斯加入 WTO 后无过渡期。俄罗斯加入 WTO，以俄罗斯签署的加入 WTO 协定关税为上限逐步下调，所以导致中哈出口贸易流量猛增（由 2011 年的 50.08 亿美元增至 2012 年的 121.02 亿美元，增幅高达 141.7%，而 2007～2011 年最大增幅仅为 26.32%），虽然中哈进口贸易流量有略微下降（由 2011 年的 158.66 降至 2012 年的 133.15 亿美元，降低 16.08%），但中哈双边贸易总额增幅达 21.76%。故 2012 年中哈双边贸易实际值要远大于预测值。但随着 2012 年 4 月 18 日中哈霍尔果斯国际边境合作中心的正式运营，将以试验区的身份为未来建立上合组织中亚自贸区提供参考借鉴，标志着中哈两国经贸合作迈上一个新台阶，因此中国与哈萨克斯坦经贸合作仍具有较大的发展潜力。

中国与吉尔吉斯斯坦的贸易潜力在 2009 年前属于潜力巨大型，此后贸易潜力缩小。2009 年，中国跃升为吉尔吉斯斯坦第一大进口贸易伙伴，中吉出口贸易额从 2008 年的 7.28 亿美元飙升至 2009 年的 57.5 亿美元，增加了将近 7 倍，而中吉进口贸易额却无太大变化，从 0.44 亿美元微降至 0.43 亿美元，故中吉双边贸易实际值远远大于预测值。虽然吉尔吉斯斯坦相比中亚五国经济规模小，但吉尔吉斯斯坦地理位置优势明显，贯通中亚地区南北关系，可发展成为未来中亚的物流中心，通过中国与中亚互联互通建设，畅通中吉交通运输网络，加强物流运输功能，就可占据中亚腹地一定的市场，因此中国与吉尔吉斯斯坦双边贸易前景依然广阔。

中国与塔吉克斯坦的贸易潜力在 2011 年以前处于潜力巨大型，在 2011 年以后属于潜力再造型，相比于 2010 年，2011 年中塔双边贸易额增加了 2.3 倍，主要由于中塔出口额由 2010 年的 2.38 亿美元跃升至 2011 年的 21.96 亿美元，增加了 8.3 倍，故中塔双边贸易实际值远大于预测值。但随着 2013 年 5 月 24 日，塔吉克斯坦总统埃莫马利·拉赫蒙访华，签署了包括建立战略伙伴关系联合宣言在内的一系列协议，拉赫蒙提议起草并通过两国 2014～2019 年的合作纲领，以便将双边关系推进至战略水平，塔吉克斯坦经贸重心转向中国[1]。因此，中国与塔吉克斯坦贸易发展趋势看好。

中国与土库曼斯坦双边贸易潜力波动较大，在 2007 年属于贸易潜力巨大型，此后两年贸易潜力缩小，到 2010 年又属于贸易潜力巨大型，在 2011 年贸易处于理论合理状态，而 2012 年中国对土库曼斯坦出口贸易流量相比 2011 年增幅高达 116.3%，进口增幅高达 70.93%，高于以往年份，故实际值远大于估计值。2013 年 9 月 4 日，中国国家主席习近平和土库曼斯坦总统别尔德穆哈梅多夫在阿什哈巴德签署了《中华人民共和国和土库曼斯坦关于建立战略伙伴关系的联合宣言》，表示双方一致决定将两国关系提升至战略伙伴关系水平，双方将充分发挥中土合作委员会及其分委会的重要作用，加强经济社会发展政策的沟通与协调，发挥互补优势，充实合作内涵，提升合作水平，相信未来中土经贸合作潜力仍然看好[2]。

中国与乌兹别克斯坦的出口贸易潜力除了在 2009 年处在理论合理的水平以外，其他年份均处于贸易潜力巨大型，说明中国对乌兹别克斯坦贸易还未发挥到

---

①　新华网，http://news.xinhuanet.com/2013-05/24/c_124758848.htm.

②　新华网，http://news.xinhuanet.com/world/2013-09/04/c_117214889.htm.

最大空间，还有很大的市场可以开发。目前，中乌经贸合作存在的主要问题有：一是两国交通不畅，主要是高额的交通费用和落后的交通运输网线。中乌货物运输多凭铁路运输，而又必须通过哈萨克斯坦借道运输，由于烦琐的转运手续及人为操作的原因，造成货物运输通关慢，有时会造成挤压，影响双边贸易流量，因此会使得客商在此道运输的意愿下降。故为进一步促进中乌贸易迈上新台阶，中吉乌铁路的修建迫在眉睫。二是两国产业结构相近。乌兹别克斯坦和中国新疆具有相似的自然条件、气候和纬度，使得物产大同小异，致使产业结构趋同，如乌兹别克斯坦和中国新疆都盛产棉花而享有盛名，产量较高。为促使中乌经贸发展必须探寻新的贸易增长点。三是投资环境亟待改善。在美国传统基金会与《华尔街日报》共同发布的 2010 年度经济自由度指数，对全球 179 个国家进行排名，乌兹别克斯坦以 47.5 分排名全球第 158 位，而低于 50 分属于"完全不自由"国家①。

　　总之，由于近几年中国与中亚五国经贸合作更加紧密，合作领域更加广泛，中国对其出口贸易额出现井喷式发展，使得近年来贸易潜力接近饱和（除乌兹别克斯坦以外），但是中亚五国位于欧亚大陆的结合部，是建设"丝绸之路经济带"的重要通道和核心区域，能矿资源非常丰富，与中国经济结构具有明显互补性，在中国力推"向西开放"战略、建设"丝绸之路经济带"的大环境新背景下，相信中国与中亚五国的经贸合作潜力会在理论分析的基础上再上一个新的台阶。

第四节　中国（新疆）与中亚国家贸易发展与贸易便利化提升对策

　　中亚国家间贸易便利化有利于提升中国与中亚国家的贸易发展水平与规模。中国与中亚国家在资源禀赋、产业结构、市场需求等方面有较强的互补性，经贸合作的潜力巨大。通过对中国与中亚五国双边贸易的潜力测算和比较发现②：中国与哈萨克斯坦、塔吉克斯坦、吉尔吉斯斯坦、土库曼斯坦双边贸易在 2010 年后处于"潜力再造型"状态，中国与乌兹别克斯坦双边贸易处于"潜力巨大

---

　　① 中华人民共和国驻乌兹别克斯坦共和国大使馆经济商务参赞处［EB/OL］．http：//uz. mofcom. gov. cn/aarticle/jmxw/201001/20100106756651. html.
　　② 高志刚，刘伟．"一带"背景下中国与中亚五国贸易潜力测算及前景展望［J］．山东大学学报（哲学社会科学版），2015（5）：24－34.

型"。从数据中我们不难发现，中国与中亚国家的贸易空间仍然很大。促进中国与中亚国家间的贸易自由化与贸易便利化，尤其是提高过境运输和海关合作对扩大双方贸易流量和贸易规模具有重要影响。

一、优化贸易方式和贸易结构

1. 优化贸易方式

中国企业要满足中亚国家市场的"本土化"研发，在中亚国家设立各种贸易平台和展销平台，建立分销渠道和售后服务网络，以分销网络带动贸易发展；进一步增强中国企业的跨国经营能力，完善企业价值链，促进中国外贸企业升级；加大对中小外贸企业金融支持和信息服务。

2. 优化贸易结构

随着中国与中亚国家经贸关系的发展，中国对中亚国家出口中，低附加值商品占总贸易量的比重过大的状况并没有根本改变，应增加装备制造、电子、高新科技等高附加值产品出口产值，优化出口产品结构，提高产品竞争力，进而带动边境贸易市场结构和贸易方式结构的转型升级，优化对中亚国家的出口贸易结构。此外，充分利用中国农业技术、工程技术、信息技术、教育水平、对外工程承包和资金等方面的优势条件，加快发展农业技术、工程技术、信息技术、教育、劳务、金融等服务型贸易。

二、进一步推进上海合作组织和 CAREC 机制下的贸易便利化合作

在上合组织、CAREC、中国—亚欧博览会等重要组织和平台的基础上，落实中国与中亚国家各项合作协议，加快推进"丝绸之路经济带"贸易投资便利化，在上海合作组织和 CAREC 的双轮驱动下，继续推动中国与中亚国家贸易和投资便利化进程。一是通过积极参与中亚经济合作组织的八国海关联盟来积极推动区域内的海关合作。二是通过上海合作组织和 CAREC 合作机制的多边沟通机制积极推动区域内的贸易便利化建设。推动中亚国家建立简单、透明、较低且相对一致的关税结构，并通过减少腐败、加强管理来实现贸易自由化。推动中亚国家消除非关税壁垒，并加快其国内运输基础设施，尤其是公路基础设施建设，大力发展物流业，以降低跨境交易成本，扩大区域内的贸易规模。三是与中亚国家建立多层次的交流沟通机制，促进区域内贸易便利化。如建立中央政府层面、自治区地方政府层面和海关、商检及口岸管理等职能部门层面等多层面的沟通交流机制。

三、创新区域贸易合作模式

（1）为深化丝绸之路经济带框架下中国与中亚经济合作，建议在中国和吉

尔吉斯斯坦边境伊尔克什坦口岸建设中吉边境自由贸易区，作为"丝绸之路经济带"建设的重点启动项目[①]。依托具体合作项目，先从双边项目启动，再到多边项目合作，逐步推进。这些将为建立中国与其他中亚邻国边境自由贸易区乃至上海合作组织自由贸易区积累经验，发挥示范作用。

（2）加快中哈自由贸易区建设。推进中哈自贸区需要有新思维，因为双方零关税条件下，中国获益相对较多，而哈国税收损失较大，且其制造业将面临较大冲击，这种心理预期势必会阻碍中哈自贸区建设进程。在推进中哈自贸区过程中，我国最优关税策略是直接采取零关税，哈萨克斯坦则是逐步减税，然后过渡到双方零关税，以此调动哈萨克斯坦与中国建立自贸区的积极性[②]。

四、加大金融对贸易便利化的支持力度

（1）有效利用亚投行和丝路基金平台，改善中哈两国金融环境。改善知识产权、劳工与环境保护状况、国内金融环境，特别是要加快国有垄断企业的改革，充分利用亚洲基础设施银行和丝路基金改善其环境，加快提高贸易便利化水平的步伐。

（2）充分利用国家新边贸政策和国家批准新疆与中亚进行人民币结算试点政策的机遇，加快人民币成为中国与中亚、西亚、南亚贸易与投资便利化的重要载体，争取使乌鲁木齐市成为中国对中亚国家贸易投资人民币结算中心，加快乌鲁木齐市成为国际区域性金融中心的步伐。

（3）积极参与上合组织框架下的金融合作，加强上合组织成员国金融机构之间在国际贸易、结算、融资等领域合作，积极开展与周边国家金融机构在境外设立合资金融机构，开展外汇、信贷、证券、保险、基金、技术援助等领域的合作，积极发展离岸贸易和离岸金融等业务，建立健全区域内银行间跨国结算机制。创新开展进出口保险＋跨境人民币结算＋出口退税账户托管项下远期结售汇服务，满足风险补偿、汇率避险与结售汇方面需求，提升跨境金融服务能力，形成人民币对丝绸之路沿线各国货币的区域外汇交易中心。

五、促进中国毗邻中亚国家的新疆境内的贸易便利化发展

虽然目前中国贸易便利化程度明显高于中亚国家，但理论和经验研究表明，条件成熟的国家若率先、单独地进行贸易便利化建设，其也能从中获益。因此，建议促进中国毗邻中亚国家的新疆境内的贸易便利化发展。具体包括：

---

① 孙久文，高志刚. 丝绸之路经济带与区域经济发展研究 ［M］. 北京：经济管理出版社，2015：164.

② 王彦芳，高志刚. 中哈自贸区经济效应模拟 ［J］. 兰州财经大学学报，2015（6）：1-9.

（1）依托"丝绸之路经济带"倡议，加强新疆"丝绸之路经济带"交通物流中心的建设，构建以乌鲁木齐为中心，以新疆主要口岸为节点的高效、快捷的现代物流体系。一方面要多方筹集资金，加快运输基础设施建设；另一方面要加快物流网络建设。在乌鲁木齐市、伊宁市、喀什市、霍尔果斯口岸、阿拉山口口岸、巴克图口岸、伊尔克什坦口岸建立物流中心，鼓励企业将物流业务外包，发展第三方物流。鼓励国内外的物流企业进入新疆，提高新疆物流行业的发展水平。建立培训专项基金，用于海关业务人员和物流人才的培养。采用各种学历教育、企业内部培训、职业技能培训等方式，为新疆物流行业提供所需的各类专业人员。

（2）多元化筹措口岸建设资金，加快新疆口岸基础设施建设，加大新疆口岸的对外开放力度。加快阿拉山口和霍尔果斯两个重点口岸的基础设施建设，推动巴克图、伊尔克什坦、图尔尕特、都拉塔、吉木乃、卡拉苏、红旗拉普等口岸基础设施建设。推进新疆"电子口岸"建设，采取政府推动、企业参与的市场化运作方式推进口岸管理信息化程度。争取都拉塔、图尔尕特、卡拉苏三个口岸向第三国开放。

（3）通过上海合作组织平台，尽快签署区域内国家公路、铁路、航空运输合作协定，并积极推动相关协定的有效实施。积极落实2014年9月签署的《上海合作组织成员国政府间国际道路运输便利化协定》，切实推动过境运输合作。

（4）加强与中亚国家，尤其是与哈萨克斯坦海关部门的沟通和协调。建立和完善与中亚国家海关部门的交流合作机制。加强中国与中亚国家对海关制度理解的一致性，在此基础上全面、系统且有重点地协调规范双方海关事务的相关制度，实现同哈萨克斯坦、吉尔吉斯斯坦海关数据交换和共享。

（5）积极推进检验检疫合作与管理。加强与中亚国家的检验检疫合作，开展检验检疫证书互认工作，在边境口岸探索实施两国间"一站式"服务。CAREC一直高度关注区域层面标准一致化建设，应依托CAREC合作平台，利用CAREC雄厚的技术支持能力，加速中亚区域标准一致化建设。

六、利用"互联网＋外贸"创新新疆贸易发展方式[①]

"互联网＋外贸"为对外贸易规模扩大、空间拓展、边境贸易方式转变等开辟了一种向外延伸的新模式。新疆作为"丝绸之路经济带"核心区，具有面向丝路国家发展"互联网＋外贸"地缘、人文、政策、资金等众多优势，新疆应尽快申报跨境电子商务综合实验区落户新疆。在推动互联网与外贸的融合中，新

[①] 程云洁，赵亚琼. "丝绸之路经济带"核心区建设背景下促进新疆"互联网＋外贸"的发展对策研究［J］. 新疆大学学报（哲学·人文社会科学版），2016（2）：24 - 31.

疆特色外贸企业可借助互联网和物流支撑，大力发展跨境电子商务，借助互联网将新疆特色外贸商品快速销往世界各地。构建完整的与互联网挂钩的对外贸易产业链，依托霍尔果斯、阿拉山口口岸和喀什、霍尔果斯特殊经济开发区，构建口岸跨境电子商务平台，开展电子口岸服务功能，加快物流通信体系建设，为新疆"互联网＋外贸"发展提供便捷物流服务平台。

第七章 中国（新疆）与中亚国家投资合作与投资便利化分析

第一节 中国（新疆）与中亚国家投资合作发展现状与问题

一、中国（新疆）与中亚国家投资合作发展现状

1. 新疆对外经济技术合作的发展阶段

对外直接投资是对外经济技术合作中最重要的内容，两者往往相伴而生。新疆对外经济技术合作发展分为三个阶段：

20世纪90年代初为起步阶段。对外投资主要是一些小规模、贸易型的小企业，项目平均投资额不足5万美元；而境外工程承包方面几乎是空白，仅有一些营业额非常小的国家对外援助项目。

2001～2008年为发展阶段。对外经济合作步伐加快，对外直接投资规模不断扩大，投资领域也不断拓宽；境外工程承包领域逐渐涌现出一批具备较强市场竞争力的企业，在哈萨克斯坦、塔吉克斯坦等周边国家树立了良好的国家和企业形象。

2009～2014年为快速发展阶段。新疆企业将资源领域作为对外直接投资的突破口，并充分利用地缘区位优势和人文优势把中亚地区作为新疆的主要合作对象，截至2015年末，新疆企业累计实际对外直接投资38.98亿美元，实现对外承包工程营业额120.6亿美元。

2. 新疆对中亚国家直接投资规模

由于无法获得新疆对中亚地区直接投资的具体数据，但考虑到新疆对中亚国

家的直接投资占新疆对外直接投资的很大比重（据估计有些年份占 70% 以上），因此用新疆对外直接投资的数据代替进行分析。由图 7 - 1 可以看出，2001 年以来，新疆对外直接投资额在波动中增长，由 2001 年的 147 万美元增长到 2015 年的 9.08 亿美元，年均增长 53.5%。2006 年以前，新疆对中亚国家的直接投资额较少，不足 1 亿美元，2007 年有较大幅度的增长，达到 2.53 亿美元。受金融危机影响，2008 年直接投资额有所下降，仅为 0.69 亿美元，同比下降 72.7%。2009 年和 2010 年，新疆对外直接投资总额有较大幅度的上升，2010 年达到 4.78 亿美元，但 2011 年和 2012 年受国际投资环境尤其是中亚投资环境的影响，又连续两年有所下降，2013 年后在"丝绸之路经济带"建设的大背景下，有较大幅度的上升，2015 年再创历史新高，达到 9.08 亿美元。

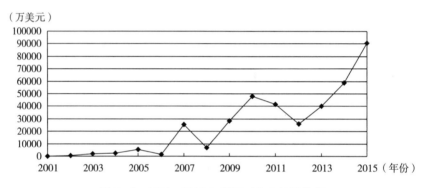

图 7 - 1　2001 ~ 2015 年新疆对外直接投资额

3. 新疆对中亚国家直接投资国别分布

从新疆对中亚各国直接投资规模的国别分布来看，据自治区商务厅统计，2014 年新疆对美国、澳大利亚、南苏丹、德国、俄罗斯、格鲁吉亚、卢森堡、哈萨克斯坦、吉尔吉斯斯坦、蒙古、塔吉克斯坦、乌兹别克斯坦、伊朗等国家开展了投资，但新疆境外投资企业主要集中在中亚五国，新疆企业在中亚五国的投资额约占到总投资额的 51.2%。其中，我国与塔吉克斯坦关系友好，高层互访密切，投资项目多，影响大；与吉尔吉斯斯坦在能源资源领域合作基础上，还可开展农业、水利、商贸物流、基础设施建设等领域合作。

从新疆对中亚各国直接投资企业数量的国别分布来看，根据中国商务部对外投资和经济合作境外企业（机构）统计数据库，截至 2016 年 1 月 21 日，在中亚五国，共有 338 家新疆境外投资企业。其中，投资到哈萨克斯坦的最多，共有 162 家，占新疆境外投资企业总数量的 47.9%；吉尔吉斯斯坦有 55 家，占 16.3%；乌兹别克斯坦有 74 家，占 21.9%；塔吉克斯坦有 42 家，占 12.4%；土库曼斯坦最少，仅有 5 家，占 1.5%，且新疆在土库曼斯坦的境外投资企业仅在

2009 年和 2010 年有设立，之后再没有设立新的境外投资企业，而新疆在哈萨克斯坦、吉尔吉斯斯坦、塔吉克斯坦、乌兹别克斯坦的境外投资企业分别自 2003 年、2004 年、2005 年、2006 年至今几乎每年都有新企业设立。

4. 新疆对中亚国家直接投资主体分布

新疆对中亚国家的投资主体共有 264 家企业，其中拥有 1 家境外投资企业的境内投资主体有 222 家，仅投资哈萨克斯坦的企业有 107 家，仅投资吉尔吉斯斯坦的企业有 38 家，仅投资塔吉克斯坦的企业有 22 家，仅投资乌兹别克斯坦的企业有 53 家，仅投资土库曼斯坦的企业有 2 家。从表 7 - 1 可以看出，拥有 2 家境外投资企业的境内投资主体有 27 家，其中有 9 家境内投资主体仅投资在哈萨克斯坦，有 1 家境内投资主体仅投资在吉尔吉斯斯坦，有 2 家境内投资主体仅投资在塔吉克斯坦，有 15 家境内投资主体投资分散在两个国家。从表 7 - 2 可以看出，拥有 3 家境外投资企业的境内投资主体有 9 家，其中有 1 家境内投资主体仅投资在塔吉克斯坦，其他 8 家境内投资主体则分别投资在两个国家。从表 7 - 3 可以看出，拥有 4 家境外投资企业的境内投资主体有 2 家，拥有 5 家境外投资企业的境内投资主体有 2 家，拥有 6 家境外投资企业的境内投资主体有 1 家，拥有 9 家境外投资企业的境内投资主体有 1 家，除有 1 家境内投资主体仅投资在哈萨克斯坦，其他境内投资主体投资均较为分散。综上所述，89% 的境内投资主体选择集中投资在中亚五国中的某一个国家，11% 的境内投资主体投资在两个以上的国家。

表 7 - 1 拥有 2 家境外投资企业的境内投资主体

境内投资主体	企业性质	哈萨克斯坦	吉尔吉斯斯坦	塔吉克斯坦	乌兹别克斯坦	土库曼斯坦
新疆敖北贸易有限公司	民营	2				
新疆石油工程设计有限公司	国有	2				
新疆广汇石油有限公司	民营	2				
霍尔果斯盛天贸易有限责任公司	民营	2				
新疆萨木哈尔国际贸易有限公司	民营	2				
新疆科力新技术发展股份有限公司	民营	2				
乌鲁木齐旭程元商贸有限公司	民营	2				
新疆汇商通工贸有限公司	民营	2				
博尔塔拉蒙古自治州雪克皮业有限公司	民营	2				
新疆恒久欧亚贸易有限公司	民营		2			
新疆中泰新丝路农业投资有限公司	国有			2		
紫金矿业集团西北有限公司	国有控股			2		

续表

境内投资主体	企业性质	哈萨克斯坦	吉尔吉斯斯坦	塔吉克斯坦	乌兹别克斯坦	土库曼斯坦
新疆华油技术服务股份有限公司	民营	1	1			
中国有色金属进出口新疆公司	国有	1	1			
新疆野林酒业股份有限公司	民营	1	1			
乌鲁木齐集成多维电子科技有限公司	民营	1	1			
新疆隆博实业有限公司	民营	1		1		
新疆艾热克国际贸易有限公司	民营	1			1	
新疆国际实业股份有限公司	民营	1			1	
新疆银星永固钢结构有限公司	民营	1			1	
乌鲁木齐鼎力盛国际贸易有限公司	民营	1			1	
新疆正和经贸有限公司	民营	1			1	
霍尔果斯金海巍贸易有限公司	民营	1			1	
中国石油集团西部钻探工程有限公司	国有	1			1	
岳普湖益华纸业包装有限公司	民营		1		1	
新疆华和国际商务咨询有限公司	民营		1	1		
克拉玛依奥斯特石化设备有限公司	民营	1				1

资料来源：商务部中国对外投资和经济合作境外企业（机构）统计数据库（截至 2016 年 1 月 21 日）。

表 7-2 拥有 3 家境外投资企业的境内投资主体

境内投资主体	企业性质	哈萨克斯坦	吉尔吉斯斯坦	塔吉克斯坦	乌兹别克斯坦	土库曼斯坦
新疆古鼎贸易有限公司	民营	2			1	
新疆英派生物科技开发有限公司	民营	1	2			
新疆金海达国际贸易有限公司	民营	2	1			
新疆八钢国际贸易股份有限公司	国有控股	1			2	
新疆诚志拓海经贸有限公司	民营	2		1		
新疆建工（集团）有限责任公司	国有	2	1			
新疆塔城国际资源有限公司	民营		1	2		
新疆天山纺织（集团）有限公司	其他				2	
喀什鑫豫大地矿业投资有限公司	民营			3		

资料来源：商务部中国对外投资和经济合作境外企业（机构）统计数据库（截至 2016 年 1 月 21 日）。

表 7-3 拥有 4 家及以上境外投资企业的境内投资主体

境内投资主体	企业性质	哈萨克斯坦	吉尔吉斯斯坦	塔吉克斯坦	乌兹别克斯坦	土库曼斯坦	小计
特变电工股份有限公司	国有	1		3			4
新疆华油新科能源技术有限公司	民营	1	1	1	1		4
新疆恒安丰国际贸易（集团）有限公司	民营	5					5
野马集团有限公司	民营	3			2		5
伊犁星河商贸有限责任公司	民营	1	1	2	1	1	6
新疆三宝实业集团有限公司	民营	3	1	2	2	1	9

资料来源：商务部中国对外投资和经济合作境外企业（机构）统计数据库（截至 2016 年 1 月 21 日）。

从这些企业的性质看，有国有和国有控股的大企业，但更多的是民营企业，民营企业占绝大多数。受益于国家向西开放政策和"丝绸之路经济带"倡议的实施，新疆国有和国有控股的大企业、大集团，尤其是民营企业投资中亚的热情高涨，加快了到中亚国家投资的步伐。

5. 新疆对中亚国家直接投资行业领域

新疆对中亚国家的投资多年来主要集中在能源、矿产、商贸等传统领域，近几年涉及新技术、新兴产业以及农业、市场建设等非资源领域投资增多。资源领域包括：新疆广汇石油在哈萨克斯坦投资 5.5 亿美元的斋桑和南依玛谢夫油田项目；特变电工股份有限公司通过资源换项目协议投资 2.88 亿美元设立特变电工杜尚别矿业公司开展金矿开采项目；紫金矿业在塔吉克斯坦泽拉夫尚金矿近期拟增资 1.28 亿美元等。非资源领域包括：中泰新丝路在塔吉克斯坦拟投资 2.2 亿美元的棉花种植和纺织项目已列入中塔两国农业示范项目。该项目是自治区混合所有制经济走出新疆投资兴业的项目之一，可解决塔吉克斯坦 2500 多人的社会就业，间接拉动上万人就业。此外，新疆对乌兹别克斯坦投资的利泰纺织项目，在乌纺织项目总规划 48 万纱锭，2015 年 8 月 15 日，第一期 12 万纱锭项目开建。

新疆对中亚国家直接投资分布的行业主要集中在矿产资源开发利用、机械设备生产销售、建材设备和建筑材料生产加工销售、业务及信息咨询、电商等领域。

具体到典型企业来看，新疆塔城国际资源有限公司在吉尔吉斯斯坦和塔吉克斯坦主要从事锡矿、铅锌矿的开采开发及矿产品的销售。喀什鑫豫大地矿业投资有限公司在塔吉克斯坦主要从事矿产资源咨询、勘探、开采，矿产资源勘查技术开发。新疆三宝实业集团有限公司分别在中亚五国投资了九家企业，主要从事成套设备、机械设备、车辆、工器具等产品销售及售后服务。野马集团有限公司主要从事建材、机电产品展示及进出口贸易的经营活动。新疆建工（集团）有限责任公司主要从事各类建筑工程施工、装修工程施工及建材产品经营销售。特变电工股份有限公司主要从事国外业务咨询、市场信息收集整理分析、能源系列产品制造和销售等。伊犁星河商贸有限责任公司分别在中亚五国投资了六家企业，主要从事业务联系、信息咨询等非经营性工作。新疆中亚万方电子商务有限公司在吉尔吉斯斯坦主要从事跨境电子商务及软件开发。

具体来看，新疆企业对哈国直接投资涉及行业领域较广，主要领域有塑料制品、资源开发、机械、建筑建材、食品加工、信息咨询及服务、跨境电商等。对吉尔吉斯斯坦的直接投资涉及矿产资源开发、建筑房地产、信息咨询及服务、机械设备、医疗保健等领域。对塔吉克斯坦的直接投资主要涉及矿产资源开发、房地产开发、道路桥梁、信息咨询、机电、日用百货、仓储物流等。对乌兹别克斯坦的直接投资主要涉及业务咨询、机电建材、塑料制品、农副产品、陶瓷制品等。对土库曼斯坦的直接投资主要涉及机械设备、车辆、工器具等产品销售、建材产品销售、信息咨询等。

6. 新疆对中亚直接投资的特点和前景

新疆对中亚直接投资表现出以下特点：一是从投资规模上看，投资的绝对规模不大，2015 年新疆对外直接投资仅占中国对外直接投资的 0.62%，但增长速度较快，尤其是 2013 年"丝绸之路经济带"倡议实施以来，年平均增速达到 52.9%，远远超过全国同期 18.4% 的水平。二是从企业投资的国别分布来看，哈萨克斯坦最多，占 47.9%，其次是乌兹别克斯坦，吉尔吉斯斯坦和塔吉克斯坦相差不大，对土库曼斯坦的投资明显滞后。三是从投资主体和投资上来看，新疆股份制企业和民营贸易企业成为中亚投资的主力军，主要涉及矿产资源开发利用、机械设备生产销售、建材设备和建筑材料生产加工销售、业务及信息咨询、电商等领域。

投资合作将成为推动中国新疆与中亚国家经贸合作的巨大动力。中亚五国的经济已步入新的发展阶段，对投资的需求越来越大，而中亚各国内部现有的投资水平相比其快速经济增长的需求不成正比，资金短缺问题已成为中亚五国面临的棘手问题。因此，中亚五国更加重视对投资环境的改善和吸引外资①。哈萨克斯坦和吉尔吉斯斯坦甚至先后尝试建立自由经济区和经济特区，并着手改善了相配套的建设设施，以一系列的优惠政策辅之，以此达到吸引外资改善投资环境的目的。"亚洲基础设施投资银行"及"丝路基金"成立为中国（新疆）与中亚区域经济合作提供了前所未有的资金支持，也为中国（新疆）与中亚五国经贸合作

---

① 高志刚，刘伟．"一带"背景下中国与中亚五国贸易潜力测算及前景展望［J］．山东大学学报（哲学社会科学版），2015（5）：24–34.

提供了资金融通方面的体制支撑。

二、中国（新疆）与中亚国家投资合作存在的主要问题

1. 大国博弈使投资不确定性增加

中亚各国位于亚欧大陆的中心位置，具有很重要的地缘政治、经济战略地位，"冷战"结束后，中亚日益成为大国博弈的焦点。中亚近代以来一直是俄罗斯的传统势力范围，近年随着俄罗斯经济实力的逐步恢复，俄罗斯开始重塑在中亚的影响力。从地缘政治角度出发，俄罗斯视中亚地区如自家后院，独联体事务特别是中亚事务是俄罗斯内政中的外交，外交中的内政，不太愿意接纳其他国家在这里扩张影响力。而美国"冷战"后对中亚在经济、政治、文化、军事上进行了全面渗透，已成为中亚国家最大的投资者。美国和俄罗斯在中亚博弈日趋激烈，且均把中国对中亚的投资不仅看成经济问题，而且看成地缘政治问题，对中国在中亚影响力的提升，深感不安。同时，欧盟、加拿大、日本、韩国、土耳其等国家和地区也积极拓展在中亚的市场份额，同时采取举措在中亚建立投资对话机制，试图扩大影响。对中亚各国来说，欧盟、美国、俄罗斯在其战略考量中比中国更为重要，并不愿大规模接受中国投资以免引起其他大国不满，同样，中国也不愿意因为与中亚国家的合作导致与俄罗斯、美国或者其他国家发生冲突，因此不愿意触碰一些有争议的敏感领域①。大国在中亚的博弈增加了中国（新疆）在中亚投资的风险和不确定性。

2. 中亚国家对中国存在戒备心理，影响双边贸易与投资合作

1964 年，受苏联的影响，中亚各国对中国潜意识中戒备心理严重。随着中国崛起，中亚国家一方面想搭上中国经济发展的"顺风车"，得到中国经济和安全方面的帮助；另一方面又担心中国的经济扩张对其带来伤害。"中国威胁论"得到了欧盟、美国、日本等国家和组织的推波助澜，哈萨克斯坦尤其如此。随着中国对中亚能源和金属矿产资源投资的集中化，"中国新殖民主义"论调更是甚嚣尘上，中亚各国日益担心成为中国的资源附庸。这种复杂心态已严重影响了新疆与中亚国家的贸易与投资合作。

3. 中亚国家加大了对本国资源的控制，增加了投资难度

近年来，中亚国家加大了对本国资源的控制，提高了外资的进入门槛。如哈萨克斯坦就规定其不但有权优先购买资源能源开发企业所转让的开发权和股份，而且有权优先购买能直接或间接对该企业做出决策影响的企业所转让的开发权和

---

① 赵会荣. 中国与中亚国家关系：现状与前景［R］. 国务院发展研究中心欧亚经济发展研究所，2012－05－30.

股份①，这样的做法不仅对新疆乃至中国企业利益造成损害，而且对企业进入或退出中亚资源能源领域，尤其是收购中亚资源能源企业构成了严重障碍。

4. 中亚国家政治、经济局势不稳定，投资风险大

中亚国家政治、经济局势一直处于动荡之中。1992～1997年及2012年的内战，使塔吉克斯坦国民经济遭受严重破坏，2005年、2010年吉尔吉斯斯坦出现两次大规模骚乱。吉尔吉斯斯坦与乌兹别克斯坦之间的水资源问题、吉尔吉斯斯坦南部奥什州乌兹别克族与吉尔吉斯族之间的民族问题、乌兹别克斯坦与哈萨克斯坦之间的边境问题、乌兹别克斯坦与塔吉克斯坦之间的边境问题、部族间和地区间的利益冲突、移民和外交方向分歧问题都曾引发过社会动荡与政治危机。而近年来中亚非传统安全因素更是逐渐占据主导地位。宗教原教旨主义威胁、毒品问题、恐怖主义威胁等愈演愈烈，2014年美国从阿富汗撤军也将对中亚局势产生很大的影响。同时，中亚国家对外合作的事权高度集中且以短期利己行为为主，未能制定出长期稳定的战略，使中国新疆企业境外投资风险大增。

5. 中亚国家投资政策变动频繁，投资壁垒较高

中亚国家虽然普遍出台了《外商投资法》，对外国投资提供优惠政策和进行规范管理，但其投资政策变动频繁，如哈萨克斯坦税法、劳动法、海关法以及其他的法律和规章制度每年都有不同程度的变化，而且多数外资企业表示这种变化的预测难度非常大，使新疆对中亚直接投资发展面临诸多不稳定因素，风险较大。另外，中亚市场投资壁垒多，致使新疆对其进行直接投资的难度较大。更为重要的是，中亚各国实行严格的劳务配额制度，如哈萨克斯坦2005年接纳外国劳务人员的比例为哈萨克斯坦劳动人口的0.32%，约为22400人（哈萨克斯坦目前的劳动人口约800万，总人口约1500万），2006年、2007年外国劳务人员也均未超过1%，办劳动卡困难已成为新疆投资企业面临的最棘手的问题。

6. 中亚国家投资环境较差，投资商利益常遭侵害

中亚国家大多未加入WTO，而且国内经济转轨尚未完成，市场经济体制还未充分建立，保护国内市场意识极强，市场竞争环境不平等，国内市场很不规范，监管混乱，与中国签订的《促进和保护投资协议》执行不严，导致新疆企业投资风险较高，投资商的利益时常遭到非法侵害。而新疆目前也缺乏境外直接投资风险补偿机制，无法为新疆企业提供投资风险保障；中亚各国基础设施薄弱，效率不高，影响新疆企业信心；中亚各国尤其是吉尔吉斯斯坦国内税负很重，当地1/3的企业不堪重税转入地下经营，致使其国内"影子经济"广泛存在，新疆投资企业在当地市场无法与其展开公平竞争等。

---

① 秦放鸣，张力民，毕燕茹. 从投资角度看中国与中亚国家区域经济合作 [J]. 开发研究，2012（2）：1-3.

7. 中亚国家外汇管制严格，汇率变化大，致使投资企业面临较大的金融风险

中亚国家外汇管制很严格，缺乏灵活性。如哈萨克斯坦大额转账行为必须经过哈萨克斯坦央行的批准才能进行，个人在外币兑换点兑换 1 百万坚戈以上的金额手续比较复杂。汇率波动频繁，并持续贬值。在欧亚经济联盟成员国货币大幅贬值的背景下，哈萨克斯坦政府开始实行自由浮动汇率制度，这种制度将加大预测汇率变化的难度，给外商投资企业带来较大的金融风险。

8. 中亚国家产业配套支撑环境欠佳

中亚国家制造业发展水平较低，吸引外资能力有限。作为典型的能源输出国，哈萨克斯坦经济已经出现"荷兰病"（资源诅咒）的征兆[①]。中亚国家制造业大部分生产设备落后，长期没有更新，导致发展水平低，也难以吸引大量外资。此外，中亚国家基础设施发展缓慢，无法满足大规模的生产需要，物流成本过高。根据实地访谈调研结果可知，苏联解体以来，铁路、干线、枢纽甚至道路基础设施基本上没有更新，导致铁路和公路等运输设施无法满足大规模的物流需要，其装卸效率很低。

9. 中国新疆与中亚缺乏投资协调机制，信息流通不畅

中国新疆目前尚未建立与中亚各国政府层面的投资协调与对话机制，双方官方机构之间的沟通还很不够；新疆相关管理部门掌握的中亚投资信息与新疆企业的投资需求对接不畅，中亚投资信息的市场化程度较低，中亚投资中介服务尚未铺开。缺乏良好的信息沟通机制。此外，新疆企业搜寻投资信息的主动性不强，具有合作意向的企业找不到合适的合作伙伴，掌握信息的政府部门和中介咨询部门找不到服务对象，一方面信息流通不畅，另一方面很多信息不能得到有效利用，企业错失很多投资良机。

10. 新疆产业发展水平较低，开拓中亚市场能力不足

相对于中国沿海制造业企业，新疆绝大部分企业为中小企业，总体竞争力不强，缺乏竞争优势，国际化经验不足，管理水平有待提高；高层次人才匮乏，尤其是缺乏熟悉国际规则、具备国际化管理经验的人才和高水平的外语人才；融资难度大、成本高，企业缺乏长期的发展战略和顶层设计，开拓中亚市场能力不足。

---

① 伊万·沙拉法诺夫，任群罗. 哈萨克斯坦如何应对"荷兰病"［J］. 俄罗斯研究，2015（2）：154－177.

第二节　中国（新疆）与中亚国家投资
便利化水平研究

2008 年，亚太经合组织（APEC）投资便利化行动计划（IFAP）指出，投资便利化是指政府为吸引外资，在投资周期的全部阶段使其管理的有效性和效率达到最大化的一系列行动。投资便利化最终致力于使投资能够有效地流动和获得最大的利益。透明性、简单性和可预测性是其最重要的原则之一①。

一、投资的经济效应分析

投资②经济效应分析主要包括对外直接投资促进母国经济增长、两国贸易、增加就业以及技术等方面③。

亚太经合组织投资便利化行动计划的主要目标包括：加强区域经济一体化、加强竞争力和经济增长的可持续性、扩大繁荣和就业机会以及向茂物目标的实现进一步迈进④。从这些主要目标可以看出，投资便利化所带来的经济效应已经得到国际社会的共识。

1. 中国（新疆）与中亚国家直接投资⑤

对外直接投资与经济增长的关系研究，常见于理论研究，实证研究也多有涉及，研究结论较多集中于：对外直接投资促进经济增长，对外直接投资增长率与经济增长率存在因果关系。

中国改革开放以来，经济发展已经深度融入全球经济一体化的进程。在全球经济发展中日益发挥重要作用的对外直接投资行为，越发得到各个国家的重视，并以其不断扩大的规模和流向更加深刻地影响着世界经济的发展。

中国对外直接投资活动虽然开展的历史不长，但是发展迅速，2010 年后进

---

① APEC Investment Facilitation Action Plan（IFAP），全文下载于 APEC 官方网站：http://www. apec. org/Home/Groups/Committee – on – Trade – and – Investment/Investment – Experts – Group.

② 这里的投资，除特别说明外，均指对外直接投资。

③ 申恩威，王婉如. 对外直接投资理论综述 [R] //冯雷，夏先良. 中国国际商务理论前沿（7）[M]. 北京：社会科学文献出版社，2014.

④ APEC Investment Facilitation Action Plan（IFAP）.

⑤ 截至目前，难以从官方渠道获取新疆向中亚国家对外直接投资的相关数据，一方面由于新疆对外直接投资流量和存量较小，且占中国对外直接投资流量和存量比例很低；另一方面由于官方缺乏新疆分地区对外直接投资的相关数据统计。因此，本部分主要讨论中国与中亚国家对外直接投资的相关问题，但出于对课题整体保持一致性的考虑，本部分仍以"中国（新疆）与中亚国家投资"为标题。

入快速发展时期，企业"走出去"的意愿和能力都大为增强。自 2003 年官方权威发布对外投资相关统计数据以来，中国对外直接投资连续 12 年增长（见表7－4），2003～2014 年的年均增长速度达到 37.5%，为中国经济增长与发展奠定了坚实的基础。2014 年，中国对外直接投资分别占全球当年流量、存量的 9.1% 和 3.4%，流量连续三年位列全球排名的第 3 位，占比较 2013 年提升 1.5 个百分点，存量位居第 8 位，排名较上年前行 3 位①。中国当前的对外直接投资一大亮点就是：欧盟、美国、澳大利亚等发达国家和地区已经成为中国对外直接投资的首选目的地。

表 7－4　2003～2014 年中国分地区对外直接投资情况　单位：亿美元

指标	年份 地区	2003	2005	2007	2009	2010	2011	2012	2013	2014
投资流量	世界	28.5	122.6	265.1	565.3	688.1	746.5	878.0	1078.4	1231.2
	亚洲	15.1	44.8	165.9	404.1	448.9	454.9	647.8	756.0	849.9
	中亚国家	0.06	1.1	3.8	3.5	5.8	4.5	33.85	11.0	5.5
投资存量	世界	332.2	572.1	1179.1	2457.6	3172.1	4247.8	5319.4	6604.8	8826.4
	亚洲	266.0	409.5	792.2	1855.5	2281.5	3034.3	3644.1	4474.1	6009.7
	中亚国家	0.44	3.3	8.8	22.6	29.2	40.3	78.2	88.9	100.9

资料来源：2011 年、2014 年《中国对外直接投资统计公报》。

相比较而言，中国对中亚国家的对外直接投资占中国对外直接投资的比例很小，在历史最高时期的对外直接投资流量占比仅为 3.9%（2012 年），直接投资存量占比更小，仅为 1.5%（2012 年）。2003～2014 年，中国对中亚国家的直接投资占中国对亚洲及世界投资的比重如图 7－2（流量图）和图 7－3（存量图）所示。由图 7－3 可以看出，中国对中亚国家直接投资存量占中国对亚洲及中国对世界对外直接投资存量的比重分别由 2003 年的 0.2% 和 0.1% 上升至 2014 年的 1.7% 和 1.1%，即对中亚国家直接投资存量总体呈现递增趋势②。

---

① 本段数据引自《2014 年度中国对外直接投资统计报告》，第 4 页和第 6 页。

② 中国对中亚国家的对外直接投资流量及存量统计数据均出自 2011 年度和 2014 年度《中国对外直接投资统计公报》，以下无特别说明均与此相同。

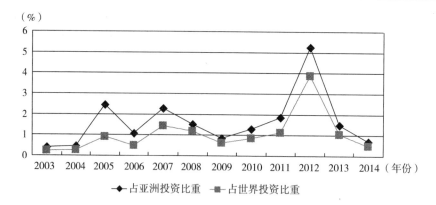

图 7 - 2　2003～2014 年中国对中亚国家直接投资流量占对亚洲及世界的比例

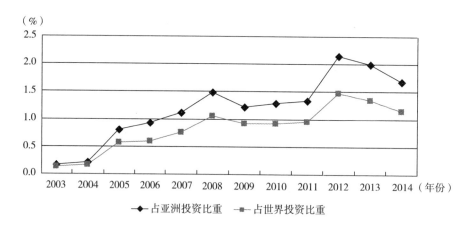

图 7 - 3　2003～2014 年中国对中亚国家直接投资存量占对亚洲及世界的比例

中国对中亚五国直接投资流量情况如图 7 - 4 所示。中国对哈萨克斯坦对外直接投资较其他四国规模大，特别是 2012 年，对外直接投资流量达到 299599 万美元，主要分布在采矿业、交通运输业、专业技术服务和建筑业等领域，使得哈萨克斯坦成为当年中国对外直接投资流量排名第 3 位的国家，占比达到 3.4%（当年中国香港排名第 1，占比 58.4%；美国排名第 2，占比 4.6%）。2014 年，中国对哈萨克斯坦对外直接投资流量为 - 4007 万美元，主要是境外企业对境内投资主体的负债减少（即债务工具为减项）。2014 年，哈萨克斯坦是中国对外直接投资存量排名第 12 位的国家，存量达 754107 万美元，占比 0.8%。中国对中亚五国直接投资存量情况如图 7 - 5 所示。

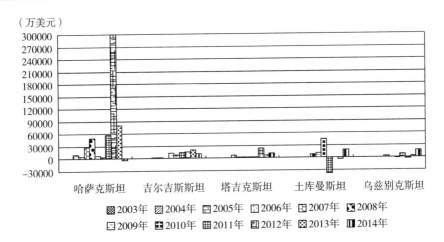

图7-4　2003～2014年中国对中亚五国对外直接投资流量情况

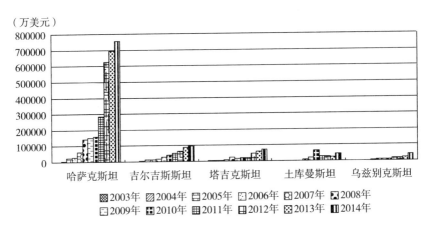

图7-5　2003～2014年中国对中亚五国对外直接投资存量情况

　　虽然对外直接投资规模比不上哈萨克斯坦，但是，中国对吉尔吉斯斯坦、塔吉克斯坦、土库曼斯坦和乌兹别克斯坦的直接投资均呈现整体上升趋势。特别是2014年，中国对塔吉克斯坦、土库曼斯坦、乌兹别克斯坦的投资均实现较快的增长。

　　图7-6及图7-7分别反映了中国对中亚五国对外直接投资流量和存量分别占对中亚直接投资总流量和总存量的比重。由图7-6可以看出，中国对土库曼斯坦的对外直接投资呈现较快的发展，特别在2014年全球经济依旧低迷的状态下，中国对塔吉克斯坦、土库曼斯坦和乌兹别克斯坦的对外直接投资呈较快发展态势。由图7-7可以看出，除存量规模占比具有绝对优势的哈萨克斯坦以外，其他四国的存量排名依次为吉尔吉斯斯坦、塔吉克斯坦、土库曼斯坦和乌兹别克斯坦。

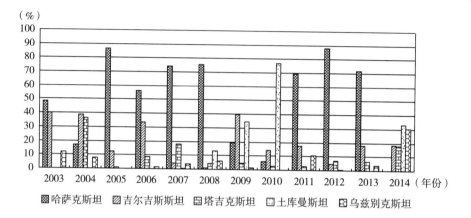

图 7-6 2003~2014 年中国对中亚五国对外直接投资流量占中亚投资总流量的比例

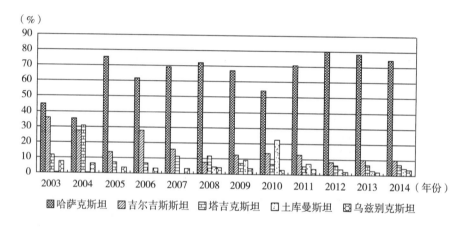

图 7-7 2003~2014 年中国对中亚五国对外直接投资存量占中亚投资总存量的比例

综上所述，中亚国家未能成为中国目前众多企业所瞩目的热点投资地区，未能成为中国海外并购热选的目的地，中国对中亚国家的对外直接投资比重仍较小。

根据邓宁投资发展周期理论，"一国作为 FDI 投资国（FDI 流出减流入）地位与该国经济发展水平密切相关，具有周期性规律，呈现出阶段性特征"[1]，并给出投资发展周期阶段的 GDP 标准。联合国贸发会议（2006）重新界定了各阶段人均 GDP 的分界点。投资发展周期阶段的 GDP 标准如表 7-5 所示，朱华（2012）通过实证分析认为，中国 FDI 处于投资发展周期的第 3 阶段，中国 OFDI

---

[1] 朱华. 投资发展周期理论与中国 FDI 发展阶段定位研究 [J]. 经济学动态，2012（5）：37.

的发展先于而不是滞后于人均 GDP 的发展，并认为在全球化背景下后发国家通过资产获得型 FDI 一定程度上弥补了企业所有权优势的不足①。

表 7 - 5　投资发展周期阶段的 GDP 标准　　　　　　　单位：美元

GDP 阶段标准	I	II	III	IV	V
Dunning（1981）	< 400	400 ~ 1500	2000 ~ 4750	> 5000	
UNCTAD（2006）	< 2500	2500 ~ 10000	10000 ~ 25000	25000 ~ 36000	> 36000

注：邓宁标准为人均 GDP 值。

资料来源：朱华. 投资发展周期理论与中国 FDI 发展阶段定位研究［J］. 经济学动态，2012（5）：41 - 42.

进入 2014 年，中国人均 GDP 达到 7590 美元（见表 7 - 6），经济发展水平得到进一步提升，在 2015 年世界经济论坛发布的《全球竞争力报告》（2015 ~ 2016 年）中，中国已经进入效率驱动的经济发展阶段，即第 2 阶段②。在投资发展周期理论中处于联合国贸发会议（2006）的第 2 发展阶段，邓宁（1981）的第 4 发展阶段，具有对外投资相对大、所有权优势明显的投资特征。

表 7 - 6　中国和中亚国家经济发展基本概况

国　　家	GDP（亿美元）	GDP 增长率（%）			人均 GDP（美元）	
	2014 年	2014 年	1990 ~ 1999 年	2000 ~ 2009 年	2010 ~ 2014 年	2014 年
中　　国	103548. 3	7. 3	9. 5	10. 2	8. 5	7590. 0
哈萨克斯坦	2178. 7	4. 4	- 5. 0	7. 3	5. 9	12601. 7
吉尔吉斯斯坦	74. 0	3. 6	- 4. 0	4. 7	3. 9	1269. 1
塔吉克斯坦	92. 4	6. 7	- 10. 0	8. 4	7. 1	1114. 0
土库曼斯坦	479. 3	10. 3	0. 1	7. 3	11. 1	9031. 5
乌兹别克斯坦	626. 4	8. 1	- 0. 4	6. 5	8. 2	2036. 7

资料来源：世界银行数据库（2016 年 2 月数据更新）。GDP 为当年现价美元；人均 GDP 亦为当年现价。

新疆作为推动中国向西开放、承载"丝绸之路经济带"建设的核心区，与中亚国家的经济贸易往来历史悠久，经济贸易合作的共性和互补性兼具。伴随着新疆经济发展水平的逐步提升，新疆"走出去"步伐加快，对外直接投资流量

---

① 朱华. 投资发展周期理论与中国 FDI 发展阶段定位研究［J］. 经济学动态，2012（5）：41 - 42.

② 2015 经济发展论坛. 全球竞争力报告 2015 ~ 2016［R］. 全球竞争力报告指出，经济发展共分三个阶段，第 1 至第 3 发展阶段分别是因子驱动的经济发展阶段、效率驱动的经济发展阶段和创新驱动的经济发展阶段。哈萨克斯坦属于从第 1 阶段向第 2 阶段过渡的经济发展阶段；吉尔吉斯斯坦、塔吉克斯坦属于因子驱动的经济发展阶段，即第 1 阶段。中国和中亚五国经济发展基本概况如表 7 - 6 所示。

和存量均逐年提升，如表 7 - 7 所示。但是，必须认识到，与内陆省区相比，新疆对外直接投资流量和存量占内陆省区地方总量及全国总量的比例均较小，图 7 - 8 和图 7 - 9 分别反映 2003～2014 年新疆对外直接投资流量和存量占比情况。由图 7 - 8 和图 7 - 9 可以看出，内陆省区对外投资竞争能力逐步增强，新疆面临着更大的发展竞争压力。

表 7 - 7　2003～2013 年新疆对外直接投资流量及存量情况　单位：万美元

年份	2003	2004	2005	2006	2007	2008	2009	2010	2011	2012	2013
流量	27	216	861	172	8535	6934	18057	4776	31474	43123	31579
存量		1811	4301	8994	14212	38419	51601	68983	103390	145444	174951

资料来源：《新疆统计年鉴》（2004～2014）。

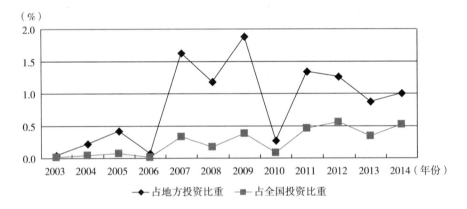

图 7 - 8　2003～2014 年新疆对外直接投资流量占地方及全国总流量的比例

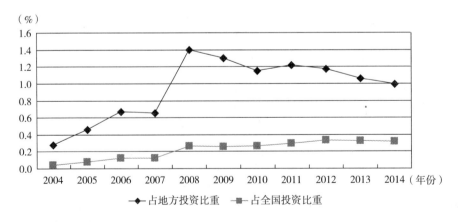

图 7 - 9　2004～2014 年新疆对外直接投资存量占地方及全国总存量的比例

综合以上分析，并依据中亚国家经济发展结构及新疆经济发展的阶段性和结构性，可以得出，新疆通过对外直接投资，可以获取经济发展所必需的各类发展资源，诸如能源资源、技术资源、人力资源等，促使企业"走出去"的能力得到锻炼和提升，并对促进各类经济发展要素的流动起到推动作用，进而进一步转化成为新疆经济发展的动力源泉。

　　2. 中国对中亚国家直接投资的经济增长效应实证分析

　　本书通过 2003～2014 年中国对中亚五国直接投资存量总额（FDI）、中国人均国内生产总值（PGDP）两个变量实证分析对外直接投资的经济效应，分别进行单位根检验、协整检验和格兰杰因果检验，以下实证过程中对变量采取对数线性处理。

　　（1）单位根 ADF 检验。运用 EViews6.0 软件进行单位根检验，结果如表 7 - 8 所示。对变量 LNPGDP 和 LNFDI 时间序列检验发现，两个变量原始序列都是非平稳的，但是二阶差分后的序列是平稳的，P 值小于 0.05，即 LNPGDP ~ I（2），LNFDI ~ I（2）。

表 7 - 8　变量的 ADF 检验结果

变量	模型选择	ADF 值	P 值	是否平稳
LNPGDP	仅含截距项	- 1.5588	0.4687	否
	含趋势项和截距项	- 0.2749	0.9771	否
	无	8.1935	1.0000	否
D（LNPGDP）	仅含截距项	- 1.8535	0.3375	否
	含趋势项和截距项	- 2.8581	0.2219	否
	无	- 0.8249	0.3334	否
D（LNPGDP，2）	仅含截距项	- 3.3681	0.0470	是
	含趋势项和截距项	- 4.2351	0.0509	否
	无	- 3.5015	0.0035	是
LNFDI	仅含截距项	- 2.5318	0.1396	否
	含趋势项和截距项	- 1.2567	0.8276	否
	无	3.5276	0.9988	否
D（LNFDI）	仅含截距项	- 2.9416	0.0750	否
	含趋势项和截距项	- 5.4098	0.0087	是
	无	- 1.5008	0.1185	否
D（LNFDI，2）	仅含截距项	- 4.2230	0.0156	是
	含趋势项和截距项	- 3.5923	0.1010	否
	无	- 3.9704	0.0016	是

（2）协整检验。经过 ADF 检验可以判断两个变量之间可能存在长期均衡关系，于是对协整方程 ［见式（7-1）、式（7-2）］的残差序列进行单位根检验，结果如表 7-9 所示。

$$LNPGDP_t = C_0 + C_1 LNFDI_t + \varepsilon_1 \qquad (7-1)$$

$$LNFDI_t = C_0 + C_1 LNPGDP_t + \varepsilon_1 \qquad (7-2)$$

残差序列 1 的 ADF 值为 -2.0574，对应的 P 值是 0.0429，小于 0.05，所以拒绝零假设：残差 1 有一个单位根；残差序列 2 的 ADF 值为 -2.4179，对应的 P 值是 0.0211，小于 0.05，所以拒绝零假设：残差 2 有一个单位根。因此，两个变量之间存在协整关系。

表 7-9　两个残差单位根的检验结果

Null Hypothesis：RESID01 has a unit root			
		t-Statistic	Prob.
Augmented Dickey-Fuller test statistic		-2.0574	0.0429
Test critical values：	1% level	-2.7922	
	5% level	-1.9777	
	10% level	-1.6021	
Null Hypothesis：RESID02 has a unit root			
		t-Statistic	Prob.
Augmented Dickey-Fuller test statistic		-2.4179	0.0211
Test critical values：	1% level	-2.7922	
	5% level	-1.9777	
	10% level	-1.6021	

（3）格兰杰因果检验。协整检验只能确定两个变量之间的均衡关系，但不能反映因果关系，因此对变量 LNPGDP、LNFDI 进行格兰杰因果检验，结果如表 7-10 所示。在 5% 显著性水平下，人均 GDP 是 FDI 的格兰杰原因，但 FDI 不是人均 GDP 的格兰杰原因，这表明二者之间只存在单向因果关系，即中国人均国内生产总值的增加是中国对中亚五国直接投资增加的原因，而中国对中亚五国 FDI 的增加并不是中国人均 GDP 增加的原因。

表 7-10　格兰杰因果检验结果

检验的原假设	滞后长度	F 统计量	F 统计量的概率值	对原假设的判断（5% 显著性水平）
LNFDI 不是 LNPGDP 的格兰杰原因	2	1.67070	0.2782	不能拒绝原假设
LNPGDP 不是 LNFDI 的格兰杰原因	2	6.45320	0.0412	拒绝原假设

（4）回归方程。根据以上检验结果可以得出 LNPGDP 为自变量、LNFDI 为因变量的回归方程结果，如式（7-3）所示。

$$LNFDI = -2.4261 + 2.8789LNPGDP \qquad (7-3)$$

T 统计量 （-1.5783） （15.2444）

$R^2 = 0.9587$ $\overline{R}^2 = 0.9546$ $F = 232.3913$ $DW = 1.0413$

可以看出，方程的拟合优度较好，而且方程显著性较好。变量 LNPGDP 的 T 统计量为 15.2444，通过了 5% 显著性检验，且系数为正，表示中国人均 GDP 每增加 1%，中国对中亚五国直接投资总额将增加 2.8789%。

3. 中国对中亚国家直接投资的贸易效应实证分析

对外投资与两国贸易的关系，较多研究讨论的是投资与贸易是互补还是替代关系。一是对外直接投资可以增加母国的对外贸易，即存在互补关系；二是对外直接投资会减少母国的对外贸易，即存在替代关系。

直接投资可以绕开在双边贸易中由于各种限制，诸如非关税壁垒，而到目的国直接投资，然后再进行生产加工贸易，即这是一种以反倾销和关税为代表的贸易壁垒诱发式的投资行为。

中国对中亚国家的主要投资集中于采矿业、交通运输业、专业技术服务和建筑业等，出口贸易主要集中于通信设备、工程机械、机动车辆、自动数据处理设备等，而进口贸易主要集中于石油原油、铁矿石及其精矿、天然铀及其化合物等，由此可以看出，对中亚国家对外直接投资与进出口贸易的行业交叉性较小，对外直接投资对出口贸易的替代效应并不显著，反而可以促进相关产业和产品的外向发展。

（1）中国对中亚五国直接投资的出口效应。选取中国对中亚五国直接投资存量作为自变量，中国对中亚五国的出口额为因变量，如表 7-11 所示，运用 2003～2014 年的面板数据进行实证分析中国对中亚五国直接投资的出口效应。

表 7-11　中国对中亚五国的出口额　　　　　单位：万美元

年份	哈萨克斯坦	吉尔吉斯斯坦	塔吉克斯坦	土库曼斯坦	乌兹别克斯坦
2003	157190	24516	2081	7883	14678
2004	221181	49274	5356	8455	17244
2005	389675	86715	14374	9088	23006
2006	475048	211279	30578	16257	40615
2007	744586	366554	51377	30254	76474
2008	982451	921205	147968	80194	127781

年份	哈萨克斯坦	吉尔吉斯斯坦	塔吉克斯坦	土库曼斯坦	乌兹别克斯坦
2009	783345	528107	122168	91871	156998
2010	932007	412751	137650	52512	118102
2011	956653	487829	199678	78416	135924
2012	1100073	507337	174787	169912	178334
2013	1254512	507535	186936	113764	261336
2014	1270985	524252	246824	95428	267821

资料来源：《中国统计年鉴》（2004~2015）。

根据表 7-12 的输出结果，可以写出中国对中亚五国出口固定效应变截距模型的估计结果：

$$LNEX_{it} = 7.7145 + \alpha_i^* + 0.4361 LNFDI_{it} \quad i = 1, 2, 3, 4, 5 \quad t = 2003, 2004, \cdots, 2014$$

$R^2 = 0.8388$　对数似然值 LR = -55.1429　DW = 0.4832

固定效应 α_i^*：哈萨克斯坦为 0.7503，吉尔吉斯斯坦为 0.4895，塔吉克斯坦为 -0.8253，土库曼斯坦为 -0.3232，乌兹别克斯坦为 -0.0914。

表 7-12　中国对中亚五国直接投资的出口效应

Variable	Coefficient	Std. Error	t - Statistic	Prob.
C	7.7145	0.3729	20.6880	0.0000
LNFDI	0.4361	0.0394	11.0658	0.0000
Fixed Effects（Cross）		Weighted Statistics		
_ HA—C	0.7503	R - squared		0.8388
_ JI—C	0.4895	Log likelihood		-55.1429
_ TA—C	-0.8253	F - statistic		56.2132
_ TU—C	-0.3232	Prob（F - statistic）		0.0000
_ WU—C	-0.0914	Durbin - Watson stat		0.4832

从回归结果可以看出，方程的拟合优度较好，常数项 C 和解释变量 FDI 的估计值分别为 7.7145 和 0.4361，它们的 T 统计量都非常显著。常数项 C 表示中国对中亚五国的平均自发出口水平，从 Fixed Effects（Cross）中可以看出中国对每个国家的自发出口水平存在显著差异，哈萨克斯坦为 0.7503，吉尔吉斯斯坦为 0.4895，塔吉克斯坦为 -0.8253，土库曼斯坦为 -0.3232，乌兹别克斯坦为

－0.0914，其中中国对哈萨克斯坦出口的自发水平最高，其次是吉尔吉斯斯坦、乌兹别克斯坦、土库曼斯坦，塔吉克斯坦最小，这符合中国对这五个国家出口的实际情况；解释变量 FDI 系数为正，表明中国对中亚五国的直接投资存量对中国对中亚五国的出口有正向影响。对于中亚五国的任何一个国家而言，若中国对其直接投资存量增加1%，则中国对其出口将增加0.4361%。

（2）中国对中亚五国直接投资的进口效应。从进口角度，选取中国对中亚五国直接投资存量作为自变量，中国从中亚五国的进口额为因变量，如表7－13所示，运用2003～2014年的面板数据进行实证分析中国对中亚五国直接投资的进口效应。

表7－13　　中国从中亚五国的进口额　　　　　　单位：万美元

年份	哈萨克斯坦	吉尔吉斯斯坦	塔吉克斯坦	土库曼斯坦	乌兹别克斯坦
2003	171998	6914	1801	410	20025
2004	228627	10955	1537	1389	40307
2005	290936	10505	1420	1908	45050
2006	360727	11292	1800	1601	56594
2007	643191	11369	1028	5014	36345
2008	772783	12133	2024	2844	32888
2009	629568	4921	18502	3873	35089
2010	1112845	7212	5606	104452	130224
2011	1539470	9816	7223	469317	80737
2012	1468084	8895	10883	867338	109185
2013	1605084	6235	8875	889326	193809
2014	974182	5542	4770	951616	159791

资料来源：《中国统计年鉴》（2004～2015）。

根据表7－14的输出结果，可以写出中国对中亚五国进口固定效应变截距模型的估计结果：

$$\text{LN}IM_{it} = 5.7537 + \alpha_i^* + 0.4934\text{LN}FDI_{it} \quad i = 1, 2, 3, 4, 5 \quad t = 2003, 2004, \cdots, 2014$$

$R^2 = 0.8164$　对数似然值 LR ＝ －84.0978　DW ＝ 0.7146

固定效应 α_i^*：哈萨克斯坦为2.0540，吉尔吉斯斯坦为－1.5473，塔吉克斯坦为－2.1398，土库曼斯坦为0.5098，乌兹别克斯坦为1.1233。

表 7 – 14　中国对中亚五国直接投资的进口效应

Variable	Coefficient	Std. Error	t – Statistic	Prob.
C	5. 7537	0. 6042	9. 5231	0. 0000
LN*FDI*	0. 4934	0. 0639	7. 7268	0. 0000
Fixed Effects （Cross）		Weighted Statistics		
_ HA—C	2. 0540	R – squared		0. 8167
_ JI—C	– 1. 5473	Log likelihood		– 84. 0978
_ TA—C	– 2. 1398	F – statistic		48. 1099
_ TU—C	0. 5098	Prob （F – statistic）		0. 0000
_ WU—C	1. 1233	Durbin – Watson stat		0. 7146

从回归结果可以看出，方程的拟合优度较好，常数项 C 和解释变量 FDI 的估计值分别为 5.7537 和 0.4934，它们的 T 统计量都非常显著。常数项 C 表示中国从中亚五国的平均自发进口水平，从 Fixed Effects （Cross） 中可以看出中国从每个国家的自发进口水平存在显著差异，中国从哈萨克斯坦进口的自发水平最高，其次是乌兹别克斯坦、土库曼斯坦、吉尔吉斯斯坦，塔吉克斯坦最小，这符合中国从这五个国家进口的实际情况；解释变量 FDI 系数为正，表明中国对中亚五国的直接投资存量对中国从中亚五国的进口有正向影响。对于中亚五国的任何一个国家而言，若中国对其直接投资存量增加 1%，则中国从其进口将增加 0.4934%。根据两个方程 FDI 系数可知，进口效应大于出口效应约 0.06 个百分点。

4. 增加就业

对外直接投资对母国就业的影响主要是围绕着对外直接投资对就业的替代效应、补充效应以及对就业区位分布的影响来进行的①。

对外直接投资对母国就业的影响主要表现为刺激效应和替代效应。刺激效应是指由于对外直接投资使产品的出口增加，进而带动国内就业机会的增加。替代效应是指由于对外直接投资使国内进行的生产活动减少，进而导致就业机会的减少。当刺激效应大于替代效应时，对外直接投资将增加母国的就业机会；反之将会减少母国的就业机会。根据各国经验来看，对外直接投资对母国就业的影响在多数情况下表现为刺激效应。

据《中国对外直接投资统计公报》数据，截至 2014 年末，境外企业员工总数达 185.5 万人，其中雇用外方员工 83.3 万人，来自发达国家的雇员有 13.5 万

---

① 申恩威，王婉如. 对外直接投资理论综述 ［A］//冯雷，夏先良. 中国国际商务理论前沿 （7）［M］. 北京：社会科学文献出版社，2014.

人，较 2013 年末增加 3.3 万人。可以看出，境外企业本国员工在百万人以上，对双方国家的就业均是双赢结果，对于中国，由于多以子公司等形式开展对外直接投资活动，对国内的就业替代效应并不明显。

二、投资便利化测评指标体系的构建与评价方法

倡导投资便利化是国际社会的共识，因此对投资便利化的测量，作为衡量国家投资便利化水平的重要工具，已经成为世界各国政府及学术界致力于解决的问题。

1. 投资便利化测评指标体系构建的依据

目前，理论界及各种政府和国际社会组织提供了众多对投资便利化测量的指标，建立了各具侧重点的指标体系。

亚太经合组织投资便利化行动计划中，确定对投资便利化的测量提出八个原则[1]：①促进投资相关政策在制定和管理中的可及性和透明度；②增强投资环境的稳定性、财产的安全性和保护投资；③提高投资相关政策的可预测性和一致性；④提高投资程序的效率和效益；⑤构建建设性的利益相关者关系；⑥利用新技术改善投资环境；⑦建立投资政策的监测和审查机制；⑧加强国际合作。这八个原则旨在建立透明度、安全性、一致性、高效性、包容性和合作性的充满活力的投资环境。

世界银行（World Bank）的营商指标（The Doing Business，DB）可以用来描述在 IFAP 原则下行动的实施进展，DB 通过"启动业务，办理施工许可证，获得电力，登记财产，获得信贷，保护投资者，纳税，跨越国界，执行合同，解决破产问题"[2] 等方面的评估结果可以反映影响国内企业的 183 个经济体的法规及其在 10 大经济体内商业管制的排名。同时，DB 2013 报告中被称为 "Distance to Frontier" 的测量中可以显示出国家政策的持续改进情况[3]。联合国贸易和发展会议世界投资报告（WIR）中吸引外商直接投资指数和潜力指数，也可以描述 IFAP 具体的实施进展[4]。贸发会议的世界投资前景调查，虽然并不是一个定量预测，但是提供了在调查期间受访者对今后三年外国直接投资模式见解的一个评估[5]。

---

① IFAP Implementation in Facilitating Investment for the Asia Pacific Region，2014：32，全文下载于 APEC 官方网站。

②③ IFAP Implementation in Facilitating Investment for the Asia Pacific Region，2013：5，全文下载于 APEC 官方网站。

④ IFAP Implementation in Facilitating Investment for the Asia Pacific Region，2013：6，全文下载于 APEC 官方网站。

⑤ IFAP Implementation in Facilitating Investment for the Asia Pacific Region，2013：9，全文下载于 APEC 官方网站。

从亚太经合组织定义的投资便利化概念可以看出，在一个跨国直接投资的完整过程中的各个阶段，最大程度地降低投资者所遇到的各种障碍，最大程度地服务于投资者享有的合法利益，最大程度地营造透明、简洁和可预见的投资环境是投资便利化进程的主旨。

企业是跨国直接投资的载体，在企业进行一个完整的跨国投资行为时，国家和国家之间、国家与企业之间发生着基于各自利益的行为（或者说行动），在这个充斥着博弈行为的过程中，东道国（B国）在多大程度上使企业（A国企业）更容易地跨越两国（A国和B国）间障碍壁垒的过程，即东道国降低壁垒、开放市场的过程，就是B国投资便利化行动的过程及进展水平，跨国直接投资便利化进程中政府、企业与市场的关系如图7-10所示。投资便利化的推进，本质上是追求投资有效流动和收益最大化，即企业获利（企业成长）和市场繁荣（经济发展）。但是，B国在引入外国企业投资的过程中，一方面受限于本国经济发展水平；另一方面要基于自身利益最大化而愿意采取的旨在推进投资便利化的最大行政努力，这些最大努力，包括B国所进行的国际间政府合作、为本国市场提供服务的程度以及对外国投资企业的态度（法律法规政策措施）。鉴于以上对跨国直接投资中以政府为代表的国家、企业及市场之间关系的考量，以及对投资便利化进程的内涵解析，本课题认为政府、市场和企业是投资活动的关键要素，政府对企业投资的态度和行动力是造成企业营商环境、市场开放程度及基础设施建设力度的重要影响因素。

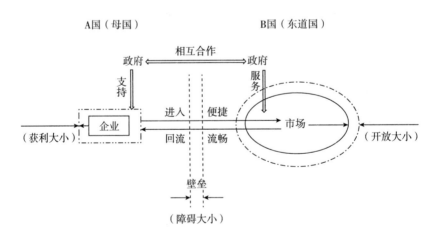

图7-10　跨国直接投资中的政府、企业与市场

2. 投资便利化测评指标体系的建构及说明

建立如表7-15所示的投资便利化指标体系。

表 7 - 15　投资便利化测评指标体系

一级指标	二级指标	数据来源	指标性质
市场开放（A_1）	市场准入（B_1）	GETR	正指标
	对外开放（B_2）	GETR	正指标
基础承载（A_2）	市场规模（B_3）	GCR	正指标
	基础设施（B_4）	GCR	正指标
营商环境（A_3）	启动经营的手续（B_5）	GCR	逆指标
	启动经营的天数（B_6）	GCR	逆指标
	获得贷款便利（B_7）	GCR	正指标
	外国所有权发生率（B_8）	GCR	正指标
	营商便利程度（B_9）	DTF Score	正指标
政府行动（A_4）	政府决策的透明度（B_{10}）	GCR	正指标
	保护投资者的力量（B_{11}）	GCR	正指标
	解决争端法律框架的效率（B_{12}）	GCR	正指标
	不定期付款和贿赂（B_{13}）	GCR	正指标
	公共机构效率和问责（B_{14}）	GETR	正指标

注：GETR 是指世界经济论坛发布的《全球促进贸易报告》，GCR 是指世界经济论坛发布的《全球竞争力报告》，DTF Score 是指世界银行《营商环境报告》。

（1）市场开放。主要是出于考察国与国之间存在的交易壁垒或者说是交易成本，目的在于观测企业进入东道国的便捷程度，即遇到的障碍大小，这主要从东道国采取的关税政策和市场开放程度两方面进行考察。

关税是衡量一个国家市场准入政策最简洁的指标。市场准入包括国内市场准入和国外市场准入两个方面的衡量。在国内市场准入中，从关税税率、关税的复杂性指数和免税进口份额三个方面考察。而国外市场准入则是从面临的关税和目的地市场的边际偏好指数两方面衡量。关税税率高、税种多都意味着市场准入受限程度高。

对外开放是考察东道国的市场开放程度，这里包含雇用外国劳动力的便利程度、外商直接投资规则对企业的影响以及多边贸易规则的开放性。

（2）基础承载。主要反映一个国家经济承载能力（承载和推动企业发展的能力）和基础设施承载能力的体现。

一个国家的经济发展水平与投资贸易具有双向影响作用，经济发展水平高的市场对投资便利化有促进作用。宏观经济的稳定性对商业十分重要。克鲁格曼提出的新贸易理论认为，在一个不完全竞争的世界，贸易和投资源于聚集效应的外部经济和源于内部能力的内部经济所驱动①，这里的外部经济就取决于市场规模的大小。

(3) 营商环境。反映企业从启动经营活动到结束企业生命全过程所面临的应对各种可能发生的影响企业经营活动的行为及环境，这是企业进入市场后机制影响企业的具体体现。因为机制影响投资决策和生产组织，并在社会利益分配、发展战略和政策的成本承担中发挥关键作用②。

启动经营的手续和启动经营的天数反映企业启动经营活动的便利程度。获得贷款便利反映企业资金筹集能力的便利程度。外国所有权发生率反映企业获得东道国所有权认可的程度。营商便利程度反映企业经营的便利程度。

(4) 政府行动。政府行动是政府为吸引外资，在投资周期的全部阶段使其管理的有效性和效率达到最大化的一系列行动，是对接受外国企业投资的态度及政府行动能力和执政效率的具体体现，是企业营商环境、市场开放程度及基础设施建设力度的重要影响因素。

政府决策的透明度是促进投资便利化原则"透明性和可预测性"的具体体现。保护投资者的力量是政府对接受外国企业投资的态度及保护投资者的行政力度。解决争端法律框架的效率反映东道国的制度健全性及行政效率。不定期付款和贿赂反映东道国促进投资便利化原则"透明性、简单性和可预测性"的程度，揭示企业运营隐性成本及政府行政能力和效率。公共机构效率和问责反映政府行动的能力和效率，隐含企业经营的时间效率和时间成本。

正指标表明指标得分越高，其所代表的指标情况就越好，逆指标反之。例如，正指标"政府决策的透明度"，其指标数值在 1~7，数值越高，说明政府决策透明度越高；而逆指标"启动经营的天数"，其天数越大，说明企业启动经营情况越差。

3. 投资便利化评价指标体系的评价方法

对投资便利化评价指标的权重，采用 AHP 法确定权重，其原理同前所述。

本书以投资便利化评价指标体系中一级指标为例构造比较判断矩阵，通过投资便利化相关文献的查阅以及专家学者的评价，建立比较判断矩阵，如表 7-16 所示。

表 7-16　投资便利化测评指标体系一级指标比较判断矩阵

	市场开放 (A_1)	基础承载 (A_2)	营商环境 (A_3)	政府行动 (A_4)
市场开放 (A_1)	1	3	1/3	1/2
基础承载 (A_2)	1/3	1	1/3	1/3
营商环境 (A_3)	3	3	1	2
政府行动 (A_4)	2	3	1/2	1

---

① 郭波，吴平，穆鹏. 中国近年来 FDI 迅猛增长的原因与动因分析 [J]. 经济研究导刊，2011 (5)：93-95.

② The Global Competitiveness Report 2015-2016 [R]. World Economic Forum, 2015, 35.

通过计算求解判断矩阵，得到四个一级指标的权重如下：市场开放 A_1 = 0.18；基础承载 A_2 = 0.09；营商环境 A_3 = 0.44；政府行动 A_4 = 0.28。与权重向量所对应的最大特征值为 4.14，对其进行一致性检验，得到 CR = 0.053 < 0.1，通过一致性检验。

同理，通过二级指标的判断矩阵（略），得到二级指标的赋权结果，如表 7 - 17 所示。

表 7 - 17　投资便利化测评指标体系赋权结果

一级指标	一级指标赋权	二级指标	二级指标赋权
市场开放（A_1）	0.18	市场准入（B_1）	0.090
		对外开放（B_2）	0.090
基础承载（A_2）	0.09	市场规模（B_3）	0.030
		基础设施（B_4）	0.060
营商环境（A_3）	0.44	启动经营的手续（B_5）	0.088
		启动经营的天数（B_6）	0.088
		获得贷款便利（B_7）	0.088
		外国所有权发生率（B_8）	0.088
		营商便利程度（B_9）	0.088
政府行动（A_4）	0.28	政府决策的透明度（B_{10}）	0.056
		保护投资者的力量（B_{11}）	0.056
		解决争端法律框架的效率（B_{12}）	0.056
		不定期付款和贿赂（B_{13}）	0.056
		公共机构效率和问责（B_{14}）	0.056

三、投资便利化综合水平评价与问题分析

采集 2011 ~ 2015 年《全球促进贸易报告》《全球竞争力报告》和《营商环境报告》，得到中国、哈萨克斯坦、吉尔吉斯斯坦和塔吉克斯坦的相关数据，原始数据如附表 7 - 1 所示（土库曼斯坦数据缺失，乌兹别克斯坦仅有个别数据，塔吉克斯坦有个别数据缺失）。

所有原始数据均进行数据标准化处理，所采用公式如下：

正指标：（观测值 - 最小值）/（最大值 - 最小值）

逆指标：（最大值 - 观测值）/（最大值 - 最小值）

采用层次分析法，得到本书所建立的投资便利化测评指标体系的评价结果（所有基础数据和评价值如附表 7 - 1 和附表 7 - 2 所示）。

1. 中国与中亚五国投资便利化水平评价

2011～2015 年，中国与中亚五国投资便利化水平测评结果及其排名如图 7 -
11 和图 7 - 12 所示。六个国家之间呈现着比较明显的差异化水平。

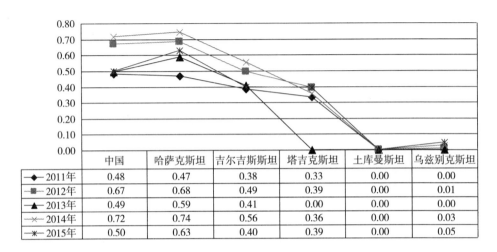

	中国	哈萨克斯坦	吉尔吉斯斯坦	塔吉克斯坦	土库曼斯坦	乌兹别克斯坦
◆ 2011年	0.48	0.47	0.38	0.33	0.00	0.00
■ 2012年	0.67	0.68	0.49	0.39	0.00	0.01
▲ 2013年	0.49	0.59	0.41	0.00	0.00	0.00
✕ 2014年	0.72	0.74	0.56	0.36	0.00	0.03
✱ 2015年	0.50	0.63	0.40	0.39	0.00	0.05

图 7 - 11 2011～2015 年中国与中亚国家投资便利化测评结果

注：2012 年和 2014 年数据具有可比性，2011 年、2013 年和 2015 年数据具有可比性。

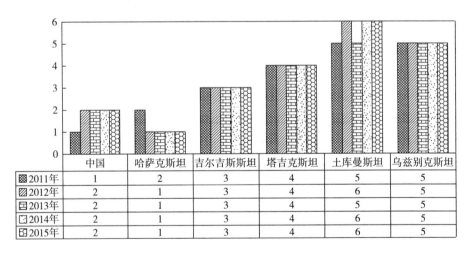

	中国	哈萨克斯坦	吉尔吉斯斯坦	塔吉克斯坦	土库曼斯坦	乌兹别克斯坦
2011年	1	2	3	4	5	5
2012年	2	1	3	4	6	5
2013年	2	1	3	4	5	5
2014年	2	1	3	4	6	5
2015年	2	1	3	4	6	5

图 7 - 12 2011～2015 年中国与中亚国家投资便利化测平结果排名

中国投资便利化水平呈现逐年增高的趋势，2011 年、2013 年和 2015 年，便
利化评价指标值呈现 0.48、0.49 和 0.50 的增高态势，增长率达到 2.0% 和
1.5%；2012 年和 2014 年，便利化评价指标值由 0.67 上升至 0.72，增长率达到

7.3%。在六个国家中，2011 年排名第 1 位，之后 2012～2015 年均位居第 2 位（由于 2011 年、2013 年和 2015 年的评价指标相同，2012 年和 2014 年的评价指标相同，因此 2011 年、2013 年和 2015 年的数据及排名具有可比性，2012 年和 2014 年的数据及排名具有可比性，以下无特别说明均如此）。

哈萨克斯坦投资便利化水平亦呈现逐年增高的趋势，且增长的幅度均大于中国的增长幅度。2011 年、2013 年和 2015 年，便利化评价指标值呈现 0.47、0.59 和 0.63 的增高态势，增长率达到 25.7% 和 6.7%；2012 年和 2014 年，便利化评价指标值由 0.68 上升至 0.74，增长率达到 9.2%。在六个国家中，2011 年排名第 2 位，之后 2012～2015 年均位居第 1 位。

吉尔吉斯斯坦投资便利化水平基本呈现逐年增高的趋势，2011 年、2013 年和 2015 年，便利化评价指标值分别为 0.38、0.41 和 0.40，增长率分别为 6.2% 和 -2.5%；2012 年和 2014 年，便利化评价指标值由 0.49 上升至 0.56，增长率达到 12.6%。在六个国家中，排名始终位居第 3 位。

塔吉克斯坦投资便利化水平呈现一定的改善程度，由于 2013 年塔吉克斯坦仅有一个指标数据，即营商便利程度，为 48.4，在全球 189 个国家和地区中排名第 143 位，其他 13 个二级指标全部空缺，因此，塔吉克斯坦 2013 年的投资便利化水平评价值为零。2011 年和 2015 年，塔吉克斯坦投资便利化评价指标值分别为 0.33 和 0.39；2012 年和 2014 年，便利化评价指标值由 0.39 下降至 0.36，降幅达 9.1%。在 6 个国家中，排名始终位居第 4 位。

乌兹别克斯坦也缺乏数据支撑，仅在世界银行发布的《营商环境报告》中的"营商便利程度"反映了乌兹别克斯坦企业面临的监管情况，虽然比较的经济体从 2011 年的 183 个扩展到 2015 年的 189 个，但乌兹别克斯坦的营商便利程度排名从 2011 年的第 166 位逐年提升，2012～2015 年分别排名第 154 位、第 146 位、第 141 位和第 87 位，说明乌兹别克斯坦为企业层面的营商法规采取了较有成效的行动措施。在本书的投资便利化评价指标体系中，乌兹别克斯坦始终居于第 5 位。

土库曼斯坦由于缺失所有数据，因此不进行评价。

如图 7-11、图 7-12 及以上分析所示，中国和中亚五国投资便利化水平大致有三个层次，居于第一个层次水平的是哈萨克斯坦和中国，这两个国家投资便利化水平大致相当，较其他四个国家具有明显的优势；居于第二个层次水平的是吉尔吉斯斯坦和塔吉克斯坦，这两个国家投资便利化水平大致相当，在六个国家中明显处于中间水平；居于第三个层次水平的是乌兹别克斯坦和土库曼斯坦，这两个国家在世界范围内还鲜有统计数据（如《全球竞争力报告》《全球促进贸易报告》和《营商环境报告》），说明这两个国家的综合竞争力、贸易发展水平及国内企业的监管水平还没有得到世界性的注意力，国家投资便利化水平还处于较低的状态。

从图 7－13 和图 7－14 可以更直观地看出，中国和哈萨克斯坦投资便利化水平明显处于第一个层次，并且哈萨克斯坦投资便利化水平提升得更快；吉尔吉斯斯坦和塔吉克斯坦投资便利化水平处于第二个层次，并且吉尔吉斯斯坦投资便利化水平相对更高；土库曼斯坦和乌兹别克斯坦投资便利化水平则明显处于第三个层次水平。

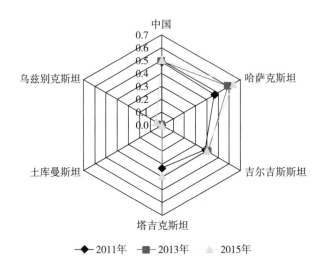

图 7－13　中国与中亚国家投资便利化测评结果（上）

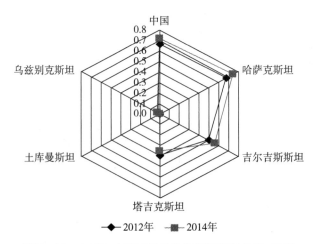

图 7－14　中国与中亚国家投资便利化测评结果（下）

2. 中国与中亚国家投资便利化水平的问题分析

本书投资便利化水平评价指标体系一级指标分别是市场开放、基础承载、营商环境和政府行动。

（1）一级指标"市场开放"。中国、哈萨克斯坦和吉尔吉斯斯坦三国的评价值和排名如图 7 - 15 所示（塔吉克斯坦、土库曼斯坦和乌兹别克斯坦三国由于数据缺失未列入图表，以下分析无特别说明皆如此；未列入图表的年份均为数据缺失，以下分析无特别说明皆如此）。

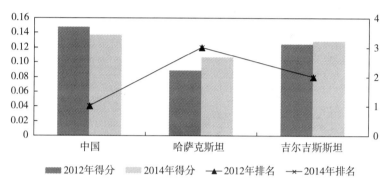

图 7 - 15 中国与中亚国家"市场开放"测评结果

如图 7 - 15 所示，中国的"市场开放"指标由 2012 年的 0.148 下降至 2014 年的 0.137；哈萨克斯坦和吉尔吉斯斯坦的"市场开放"指标均呈现上升趋势，分别由 2012 年的 0.088 上升为 2014 年的 0.107 以及由 2012 年的 0.125 上升为 2014 年的 0.129。由此可以看出以下三点：①对于"市场开放"程度而言，中国虽然有下降的趋势，但是其"市场开放"水平仍居明显优势；而"市场开放"下降的原因，在于"市场开放"下的二级指标"市场准入"，中国由 2012 年世界排名第 108 位，下降为 2014 年的第 119 位，即中国的"市场准入"限制增高。②哈萨克斯坦"市场开放"增幅最大，其一级指标"市场开放"下的二级指标"市场准入"和"对外开放"世界排名分别由第 120 位和第 102 位提升为第 108 位和第 72 位，均呈现上升趋势；但哈萨克斯坦"市场开放"水平居于 3 个比较国家的第 3 位。③吉尔吉斯斯坦"市场开放"水平居于 3 个国家的第 2 位，其"市场准入"和"对外开放"的世界排名分别由第 39 位和第 115 位提升为第 32 位和第 108 位，因此"市场开放"指标水平呈现小幅提升态势。

（2）一级指标"基础承载"。中国、哈萨克斯坦、吉尔吉斯斯坦和塔吉克斯坦的测评结果如图 7 - 16 所示，排名结果如图 7 - 17 所示。

如图 7 - 16 所示，对于一级指标"基础承载"而言，中国、哈萨克斯坦、吉尔吉斯斯坦和塔吉克斯坦四国呈现出十分显著的三种水平，中国处于明显的最高水平，"基础承载"指标评价值较高，五年间基本处于同一水平；哈萨克斯坦"基础承载"指标评价值在四个国家中明显处于中等水平，五年间水平略有提升；吉尔吉斯斯坦和塔吉克斯坦两国"基础承载"指标评价值非常小，处于最低水平。

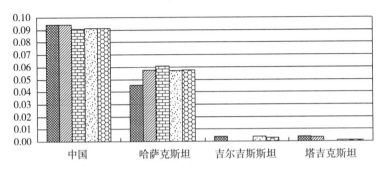

图 7－16　中国与中亚国家"基础承载"测评结果

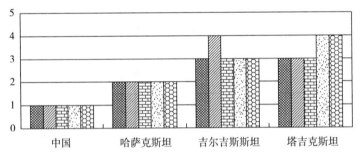

图 7－17　中国与中亚国家"基础承载"测评结果排名

由图 7－16 和图 7－17 可以得到如下结论：①中国"基础承载"指标评价值位居四国的第 1 位，虽然评价值由 2011 年的 0.094 略微下降至 2015 年的 0.091，但"基础承载"优势十分明显，这源于中国具有庞大的"市场规模"，市场规模始终居世界第 2 位，到 2015 年上升至世界第 1 位；同时，中国"基础设施"建设水平由 2011 年的居世界第 44 位上升至 2015 年的第 39 位，因此，中国具有较强的基础承载能力。②哈萨克斯坦"基础承载"指标评价值位居四个国家的第 2 位，指标评价值由 2011 年的 0.045 明显增加至 2015 年的 0.058。观察一级指标"基础承载"下的二级指标"市场规模"和"基础设施"，哈萨克斯坦的市场规模由 2011 年排名世界第 55 位，以后逐年提升，至 2015 年上升至世界第 46 位；而基础设施由 2011 年的世界排名第 82 位逐年提升至 2015 年的世界第 50 位，增长明显。③吉尔吉斯斯坦的市场规模改善程度不显著，基本徘徊在世界排名第 118 位，而基础设施的世界排名也保持在第 114 位，因此吉尔吉斯斯坦的基础承载水平较低，改善程度不大。④塔吉克斯坦的基础承载水平也十分低，其市场规模的世界排名缓慢提升至第 111 位，而基础设施的世界排名则是缓慢下降至第 120 位。

投资便利化体系中基础承载的水平，中国具有显著优势，国际排名突出；哈萨克斯坦具有稳定的优势，国际排名基本位于 1/4 强；吉尔吉斯斯坦和塔吉克斯坦的基础承载水平较弱，在世界 189 个经济体排名中居于第 110 位之后。

（3）一级指标"营商环境"。"营商环境"在投资便利化测评指标体系中具有最大的权重（0.44），因此具有显著的重要性。"营商环境"指标下包含的二级指标分别为启动经营的手续、启动经营的天数、获得贷款的便利、外国所有权发生率及营商便利程度。其中，"启动经营的手续"和"启动经营的天数"为逆指标，即原始数据越大，其所反映的企业开启经营的便利程度就越低。中国和中亚国家的"营商环境"测评结果如图 7 - 18 所示，其排名状况如图 7 - 19 所示。

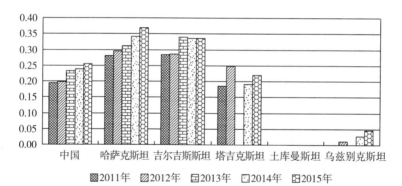

图 7 - 18　2011～2015 年中国与中亚国家"营商环境"测评结果

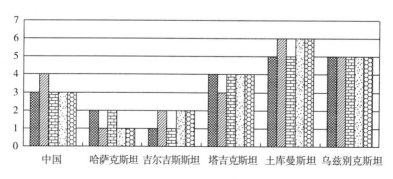

图 7 - 19　2011～2015 年中国与中亚国家"营商环境"测评结果排名

分析图 7–18 和图 7–19，所得结论如下：

第一，中国的"营商环境"评价值由 2011 年的 0.195，逐年递增至 2015 年的 0.255，年均增长 4.8%。观察中国"营商环境"下二级指标的原始数据，可以发现，中国的"启动经营的手续""启动经营的天数"和"营商便利程度"是最具短板的 3 个指标。中国"启动经营的手续"由 2011 年的 14 个减少至 2015 年的 11 个，5 年均值为 13 个，世界排名由 2011 年的第 131 位上升至 2015 年的第 123 位，平均排名为 131.6 位；"启动经营的天数"由 2011 年的 38 天减少至 2015 年的 31.4 天，5 年均值为 34.7 天，世界排名由 2011 年的第 112 位下降至 2015 年的第 117 位，平均排名为 114.6 位；"营商便利程度"的世界排名由 2011 年的第 91 位上升至 2015 年的第 84 位，平均排名为 90.4 位。上述 3 个指标与中亚国家的数据相比，呈现显著的差距，亟须较大程度的改善。与此相反，中国"获得贷款的便利程度"提升较快，且与中亚国家相比具有显著优势，其世界排名由 2011 年的第 45 位上升至 2015 年的第 21 位。综上所述，中国与中亚五个国家相比，"营商环境"居于第 3 位（仅在 2012 年居于第 4 位，详见图 7–19）。

第二，哈萨克斯坦的"营商环境"评价值由 2011 年的 0.281，逐年递增至 2015 年的 0.370，年均增长 6.8%。观察哈萨克斯坦"营商环境"下二级指标的原始数据，"启动经营的手续"自 2011 年至 2015 年始终保持为 6 个，但世界排名由 2011 年的第 34 位下降至 2015 年的第 57 位；"启动经营的天数"由 2011 年的 19 天减少至 2015 年的 10 天，世界排名由 2011 年的第 74 位提升至 2015 年的第 53 位；"获得贷款的便利程度"由 2011 年的 2.1 增长为 2015 年的 3.2，世界排名快速地由第 120 位跃升至第 44 位；"外国所有权发生率"基本保持在 4.1，2015 年的世界排名为第 97 位；"营商便利程度"的世界排名由 2011 年的第 47 位上升至 2015 年的第 41 位。综上所述，哈萨克斯坦的"营商环境"逐年稳定递增，改善效果明显，2012 年、2014 年和 2015 年在六个国家中排名第 1 位，2011 年和 2013 年在六个国家中排名第 2 位。

第三，吉尔吉斯斯坦的"营商环境"评价值由 2011 年的 0.284，逐年递增至 2015 年的 0.335，年均增长 1.5%。观察吉尔吉斯斯坦"营商环境"下二级指标的原始数据，"启动经营的手续"自 2011 年至 2015 年始终保持为 2 个，世界排名始终居于第 3 位，保持绝对的优势；"启动经营的天数"由 2011 年的 10 天减少至 2015 年的 8 天，世界排名由 2011 年的第 40 位下降至 2015 年的第 42 位；"获得贷款的便利程度"由 2011 年的 1.9 增长为 2015 年的 2.3，世界排名由 2011 年的第 131 位上升至 2015 年的第 113 位；"外国所有权发生率"由 2011 年的 3.3 提高至 2015 年的 3.8，世界排名由 2011 年的第 132 位上升至 2015 年的第 109 位；"营商便利程度"的世界排名由 2011 年的第 70 位上升至

2015 年的第 67 位。综上所述，吉尔吉斯斯坦的"营商环境"有显著增长，2011 年和 2013 年在六个国家中排名第 1 位，2012 年、2014 年和 2015 年在六个国家中排名第 2 位。

第四，塔吉克斯坦的"营商环境"评价值由 2011 年的 0.186，上升至 2015 年的 0.220。塔吉克斯坦"营商环境"下二级指标的原始数据，"启动经营的手续"自 2011 年的 8 个手续减少至 2015 年的 4 个手续，世界排名由 2011 年的第 78 位显著提升至 2015 年的第 22 位，改善显著，优势明显；"启动经营的天数"却由 2011 年的 27 天增加至 2015 年的 39 天，世界排名也由 2011 年的第 91 位下降至 2015 年的第 126 位，便利化程度出现明显的阻力；"获得贷款的便利程度"由 2011 年的 2.8 增长为 2015 年的 3.6，世界排名由 2011 年的第 64 位提升至 2015 年的第 22 位，具有明显优势；"外国所有权发生率"基本保持在 3.5，世界排名由 2011 年的第 130 位上升至 2015 年的第 121 位；"营商便利程度"的世界排名由 2011 年的第 147 位上升至 2015 年的第 132 位。塔吉克斯坦的"营商环境"在波动中所有改善，在六个国家中的排名基本居于第 4 位，略逊于中国"营商环境"评价值。

第五，乌兹别克斯坦仅有"营商环境"下二级指标"营商便利程度"的数据，其世界排名由 2011 年的第 166 位逐年稳定提升至 2014 年的第 141 位，在 2015 年，排名迅速提升至世界第 87 位，改善十分显著，仅对"营商便利程度"这一指标进行比较，其排名在六国中在 2013 年前均处于末位，但在 2014 年和 2015 年超越塔吉克斯坦的世界排名，并于 2015 年在世界排名第 87 位，十分接近当年中国的世界排名第 84 位，改善明显。

第六，土库曼斯坦数据缺失，暂无法比较。

（4）一级指标"政府行动"。"政府行动"在投资便利化测评指标体系中权重为 0.28，在 4 个一级指标中权重居于第 2 位，因此也具有明显的重要性。"政府行动"指标下包含的二级指标分别为：政府决策的透明度、保护投资者的力量、解决争端法律框架的效率、不定期付款和贿赂以及公共机构效率和问责。中国和中亚国家的"营商环境"测评结果如图 7 - 20 所示，其排名状况如图 7 - 21 所示。分析图 7 - 20 和图 7 - 21，所得结论如下：

第一，中国的"政府行动"评价值由 2011 年的 0.194，下降至 2013 年的 0.169，再下降至 2015 年的 0.154，在 3 年具有可比性的评价值持续降低，在六个国家的排名也由 2011 年的第 1 名下降至 2013 年的第 2 名，再下降至 2015 年的第 3 名；而在增加"公共机构效率和问责"指标下的 2012 年和 2014 年的"政府行动"评价中，中国的评价值由 2012 年的 0.228 提高至 2014 年的 0.251，六国排名也由 2012 年的第 2 位上升至 2014 年的第 1 位，由此，可以

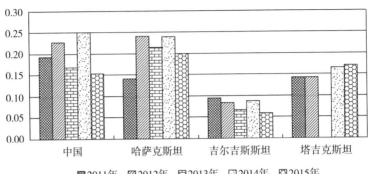

图 7-20　2011～2015 年中国与中亚国家"政府行动"测评结果

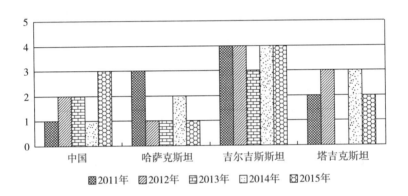

图 7-21　2011～2015 年中国与中亚国家"政府行动"测评结果排名

看出，中国的"公共机构效率和问责"指标值较高，优势比较明显。另外具有一定优势的指标是"解决争端法律框架的效率"和"政府决策的透明度"。相比较，中国"保护投资者的力量"指标数据的世界排名由 2011 年的第 77 位下降至 2015 年的第 110 位，下降比较明显，凸显出中国在"保护投资者的力量"的不足。

第二，哈萨克斯坦的"政府行动"评价值由 2011 年的 0.142，上升至 2013 年的 0.216，再下降至 2015 年的 0.200，评价值有提升也有下降，在六个国家的排名由 2011 年的第 3 位，提升至 2013 年的第 1 位和 2015 年的第 1 位；而在增加"公共机构效率和问责"指标下的 2012 年和 2014 年的"政府行动"评价中，哈萨克斯坦在 2012 年的评价值为 0.241，2015 年为 0.240，略微呈现下降趋势，在六国的排名也由 2012 年的第 1 位下降至 2014 年的第 2 位。哈萨克斯坦的"政府决策的透明度""保护投资者的力量""解决争端法律框架的效率"和"不定期付款和贿赂"4个指标的世界排名均呈现较快的提升趋势，世界排名分别由2011年的第53位、第36位、第87位和第99位提升为2015年的第30位、第25位、第48位和第64位，改善程度和改善状况很明显。但是，需要指出的是，哈萨克斯坦的"不定期付款和贿赂"虽呈改善状态，但是其世界排名较为明显地低于中国和其他中亚国家，是一个提升投资便利化亟须改善的地方；同时，哈萨克斯坦的"公共机构效率和问责"的世界排名由2012年的第66位下降至2014年的第82位，是5个指标中唯一呈现下降趋势的指标，要予以重视和增强改善能力。

第三，吉尔吉斯斯坦的"政府行动"评价值由2011年的0.094，下降至2013年的0.067，再下降至2015年的0.058，评价值持续下降趋势明显；而在增加"公共机构效率和问责"指标下的2012年和2014年的"政府行动"评价中，吉尔吉斯斯坦在2012年的评价值为0.083，2015年为0.088，略微增高，在六国的排名基本处于第4位的水平，仅在2013年居于第3位。吉尔吉斯斯坦的"政府决策的透明度"与六国相比具有明显的劣势，并且世界排名由2011年的第67位下降至2015年的第95位，下降趋势明显且下降幅度较大。"解决争端法律框架的效率"和"不定期付款和贿赂"也是吉尔吉斯斯坦具有明显劣势的指标，世界排名均在百位之后，但排名呈现逐年提升的趋势，"解决争端法律框架的效率"和"不定期付款和贿赂"的世界排名分别由2011年的第132位和第140位，上升至2015年的第113位和第130位。而"公共机构效率和问责"指标也是世界排名百位之后，且排名下降，由2012年的第107位下降至2014年的第121位。"保护投资者的力量"是吉尔吉斯斯坦具有明显优势的指标，但其世界排名由2011年的第12位下降至2015年的第32位，优势减少。

第四，塔吉克斯坦的"政府行动"评价值由2011年的0.143，增加至2014年的0.166，再增加至2015年的0.171，评价值持续缓慢增加，六国排名分别是第2位、第3位和第2位；而在唯一具有"公共机构效率和问责"指标的2012年的评价中，评价值为0.143，当年在六国中的排名为第3位。相比较而言，塔吉克斯坦的"政府决策的透明度""解决争端法律框架的效率"和"不定期付款和贿赂"3个指标呈现一定的改善趋势，世界排名分别由2011年的第83位、第56位和第87位上升至2015年的第65位、第41位和第69位。

第三节　促进中国（新疆）与中亚国家投资合作与投资便利化的对策建议

一、促进投资合作防范投资风险的对策建议

1. 加强政治互信和政策沟通，确保中国（新疆）与中亚国家区域安全稳定

政治互信是推动中国（新疆）与中亚国家贸易与投资合作的政治前提，双方应以上海合作组织为商讨合作的机制平台，坚持共同发展和互利共赢，加强政治互信。同时双方应加强政策沟通，积极妥善地协商和解决双方在对接合作中的"瓶颈"和难点。

由于中亚国家油气资源丰富，该区域已成为美国、欧盟、俄罗斯等世界大国地区博弈和竞争的地区。第二次世界大战以来，中亚国家经历了"三股势力"、毒品、跨国犯罪、恐怖事件等安全挑战。这些在很大程度上制约着中国（新疆）与中亚国家的合作。在日益复杂的全球政治格局下，确保双边区域的社会、政治等方面的安全问题显得越来越重要。为应对这些挑战，中国与中亚应当以上海合作组织为共同平台，加强政治互信和安全合作，采取一系列有针对性的应对措施，如成立中国与中亚各国反恐机构，交流安全情报信息等，确保中国（新疆）与中亚国家区域安全稳定。

2. 树立长期投资、互利共赢的理念，重视非资源及民生领域的合作

中国企业面向中亚市场缺乏长期投资、互利共赢的理念和长远的规划。由于大量进口油气等资源，偏重于强调能源的政治和战略属性，总给中亚民众以"谋资源"的印象，会遇到来自地方政府、企业和居民的不合作。要深化中国与中亚国家的经济合作，就必须树立长期投资、互利共赢的理念，重视非资源及民生领域的合作。中亚国家逐渐开始重视交通、旅游、金融、农业、通信、科技、教育等非资源及民生领域的合作，中国要加大与中亚国家在这些领域的合作力度，改变中国只关注中亚能源和资源的印象，中亚国民获得实实在在的好处和利益，多予少取，才能获得更多民众的支持，为合作奠定民心基础。

3. 依托亚投行，推进中亚国家基础设施建设

中国发起组建亚投行，旨在推动亚洲国家基础设施建设，目前除了中立国土库曼斯坦没加入亚投行，其他四国均已成为亚投行成员国，而中亚国家基础设施建设普遍较为落后，经济发展乏力，故目前应加快推进亚投行建设进程，建议设

立针对中亚国家基础设施投资建设的部门，政策上可对中亚国家适宜地倾斜，将来可在乌鲁木齐设立亚投行针对中亚国家基础设施建设的分支机构或服务中心，依托亚投行，积极推进中亚国家基础设施建设，改善中亚国家投资硬环境。

4. 重视企业"走出去"的投资风险研究，建立风险防范策略

根据伊万·沙拉法诺夫、任群罗（2016）的研究，中资企业在哈萨克斯坦投资面临的风险主要包括政治风险、法律风险、金融风险、技术风险、产业风险、市场风险、社会文化风险、环境风险以及自身原因造成的风险如战略风险、操作风险、运营风险和财务风险等①。国外社情和市场环境复杂多变，鼓励中资企业走出国门投资创业，必须坚持风险导向、问题导向当先的原则，通过对目标市场的长期观察、研究、分析和经验总结，尝试预测该市场范围内各种风险大概会发生的时间、地点以及对投资环境所造成的影响，从而引导并帮助企业建立一套规避和应对风险的策略性方案：①风险预控策略。在经营过程中先行确定企业费用、销售额和贷款额上限，明确借入资金的大小限额、高流动性资产形式的最低金额、商业和消费信贷的最大金额等。②分散投资策略。一是为降低由汇率波动带来的不确定性，可以利用不同的外币从事对外贸易活动，并将企业的存款金额分成几部分存放于不同银行，以免发生银行倒闭风险。二是分散购买不同行业、地区、期限的各类证券，结成最优化的有价证券投资组合。三是投融资渠道多样化。③套期保值策略。企业为规避由汇率、利率、外汇、信用等因素带来的风险，制定相应套期保险工具并通过外汇衍生交易规避汇率波动风险。该交易方法相对简单，不需保证金，涉及资金流动次数少，运作成本较低。④合作分担策略。主要包括企业和原材料供应者之间风险分担、福费廷业务（银行或其他金融机构无追索权地从出口商那里买断由于出口商品或劳务而产生的应收账款）参与方风险分担、租赁业务参与方风险分担。⑤自我保险策略。企业可留出一部分资金建立内部克服风险基金，还可将不少于5%的资金投入保险公司建立企业储备（保险）综合基金。

二、促进投资便利化的对策建议

投资便利化是促进投资良好快速发展的必然手段和必经路径，也是当前促进投资所追求的主要目的。新疆与中亚国家具有长期的经贸往来，双方多方面具有的共性和差异性使中亚地区成为新疆经济贸易合作的重点区域。特别是2015年中国发布《推动共建丝绸之路经济带和21世纪海上丝绸之路的愿景与行动》以来，以丝绸之路经济带核心区建设为目标的新疆，更是致力于增强企业"走出

---

① 伊万·沙拉法诺夫，任群罗. 中国企业在哈萨克斯坦投资环境评价及风险研究——基于69家中资企业调查研究［J］. 俄罗斯研究，2016（4）：169 – 202.

去"的能力、加快投资便利化进程。

1. 营造便捷的企业营商环境

便捷的营商环境是促进企业投资的关键因素，也是投资便利化最基本的条件。当前，促进便捷的营商环境的两个主要方向是：第一，在国内，特别是在新疆，建立良好的企业营商环境；第二，加强与中亚国家政府间进一步沟通与合作，加强有关制度、有关规则以及各种法律的对接工作，尽早、尽快、尽可能多地推动多领域达成共识，促进融合度的提高。营造便捷的企业营商环境，更多的是政府行动力的体现。

便捷的企业营商环境，首先在于保持经济良好的宏观发展形势，能够增强对国内外各类企业的吸引力度。因此，一切有利于促进经济持续良好稳定发展、扩大经济规模的政策措施都有利于企业营商环境的构建。同时，各国自身经济实力的增强，对于本国企业进入其他国家有较好的支撑作用。

中国的企业营商环境虽然得到较大程度的提高，但相比而言，即便是与中亚国家相比，仍有一定的差距，特别是最具简洁性的企业经营的启动手续、启动天数等的衡量指标都较为落后。这说明企业的经营仍过多地受制于行政力量，因此，大力建设服务型、高效型、法治型的政府，减少行政力量对市场、对企业的过多管制及干预行为，是营造便捷的企业营商环境的根本。

2. 采取有力而又有效的政府行动

政府是影响企业特别是跨国企业投资活动的重要因素。政府对企业投资的态度和行动力，对企业营商环境、市场开放程度及基础设施建设体系力度产生重要影响，为提高投资便利化水平，必须依赖行而有力且行而有效的政府行动。

中国具有较强的政府行动力，在国家层面的国际推动合作与交流的能力建设逐步增强，特别是"一带一路"建设的愿景，得到中亚国家的认可，并且中亚国家的合作意愿逐步增强，中国的国际话语权和国际影响力逐步提升，对中国企业走出国门具有积极的作用。因此，应继续加大和促进中国与中亚国家间政府间交流与合作，继续加大谈判与磋商力度，创建灵活有效的协调机制，加大双方的理解和互信程度，增强合作的紧密程度，在国家层面助推投资便利化进程。

采取有效的政府行动，便捷国外企业进入中国市场。特别是在新疆，更要加大市场培育力度，在管理体制、金融服务、法律保障、政府行政等众多领域去除繁杂的、不符合国际惯例的行为和做法，做好行政简化。特别是在诸如投资者资产保护、行政过程透明、保持各项政策、规则的持续性等问题上，加大建设力度，努力建设一个具有高度吸引力的市场环境。增强服务型政府的建设力度，加大为进入市场的企业后续经营运作中提供服务的便捷性和高效性。

采取有效的政府行动，便捷中国企业进入中亚市场。①建立风险防范机制。

对于中亚国家存在的稳定风险、法律风险、政治风险、金融风险、市场风险等各种风险，第一，要有深入的研究；第二，要有风险防范和预警机制，要切实能帮助中国企业最大化地避免各类风险，以及在遇到风险时有制度化、标准化、规范化的解决路径。②必须加强对中亚国家了解，提高认知程度，加强相关领域的专业性研究，增强对中国企业在中亚国家进行投资的科学性和专业性指导，能为企业发展及获利提供坚实的支撑。③加强对企业的引导力度。中国企业在生产经营中，人情与感情因素较重，易靠关系网开拓企业市场，易攀附政府相关部门，而易忽视规则、忽视法制因素。必须引导企业特别是涉外企业加强对法律、规则的重视程度，引导企业更加注重企业内在发展动力因素的提升，增强企业对相关投资国度的法律、规则及习俗的重视及熟悉程度，并能够在相关问题发生后知晓最佳的解决路径。④加强政府宣传平台的建设，运用多种语言，加大中国及中亚国家相关法律法规、制度要求、各种政策、各类信息的宣传和传播力度，提高对企业的指导，增强各类政策的透明度，规范各类办事程序，对中亚国家相关国情、经济社会发展趋势、政策趋势、投资趋势等内容提供及时、准确的信息，增强对企业的切实助力作用。⑤加大对中国民营企业走出国门、走入中亚市场的支持力度，为民营企业的国际化运营中出现的融资难题、法律保障等提供切实的帮助，例如，提供国际融资信贷、专业法律指导、市场准入简化、税收政策优惠、保险制度支持等。⑥针对中亚国家日益增强的贸易保护主义和行为展开研究，提高风险预警能力；加大协商谈判力度，力促中亚国家在市场准入、缺乏标准化信息化等众多问题达成共识、及早解决，降低企业运营风险。⑦充分发挥上海合作组织在中国及中国新疆与中亚国家贸易投资过程中的作用，特别是要发挥投资促进工作组的作用，更加积极、更加有效地开展工作，力促在区域经济合作交流中发挥更强的作用。⑧进行机构创新及机制创新，设立专门的促进投资便利化领导小组，力促在立法政策透明、机构协调等软环境建设上有新突破。特别是在促进中亚国家投资环境中，力促当前重点难点问题的现实解决能力的提升，诸如切实减少中国投资人在中亚国家普遍遭遇的贪污腐败、行政效率低下、劳务人员签证限制等困扰多年的问题，增强国际间协调能力，助推投资环境的改善。

3. 完善现代科学技术支撑下的基础设施建设

（1）加强基础设施建设。交通基础设施落后是中国与中亚国家间互联互通建设的一个重要内容。通达的道路交通基础设施是健全便捷的投资环境的基础保障，中亚国家的基础设施建设仍是一个发展短板，严重制约中亚地区投资贸易的开展，充分利用亚洲基础设施投资银行和丝路基金，为改善中亚地区的基础设施提供支持。应加大国家民航、铁路、交通等相关部门与中亚国家的沟通与合作力度，开启或增加客运及货运航班、航线、铁路运输线及公路运输线，进一步增强基础设施为经济建设的支撑力度。

（2）加强信息平台建设。便利化必须以先进的信息技术为支撑，在贸易和投资的过程中依赖自动化、标准化的信息共享系统，达到快捷、高效的投资目的。加强与中亚各个国家的政府间合作，建立由双方政府合作牵头的网络信息平台及官方网站，为电子商务及信息化物流建设奠定基础。采用先进的信息技术，借鉴先进国家的监管和服务模式，推进信息的标准化、无纸化和自动化，加大信息通信技术安全和保密的合作，切实建立起适应跨境电子商务发展的物流系统、支付系统、信息系统等。注重信息技术人才的培养。

附表 7-1　2011~2015 年中国和中亚国家投资便利化综合水平评价指标体系基础数据

	市场开放 (A_1)		基础承载 (A_2)		营商环境 (A_3)								政府行动 (A_4)		
	市场准入 (B_1)	对外开放 (B_2)	市场规模 (B_3)	基础设施 (B_4)	启动经营的手续 (B_5)	启动经营的天数 (B_6)	获得贷款便利 (B_7)	外国所有权发生率 (B_8)	营商便利程度 (B_9)	政府决策的透明度 (B_10)	保护投资者的力量 (B_11)	解决争端法律框架的效率 (B_12)	不定期付款和贿赂 (B_13)	公共机构效率和问责 (B_14)
2015 年														
中国			7	4.7	11	31.4	3.7	4.4	62.93	4.5	4.5	4	4	
哈萨克斯坦			4.5	4.2	6	10	3.2	4.1	72.67	4.7	6.6	4	4	
吉尔吉斯斯坦			2.8	2.8	2	8	2.3	3.8	66.01	3.8	6.3	3	2.6	
塔吉克斯坦			2.9	2.7	4	39	3.6	3.5	54.19	4.2	5.8	4.2	3.9	
土库曼斯坦														
乌兹别克斯坦									62.60					
2014 年														
中国	3.1	5.1	6.9	4.7	13	33	3.7	4.5	62.58	4.5	5	4.1	4	3.8
哈萨克斯坦	3.2	4.3	4.3	4.2	6	12	3.2	4	64.59	4.5	6.7	3.8	3.8	3.4
吉尔吉斯斯坦	4.2	3.9	2.8	2.8	2	8	2.3	4.1	60.74	3.8	6.7	2.9	2.6	2.8
塔吉克斯坦			2.8	2.7	5	33	3.6	3.4	48.57	3.7	6.7	3.9	3.6	
土库曼斯坦														
乌兹别克斯坦									54.26					

续表

	市场开放（A₁）		基础承载（A₂）		营商环境（A₃）								政府行动（A₄）		
	市场准入（B₁）	对外开放（B₂）	市场规模（B₃）	基础设施（B₄）	启动经营的手续（B₅）	启动经营的天数（B₆）	获得贷款便利（B₇）	外国所有权发生率（B₈）	营商便利程度（B₉）	政府决策的透明度（B₁₀）	保护投资者的力量（B₁₁）	解决争端法律框架的效率（B₁₂）	不定期付款和贿赂（B₁₃）	公共机构效率和问责（B₁₄）
2013 年														
中国			6.9	4.5	13	33	3.4	4.4	60.9	4.4	5	4.2	4	
哈萨克斯坦			4.2	4.2	6	19	2.9	4	61.8	4.7	8	3.9	4.1	
吉尔吉斯斯坦			2.7	2.7	2	10	1.9	3.9	63.7	3.8	7.7	2.6	2.6	
塔吉克斯坦									48.4					
土库曼斯坦														
乌兹别克斯坦									48.3					
2012 年														
中国	3.6	5.2	6.8	4.5	14	38	3.1	4.3	0.65	4.5	5	4.2	4	4.2
哈萨克斯坦	3.2	4.2	4.1	4	6	19	2.3	4.1	1.00	4.9	8	3.8	4	3.6
吉尔吉斯斯坦	4.4	3.9	2.6	2.6	2	10	1.7	3.6	0.82	4.1	7.7	2.5	2.5	3
塔吉克斯坦	3.7	3.9	2.6	2.7	5	24	3.1	3.6	0.23	4.3	5.7	4	3.4	4
土库曼斯坦														
乌兹别克斯坦									0.12					
2011 年														
中国			6.8	4.6	14	38	3.1	4.4	0.63	4.7	5	4.3	4.1	
哈萨克斯坦			4.1	3.7	6	19	2.1	4.1	1.00	4.5	6	3.4	3.4	
吉尔吉斯斯坦			2.5	2.8	2	10	1.9	3.3	0.81	4.3	7.7	2.6	2.5	
塔吉克斯坦			2.5	2.8	8	27	2.8	3.5	0.16	4.1	5.7	3.9	3.6	
土库曼斯坦														
乌兹别克斯坦									0.00					

附表 7-2　2011~2015 年中国和中亚国家投资便利化综合水平评价指标体系评价值

	市场开放（A1）		基础承载（A2）		营商环境（A3）							政府行动（A4）		
	市场准入（B1）	对外开放（B2）	市场规模（B3）	基础设施（B4）	启动经营的手续（B5）	启动经营的天数（B6）	获得贷款便利（B7）	外国所有权发生率（B8）	营商便利程度（B9）	政府决策的透明度（B10）	保护投资者的力量（B11）	解决争端法律框架的效率（B12）	不定期付款和贿赂（B13）	公共机构效率和问责（B14）
2015 年														
中国			1.00	0.95	0.10	0.25	1.00	1.00	0.54	0.86	0.10	0.83	0.93	
哈萨克斯坦			0.40	0.71	0.60	0.94	0.77	0.87	1.00	1.00	0.77	0.83	0.93	
吉尔吉斯斯坦			0.00	0.05	1.00	1.00	0.36	0.74	0.68	0.36	0.68	0.00	0.00	
塔吉克斯坦			0.02	0.00	0.80	0.00	0.95	0.61	0.12	0.64	0.52	1.00	0.87	
土库曼斯坦														
乌兹别克斯坦									0.52					
2014 年														
中国	0.52	1.00	1.00	0.95	0.00	0.00	1.00	0.92	0.77	1.00	0.43	1.00	1.00	1.00
哈萨克斯坦	0.57	0.62	0.38	0.71	0.64	0.84	0.77	0.72	0.89	1.00	1.00	0.75	0.86	0.64
吉尔吉斯斯坦	1.00	0.43	0.02	0.05	1.00	1.00	0.36	0.76	0.67	0.46	1.00	0.00	0.00	0.09
塔吉克斯坦			0.02	0.00	0.73	0.00	0.95	0.48	0.00	0.38	1.00	0.83	0.71	
土库曼斯坦														
乌兹别克斯坦									0.31					
2013 年														
中国	1.00	0.95	0.00	0.00	1.00	0.81	0.82	0.75	0.30	1.00	0.93	1.00	0.95	0.00
哈萨克斯坦	0.36	0.79	0.64	0.61	0.74	0.67	0.88	1.00	1.00	0.81	1.00	0.36	0.79	0.64
吉尔吉斯斯坦	0.00	0.00	1.00	1.00	0.21	0.63	1.00	0.25	0.93	0.00	0.00	0.00	0.00	1.00
塔吉克斯坦									0.01					
土库曼斯坦														
乌兹别克斯坦									0.00					
2012 年														
中国	0.64	1.00	1.00	1.00	0.00	0.00	0.88	0.72	0.65	0.69	0.40	1.00	0.94	1.00
哈萨克斯坦	0.45	0.52	0.36	0.74	0.67	0.63	0.38	0.66	1.00	1.00	1.00	0.76	0.94	0.57
吉尔吉斯斯坦	1.00	0.38	0.00	0.00	1.00	0.93	0.00	0.48	0.82	0.38	0.94	0.00	0.00	0.14

续表

	市场开放（A_1）		基础承载（A_2）		营商环境（A_3）							政府行动（A_4）		
	市场准入（B_1）	对外开放（B_2）	市场规模（B_3）	基础设施（B_4）	启动经营的手续（B_5）	启动经营的天数（B_6）	获得贷款便利（B_7）	外国所有权发生率（B_8）	营商便利程度（B_9）	政府决策的透明度（B_{10}）	保护投资者的力量（B_{11}）	解决争端法律框架的效率（B_{12}）	不定期付款和贿赂（B_{13}）	公共机构效率和问责（B_{14}）
塔吉克斯坦			0.00	0.05	0.75	0.47	0.88	0.48	0.23	0.54	0.54	0.88	0.56	
土库曼斯坦														
乌兹别克斯坦									0.12					
2011 年														
中国			1.00	1.00	0.00	0.00	0.82	0.75	0.63	1.00	0.43	1.00	1.00	
哈萨克斯坦			0.39	0.53	0.67	0.63	0.24	0.64	1.00	0.83	0.64	0.47	0.56	
吉尔吉斯斯坦			0.02	0.05	1.00	0.93	0.12	0.36	0.81	0.67	1.00	0.00	0.00	
塔吉克斯坦			0.02	0.05	0.50	0.37	0.65	0.43	0.16	0.50	0.57	0.76	0.69	
土库曼斯坦														
乌兹别克斯坦														

战 略 对 策 篇

第八章　中国（新疆）与中亚国家
能源与贸易互联互通战略设计

第一节　战略思路与目标设计

一、战略思路

紧紧围绕"丝绸之路经济带"建设，依托中国（新疆）与中亚国家的地缘优势和能源贸易合作基础，坚持平等、开放、包容、共赢、绿色的原则，充分利用上海合作组织、中亚区域经济合作机制 CAREC、亚洲基础设施投资银行和丝路基金等平台和资源，加强国家层面的顶层设计和外交推动，充分发挥中国（新疆）在我国向西开放中的核心区位优势，积极实施能源合作与互联互通战略、贸易便利化战略、投资便利化战略、区域经济合作战略、产业转移与产品提升战略、边境自由贸易区战略和自贸试验区战略，以政策沟通为保障、以设施联通为先导、以贸易畅通为重点、以资金融通为纽带、以民心相通为根基，加快推动中国（新疆）与中亚国家能源与贸易的互联互通，促进区域经济一体化，将中国（新疆）与中亚打造成利益共同体和命运共同体，实现各国的共同发展与繁荣。

二、战略原则

1. 平等相待，互利共赢

在中国与中亚国家的能源与贸易互联互通建设中，应强调主权的神圣不可侵犯，追求国家的绝对平等。中国应尊重中亚各国的意愿，在充分尊重各国差异的基础上，既把中亚看成一个整体，又应对不同国家区别对待，要努力取得中亚国家的信任，认同并尊重中亚国家的整体身份，而不会对其采取分化、离间和逐个击破的政策。始终秉承"与中亚国家携手打造互利共赢的利益共同体和命运共同体"的理念，中国（新疆）与中亚国家实现能源与贸易互联互通，不能单单着眼于本国利益的实现，更要兼顾中亚国家的利益，共同的目标是建立互利共赢的新型经济共同体。

2. 开放包容，共同发展

中国新疆与中亚各国要以全面开放的姿态，并且尊重各国的政治、文化差异，以一种文化包容的方式加强交流、实现合作。中国新疆与中亚各国应充分发挥各自的经济互补优势，在深化油气资源领域合作的同时，加快投资贸易便利化水平，积极构建能源与贸易互联互通，挖掘能源资源合作潜力，加强边境地区能源与贸易务实合作，培养新的经济增长点。共同规划发展愿景，把在能源与贸易互联互通等方面达成的重要共识转化为行动，实现共同发展。

3. 创新驱动，绿色和谐

中国（新疆）与中亚国家要创新发展理念和合作方式，加快财政、金融、投资、贸易、就业、竞争等领域的改革和创新，将宏观经济政策和社会政策相结合，让创造财富的活力竞相迸发，让市场力量充分释放，通过创新发展模式促进科技创新和人才创新。在中国（新疆）与中亚国家的能源与贸易互联互通建设中，能源合作和制造业的贸易投资是重点领域，必须坚持绿色和谐发展理念，促进经济社会发展与资源环境的协调，通过新型工业化实现人与自然的和谐。

4. 政府引导，市场主体

在中国（新疆）与中亚国家的能源与贸易互联互通建设中，政府的作用主要是加强国家层面的顶层设计和外交推动、制定政策、机制设计和提供服务，因此政府主要起到引导和服务作用。市场是配置资源的主体，在能源与贸易互联互通建设中，必须发挥企业的微观主体作用，遵循市场经济规律，企业在"走出去"、产业转移、贸易投资、设施建设等多个领域都应发挥主体作用，政府应该为企业提供相应的保障和服务，而非直接参与企业的经营活动。

三、总体目标

1. 近期目标

到 2020 年，中国（新疆）与中亚国家能源与贸易的互联互通水平显著提升，建成现货交易、期货交易和场外交易共存共生的多层次能源交易体系，大幅降低交易成本，不断提高便利水平，建立投资贸易便利化信息平台；中国新疆与中亚区域经济一体化水平有所提高，加快建设中哈霍尔果斯边境合作中心并取得实质性进展，获批中国（新疆）自由贸易试验区，启动中国—吉尔吉斯斯坦边境自由贸易区和中国—塔吉克斯坦边境自由贸易区的研究。

2. 远期目标

到 2030 年，中国（新疆）与中亚国家能源与贸易的互联互通的硬件设施和软件条件基本完善，建成以油、气、煤、新能源等多种能源互补的"多轮"驱动的能源供应体系，建立完善的信息通畅投资贸易便利化信息平台，实现货物自由流通；中国新疆与中亚区域经济一体化水平明显提升，把中哈霍尔果斯边境合作中心建成中哈霍尔果斯边境自由贸易区，把新疆建设成为深化中国与中亚投资合作的示范区，把新疆打造成面向 21 世纪陆上丝绸之路沿线国家和地区投资合作新高地，中国（新疆）自由贸易试验区取得显著成效，适时启动中国与中亚区域自由贸易多边谈判或中国—欧亚经济联盟自由贸易区谈判。

第二节　战略内容与战略实施

近些年来，中国（新疆）与中亚国家能源与贸易发展较快，但伴随着能源与贸易合作的深化，一系列不利于双方在能源与贸易领域互联互通的问题开始出现，主要包括运输通道的规模和运输能力不足、基础设施滞后、金融资金支持不足、进出境限制、法律制度不健全、区域经济合作机制不健全、中国产品未能形成品牌等问题，严重制约了中国（新疆）与中亚国家能源与贸易的互联互通。如果上述问题得不到及时解决，中国（新疆）与中亚国家能源与贸易的互联互通将面临着更多的困难。

因此，应从战略等顶层设计方面加以规划，形成一整套完整的中国（新疆）对中亚国家的政治、经济战略布局，充分发挥新疆在我国向西开放中的桥头堡优势，建立区域合作新机制，实施能源合作与互联互通战略、贸易便利化战略、投资便利化战略、区域经济合作战略、产业转移与产品提升战略、边境自由贸易区战略和自贸试验区战略，加快中国（新疆）与中亚国家在物理、人文及制度方面的互联互通建设，促进能源与贸易领域的合作，推动各国互利共赢、共同发展，为实现中国（新疆）与中亚国家形成经济发展共同体、政治安全共同体和社会文化共同体的未来愿景奠定坚实的基础。

一、能源合作与互联互通战略

1. 战略定位

中国新疆与中亚国家能源合作是"丝绸之路经济带"能源合作的重要内容，是"丝绸之路经济带"建设中的战略高地，也是中国与中亚国家产能合作的主要领域之一。能源合作采取以管道、电网为主，铁路、公路运输并重的能源供给模式，促成"丝绸之路经济带"核心区域的通道网络体系建设，形成铁路、公路、管运相互衔接的立体化运输的互联互通体系，实现能源通道网络对接和互联互通。通过中国（新疆）与中亚国家能源合作与互联互通战略，维护国家战略利益，确保中国能源战略安全。

2. 战略目标

到 2020 年，积极参与国际市场分工和竞争，在国际能源市场的话语权得到较大提升。建立充分反映资源稀缺程度、市场供求关系、环境成本和社会可承受的能源价格形成机制，建成现货交易、期货交易和场外交易共存共生的多层次能源交易体系；中国在与世界能源理事会、国际能源论坛、中亚区域能源协调委员会等多边能源合作机构协作关系的基础上，积极扩展中国（新疆）与中亚国家能源与贸易互联互通的机制建设。到 2030 年，中国（新疆）与中亚国家能源合作立足多元供应安全，建成以油、气、煤、新能源等多种能源互补的"多轮"驱动的能源供应体系。

3. 战略实施对策

（1）依托现有合作平台，建立多元化的能源合作与互联互通机制。

第一，在上海合作组织框架内，强化能源合作与互联互通。充分利用上海合作组织框架内的能源俱乐部和制度化的能源合作论坛，通过协调机构，秉持求同存异、深化合作的根本原则和灵活策略，协调对接方的意见和要求，增进相互理解密切合作关系。在上合组织框架内，充分利用中国—欧亚经济合作基金，推动成立上合组织开发银行，积极利用亚洲基础设施投资银行、丝路基金、上合组织银行联合体，为能源合作及互联互通建设提供资金支持。要加快投融资体制的创新和改革，吸引社会资金参与能源通道与枢纽建设。

第二，在 CAREC 框架下，强化能源合作与互联互通。中亚区域经济合作机制（CAREC）[①] 制定的《中亚地区区域合作战略与规划》为区域发展提供了一个长期框架，并通过签订《交通和贸易便利化战略行动计划》《贸易政策战略行动计划》《能源领域合作战略》等文件，重点推进在交通、能源、贸易便利化和贸易政策等领域的合作。核心目标是致力于降低交通运输成本和贸易成本，加强贸易便利化，以及促进能源市场一体化和提高能源开发利用效率。新疆作为中国参与具体合作项目的主要省区，应充分利用这一机制加快推进与中亚国家的能源

---

① CAREC 于 1997 年由亚洲开发银行倡议成立，2002 年正式成立。CAREC 的成员除有 10 个区域国家，即中国、哈萨克斯坦、吉尔吉斯斯坦、塔吉克斯坦、乌兹别克斯坦、蒙古国、阿富汗、土库曼斯坦、巴基斯坦和阿塞拜疆外，还包括以亚行为首的七个国际金融机构。目前，CAREC 已成为活跃在中亚区域经济合作领域的主要多边机制之一，在推进区域经济合作方面已有明显的成效，取得了重要的进展。

合作和互联互通。

第三，在"丝绸之路经济带"与欧亚经济联盟对接框架下，强化能源合作与互联互通。欧亚经济联盟是独联体一体化的集大成者，参照欧盟模式，实现独联体国家政治、经济、安全全方位一体化。随着 2014 年 5 月俄、白、哈三国总统签署《欧亚经济联盟条约》后，2015 年欧亚经济联盟启动，2015 年 5 月习近平主席访俄期间也发表了《关于"丝绸之路经济带"建设与欧亚经济联盟建设对接合作的联合声明》，加强与欧亚经济联盟对接合作是促进中国（新疆）与中亚国家能源与贸易互联互通的重大举措。在这一合作框架下，强化中国（新疆）与中亚国家能源合作与互联互通。

（2）建立和完善中国（新疆）与中亚国家能源大通道建设的安全保障体系。加强上合组织框架内的安全合作，共同打击该地区范围内的"三股势力"，以确保能源合作开发与输送安全顺利进行。推动中国（新疆）与中亚国家签订司法协助、社会保险、投资保护等政府间的双边协定，把与中亚国家的能源合作进一步机制化，并通过机制化把已有的能源合作固定下来。充分发挥国际法规和运作的效力，构建中国（新疆）与中亚国家政府和企业在能源合作领域交流的平台，以确保能源大通道建设顺利进行和安全运营。

（3）加快中国（新疆）与中亚国家能源资源开发与输送合作。中国（新疆）应贯彻以能源产能合作为主、贸易为辅的方针，从突出能源产能合作互需性角度出发，与中亚国家建立长期稳定的能源产能合作关系，将合作重点置于油气田开发、管道与工程建设方面。在油气田开发领域，除参与中亚国家油田合作开发项目外，中国（新疆）还可通过建立合资合营炼油厂或购买油田股份等方式达到增加石油供应量的目的；在管道建设领域，积极推动中国（新疆）与中亚国家之间的油气管道建设，逐步形成相对完整的中亚—中国（新疆）油气管道输送系统；在工程建设领域，充分发挥工程技术优势，继续提高在中亚国家工程承包市场中的份额，积极主动参与中亚国家能源开发和输送活动，最大限度地维护双边的能源安全利益。

（4）以基地建设为契机，完善新疆国际能源大通道体系。围绕塔里木、准噶尔和吐哈三大油气资源，重点建设独山子区、乌鲁木齐市、克拉玛依市和南疆塔河石化千万吨级大型炼化基地，建设成国家大型油气生产加工和储备基地。加快推动中哈石油管线二期工程建设，逐步扩大原油的进口规模。加快西气东输三线、四线、五线、六线等输气通道项目实施，提高中亚天然气进口量。新疆煤制气外送管线，建成轮南—吐鲁番、伊宁—霍尔果斯等干线及支线天然气管道和18 条城市供气支线。开工建设两条各 300 亿立方米煤制气外送管线。加快中石化"新粤浙"煤制气管线建设，保障新疆煤制气的输送，提高我国对进口中亚油气资源的话语权。近期力争形成 5000 万吨原油、1000 亿立方米天然气和煤制气以及 3000 万千瓦疆电外送通道能力。同时，形成"丝绸之路经济带"能源合作的四大跨国输电线路①。

二、贸易便利化战略

2013 年，建设"丝绸之路经济带"倡议的提出为进一步推进中国与中亚周边国家贸易便利化提出了新的要求，进一步减少和消除要素跨境流动的障碍和降低交易成本，建立高效的贸易便利体系，提升"丝绸之路经济带"背景下中国与中亚周边国家的区域贸易便利化水平，对推动中国与中亚国家贸易的互联互通水平具有重要的现实意义。

1. 战略定位

依托中国内陆发达省区，面向中亚，把新疆建设成中国与中亚贸易合作示范区，把中国新疆与中亚贸易合作建设成为 21 世纪陆上"丝绸之路经济带"沿线国家和地区贸易合作新高地。

2. 战略目标

到 2020 年，提高贸易相关部门行政效率，简化、规范和协调贸易制度，大幅降低交易成本和节约时间；支持贸易便利化基础设施建设，改善贸易便利化基础条件；初步建立贸易便利化信息平台，提高法律、法规、贸易制度和文件的透明度并实现相关贸易信息的共享；贸易壁垒减少，实现大部分货物自由流通，商务人员的签证等相关手续简化、便捷。到 2030 年，继续提高贸易相关部门行政效率，建立中国与中亚完善的贸易协调制度。建设完善的公路、铁路、航空、管道"四位一体"贸易便利化交通设施，为贸易便利化奠定基础。建立完善的信息通畅贸易便利化信息平台。实现货物自由流通。商务人员和资金流通便利化水平大幅提高。

3. 战略实施对策

（1）加强口岸条件的改善和加快国际大通道建设，是促进中国（新疆）与中亚国家贸易便利化的关键。因此，应加大中国（新疆）口岸的建设力度，尤其是加强国家公路通道、国际铁路通道以及口岸公路建设，形成以中国（新疆）乌鲁木齐为中心，连接周边中亚国家的高效便捷的国际现代化交通运输网络体

---

① 四大跨国输电线路：（1）吉乌塔—吐尔尕特—伊犁—乌鲁木齐—哈密—永登—乾县—环渤海京津唐负荷中心线路，汇集吐尔尕特口岸吉乌塔电力、吉木乃哈国电力。（2）喀什—库尔勒—托克逊线路，接吐尔尕特吉乌塔电力、塔西南水电基地。（3）塔吉乌中吐尔尕特口岸输电线路（安集延—吐尔尕特—喀什输电线路），接中亚电网，塔吉乌水电火电为电源。（4）哈中吉木乃口岸（斋桑—吉木乃—克拉玛依）线路，接东哈萨克斯坦北部联合大电网和阿勒泰电网，以东哈州水电火电为电源，与伊犁、乌鲁木齐输电线路相连。

系。加强中国（新疆）与中亚国家间的交通合作，建立和完善交通运输合作机制，全面加强在公路、铁路、航空等建设发展方面的合作。

（2）加强中国（新疆）与中亚国家贸易便利化合作，形成有效的信息沟通、决策协调机制。中国（新疆）应以上合组织框架下的贸易投资便利化机制以及CAREC框架下的合作机制为建设平台，加强与中亚国家海关部门的协调与沟通，建立中国（新疆）与中亚国家海关以及相应的政府机构与商界更加紧密的战略合作伙伴关系，推进中国（新疆）与中亚国家海关监管互认、信息互换，简化海关程序，简化报关与报检手续，提高政策制定的透明度。共同促进中国（新疆）与中亚国家贸易的健康持续快速发展。加强中国（新疆）与中亚国家的检验检疫合作，开展检验检疫证书互认工作，对同一批贸易货物仅实施一次检验检疫，以便于缩短通关时间和通关流程。大力发展电子商务在贸易中的应用，充分利用计算机和通信网络实行无纸化贸易，从而提高贸易效率，共同推进贸易便利化的深入发展。

（3）加强中国与中亚五国间金融合作，消除贸易便利化的金融障碍。第一，积极推动中国与中亚各国双边本币结算，鼓励市场主体在双边贸易和投资中使用本币，以降低区内贸易和投资的汇率风险和结算成本。条件成熟时，推动双边结算向三边甚至多边结算扩展，逐步建立"丝绸之路经济带"多边结算体系。第二，构建涵盖"丝绸之路经济带"沿线各国的货币互换网络。逐步推动双边货币互换机制向多边化发展，通过建立多边的货币挂牌交易、相互贷款和货币互换合作机制，构建多层次货币合作体系，为区内贸易和投资合作提供更多便利，为推动建设亚洲货币稳定体系、亚洲信用体系和亚洲投融资合作体系奠定基础。第三，促进金融市场稳步开放，搭建面向中亚的跨境金融服务网络。降低互设金融机构门槛，并为他国在本国的金融分支机构开展业务提供更多政策支持和便利。金融机构间也要加强对话与人员交流，积极发展代理行关系，增进业务联系，拓宽合作范围，为企业间合作提供更完善的配套金融服务。

（4）加快"丝绸之路经济带"区域通关一体化建设。"丝绸之路经济带"区域通关一体化建设是以服务国家战略布局为重点，构建区域通关一体化管理格局，以优势互补、资源共享、专业分工为导向，以"一中心、四平台"[①] 为主要内容，以创新多式联运监管制度为抓手，打破关区界限，助推"丝绸之路经济带"沿线国际物流大通道建设，形成监管更严密、通关更便捷、流程更科学、运转更高效，覆盖"丝绸之路经济带"海关通关全流程的一体化管理机制和运作模式，促进各类要素在区域内自由流通，有效促进区域经济全面协同发展。"丝

---

① "一中心"是指"丝绸之路经济带"海关区域通关中心，"四平台"是指"丝绸之路经济带"海关区域申报平台、区域风险防控平台、区域专业审单平台、区域现场作业平台。

绸之路经济带"区域通关一体化建设需要国家统一规划，构建"多地通关，如同一关"的一体化格局。"丝绸之路经济带"区域通关一体化形成一个标准统一、快捷高效的通关区域，铺设一条贯穿"丝绸之路经济带"的通关高速路，打通东连日韩、西至欧洲的国际物流大通道，对于促进"一带一路"沿线国家和地区互联互通发挥积极作用。

专栏 8 - 1　"丝绸之路经济带"区域通关一体化进展

2015 年 4 月 1 日，乌鲁木齐海关启动"丝绸之路经济带"区域通关一体化。"丝绸之路经济带"区域通关一体化涉及山东、河南、山西、陕西、甘肃、宁夏、青海、新疆、西藏 9 省（区）内的青岛、太原、济南、郑州、拉萨、西安、兰州、西宁、银川、乌鲁木齐 10 个丝绸之路经济带沿线海关。"丝绸之路经济带"海关区域通关一体化改革分两个阶段推进：第一阶段 2015 年 5 月 1 日前，完成相关业务系统切换，在"丝绸之路经济带"沿线 9 省（区）10 个海关正式启动区域通关一体化作业；第二阶段 2015 年 7 月 1 日前，打破区域限制，实现全国海关通关一体化，同时部署开展多式联运监管改革试点。

资料来源："丝绸之路经济带"海关区域通关一体化正式启动　新疆步入区域通关高速时代［N］．新疆日报，2015 - 04 - 10.

（5）提供中国（新疆）与中亚高效率的税收服务。一是出口退税无纸化。纳税人在申报办理出口退税业务时税务机关根据海关等部门传输的电子数据和纳税人提供的税控数字证书签名电子数据，审核、办理出口退税业务，积极推广出口退税无纸化。提供网络申报、自助办税申报等多种服务方式，采用短信、微信、电子邮件等方式，为企业办理退税免费提供政策宣传和业务提醒。二是税收风险提示国别化。税务机关建立涉税风险信息取得和情报交换机制，健全国际税收管理与服务分国别对接机制，根据区域功能定位制定分国别涉税风险提示并逐级报税务总局确认后发布，帮助纳税人减少在国际贸易往来、跨国兼并重组和资本运作中的涉税风险。

（6）新疆设立面向周边国家出口风险基金，为新疆出口企业提供全面保险服务。设立面向周边国家出口风险基金，为出口信用保险机构发挥政策性职能提供支持。为企业投保出口信用保险给予最高 50% 的补贴，鼓励企业利用出口信保降低贸易风险。鼓励企业将信用证、承兑交单、付款交单、赊销等信用销售业务全面投保，鼓励各行业协会、部门、区县（自治县）等统一组织出口企业投保，并给予一定保费优惠。

三、投资便利化战略

中国与中亚国家投资便利化对双方区域经济合作具有重大意义，将成为双方资源合作、服务业合作和产业合作的助推剂。加强中国（新疆）与中亚国家投资便利化战略的实施是改善夯实各国经济发展基础，改善各国经济环境以及构建中国（新疆）与中亚国家能源与贸易互联互通战略的重要举措。中国与中亚相互投资要从整体长远利益和战略利益的角度权衡，双方在投资便利化上达成基本共识。

中国与中亚国家相互投资要以互利共赢为原则。另外，中国与中亚国家相互投资便利化的实现还要坚持投资优势组合原则。中国与中亚国家各有不同优势，中国在加工业上具有优势，中亚国家在资源上具有优势，双方应结合各自的优势实现投资便利化。

1. 战略定位

以制度创新为核心，加快"丝绸之路经济带"建设，构建开放型经济新体制，探索中国（新疆）与中亚国家经济合作新模式，支持和鼓励新疆企业"走出去"，扩大在中亚的投资；充分发挥新疆与中亚国家的地缘优势，率先推进新疆与中亚地区投资自由化进程，把新疆建设成为深化中国与中亚投资合作的示范区，把新疆打造成面向 21 世纪陆上丝绸之路沿线国家和地区投资合作新高地。

2. 战略目标

到 2020 年，不断简化外资投资办理申请、审核和批准手续；在投资设备、人员出入境和通信等方面降低限制，不断提高便利水平；提供面向中亚具有指导性的投资咨询服务和金融服务。中国（新疆）与中亚国家相互投资便利化程度不断提高，相互投资规模不断增加；中国与中亚各国投资政策实现开放和透明化；不断提高投资环境稳定性以及投资资产的安全性，提高对投资的保护程度，各国逐步建立对投资政策的监督和评估制度。到 2030 年，实现资本流动自由化，减少外资限制，实现外国投资者国民待遇、最惠国待遇、公平公正待遇以及合理有效的投资监管机制，实现相互投资自由化。

3. 战略实施对策

（1）中国与中亚国家应尽快达成相互投资便利化框架协议，建立相互投资矛盾解决机制和障碍排除机制。要实现相互投资便利化最主要的是消除中国与中亚相互投资中的投资壁垒，简化投资申请、审批程序及税收手续，就双方相互投资便利化协商达成框架协议。双方在框架协议之内进行谈判，保证所签署的协定可以真正地付诸实施，为中国与中亚投资便利化提供制度保障和可操作性。在中国与中亚投资便利化的实施中将会出现许多矛盾和障碍，中国与中亚要推进投资便利化，就一定要建立一个投资矛盾解决机制和障碍排除机制，有利于及时解决相互投资过程中的问题，同时也有利于中国与中亚国家进一步推进经济一体化进程。

（2）积极推动银行进行跨国经营和合作，为投资企业提供便利化的金融服务。投资便利化的实施还需要便利的国际结算手段和兑换手续，因此中国与中亚国家应积极推动各国有实力的银行进行跨国经营和合作。中国（新疆）应当在国家政策的指导下，鼓励并引导有实力的银行（如中国建设银行、中国银行等国有银行）进行跨国经营，争取在中亚各国设立分支机构，同时加强与中亚国家主要银行的国际合作，为中国（新疆）与中亚国家的投资便利化提供便捷的融资、结算和兑换等服务。

（3）搭建相互投资信息交流平台。中国与中亚各国政府或民间团体应通过设立网站、发行出版物、组织考察团等方式向投资者提供有关投资宏观经济状况和法律政策框架等投资环境的基本信息和有关投资机会的情报，为双方提供信息便利和技术支持。中国与中亚应共同搭建投资信息交流平台，定期召开洽谈会与招商会，促进中国与中亚各国企业对相互投资项目的了解。

（4）制定中国（新疆）与中亚合作的重点投资合作项目目录。要尽快制定新疆与中亚重点投资合作项目目录，对中亚各国需要投资建设的产业进行调研，对中亚投资项目的选择要充分考虑中方优势和中亚的需求[①]，结合中亚各国资源禀赋，按照产业链分工和关联产业布局，明确对中亚的投资方向，指导企业投资。中亚投资重点可以在能源化工、机械制造、基础设施等领域，特别是要大力推动与中亚国家在基础设施建设和加工制造等重点领域的合作，合理布局新疆对中亚投资合作的发展方向和重点。对实施"丝绸之路经济带"重点投资项目，政府安排专项资金扶持，给予投资企业一定的鼓励和扶持政策，重点支持和培育一批面向中亚市场、具有造血功能和对外投资功能的龙头企业。鼓励金融机构对投资企业提供优惠利率、保险融资、跨境人民币结算等业务，积极探索以境外股权、资产等抵押融资担保，第三方担保、融资租赁等方式，支持企业开展对外投资合作，引导企业用好出口信用保险及政府保险费用补贴和贷款贴息等扶持政策。

（5）支持个人开展多种形式的境外投资合作试点。根据2015年5月8日国务院《关于2015年深化经济体制改革重点工作的意见》（国发〔2015〕26号），国家对QDII2（合格境内个人投资者境外投资）开始启动，国内个人投资者在海

---

① 目前，哈萨克斯坦正在实施工业创新发展战略，并开始把引资重点转向非资源领域。吉尔吉斯斯坦、塔吉克斯坦和乌兹别克斯坦也都把优先发展交通、矿产品和农产品加工、轻工业、服务业等作为今后经济发展的方向，为新疆企业投资工业制造业领域提供了大量机会。

外将有更多的投资机会。目前，国内一些城市如上海、天津、重庆、温州等地都在积极申请试点，新疆作为"丝绸之路经济带"核心区，面对周边中亚国家，投资机会较多，应积极申请国家在新疆开展个人境外投资试点，推动中国新疆与中亚投资合作。

（6）加强对企业"走出去"的指导，营造良好政策环境。支持企业通过链条式转移、集群式发展、园区化经营等方式"走出去"。引导中国对中亚投资企业强强联手，避免中国企业在对中亚"走出去"过程中恶性竞争，自伤元气。支持企业组成联合体或采取联盟方式组团"走出去"，抱团出海，形成合力，实行资源开发与基础设施建设相结合、工程承包与建设运营相结合，探索"资源、工程、融资"捆绑模式，实现综合投资效益最大化。鼓励企业以建设—运营—移交（BOT）、公私合营（PPP）等方式，开展基础设施投资，带动设备、技术、标准和服务"走出去"。支持企业通过"以工程换资源""以项目换资源"等多种方式开展合作。

（7）强化企业境外投资风险防控意识。中亚国家都是基础设施较为薄弱、营商环境并不理想的国家，国际评级都不高，投资风险较大，因此在对中亚投资时要注意防范投资风险。中亚国家政局总体稳定，但也不可忽视局部地区的政治风险。当地政府及民众对中资企业还存在"掠夺式投资"的误解，会产生一些社会风险。此外，各类税收、投资、产业等方面的政策不确定性因素依然存在。因此，企业要充分熟悉投资国的政策环境，在主动承担社会责任①和加强自律的同时，与当地社会民众、新闻媒体、非政府组织加强沟通交流，最大限度地规避对外投资贸易过程中的各种风险。相关政府部门、行业组织也要做好投资风险评估工作，提供风险预警服务。

四、区域经济合作战略

"丝绸之路经济带"倡议得到了中亚和沿线国家的普遍响应，为深化中国新疆与中亚的区域经济合作提供了新的契机。2015 年 3 月国家发布的《推动共建"丝绸之路经济带"和 21 世纪海上丝绸之路的愿景与行动》提出：共建"一带一路"旨在促进经济要素有序自由流动、资源高效配置和市场深度融合，推动沿线各国实现经济政策协调，开展更大范围、更高水平、更深层次的区域合作，共同打造开放、包容、均衡、普惠的区域经济合作架构。20 多年来，中国与中亚

---

① 中国（新疆）企业在中亚投资，应树立承担必要社会责任意识，关注投资对当地环境、资源、安全及社会治理的影响问题。在中亚投资中国企业要积极参加当地在文化、教育、医疗事业及残疾人救助等领域的社会公益活动，履行社会责任，与当地政府、企业、居民建立和谐友好的关系，为企业经营创造良好的社会环境。

国家的区域合作主要依靠区位优势、文化优势和产业优势，以边境贸易为主要途径，依靠强大的廉价生产能力，实施产业互补战略，从商品输出角度对中亚国家产生经济影响力。未来，随着"丝绸之路经济带"建设的逐渐深入，中国对中亚区域的战略优势将在经济要素的自由流动、市场的深度融合、经济政策的协调等领域发挥作用。

1. 战略定位

以建设"丝绸之路经济带"为契机，依托中国（新疆）与中亚国家的地缘优势和能源贸易合作基础，充分发挥上海合作组织（上合组织）和中亚区域经济合作机制的平台作用，加强国家层面的顶层设计和外交推动，充分发挥新疆向西开放的综合优势，积极推进中国（新疆）与中亚国家区域经济合作，以实现各国互利共赢、共同发展、构建经济共同体为区域经济合作的核心目标，以交通、能源、投资贸易便利化和贸易政策等重点合作项目为加强区域经济合作的重要领域，以中哈边境自由贸易区、中吉边境自由贸易区、环阿尔泰山次区域经济合作以及边境口岸（边境经济合作区）的建设作为区域经济合作的重要载体和示范工程，以区域经济合作的方式和模式创新为动力，不断拓展中国新疆与中亚区域经济合作的领域，最终建立中国—中亚自由贸易区。

2. 战略目标

建立中国主导的中国—中亚自由贸易区。从一个双边边境自由贸易区（中哈霍尔果斯边境合作中心）向多个双边边境自由贸易区（中吉、中乌、中塔）逐步拓展，进而逐步建立中国—中亚区域自由贸易区或中国—欧亚经济联盟自由贸易区。

（1）逐步建立中国与中亚区域多边经济合作框架协议。通过中央政府、地方政府、各部委与中亚各国对应部门的对口衔接，进一步协调各国之间的各种经贸相关政策，促进区域经济合作模式的多元化，为实现以中国为主导的中国—中亚自由贸易区的目标提供更为细致和具体的框架协议基础。

（2）生产输出步伐加快，中国与中亚区域生产要素流动更加自由有序。生产输出进一步带动资本输出、劳动力输出、技术输出等要素输出，中国与中亚的区域经济合作逐渐走向深化和稳定，逐步实现中亚区域的资源高效配置和市场深度融合。

（3）中国新疆与中亚区域经济合作的领域得到显著拓展，中国对中亚区域的战略优势显著增强。中国新疆与中亚区域在农业、水利基础设施、交通基础设施、加工制造业、服务业等领域的广泛合作取得积极进展和突破，"丝绸之路经济带"倡议在中亚区域的影响力显著提升并取得实质性成果，区域经济合作对于促进中国与中亚的"五通"建设起到重要的作用。

（4）民营企业的作用更加突出。在生产输出和产业转移中，民营企业发挥更大的作用。民营企业在中亚投资的产业规模明显扩大、产业层次显著提升、产业技术不断进步，不仅有助于推动中亚国家的工业化进程和根植性产业培育，也为民营企业拓展市场空间、实现企业发展战略提供平台和载体。

（5）人民币在中亚区域实现国际化。人民币在中亚区域的国际化是实现资金融通的重要前提。在加快推进中国与中亚区域经济合作的进程中，要推进人民币和美元业务的不断创新和贸易结算方式的创新，促使中国落地企业或合资合作企业的资本融资渠道不断拓宽，允许部分具有潜力的中亚国家合资合作企业在中国市场上市，加快实施资本市场渗透战略。

3. 战略实施对策

（1）适时启动中国与中亚区域自由贸易多边谈判或中国—欧亚经济联盟自由贸易区谈判。中国应该从国家层面适时启动中国与中亚区域自由贸易多边谈判或中国—欧亚经济联盟自由贸易区谈判。目前，以俄罗斯为主导的欧亚经济联盟已经启动，俄罗斯依靠历史影响力和强大的军事实力，在独联体这一松散的组织框架下不断朝着一体化的目标推进。目前，中国不论是经济实力还是国际地位，已经具备了区域范围内的经济牵头能力。俄罗斯在博弈中虽然总是处于历史性优势地位，但是在经济实力下滑、周边军事干预带来的西方经济制裁影响下，其对中亚区域的经济合作牵头能力正在削弱。美国和日本在中亚国家虽然拥有一定市场，但是在俄罗斯和中国影响力的包围下，短时间内在中亚不可能实现区域性的自由贸易区。上述国家的存在，虽然提高了中国经济外交成本，在自由贸易区建设等方面带来许多新的变数，但是未来五年美国面临全球战略的重大调整阶段，不可能迅速实施区域性的大调整。土耳其国内和周边区域的混杂状态，美国、欧盟和俄罗斯之间的战略抉择等重大问题的困扰下不可能对中亚区域产生实质性影响。因此这一期间启动中国与中亚区域自由贸易区的多边谈判或中国—欧亚经济联盟自由贸易区谈判不仅符合了时机原则，更符合了中国政府一贯奉行的睦邻、安邻和富邻的经济外交原则。

（2）组建中国主导、多国参与的中亚发展银行。"丝绸之路经济带"建设所提出的资金融通必须有一个融通资金的大平台。目前，我国已经启动丝绸之路发展基金、亚洲基础设施投资银行、丝绸之路银行等重大项目，一方面使国际储备的外汇得到更好的利用，另一方面重点实施人民币国际化。中国必须借助丝绸之路发展基金等金融投资机构，利用人民币国际化这一动力机制，组建中亚发展银行，构建资本融资平台，为中国的资本输出提供便利。因为中亚国家与中国的经济合作从商品输出过渡到生产输出和产业转移阶段，中国企业必须实现"走出去"，这一"走出去"必然伴随大量的资本输出，"走出去"企业运行需要大规模的资本融资平台。要实现人民币国际化，必须具备以人民币为主要结算工具的金融平台和以人民币来运作的金融市场空间。因此，中亚发展银行的组建一方面实现中国处于非高效利用状态的外汇储备进入中亚国家，弥补上述国家建设资金方面的不足，另一方面更重要的是通过结算工具上的创新，为人民币国际化提供更有利的条件。

（3）促进全方位合作，积极推进中亚国家的中国产业园区建设。产业园区是产业转移和生产输出的空间载体，中国具有建设产业园区和产城融合发展的先进经验。在充分研究中亚各国的实际工业化需求和充分评估中亚国家投资环境的基础上，积极探索在中亚国家实施中国产业园区建设模式。在特定的区域空间和特定的行业领域内，与中亚国家共同出资建设园区相关的基础设施，加强在交通基础设施、水利基础设施、环境保护基础设施等方面的合作，建设中国中亚产业园区，拓展产业合作领域，在制造业和服务业等领域加强合作。制定相关政策和措施，有针对性地扶持中国企业尤其是民营企业进入中亚的这些中国产业园区，鼓励与当地企业和团体形成合资合作或独资经营的企业实体。根据产业园区特点突出产业集群和产城融合的特色，形成独具中国特色的产业园区发展模式。必须加大对中亚国家发展战略的研究，根据中亚国家的工业化战略，积极寻求以互利共赢、共同发展为出发点和落脚点的产业园区建设模式，协调各国的产业优势发展战略，积极和努力建设 1 ~ 2 个有影响力的产业园区。

（4）加强中亚软环境的系统研究，为企业走出去提供制度保障。中亚国家的投资环境决定着企业的投资决策。目前，中国与中亚国家之间的经济合作停留在基础设施建设援助、产品互通、边境互市、自由贸易港等低级层次的根本原因在于中国对中亚国家软环境的系统研究甚少，仅有的研究也停留在表面层次上。国际对中亚国家的投资软环境，尤其是制度和法律层面的评价甚低。但是，对于在这种环境下为什么美国、欧盟、俄罗斯、日本、韩国等国家能够实现跨国经营而中国企业却不能站住脚跟等问题的研究甚少。这说明我们对他们的法律体系、执法程序、投资政策、文化特征、金融运作体系等的研究并没有深入到使其为我服务的层次。因此，一方面要加大对上述国家法律体系的研究，制度环境的评价；另一方面对"走出去"的企业提供更有针对性的政策扶持和海外投资安全保障。最终在研究制度和法律体系的基础上，形成与中亚各国之间的制度和法律体系方面的对话机制，积极寻求中亚国家聚焦于中国与中亚区域经济合作有利的制度建设。

（5）加快核心区建设，发挥新疆与中亚区域经济合作的核心作用。中国新疆作为中国对中亚开放的重要门户，在与中亚国家经济合作中处于核心地位。但是这种核心地位主要体现在通道优势上，并没有产生更多的核心和示范效应。新疆应加快交通枢纽中心、商贸物流中心、金融中心、文化科教中心、医疗服务中心"五大中心"和"十大进出口产业集聚区"建设，提升制造业综合实力，增强与中亚国家进行产业合作和产业转移的能力，进而充分发挥新疆对中亚区域的核心区的辐射和带动作用。加快中哈霍尔果斯边境合作中心和伊尔克什坦口岸经济区的建设，中哈霍尔果斯边境合作中心联动阿拉山口口岸、巴克图口岸，伊尔克什坦口岸经济区，联动吐尔尕特口岸，逐渐形成中国与哈萨克斯坦和中国与吉尔吉斯斯坦进行经贸合作的两个增长极，进而带动乌兹别克斯坦和俄罗斯北线以及塔吉克斯坦南线，最终带动新疆与中亚区域的全方位合作。

（6）加强次国家层面合作，促进合作方式多元化。鉴于文化和现实差异，中国与中亚国家的经济合作可借助次国家层面的合作与交流进行不断深化。次国家层面经济合作的优势在于：可绕过文化与政治的敏感性等问题，直接以市场主导的功能性与灵活性合作为基础，由此进一步推动国家间的制度性合作。在全球区域经济合作快速发展的今天，区域性、国家性以及次国家层面的区域经济合作都在不断拓展和推进，合作区域与合作领域越来越细化和多元化，次国家层面的跨国合作影响力和效果也越来越大。中国与中亚国家的经济合作可向多元化、多向度纵深推进，向上依靠国家层面、向下转移到次国家政府层面、向外转移到非政府组织及民间社会层面。具体而言，可将次国家层面的经济合作范围细化为中国地方政府与中亚各国地方政府间的合作、城市间的合作、民间组织或民间团体间的合作、特定机构间的合作等，形成中国与中亚国家经济合作多元化的发展方式。各国地方政府是推动跨国区域经济合作强大而有力的支撑。在继续办好中国—亚欧博览会、新疆·喀什南亚中亚商品交易会的基础上，中国与中亚国家各级政府还可以通过召开国际博览会、洽谈会、招商会及签署贸易协定、中亚区域合作论坛、建设友好城市等方式开展多领域的经济合作①。

五、产业转移与产品提升战略

实现中国（新疆）与中亚国家能源与贸易互联互通，一个重要的环节即中国（新疆）对中亚国家的产业转移与产品提升。应从战略等顶层设计方面加以规划，实施产品转移与产品提升战略，促进能源与贸易领域的合作，推动各国互利共赢、共同发展。

1. 战略定位

实施产业转移和产品提升战略，不仅可以推进中国（新疆）和中亚国家的经济合作，也有利于化解我国产能过剩矛盾、推动双边结构调整和产业优化升级。通过产业转移和产品提升战略，改变中亚市场对"中国制造"的低端印象，把新疆建设成为中国面向中亚的产业转移与投资合作的示范区和新高地。

① 张薇．"丝绸之路经济带"建设背景下深化中国与中亚经济合作探析［J］．经济纵横，2016（5）：91－92.

2. 战略目标

新疆应紧紧依托中国东部在轻纺、机电、机械等方面的技术优势，以及新疆在食品、家具、棉纱、建材、石油化工、农副产品等产业的优势条件，充分利用19个省市对口援疆的政策优势，积极引进发达省区的资金、技术、设备和品牌，投资建厂，形成各类出口加工基地，如"轻纺城""特色服装城""特色果品出口加工基地""石油化工工业园区""小型家电出口加工基地"等，让新疆成为沿海省区挺进中亚市场的重要出口加工区，让一批批高质量、精包装、品牌优、适销对路的商品进入中亚市场，增强产品市场竞争力，树立中国产品新形象。也可以利用中亚国家的资源与市场，建成有较大规模的，以石油天然气加工、精细化工、稀有金属和有色金属为主导的，并以满足国内工业需求为导向的进口加工基地。到2020年，把新疆建成东联西出、西来东去乃至西来西去的商品加工基地（包括出口加工基地和进口加工基地）、"中国制造"商品集散基地和商贸旅游购物中心，实现多方优势互补、互惠互利、合作共赢。

3. 战略实施对策

（1）构建中国（新疆）与中亚国家的产业转移雁行模式。在分析中亚国家经济发展特点及中国（新疆）与中亚国家区域经济合作的实践特点基础上，以哈萨克斯坦为产业合作突破口，将中国新疆作为中国与中亚国家产业合作的重要承载区，承接中国东部产业转移，形成中国"东部—中部—西部—中亚国家"的梯度发展层次，构建中国（新疆）与中亚国家的产业转移雁行模式。通过产业转移形成良性互动的产业结构整体性演进，提高中国（新疆）与中亚国家产业发展在国际分工体系中的地位，实现区域产业转移、产业对接、产业合作的共赢。此外，中国（新疆）与中亚国家应协调区内不同层次的产业协作，不断优化投资、生产及流通结构，构建区内协调有序的产业群组结构，实现资源、技术、劳动等要素整合，同时要发挥各国比较优势，避免产业结构趋同。中国（新疆）应以劳动密集型、资金密集型及技术密集型产业为主，而中亚国家则仍以资源密集型为主。中国（新疆）与中亚国家还可在某些产业实施联合发展，如能源产品的深加工、金融服务业、旅游业以及教育产业等，这种建立在分工基础上的合作将使得中国（新疆）与中亚国家之间的产业转移技术级差有所缓和，从而促进各国产业转移的实现、产业结构和产品质量的提升。

（2）充分发挥市场机制作用，促进中国（新疆）产业转移的顺利完成。产业转移是企业的市场行为，因此必须充分发挥市场机制作用，由企业自主选择是否进行转移和要转入的地区。转变中国（新疆）政府职能，发挥好产业转移中的指导和服务作用。中国（新疆）要优先在条件成熟的中亚国家和领域设立产业转移示范园区，积累产业合作经验，然后逐步扩大产业合作的规模和范围。在产业选择方面要结合中国（新疆）产业转移的现状及中亚国家的产业发展需求，确定双边重点培育的产业项目，只有这样才能保证产业转移的顺利进行。

（3）建立产业转移的区域协调机制。要推进中国（新疆）与中亚国家产业转移和产品提升战略的顺利实施，应建立区域协调机制。一方面，要充分发挥上合组织与 CAREC 合作机制的平台作用，协调中国（新疆）与中亚国家间的关系，对中亚国家的产业专业进行统筹。另一方面，设立法律协调工作组，对推动产业转移、投资者保护、税收优惠及关税兑换等方面的法律问题进行及时沟通，从而尽可能地减少在产业转移过程中出现的法律不统一、执法不统一等问题。此外，双方还应建立产业转移数据库，加强双边合作交流，梳理中国（新疆）转移的产业及中亚国家需要引进的产业，并通过产业转移数据库进行及时对接，推动中国（新疆）与中亚国家产业的有序转移。

六、边境自由贸易区战略

加快实施自由贸易区战略，是适应经济全球化新趋势的客观要求，是全面深化改革、构建开放型经济新体制的必然选择，是我国积极运筹对外关系、实现对外战略目标的重要手段。截至 2016 年 8 月，我国已经签订的自贸区有 13 个，正在谈判的有 8 个，正在研究的有 5 个，中英自贸协定谈判也提上议程①。我国自由贸易区战略推进坚持"邻近"原则，大部分合作经济体均处于亚洲，与东盟国家的经贸合作层次更是提升到前所未有的新高度。相形之下，我国与位于欧亚大陆腹地、在地缘政治和经济上具有重要战略地位的西北周边国家尤其是中亚国家经贸合作，无论是合作方式还是合作层次都明显滞后，已成为整个国家对外开放战略的短板。

充分发挥中国（新疆）地缘优势，加快推进构建边境自由贸易区战略是实现与中亚国家能源与贸易互联互通的前提条件。目前，尽管中国（新疆）与中亚国家在经贸领域存在较大的互补性，但是就当下的合作来看，还仅停留于政策互惠、双边合作等初级层面。在当前共建"丝绸之路经济带"的新形势下，国家应倾力打造中国（新疆）与中亚国家边境自由贸易区，以促进区域全面经济伙伴关系建设。

1. 战略定位

推进中国与中亚自贸区建设是我国贯通"丝绸之路经济带"的必然选择，也是我国突破"C"形包围，保证能源、经济、军事安全的关键。中国需要依托新疆这个前沿阵地和桥头堡与中亚各国及"丝绸之路经济带"其他沿线国家进

---

① 已签订的自贸区包括澳大利亚与结束实质性谈判的中韩自由贸易区。

一步加强合作，促进双方经贸合作的深入发展和转型升级，实现我国"丝绸之路经济带"建设目标和中国与中亚自由贸易区建设的未来愿景。

2. 战略目标

无论是从中国的自由贸易区战略还是从"丝绸之路经济带"建设来看，必须加快推进中国和中亚区域经济一体化，提升双方经贸合作层次，实现中国和俄罗斯之间的全面无缝合作，实现中国在经济发展和和平崛起中的外围安全。目前不乏关于中国和中亚自贸区的民间可行性研究，然而并未上升至国家层面。因此，应加快启动政府主导的官产学联合研究，并通过中央政府、地方政府、各部委与中亚各国对应部门的对口衔接，进一步协调各国之间的各种经贸相关政策，为实现以中国为主导的中国—中亚自由贸易区的目标提供更为细致和具体的框架协议基础。综合考虑我国现有自贸区的建设进度和当前国内外局势，将自贸区战略目标设定为：

加速推进中哈、中吉边境自贸区建设。争取到 2020 年将中哈霍尔果斯边境合作中心升级为中哈霍尔果斯边境自贸区，落地关于货物、服务、投资等合作的实质性优惠协定。待条件成熟尽快开展中哈双边自贸区谈判，争取到 2025 年签署中哈自由贸易区货物贸易协议。与此同时，将中吉边境自贸区谈判尽早提上议事日程，加快双边自贸区谈判，争取到 2030 年签署中吉边境自由贸易区货物贸易协定，继而加速推进中吉双边自贸区。无论中哈抑或中吉，贸易协定的税收减免模式可参照中巴、中智、中秘自贸区，针对不同种类商品协商确定税收减免情况。

加紧转变传统输出模式，营造互惠共赢格局。加快从产品输出为主的贸易合作层次提高到生产输出为载体的资本输出层次和银行金融机构为载体的资本市场共建层次，从双边政策协调为主的经济合作安排转变为多边政策协调为主的经济合作安排层次，从以能源产业合作为基础的产业层次提高到过剩产能转移为主的全方位产业合作层次，从一个双边边境自由贸易区（中哈霍尔果斯边境合作中心）向多个双边边境自由贸易区（中吉、中乌、中塔）逐步拓展，进而为实现中国与中亚区域自由贸易区建设奠定实践基础和框架协议基础。

3. 战略实施对策

中国与中亚国家的经贸合作既有优势，又存在不利因素，在短期内不宜仿效欧共体、北美自由贸易区模式，也难以形成类似东南亚那样的经济联盟，适宜采用"边境自由贸易区"到"双边自贸区"，再从双边到多边自贸区的发展路径。当前应该集中力量建设中哈、中吉边境自由贸易区，进行重点突破，形成突破效应。

（1）立足中哈霍尔果斯边境合作中心，建设中哈边境自由贸易区。中哈边境自由贸易区建立具有良好的现实基础：地缘优势明显，口岸经济发展迅速，中哈贸易往来密切，两国的人文交流深入，人文合作模式也更多样化。中哈霍尔果斯边境合作中心的各种优惠政策便利化了中哈经贸合作环境，也是中哈合作模式升级的关键。近年来，中哈物流项目、石油天然气管道及产能合作加强，密切了中国东部地区与哈国的贸易联系，促使中哈能源合作步入新阶段，实现中哈双方的互利共赢和产业优势互补。上合组织及亚行倡导的 CAREC 机制为中哈深入区域合作提供了良好平台。此外，哈萨克斯坦经济状况良好、政治局势稳定且非常重视中国的发展模式及与中国的合作，中国提出的"两个一百年""中国梦"的宏伟目标与哈萨克斯坦制定的 2050 年发展战略在内容上有诸多相近之处，在时间上高度契合，"一带一路"合作倡议与"光明之路"新经济政策不谋而合。2015 年随着哈萨克斯坦"入世"谈判的结束，关税同盟与共同关税并存将成为哈萨克斯坦参与区域经济合作的常态，为中哈共建边境自贸区提供了无限可能。当前，应抓住时机，以互利共赢为目标，协商确定中哈边境自由贸易区的实施范围、保障机制及相关政策等基本框架，以贸易、投资、产业与金融合作为抓手，加速实现中哈贸易便利化，在霍尔果斯国际边境合作中心的基础上，提升合作层次，从而创造符合中哈两国利益的多赢格局。

专栏 8 - 2　中国—哈萨克斯坦自贸区建设战略构想

中哈建立自贸区的优势非常突出，但当前哈萨克斯坦仍旧选择了保持霍尔果斯范围内的中哈贸易便利化，无意与中国扩大自贸区范围，表明哈方主观原因仍旧是阻碍双边自贸区进一步发展的主要因素。无论是双边贸易现状分析还是贸易模拟，结果均表明在哈国及俄罗斯、中亚国家工业发展滞后、产业结构失衡的情况下，成立自贸区带来的贸易规模扩大没有起到优化中哈两国产业结构的作用，贸易转移的负面影响也势必会招致哈国及其他国家对中哈自贸区的消极甚至抵制情绪（尤其是俄罗斯）。进一步开放哈国市场（哈国进一步削减关税），将不利于其制造业的发展，也有不利于"哈 2050"战略方针的落实。鉴于此，哈方更加倾向于维持现状，充分利用中国红利，积极与中国在产业、产能等领域开展合作，以促进经济发展。故需要创新思维，突破以往自由贸易区将零关税作为终极目标的传统做法，促进地区商品、资金、技术和人才的自由流动，必要时保留哈方一定关税，中方单向零关税，一方面扩大双方贸易规模，优化贸易环境，改善福利状况；另一方面可以为哈萨克斯坦发展工业、提升制造业发展能力预留充足的过渡时间，以提高哈方建设的积极性。在双方经贸合作的过程中需要充分注意优化贸易结构，改变单一进口模式，避免加深哈国对与我国自由贸易的顾虑。

资料来源：高志刚，王彦芳. 丝绸之路经济带背景下中哈贸易自由化路径探析 [J]. 开发研究，2016 (1)：12 - 17.

（2）依托伊尔克什坦口岸，打造中吉边境自由贸易区。中吉同为 WTO 成员，吉尔吉斯斯坦是我国规避贸易壁垒的重要中转站，是高加索和中亚地区最开放的经济体之一，中国转口贸易是其重要的经济支撑，自贸区的建立将进一步扩大中吉贸易规模，带动其经济发展，这种互利共赢的合作模式将对其他中亚国家产生一种示范效应，消除其对我国自贸区的疑虑；我国提出的"丝绸之路经济带"主张契合了吉尔吉斯斯坦的发展诉求，吉尔吉斯斯坦明确表示全力支持我国"丝绸之路经济带"建设。此外，伊尔克什坦口岸条件能够满足建设边境自由贸易区的需求，近来伊尔克什坦口岸通关条件大为改善，通关能力进一步增强，并享受各项特区优惠政策，乌恰—喀什—阿图什"1 小时经济圈"的形成对口岸建设和发展更起到了积极的促进作用。从目前中吉双方口岸的通关、基础设施、园区建设、政策支持等条件看，在中方伊尔克什坦口岸园区设立边境自由贸易区更具可行性。若中吉双方都有设立边境自由贸易区的强烈愿望，通过谈判、协商解决自由贸易相关政策问题，边境自由贸易区模式就有实现的可能性。中哈霍尔果斯边境自由贸易区（中哈霍尔果斯国际合作中心）的建设就是很好的证明，可为中吉建立边境自由贸易区提供经验和借鉴。中吉边境自由贸易区可视为两国间优惠的自由贸易特殊安排，或者视为两国间自由贸易区的过渡安排，待条件成熟后加快推进中吉自贸区，最终为建成中国和中亚自贸区奠定基础。

（3）中国（新疆）与中亚国家要参照中国—东盟自由贸易区及其他自贸区的有效成果和有益经验，做好边境自由贸易区方案。在市场和各方经济条件承受范围的基础上，扩大市场准入和投资壁垒，进而共享区域经济一体化的成果。通过多边贸易谈判，降低关税和非关税贸易壁垒，形成统一的投资贸易管理制度，进而消除贸易与投资障碍。加强海关、进出口检验检疫、交通运输、人员签证等领域合作，建立统一化要求和标准，降低人员往来和企业贸易投资成本限制，从而推进跨境能源与贸易便利化。随着"丝绸之路经济带"与欧亚经济联盟的成功对接以及我国自由贸易试验区的不断扩容，中国与中亚实现贸易自由化的路径已不再单一。推进中国与中亚贸易便利化，向西实施自贸区战略，一方面可以在现有基础上提升合作层次，创新合作模式，将霍尔果斯打造成为真正意义上的中哈边境自由贸易区；另一方面可以借鉴中国—东盟自由贸易区的经验，与欧亚经济联盟建立自贸区。在不违背国际惯例和国家宪法规定的前提下，尽快出台一系列相应的法律法规和政策措施，为建设自由贸易区提供必要的法律依据。中国（新疆）政府应实行适当的政策倾斜，以支持边境自由贸易区的建设。在资金和财政等方面给予更大的倾斜，支持边境自由贸易区的基础设施建设和发展。根据实际情况，因地制宜地制定出符合边境贸易区建设的优惠政策，吸引中亚国家企业投资，发展出口加工贸易，加快口岸地区的新型工业化进程，改善出口商品结构, 吸引中国发达地区的知名企业参与建设。

专栏8-3 中国—吉尔吉斯斯坦边境自贸区建设战略构想

自贸协定条件下, 无论是互减关税还是互为零关税, 吉尔吉斯斯坦都将获得较大的福利改善, 然而中吉出口贸易规模远大于进口, 非对称性相互依赖程度加深, 吉民族工业尤其是制造业将不可避免地受到一定程度的冲击, 这与哈萨克斯坦情形类似, 故中吉自贸区可考虑采取同中哈自贸区一样的推进路径。此外, 相比于哈萨克斯坦而言, 中吉自贸区的建立所带来的贸易创造和福利改进比较小, 一方面是由于吉尔吉斯斯坦经济容量较小, 另一方面中吉贸易条件和贸易环境素来较好, 因此在某种程度上, 中吉建立自贸区的战略意义远大于其经济效应。

由于中吉边境属于高海拔地区, 自然条件恶劣, 双方的口岸区域离边境线都有一定的距离, 因此很难效仿中哈霍尔果斯边境自由贸易区的建设模式。但可以考虑在中方伊尔克什坦口岸区域或在吉方伊尔克什坦口岸区域划出一块土地 (4~5平方千米), 由两国共同建设和管理。具体建设地址可视双方口岸区域的自然条件和基础设施条件由两国政府协商确定。中吉伊尔克什坦边境自由贸易区实行相对封闭管理, 在区域范围内实行零关税制度, 人员出入、往来, 货物的流通、货物的交易享有较高的自由度。中吉伊尔克什坦边境自由贸易区的建立需要中吉双方就具体的关税政策、非关税政策、投资便利化政策、税收政策、服务贸易政策、检验检疫程序及标准一致化政策、人员出入管理政策、行政与司法管理政策等相关政策进行磋商并达成一致。

资料来源: 高志刚, 郭晓兵. 新疆丝绸之路经济带核心区与边境自由贸易区建设 (第九章) [M] //孙久文, 高志刚等. 丝绸之路经济带与区域经济发展研究 [M]. 北京: 经济管理出版社, 2015: 167-169.

(4) 成立边境自贸区谈判的相关机构, 加紧进入实践阶段。建议在上合组织及 CAREC 机制下, 在中国新疆和哈萨克斯坦的阿拉木图、吉尔吉斯斯坦的奥什州分别设立"中国与哈萨克斯坦经贸合作委员会""中国与吉尔吉斯斯坦经贸合作委员会", 隶属"中亚区域经贸合作协调委员会", 属于高官层面, 由中国发改委、财政部、商务部的司级官员、新疆政府和哈吉的相应部门相应级别官员联合组成, 尽快启动建立中哈、中吉边境自由贸易区谈判。谈判内容应围绕前面所提到的具体选址问题、关税和非关税政策、投资便利化政策、服务贸易政策等相关政策来展开。每年就中哈、中吉自贸区分别召开两次会议, 主要研究和商定自由贸易区合作的政策、规划、项目和协调措施, 为行业、企业和地区的合作创造条件。下设联络处负责日常事务, 负责研究提出合作开发的规划、计划、项目, 拟订合作开发的方针、政策和措施, 检查督促合作开发项目的执行, 以及与国内外的联系和合作开发信息的收集、服务等。此外，上述机构要配套相应的谈判机制和决策机制，对区域一体化政策进行实时预警，可借鉴美国 USITC 和 US-TR 机构，对自贸区推进和实施的影响进行调查，确立良好的事后评估机制，以对下一阶段的工作提供政策建议。

（5）利用中国与欧亚经济联盟建设自贸区的有利条件，尽快启动中国—欧亚经济联盟自贸区的研究。2015 年 5 月 8 日，中俄双方签署了《丝绸之路经济带建设和欧亚经济联盟对接合作联合声明》，共同宣布启动《中国和欧亚经济联盟经贸合作伙伴协定》谈判，最终目标是建立中国—欧亚经济联盟自贸区。2016 年 6 月 25 日，中俄双方签署《中华人民共和国和俄罗斯联邦联合声明》，双方强调，丝绸之路经济带建设与欧亚经济联盟建设对接合作的共识具有重要意义，故对中国—欧亚经济联盟签署自贸协定进行前瞻性、可行性的研究迫在眉睫。中国与欧亚经济联盟成员国建立自贸区不但会促进欧亚经济联盟区域经济一体化，而且中国与欧亚经济联盟各国将会获得很大的贸易创造效应和福利效应。因此，应尽快启动中国与欧亚经济联盟自贸区的研究和谈判，加快落实欧亚经济联盟与"丝绸之路经济带"战略对接合作。通过加强双方政治互信和政策沟通，优化出口部门的产业升级和出口结构，促进贸易平衡，积极推动丝绸之路经济带建设进程，多渠道助俄恢复经济，提升经贸合作层次、创新贸易模式来推进中国—欧亚经济联盟自贸区建设进程。

七、自贸试验区战略

2014 年我国自贸区试验有了较大突破，继上海之后，天津、广东、福建三地自贸区已获批，2016 年 8 月在辽宁省、浙江省、河南省、湖北省、重庆市、四川省、陕西省新设 7 个自贸试验区，既是对我国自贸试验区建设经验的总结推广，也表明我国进入了自贸区试点探索的新航程。新疆作为"丝绸之路经济带"核心区，要充分利用自贸试验区这一契机，进一步深化互联互通建设，打造"丝绸之路经济带"核心区增长极和对外开放格局升级版。

1. 战略定位

中国（新疆）自由贸易试验区的定位是打造"丝绸之路经济带"沿线自由贸易试验区，以中亚国家为重点，辐射"丝绸之路经济带"沿线其他国家，促进经贸合作和投资贸易便利化。围绕立足中亚、服务全国、面向"丝绸之路经济带"沿线国家的战略要求，充分发挥新疆的比较优势，把自贸区经济培育成新的经济增长点，成为新疆建设"丝绸之路经济带"核心区的重要抓手，把自贸试验区建设成为深化"丝绸之路经济带"合作的示范区，打造面向"丝绸之路经济带"沿线国家和地区开发合作新高地。

乌鲁木齐依托出口加工区和拟建的综合保税区建设综合型自由贸易区，旨在推广上海自贸区一系列可复制的成果并探索全方位开放的经验，重点定位金融领域和现代服务业开放领域，推动贸易转型升级，对新疆自贸区进行统筹管理。

喀什经济开发区可依托喀什综合保税区，重点面向吉尔吉斯斯坦、乌兹别克斯坦、土库曼斯坦、塔吉克斯坦和巴基斯坦，利用独特的区位和便利的交通优势，建设以保税仓储为重点的物流型自由贸易区，以及金融贸易区和优势资源转化加工区。

霍尔果斯经济开发区可依托中哈霍尔果斯国际边境合作中心和拟建的综合保税区，建设出口加工型自由贸易区、跨境人民币创新金融业务试验区以及国际旅游示范区，发展转口贸易和跨境旅游。

阿拉山口综合保税区以阿拉山口口岸为依托，重点面向哈萨克斯坦，发挥综合保税区的功能政策，开拓中亚、西亚和欧洲市场，建设区域国际物流中心（国际中转分拨物流配送分中心）、保税加工制造业基地、国家石油储备库和金属矿石储备基地及配套加工基地。

2. 战略目标

第二批获批的广东、福建、天津以及扩容后的上海自贸试验区，都存在"一区多园"的情况，借鉴这些自贸试验区的经验，力争 2020 年前获批中国（新疆）自贸试验区。中国（新疆）自贸区可采取一区四园模式，整合乌鲁木齐、喀什、霍尔果斯和阿拉山口的各自优势，形成合力，提高申报新疆自由贸易试验区的成功率。新疆自由贸易试验区范围涉及乌鲁木齐出口加工区、喀什经济开发区（喀什综合保税区）、霍尔果斯经济开发区、阿拉山口综合保税区四地，以乌鲁木齐为主导，与喀什、霍尔果斯、阿拉山口一起形成"一心＋三翼"的空间布局。

3. 战略实施对策

（1）加强自贸试验区顶层组织机构设计，着力推广 28 项改革事项。首先，设置自贸区自治区级领导协调机构，负责组织拟订自贸试验区法规，建立健全法规体系，指导各片区做好相关配套制度工作；研究拟订自贸试验区发展规划和计划，组织研究自贸试验区发展重大问题；研究推动出台自贸试验区综合改革、投资、贸易、金融等政策并指导实施等任务。各片区依托现有的管理架构，设立自贸试验区片区管理机构，作为所在市人民政府的派出机构，负责属地范围内自贸试验区的具体事务。其次，根据《关于推广中国（上海）自由贸易试验区可复制改革试点经验的通知》（国发〔2014〕65 号），新疆可复制借鉴推广的改革事项 28 项。其中，在投资管理领域包括外商投资广告企业项目备案、涉税事项网上审批备案等九项；贸易便利化领域包括全球维修产业检验检疫监管、中转货物产地来源证管理等五项；金融领域包括个人其他经常项下人民币结算业务、外商投资企业外汇资本金意愿结汇等四项；服务业开放领域包括允许融资租赁公司兼营与主营业务相关的商业保理业务、允许设立外商投资资信调查公司等五项；事中事后监管措施包括社会信用体系、信息共享和综合执法制度等五项。

（2）依托"对口援疆"的政策资金建设自贸试验区。自 2010 年 19 省市"对口援疆"工作开展以来，政策援疆、产业援疆、资金援疆等"输血造血"功能得到了较大发挥，新疆基础设施、民生建设、经济发展等方面取得了长足的发展。随着援疆工作的继续深入，内地发达省市持续增加的援疆资金规模，将为新疆自贸区的建设奠定坚实的物质基础，提供了强有力的资金保障。与此同时，建设新疆自贸区这一宏伟工程也将为援疆资金的合理、高效配置提供多元化的投资渠道，从而切实实现"对口援疆"政策的"优势互补、共赢发展"的成效。

（3）"四园"强强联合，推动国际贸易和国际物流发展。新疆自由贸易试验区可发挥乌鲁木齐出口加工区、喀什经济开发区、霍尔果斯经济开发区、阿拉山口综合保税区的联动作用，解决一区四园之间协调问题，并结合各自的功能定位形成相应的产业支撑。以乌鲁木齐为中心，向西形成三条通道，加紧提升霍尔果斯公路等级、筹建阿拉山口高速铁路海关，扩大中亚—新疆油气管道建设，尽快推进中吉乌铁路建设项目启动、筹划准东—富蕴—北屯—吉木乃口岸铁路建设项目和推进中巴铁路项目筹划工作，确保交通运输多样化、现代化，做大做强交通运输网络化建设，形成"丝绸之路经济带"交通运输的骨干线[①]，将新疆打造成"丝绸之路经济带"交通枢纽中心和跨境国际物流中心，加深新疆与沿线国家的经贸往来。

（4）借鉴负面清单模式，结合实际提高清单质量。建立自贸区的直接目的之一就是推动贸易投资便利化，上海自贸区负面清单管理模式在很大程度上推动了贸易投资便利化，新疆建设自贸区在借鉴这一成功管理模式的同时，还要积极探索。探索负面清单模式将有助于中国的贸易规则与国际贸易新规则接轨，进一步增强外国投资者开展对华贸易和投资的信心与积极性，也有助于鼓励国内企业创新，减少政府审批，依靠市场机制打破垄断[②]。新疆自贸区的负面清单要结合新疆贸易的实际情况，清单不可面面俱到，要提高清单质量，减少隐性进出壁垒，明确投资准入标准，旨在增进贸易投资便利化。

---

① 许建英. "丝绸之路经济带"视野下新疆定位与核心区建设 [J]. 新疆师范大学学报，2015（1）：61 - 67.

② 祝佳音. 中国上海自贸区建设的进展问题及政策建议 [J]. 吉林金融研究，2014（7）：5 - 9，33.

（5）加强法制环境建设，提高抵御风险能力。新疆自贸试验区建立之后，新的贸易业务、投资制度等新的问题都应当有相应的立法进行规定，规避实施负面清单管理模式、贸易投资便利化可能带给市场及企业的安全风险问题。建立全面具体的自贸区投资贸易监管制度，健全投资贸易服务体系，加快金融制度创新，拓宽中资企业投融资渠道，统一规范自贸区内外法律适用机制，设立专门机构解决投资贸易争端问题，通过良好的法制环境提高抵御经济风险的能力。

第九章　中国（新疆）与中亚国家能源与贸易互联互通的制度设计与政策建议

第一节　制度设计

中亚国家间的能源与贸易互联互通存在复杂的政治和经济利益的博弈，以及安全、民族、宗教等多重利益交织点，而中国新疆在中国与中亚地区合作中占有十分重要的战略地位，结合落实第二次中央新疆工作座谈会和"丝绸之路经济带"核心区建设，依托"三通道""三基地""五个中心"及"十大产业集聚区"建设，进一步发挥新疆政策优势、区位优势和人文优势，在充分利用现有的区域经济合作组织的基础上，有必要从顶层设计规划一系列促进双方贸易、能源互联互通的制度框架，协商解决影响互联互通的制度、政策、标准问题，消除双方合作的瓶颈制约。

一、模式构建

1. 区域经济合作模式的共性及主要模式

（1）区域经济合作模式的共性。一是由主权国家政府或地区当局出面，通过一定的制度安排和组织形式来实现经济联合；二是成员体的共同利益是组建和发展的动力，通过合作提高成员体的整体竞争力，实现规模经济效益；三是具有特定的区域性和集团性；四是具有一定程度的排他性；五是超国家性。通过建立超国家机构，协商达成共同原则，协调成员体的政策和行为来实现超国家的协调和合作①。

---

① 吴玲蓉.区域经济合作模式：比较与借鉴［J］.南方经济，2005（12）：68－70.

（2）区域合作的主要模式。梳理区域经济合作的模式发现，合作模式多体现的是区域合作的方式与特征，即通过什么方式与途径实现区域合作目标。当前区域合作的模式主要有：一是松散、论坛性质的 APEC 模式；二是以区域内部经济、政治、文化一致性与多边协调为特征的欧盟模式；三是以一国为核心、按照"中心—外围"结构搭建的区域合作架构，如南亚模式或北美自由贸易区模式；四是强调参与者的完全平等与协商一致原则的东盟模式。从区域经济合作模式差异产生的背景及原因来看，地理区位因素对区域经济合作模式的选择有着重要的作用。成员体地理上相近，商品交易和往来运输成本小，地区融合度较高的，关系较容易协调，多采用相对封闭的区域经济合作模式；地理上较分散，地区融合度较低，难以形成权利中心，利益关系较难协调的多采用松散的区域合作模式。

2. 中国与中亚国家参与的区域经济合作组织比较[1]

（1）上海合作组织（SCO）。上海合作组织前身是"上海五国"会晤机制，即 1996 年 4 月 26 日，中国、俄罗斯、哈萨克斯坦、吉尔吉斯斯坦、塔吉克斯坦五国元首在上海会晤，形成会晤机制。2001 年 6 月 15 日，上合组织正式成立，并签署了《上海合作组织成立宣言》。在上合组织框架内，各成员国采用多种合作模式大力发展双边或多边区域经济合作，如会议驱动模式[2]、边境自由贸易区模式[3]。

（2）中亚区域经济合作组织（CAREC）。CAREC 于 1997 年由亚洲开发银行倡议成立，2002 年正式成立，是除包括中国、哈萨克斯坦、吉尔吉斯斯坦、塔吉克斯坦、乌兹别克斯坦、蒙古国、阿富汗和阿塞拜疆外，还包括以亚行为首的七个国际金融机构。亚行主导下的中亚区域经济合作组织模式总体上是开放和松散的，该模式是在亚行主导下成员国在交通运输、能源、贸易、投资、关税等领域进行合作的一个非正式多边合作模式。

中国与中亚国家共同参与的上海合作组织和中亚区域经济合作组织等区域经济组织具有较大的差异性[4]：一是 CAREC 较上合组织执行力和影响力较弱，CAREC 是一种协商机制，一般通过亚行相关机构召集会议，会议级别为部长级；而上合组织会议级别为首脑级，有条约基础，对成员国更具有约束力和执行性。二是运行机制不同，CAREC 以股金多少决定决策投票权，因此亚行在各国的实

---

① 高志刚，韩延玲. 中亚国家区域经济合作模式、机制及其启示［J］. 新疆社会科学，2014（4）：73 - 77.

② 会议驱动模式属于松散型合作模式，如成员国元首理事会会议、政府首脑理事会会议、各合作领域部长级会议等，它是把有关经济、安全、政治等问题拿到会议上进行协商，以促进区域经济合作。

③ 边境自由贸易区模式由两国政府在边境特定的区域内，通过签订协议，实现自由贸易。

④ 李道军，胡颖. 中国新疆参与中亚区域经济合作的机制比较与启示［J］. 新疆社会科学，2011（3）：54 - 58.

施项目在很大程度上反映了日本和美国的决策意图，而上合组织成员国之间的经济合作建立在政治互信和平等互利的基础上，一般是各国元首提出合作意向，相关领域部门协商后达成协议，不存在外部操控行为。三是 CAREC 的金融能力和项目实施能力较上合组织强。CAREC 资金主要来源为亚行，而上合组织资金主要来源于各成员国政府，在资金筹措能力、有效利用和项目实施等方面，CAREC 具有明显优势。四是合作领域侧重点不同。上合组织经贸合作重点领域是能源、交通、贸易、环保和旅游，而 CAREC 主要领域是交通、能源、贸易及人力资源、农业和环境。

3. 中国与中亚国家能源与贸易互联互通模式选择

中国与中亚国家经济体制不同，历史文化背景各异，发展水平和资源禀赋差异大。中亚国家基础设施水平低，过境能力有限，加之 20 世纪 90 年代后期俄罗斯发生的金融危机影响到中亚国家，以及阿富汗内战升级带来的周边安全形势恶化，中亚很难承担起跨国运输中的"桥梁"作用。由于过分强调本国利益，互补性较差，中亚国家间的经济合作磕磕绊绊，区域内的交通合作首先陷入困境①。而且中国与中亚国家共同参与的区域经济合作组织，其合作历史较短，各合作组织相互重叠，合作的成本大，并且相互掣肘，经济合作过程中存在较高的不稳定性和不可预见性②。因此，在"丝绸之路经济带"框架下，构建中国与中亚国家能源与贸易互联互通的模式需要遵循区域经济合作一般规律，应以交通、能源、信息等基础设施领域互联互通合作为基础，以政策、制度互联互通合作为保障，以人员、文化互联互通合作为根本，促进贸易和投资便利化，形成贸易、投资双轮驱动的合作共赢模式，提高区域经济一体化水平。

（1）能源互联互通模式。目前，我国与中亚国家的能源合作主要是"政府主导，企业参与"的双边能源合作模式③，主要有贷款（融资）换资源模式、双向合作模式、与国家石油公司联合经营模式、"油气—经贸"合作模式④。也有学者提出短期合作的动态联盟模式和长期合作的供应链联盟模式⑤，这也属于双边能源合作模式的范畴。双边能源合作模式在推动两国间能源合作方面发挥了重

① 孙壮志．"丝绸之路经济带"：打造区域合作新模式 [J]．新疆师范大学学报（哲学社会科学版），2014（6）：36 - 41.

② 高志刚．中亚国家区域经济合作现状及发展缓慢的原因分析 [J]．新疆财经大学学报，2013（4）：12 - 18.

③ 苏华，王磊．"丝绸之路经济带"建设背景下的我国与中亚能源合作新模式探析 [J]．经济纵横，2015（8）：22 - 26.

④ 杨宇，刘毅，金凤君．能源地缘政治视角下中国与中亚—俄罗斯国际能源合作模式 [J]．地理研究，2015（2）：213 - 224.

⑤ 余晓钟，高庆欣，辜穗等．丝绸之路经济带建设背景下的中国—中亚能源合作战略研究 [J]．经济问题探索，2016（1）：149 - 154.

要的作用，但随着能源合作参与主体的增加和合作领域的深化，以及能源互联互通的需要，中国与中亚国家能源双边合作模式需要升级，即从双边合作的基础上转向多边合作。

由于俄罗斯一直是中亚地区能源地缘政治格局演变最核心的力量，加之油气资源是俄罗斯参与世界政治经济体系、维护其地缘政治战略影响、改善国际外交环境的重要手段，因此，在中国与中亚国家构建能源多边合作模式时，不能把俄罗斯排除在外。"丝绸之路经济带"建设为中国与中亚—俄罗斯多边能源合作提供了有利的条件和平台，中国与中亚—俄罗斯各国有必要在现有机制基础上循序渐进地构建多边能源合作新模式。中国、俄罗斯和中亚国家作为"丝绸之路经济带"上的重要国家，大多是能源生产或消费大国，能源领域关乎国家安全和经济安全，而在"丝绸之路经济带"的建设过程中，能源合作是重点、是突破口[①]，建立"丝绸之路经济带"能源合作委员会是一个可行的方向，是符合多方国家经济利益的。能源合作的制度化和机制化是现代能源合作的趋势，构建"丝绸之路经济带"能源合作委员会是可行的多边能源合作模式。

此外，设立上海合作组织能源俱乐部也可以作为中国与中亚—俄罗斯能源合作的多边模式。2006 年，俄罗斯提议建立上海合作组织能源俱乐部，2007 年设立能源俱乐部章程，2013 年，在上海合作组织合作论坛上，中国国家主席习近平提出"成立能源俱乐部，建立稳定供求关系"。在上海合作组织框架下，实现成员国的能源合作，建立能源俱乐部，是成员国之间多边能源合作的需要[②]。俄罗斯和中亚主要国家油气资源丰富，出口需求强烈；中国是油气资源消费大国，进口需求旺盛。因此，在上海合作组织内部，既存在稳定的战略卖家也存在长期的战略买家，这是其他区域合作组织所不具备的[③]。上合组织内部在实践中已经建立了相对稳定的合作基础，中哈、中土之间石油、天然气合作进展顺利。由于各国国情及在国际市场上的利益不对等，中俄的能源合作仍存在能源发展战略的差异[④]。因此，建立能源俱乐部的关键在于油气资源的出口国是否愿意把资源定价权交给多边组织，同时进口国又是否愿意接受一个类似于 OPEC 的组织来提高油气资源的价格呢？如何在上合组织框架下建立起区域的能源多边合作机制，构

---

① 庞昌伟. 能源合作：丝绸之路经济带战略的突破口 [J]. 新疆师范大学学报（哲学社会科学版），2014，35（2）：11 – 18.

② 高志刚，江丽. "丝绸之路经济带"背景下中哈油气资源合作深化研究 [J]. 经济问题，2015（4）：10 – 14.

③ 杨宇，刘毅，金凤君. 能源地缘政治视角下中国与中亚—俄罗斯国际能源合作模式 [J]. 地理研究，2015（2）：213 – 224.

④ 庞昌伟，张萌. 上合组织能源俱乐部建设及中俄天然气定价机制博弈 [J]. 俄罗斯学刊，2011，1（1）：41 – 51.

建符合各方利益的能源供求体系，形成组织内部沟通有效、系统完备的能源合作网络是建立能源俱乐部面临的巨大挑战。从目前来看，上海合作组织框架内的能源机制可以协调油气管道的过境税和能源关税，降低中国从中亚进口油气资源的成本，同时可以加强与俄罗斯以及中亚各国之间的合作关系，稳定双方之间的油气供应协议①。建立能源俱乐部最需要做的是创新兼顾各方利益的合作机制，在能源生产国、进口国、过境运输国之间形成利益平衡，确定一批兼顾多方利益的能源合作项目，消除各方之间的合作障碍，并通过大量油气资源上游领域项目的合作勘探、开发以及下游的炼化等，捆绑双方利益，进一步推行能源合作机制的纵深化发展，方能实质性地推动能源供求一体化，确保成员国之间的能源供求以及区域合作的稳定性②。

（2）贸易互联互通模式。

第一，宏观层面——边境自由贸易区模式。边境自由贸易区属于半紧密型经济合作或集团化合作方式。边境自贸区可视为两国边境地区优惠的自由贸易特殊安排，或者各国间自由贸易区的过渡安排③。边境自由贸易区是在不违背（不局限于）世贸组织关于跨境贸易、自由贸易协定、便利贸易优惠政策的相关规定，及其地域范围内现有的区域贸易安排或自由贸易协定的条件下，由各国中央政府订立并监督次一级地方政府进行具体实施的，地域界限较为严格的特殊次区域贸易安排。这种贸易安排主要以消除贸易和投资的障碍为前提，最大限度地实现商品、劳务和资本在区域内的自由流通，从而实现区域内各种要素的优化配置，最终促进两国的经济发展，亦提升我国在世界经济和国际经济关系中的地位。

就目前中国与中亚国家经济合作发展现状看，存在中国与中亚国家建立边境自由贸易区的良好条件。但是考虑到中亚国家在经济发展程度上存在差异，贸易密切度和政治互信度还存在较大差异，因此不容易同步建立边境自由贸易区，可以考虑从双边边境自贸区着手，建立求大同存小异的合作基础，通过分步骤、分阶段的双边合作，在多个双边边境自由贸易区的基础上最终建立中国—中亚自由贸易区。一般口岸区域基本能满足建立边境自由贸易区的条件，如果双方都有设立边境自由贸易区的强烈愿望，通过谈判、协商解决自由贸易相关政策问题，边境自由贸易区模式就有实现的可能。中哈霍尔果斯国际合作中心的运营虽然没有达到预期的效果，但毕竟向边境自由贸易区的方向迈出了可贵的一步，如果能进

① 庞昌伟，张萌. 上合组织能源俱乐部建设及中俄天然气定价机制博弈［J］. 俄罗斯学刊，2011，1（1）：41-51.

② 杨宇，刘毅，金凤君. 能源地缘政治视角下中国与中亚—俄罗斯国际能源合作模式［J］. 地理研究，2015（2）：213-224.

③ 高志刚. 基于三类模式的中国新疆与中亚次区域经济合作平台构建［J］. 俄罗斯中亚东欧市场，2010（10）：21-27.

一步建成边境自由贸易区，可为中吉、中塔建立边境自由贸易区提供经验和借鉴。

从新疆与吉尔吉斯斯坦的贸易额、口岸条件来看，建议先建立中吉边境自由贸易区作为试点，可考虑在伊尔克什坦口岸建立。这样有利于与北疆霍尔果斯边境自由贸易区一起形成新疆向西开发、开放的"双剑"和"双桥头堡"态势，充分发挥阿拉山口、霍尔果斯口岸和亚欧第二路桥、精伊霍铁路以及未来中吉乌铁路的作用，加快新疆与中亚国家经济合作的进程①。

由于中吉边境属于高海拔地区，自然条件恶劣，双方的口岸区域离边境线都有一定的距离，因此很难效仿中哈霍尔果斯边境自由贸易区的建设模式，即双方在边境地区各划出一块土地来规划建设。但可以考虑在中方伊尔克什坦口岸区域或在吉方伊尔克什坦口岸区域划出一块土地（4～5平方千米），由两国共同建设和管理。如果在中方口岸区域建设，则吉方有一定面积的土地使用权；如果在吉方口岸区域建设，则中方有一定面积的土地使用权。具体建设地址可视双方口岸区域的自然条件和基础设施条件由两国政府协商确定。从目前双方口岸的通关、基础设施、园区建设、政策支持等条件看，在中方伊尔克什坦口岸园区设立边境自由贸易区更具可行性②。

中吉伊尔克什坦边境自由贸易区实行相对封闭管理，在区域范围内实行零关税制度，人员出入、往来，货物的流通、货物的交易享有较高的自由度。自由贸易区建成后，两国公民可免签证进入自由贸易区。自由贸易区可设商务区、国际会展区、仓储运输区、宾馆饭店和其他商业服务设施、金融机构等，使进入自由贸易区的人员可以在其中完成从商业谈判到仓储物流、娱乐休闲到吃穿住行的一系列行为，使之具备国际物流中心、行政事务管理中心和旅游休闲中心的功能。

第二，中观层面——中国（新疆）自由贸易试验区模式。自中国实施"丝绸之路经济带"倡议以来，为加强与丝路沿线国家的经济交流与合作，促进中国向西开放的广度和深度，确定地处中国西部边陲、与八国接壤的新疆作为建设"丝绸之路经济带"核心区，使新疆承担着不可替代的责任和使命。新疆要充分利用这一契机，建设"丝绸之路经济带"核心区，实施中国（新疆）自由贸易试验区战略，进一步深化中国与中亚国家的互联互通建设，打造对外开放格局升级版。

建设自由贸易试验区不仅可以发挥新疆的比较优势，还可以把自贸区经济培

① 高志刚. 基于三类模式的中国新疆与中亚次区域经济合作平台构建［J］. 俄罗斯中亚东欧市场，2010（10）：21－27.

② 高志刚，郭晓兵. 新疆丝绸之路经济带核心区与边境自由贸易区建设（第九章）［M］//孙久文，高志刚等. 丝绸之路经济带与区域经济发展研究［M］. 北京：经济管理出版社，2015：167－169.

育成新的经济增长点，成为新疆建设"丝绸之路经济带"核心区的重要抓手，同时对新疆加强与中西亚国家的经贸合作，进一步深化互联互通建设，承接东中部产业转移，也有着重要的现实意义和深远的影响。

中国（新疆）自由贸易试验区的定位是打造"丝绸之路经济带"沿线自由贸易试验区，以中亚国家为重点，辐射"丝绸之路经济带"沿线其他国家，促进经贸合作和投资贸易便利化。中国（新疆）自由贸易试验区可采取一区四园模式，范围涉及乌鲁木齐综合保税区、喀什经济开发区（喀什综合保税区）、霍尔果斯经济开发区、阿拉山口综合保税区四地，以乌鲁木齐为主导，与喀什、霍尔果斯、阿拉山口一起形成"一心 + 三翼"的空间布局。

新疆成立自贸试验区管理机构，同时乌鲁木齐、喀什、霍尔果斯、阿拉山口等各个片区成立相应管理机构，最大限度地下放管理权限。这些片区管理机构虽为所在市政府派出机构，却可行使自治区一级管理权限。自贸区管理体制的核心是"统筹管理、分级负责、精干高效"，要既有利于合力推动自贸试验区建设，又有利于各片区独立自主运作。充分借鉴上海自贸区在建立以负面清单管理为核心的外商投资管理制度、以贸易便利化为重点的贸易监管制度、以资本项目可兑换和金融服务业开放为目标的金融创新制度、以政府职能转变为核心的事中事后监管制度等方面可复制、可推广的改革创新成果，加强自身建设。

第三，微观层面——企业跨境合作模式选择。作为中国与中亚国家贸易互联互通的微观主体，选择适合的跨境合作模式是企业进行境外投资、拓展国外市场的重要前提。企业跨境合作模式主要有以下五种①②：一是联合开发模式，通过进一步开放资源和资本市场，对中亚区域内的优势资源进行联合开发，吸引和承接国内外资本、产业、技术、管理和人才，与此同时，从不同产业、不同领域的特点出发，灵活选择中国与中亚企业联合开发与产业融合的对接方式。二是跨境企业参股模式，股份制可以促使利益各方在遵守约定的规则合作的前提下，各方在生产经营管理方面各施才华、优势互补、共谋发展策略，追求共同利益最大化目标的实现。三是合资经营模式，制定出台各项优惠政策，吸引国内外直接和间接投资，动员区域内各方共同参与投资，形成一个包括政府、企业、个人和外资在内的多元化投资格局，并依照各方出资比例共担风险、共负盈亏。四是合作经营模式，通过双方的合作经营合同（契约）约定各自的权利和义务，合作方式较为灵活。五是战略联盟模式，由两个或两个以上实力对等或资源互补的企业，通过磋商就结成松散型经合组织达成一致，以便达到共同占有市场、合作研究与

---

① 高志刚. 中国企业参与中亚次区域合作的模式与思路 [J]. 开放导报，2007（1）：77 - 79.
② 王栓乾，黄俊，王海燕. 中亚市场上的中国企业 [J]. 俄罗斯中亚东欧市场，2003（8）：15 - 20.

开发资源共享以及增强竞争力等目的，这种模式包括股权式联盟、市场营销与服务联盟、合作生产联盟、供应链联盟与多层次合作联盟。

需要说明的是，各种模式之间并不是独立存在的，各种模式的选择也不是绝对的。选择何种合作模式以及模式的组合需要根据具体的合作项目、合作主体与层次确定。中国与中亚企业间合作应根据市场经济的要求、国际惯例和规范等具体情形选择适合自己的合作模式，从而更好地开拓国际市场。

二、机制构建

1. 功能性合作机制

（1）对话交流机制。中国和中亚国家可以利用双边或多边途径，建立多层次、常态化的对话交流机制。依托上海合作组织和亚行 CAREC 合作机制，由新疆人民政府积极推动，定期举办领导人会议、高官会议等区域经济合作会议，通过上合组织和 CAREC 机制的交通、能源等基础设施合作，推动中国新疆与中亚国家商务、贸易、经济、交通、能源等多领域的领导人会议，并使会议制度化、常态化。建立中国与中亚国家相对应职能部门间的对话机制。加强中国与中亚国家交通运输、海关、检验检疫机构等相关职能部门间的交流与合作，及时、交流和磋商区域内多边和双边经贸合作中存在的争议和问题，共同促进双边贸易发展。通过多层次常态化交流，首先在政府层面达成共识，通过协商、对话交流，解决推进互联互通过程中的具体的、技术层面的、实际操作过程中的问题，为合作排除战略层面的障碍。

（2）组织协调机制。倡导组建具有实体功能的"中国—中亚互联互通合作工作组"，专门协调各相关领域部门的战略规划与行动实践。工作组成员由国家级领导担任，形成常态化的包括决策、磋商谈判协调决策、议事、专业工作、日常事务办公、监督和反馈评估等机制。一方面，加强各国政府部门之间的沟通与协调，定期沟通互联互通的进展及存在的问题；另一方面，加强各国政府与企业之间的沟通与协调。同时，建立互联互通合作绩效监督与评估机制，定期评估互联互通合作的落实情况及所产生的实际效果，确保互联互通合作战略的推进符合各国经济发展战略的需要。

（3）信息交互机制。中国与中亚国家的经贸合作关系的巩固与深化，需要建立公开、透明、完备的信息交互机制。包括信息的及时公布与信息的完备共享。信息交互的具体内容主要包括：一是经贸合作中的重大经济战略、经济调控政策和出台的相关规章、制度、实施细则等信息交互机制。利用网络、媒体等传媒手段将信息及时发布，以巩固合作的基础。二是政府重大决策的信息交互机制。对于有利于区域经济合作的区域政府重大决策，应及时、透明、公开地发布，形成有效的信息互动，便于行为主体间推进合作的开展。

（4）争端解决机制。区域经济合作过程中，由于合作双方的意愿和利益及诉求有所不同，因此，必须建立一种区域合作冲突的协调仲裁或争端解决机制，专门负责区域合作中的矛盾和冲突的协商或裁定。构建争端解决机制要充分考虑其法律化的发展趋势，逐步建立、发展和完善以法律为导向的、程序严密的争端解决机制。一是通过政治方法，即协商、调停、调查、和解等，保障争端各方的自主权利；二是通过法律方法，即成立临时或常设机构，制定处理争端的程序和规则，明确冲裁机构做出的裁决或判决对合作各国具有的法律约束力。成立专门负责区域合作协调的仲裁机构，并制定相应的《争议仲裁条例》，使其成为争端解决的法律依据和制度保障。经仲裁机构裁定后，区域内各行为主体有权对不履行或破坏协议的行为主体采取限制或惩戒措施。

（5）利益保障机制。跨国家、跨区域间合作关系的建立，需要在互惠互利原则的指导下共同商议合作各方的利益保障问题。这种保障或者补偿可以通过政策补给，也可以通过项目或者技术的援助进行补偿。在构建区域合作利益保障机制时应充分考虑到利益谈判、利益补偿方式、补偿内容、补偿资金筹集、补偿的实施几个方面。因此，应设置专门的谈判机构、补偿执行机构和监督机构，制定相关的《利益保障条例》，明确补偿的方式、内容、范围、对象、标准等，补偿资金应由合作各国共同出资筹集。同时，涉及生态补偿的利益保障问题，还可通过相应的项目、技术和政策进行沟通协调后执行。

（6）行为约束机制。区域经济合作关系错综复杂，尤其是中亚国家较多，且经济发展水平差异性大，合作愿景和利益诉求不一，为保障合作的顺利、健康发展，需要辅助建立约束区域合作各方行为的机制。明确合作双方应遵守的规则，违反应承担的责任，造成相关损失的补偿或赔偿规定。通过相关政策和法规对区域合作关系进行规范，对参与合作双方权利、义务等具体行为进行约束，并对合作中的非规范行为做出惩罚性的制度安排。

2. 领域性合作机制

（1）贸易合作机制。制定和落实中国（新疆）与中亚国家贸易合作框架性协议，包括货物贸易和服务贸易两方面。在货物贸易方面，一是研究制定关于商贸物流合作的工作方案和推动商贸物流合作的沟通协调机制建设。二是研究和设计符合新疆和中亚国家口岸、合作中心等通关模式，建立检疫和海关间的通关联网核查。在服务贸易方面，一是重视人员流动。简化签证手续，可以试行短期或者商务互免签证制度。二是注重人力资源开发。通过专题研讨、联合培养、跨国培训等项目，加强新疆与中亚国家人力资源建设，尤其应加强依托口岸的直接"窗口人员"的培训工作。在贸易合作推广方面，可以通过贸易博览会、贸易论坛、招商会等不同形式推动中国（新疆）与中亚国家贸易合作。

（2）投融资合作机制。投资方面，鼓励构建便利化、透明化、具有竞争性的投资合作机制，引导和带动民间资本参与国际竞争与合作。一是制定较完善的投资合作制度。不仅包括投资门槛、资金的使用、损失的补偿，还应包括投资利润的汇回、争端解决等一整套投资保护制度。二是制定统一的投资保护标准。投资保护标准应与国际标准相衔接。投资协议的签署可以借鉴《中国—东盟投资协议》。为避免各国在投资核心条款问题上认知、理念等方面存在差异性，对其投资者保护水平参差不齐，应分别与中亚各国缔结双边投资协议。

融资方面，除了争取丝路基金、亚洲基础设施投资银行、亚洲开发银行等资金外，还可以在债券市场等方面做有益的探索和尝试，拓宽资金来源渠道，创新融资模式。一是创新联合信用评级模式。对于基础设施互联互通项目，采取基础设施所涉及国家的联合信用评级或区域金融组织的信用担保，以获得比单个国家主权性信用评级更高的信用等级。二是积极鼓励金融租赁业的跨国家、跨区域发展。发挥金融租赁业的优势，整合资源助推基础设施互联互通的进展。三是完善债券市场的清算体系，建立互联互通债券统一的清算机构。四是配套完善债券市场的监管体系。包括建立国家间的监管信息共享与磋商机制，制定统一的监管指标体系，建立债券市场的风险防范、隔离处置机制等。

（3）能源合作机制。中国与中亚国家在能源领域的合作由最初的石油、天然气等传统能源，逐渐转变为传统能源为主、新能源为辅的多元能源合作形式。目前，中亚国家正转而发展非传统能源领域经济，勘探开发国内新能源/可再生能源，实行能源多元化的战略。部分中亚国家调整了经济发展战略，将合作重点转向非能源领域。因此，与中亚国家的能源合作模式由"双边纵向"向"多边横向"和"纵横相加"的复合模式转变，在"合同框架"下的国家间能源合作应在能源管理体制、利益分配、决策机制等方面设计能源合作机制，积极参与构建国际社会的双边或多边声誉机制，实现国家间的能源合作。

（4）能源应急机制。"应急机制"是国际能源机构的核心机制之一，并规定其成员国履行"紧急储备义务"，要求各成员国保持不低于其90天石油进口量的石油存量，其目的是减轻成员国在石油供应短缺时的损失。中国正在建立能源储备基地，在中国与中亚油气资源合作的过程中，可以尝试建立相关机制，以应对国际油气价格波动对双方造成的重大影响，在双方遇到紧急供求时，能直接给予对方帮助，减少双方损失。初期可考虑先建立中国与哈萨克斯坦、中国与土库曼斯坦的双边能源战略联盟，等时机和条件成熟时，再建立多边能源战略联盟，形成多边能源应急机制。建立中国和中亚国家能源战略联盟，形成多边能源应急机制，在一定程度上可以使中国在世界石油价格的变动上有一定的影响力。

（5）交通运输合作机制。中国与中亚国家以陆路交通运输为主，因此，在交通运输领域的合作机制应坚持制度先行，加快实施已经签订的《上海合作组织成员国政府间国际道路运输便利化协定》。针对各国具体情况，也可以签订双边运输补充协定，对所涉及的双边相关问题进行协商。协商完善后的《双边运输补充协定》，将作为标准严格执行。同时，配套相应的信息数据库平台建设，使往返国家间的通关便利化。

（6）基础设施合作机制。基础设施合作是中国（新疆）与中亚国家互联互通合作的基础和重点，涵盖交通、能源、通信等领域。结合新疆"丝绸之路经济带"核心区交通枢纽中心建设，交通基础设施合作不仅包括公路、铁路、航空等硬件设施的建设和合作，更重要的是应配套相应的包括道路标准、交通规则等法律、法规、政策等制度方面的建设。

（7）跨境手续简化机制。简化货物、服务、人员流动等跨境手续，推动在海关、质检、交通运输、签证办理等方面的便利化进程，以建立人员、货物及服务的出入境管理信息平台，实现信息共享为基础，完善检验、检疫、监测、监管机制，从而简化跨境手续，营造高效、便捷的出入境秩序，促进贸易投资便利化。

（8）文化交流和合作机制。文化领域的交流和合作，有助于加强双方意识领域的认同，缓解不同区域间的文化冲突，对于增强地区间的稳定有重要作用。一方面，可以通过定期举办文化博览会、文化周、艺术节等艺术形式，交流和展示不同区域、不同民族的文化精髓；另一方面，可以通过举办文化论坛、主题研讨会等学术形式，共同研讨在推进文化互联互通中存在的重大问题，从而顺利推进文化交流和合作。

三、平台构建

中亚五国地处亚欧大陆的核心腹地，作为古代丝绸之路的重要通道、中国向西开放及国际经济合作的重要伙伴，是"丝绸之路经济带"沿线的核心区域。2015 年 3 月国家发布了《推动共建"丝绸之路经济带"和 21 世纪海上丝绸之路的愿景与行动》，该愿景和行动展示了中国新一轮全方位开放的大格局，表达了中国深度融入世界经济体系的愿望。中央已经明确把新疆定位为"丝绸之路经济带"核心区，可见国家把实施全方位向西开放战略和推进"丝绸之路经济带"建设的重心放在新疆。所以，现阶段推进中国与中亚区域能源与贸易的互联互通必须结合"丝绸之路经济带"建设进展进行创新思维。

1. 发挥好上海合作组织和 CAREC 合作机制的平台作用

上海合作组织和 CAREC 是中国与中亚国家开展区域经济合作的两大主要平

台，中国（新疆）与中亚国家能源与贸易互联互通要依托这两个影响力较大的平台，谋求中国（新疆）在不同层面、不同领域的经济利益和经济诉求，并积极推动"丝绸之路经济带"沿线国家的能源和贸易合作。两个性质不同的同一地区多边合作组织在合作领域上有相互重叠性和竞争性，但两个组织之间也存在明显的差异性和互补性。上海合作组织有法律合约基础，合作领域涵盖安全、经济和人文多个重要领域，最高决策和议事级别是国家首脑，在推动区域合作方面更富有强制力和成效。CAREC 由国际金融组织和地区内国家构成，是以贷款项目为基础的合作机制，其较强的融资能力和高效的资金利用率有效地推动了成员国家之间在运输和贸易投资便利化等领域的合作。充分利用两个组织的互补性，通过主动参与、不断完善合作机制来进一步推动区域经济合作，必将有利于中国与中亚国家区域经济合作战略目标的实现。而作为合作前沿的中国新疆也将通过更加紧密的区域经济合作，获得更多区域合作利益，将有力地推进"丝绸之路经济带"核心区建设。

2. 中国（新疆）与中亚国家能源与贸易互联互通的平台设计

从国家层面考量，为推动"丝绸之路经济带"建设，当前应建立专门针对如何构建"丝绸之路经济带"的首脑会晤机制和专业性沟通平台。中国与中亚各国应就经济发展和对策进行充分交流，加强各个国家之间的对话、交流和磋商，尽早就丝绸之路的顶层设计达成共识，确定相应的合作机制。并由中国牵头成立协调小组，厘清合作机制中的各种标准，推动各领域标准的统一与施行范围的拓展，争取早日能够达成"丝绸之路经济带"内部的基本治理框架。此外，要设立风险评估部门，提供一套适合于中国与中亚国家的投资风险评估标准，主要包括安全、政治稳定性、政府效能、法律和监管环境、宏观经济风险、外贸及支付问题、劳动力市场、金融风险、税收政策、当地基础建设水平、各国信贷风险等，寻找合适的基础设施等投资项目，科学评估其投资价值，使得各国投资资金得到更有效率、回报率更高的使用。

从新疆层面考量，要从宏观发展战略和规划的高度重视新疆参与中亚区域经济合作，积极推进中亚区域经济一体化。其突出特征是国家的整体参与和新疆的直接参与相结合。在平等互利的基础上，签订以收益分配为主题的合作协议，并在协议内容中规定合作的机构、范围、领域和监督、管理机制。在中国与中亚国家领导人会晤的基础上，中国发改委、财政部、商务部、新疆政府和中亚五国相应部门、地方政府应积极进行对话、磋商与谈判，搭建中亚次区域经济合作协调委员会。该机构属于部长级层面，中国和中亚国家轮流担任主席方，下届主席方为应届副主席方。每年可以举行一次会议，主要承担两种职能：一是根据各中央政府的授权和各中央政府间达成的原则框架，制定出具体的、具有可操作性的合作方案和相关政策，并组织协调好主要项目的协调、衔接工作；二是发现合作开发中存在的问题，属于授权范围内的事务可以及时协商解决，超出授权范围的事务提交中央政府，乃至"上海合作组织"，由双边或多边协商解决。中亚次区域经济合作协调委员会下设常设机构——秘书处负责日常事务，经多边协商后秘书处可设在新疆乌鲁木齐市或某个中亚国家。还可建立交通、能源、矿产、贸易与投资、旅游、环境、电信、金融等行业或项目合作联席会议，设立工作小组，具体讨论并筛选近期、中期和远期建设的重点项目事宜。

由各方指派两名秘书（首席秘书、专职秘书）参加秘书处的工作。秘书处设主任一名，由主席方派出的首席秘书担任；副主任若干名，由其他各方派出的首席秘书担任，各专职秘书协助主任和副主任工作。

大会闭幕到下一届大会期间要召开两次联络工作会议。第一次联络工作会议主要是交流检查各方贯彻大会议题和项目落实情况，通报研究下届大会的筹备工作；第二次联络工作会议研究上一年工作总结，确定下届大会的有关事项。联络工作会议由主席方召集，其他国家领导参加。并不定期组织有关国际研讨会和论坛等，以进一步加快次区域经济合作。

可在制度上提供支持，政策上提供优惠，组织措施上提供保证，在中国中央政府和中亚国家政府的指导下开展区域合作。在国家层面，进一步统筹协调及解决合作开发中遇到的新情况和问题，在地方政府具体参与层面，应充分发挥新疆参与合作的经济优势和主体优势。

第二节　政策建议

自从 2013 年 9 月中国国家主席习近平在出访中亚时提出共建"丝绸之路经济带"愿景以来，中国与中亚五国在经济、政治、文化、社会等领域的合作已经发生了翻天覆地的变化。中亚五国已由原来被动同中国合作开始转变为主动与中国开展多方位、多层次、多领域的合作态度。尤其在许多新兴经济体进入萧条时期、全球能源价格持续下跌、资金短缺大背景下，中亚国家已经意识到了需要进一步开放市场以及加快消除交通、通信、金融、人员往来等方面制约对各国发展的重要性。在这种背景下，中国同中亚五国开展全面的能源与贸易互联互通合作将不仅为中亚国家提供大量的资金、人力资本、技术和设备，而且有助于释放中国国内的产能过剩的压力，从而形成一种互利共赢的、符合各国利益诉求的"互联互通"制度。不仅中国可以将部分产能转移到中亚区域，而且中亚国家也将为其自然能源以及优势产业找出一种稳定的、长期的销售通道。因此，为了加快中国与中亚各国能源与贸易的"互联互通"，应该从国家层面、地方政府层面和企业层面采取对策。

一、国家层面的能源与贸易互联互通的政策建议

1. 加快中国与欧亚经济联盟自贸区研究，推进自贸区建设

中国与欧亚经济联盟建设自贸区的有利条件主要体现在战略对接、地缘区位和贸易互补的优势。中国与欧亚经济联盟具有竞争优势的产品不存在重叠，各类产品竞争优势的差距突出，中国与之在资源禀赋和产业结构方面互补性强，而欧亚经济联盟成员国间产品同质性明显，互补性弱。

通过局部均衡模型模拟中国与欧亚经济联盟自贸区在零关税和减税情形下的经济效应发现：自由贸易下各国获得的贸易创造效应凸显，无论零关税抑或相互削减关税，都将显著拓展双边的贸易规模。欧亚经济联盟成员国内贸易特别是工业制成品大量转从中国进口，且这种转移效应随着贸易自由化的加深而越发明显；中国从联盟内部获得更多的原料供应；各方福利均有明显改善。

双方应加快落实"丝绸之路经济带"倡议和欧亚经济联盟对接合作的谈判进程，可将上海合作组织作为"丝绸之路经济带"和欧亚经济联盟对接合作的重要平台，拓宽务实合作空间，确定好对接合作模式、优先领域、制度安排、保障措施及应规避的问题等。可考虑以哈萨克斯坦作为突破口，加快"光明之路"新经济政策与"丝绸之路经济带"倡议的对接合作，进而推动与整个联盟的对接。

以国务院 2015 年 12 月 6 日印发的《关于加快实施自由贸易区战略的若干意见》为执行标准，尽快启动中国与欧亚经济联盟签署自贸区协定的可行性研究。抓住当前时机，以互利共赢为目标，以充分借鉴中国—东盟自由贸易区的经验，协商确定双边自由贸易区的实施范围、保障机制及相关政策等基本框架，以贸易、投资、产业与金融合作为抓手，加速实现双边贸易便利化。同时要谨慎妥善处理好中俄关系，把发展中俄经贸关系放在巩固与发展国家关系乃至影响两国经济与安全利益的高度去考量，推进中国与欧亚经济联盟自贸区的谈判进程。

2. 加快推进亚洲基础设施投资银行建设进程，设立丝路基金下中亚次区域经济开发与合作专属基金

中国发起组建亚投行，旨在推动亚洲国家基础设施建设，目前除了中立国土库曼斯坦没加入亚投行外，其他四国均已成为亚投行成员国，而中亚国家基础设施建设普遍较为落后，经济发展乏力，故目前应加快推进亚投行建设进程，建议设立针对中亚国家基础设施投资建设的部门，在政策上可对中亚国家适宜地倾

斜，将来可在乌鲁木齐设立亚投行针对中亚国家基础设施建设的分支机构或服务中心。

鉴于中亚国家在"丝绸之路经济带"中的重要区位，为使中亚次区域经济合作协调委员会的作用落到实处，同时能够启动合适的合作项目，建议在 400 亿元丝路基金中提取一定的资金设立中亚次区域经济开发与合作专属基金，成立基金管理委员会，隶属于中亚次区域经济协调委员会。凭借专属基金，积极撬动中亚国家政府与银行等多类商业机构积极合作、融资。融资筹措可以采取：各国根据经济能力的大小按比例缴纳一定数额的资金；包括亚洲开发银行、亚投行在内的国际金融机构提供一定的无偿资金和有偿贷款；可以吸纳一些有实力的国内外企业集团作为基金成员，缴纳一定数额的会费。基金应该使用在以下方面：联络处的运转费用；举办各类论坛的费用；重点建设项目的启动费用，并以此争取各国和区域外各种国际组织、国际金融机构、特别是发达国家（地区）的参与，开辟多种渠道吸引资金参与建设，形成多元化资金筹措机制。

3. 推行人民币周边化的金融政策，制定促进贸易和投资的配套政策

2013 年 8 月 9 日，中国人民银行总行正式下发《中国人民银行办公厅关于中哈霍尔果斯国际边境合作中心跨境人民币创新业务试点的批复》，标志着中哈霍尔果斯国际边境合作中心成为全国首个"境内关外"离岸人民币创新金融业务试点区，未来应拓展中方境外人民币贷款业务，拓展境外人民币结算代理网络，建立安全高效便捷的人民币跨境清算和结算网络，缩短资金汇划结算的时间，降低费用。

在多边层面，加快成立和运作上海合作组织专门账户，建立多元化的经济合作开发基金，整合各国的金融资源，为"丝绸之路经济带"建设开发项目提供资金支持。参照亚洲基础设施投资银行模式，组建由新疆银行、中国国家政策性银行及中亚国家国有银行共同成立的区域多边金融组织，围绕核心区重点建设任务，对到境外进行基础设施投资、资源开发、加工贸易的企业提供政策性贷款支持和专项商业贷款支持，为符合条件的企业提供打包贷款、境外代付等形式的融资和国际结算服务，为进出口企业提供自由结算、兑换业务，支持核心区内符合条件的企业到国际资本市场融资。

建议在乌鲁木齐市建立跨境贸易与投资人民币服务中心，并争取在伊犁、喀什设立分中心，让新疆成为"丝绸之路经济带"沿线国家实现贸易投资便利化的金融资源洼地和区域金融中心，为核心区建设提供坚强的"第一支撑"作用。

4. 立足中哈霍尔果斯边境合作中心，建设中哈双边自由贸易区

加快实施自由贸易区战略，是适应经济全球化新趋势的客观要求，是全面深化改革、构建开放型经济新体制的必然选择，是中国积极运筹对外关系、实现对

外战略目标的重要手段。

以俄罗斯为主导的欧亚经济联盟的正式成立，构建中哈自贸区已经不是中哈两国的问题，一方面要考虑"丝绸之路经济带"与欧亚经济联盟对接，加快中国与欧亚经济联盟自贸区的研究。另一方面，随着俄罗斯危机加深、卢布贬值及国际石油价格下跌，对中俄贸易产生了较大影响，哈萨克斯坦对俄罗斯目前的处境也有顾虑，为减少对俄罗斯的依赖，增加经济、政治独立性，哈方进一步加强了与中国合作，为中哈推进自贸区建设提供了良好时机。立足中哈霍尔果斯边境合作中心，建设中哈双边自由贸易区。抓住当前时机，以互利共赢为目标，协商确定中哈双边自由贸易区的实施范围、保障机制及相关政策等基本框架，以贸易、投资、产业与金融合作为抓手，加速实现中哈贸易便利化。创新思维，突破以往自由贸易区将零关税作为终极目标的传统做法，促进地区商品、资金、技术和人才的自由流动，必要时保留哈方一定关税，中方单向零关税，以提高哈方建设的积极性。充分利用上海合作组织、中亚区域经济合作等区域合作组织，通过加强区域合作推进中哈双边自贸区建设的进程。

针对中哈双边自贸区建设的实际情况，鉴于中哈双边自由贸易区整体推进难度较大，可逐步推进。首先推进中哈霍尔果斯自由贸易区试点，然后将自贸区范围逐步扩至新疆，最终实现中哈自由贸易区。

5. 依托伊尔克什坦口岸，打造中吉边境自由贸易区

建议在南疆伊尔克什坦口岸建立中吉边境自由贸易区作为试点，使之成为中吉两国建设"丝绸之路经济带"的重点启动项目。从目前双方口岸的通关、基础设施、园区建设、政策支持等条件看，在中方伊尔克什坦口岸园区设立边境自由贸易区更具可行性。成立组织，适时启动建立中吉边境自由贸易区的谈判。建议在亚洲开发银行牵头主导的 CAREC 机制下，在中国新疆和吉尔吉斯斯坦的奥什州设立"中国新疆与吉尔吉斯奥什经贸合作委员会"，隶属"中亚次区域经贸合作协调委员会"，属于高官层面，由中国发改委、财政部、商务部的司级官员、新疆政府和吉尔吉斯斯坦的相应部门相应级别官员和奥什州政府联合组成，适时启动建立中吉边境自由贸易区的谈判。谈判内容应围绕前面所提到的具体选址问题、关税和非关税政策、投资便利化政策、服务贸易政策等相关政策来展开。下设联络处负责日常事务，负责研究提出合作开发的规划、计划、项目，拟订合作开发的方针、政策和措施，检查督促合作开发项目的执行，以及与国内外的联系和合作开发信息的收集、服务等。新疆应积极力争让联络处设在乌鲁木齐市。还可建立通关和口岸合作、检验检疫、交通运输、贸易与投资、旅游、金融等行业工作小组，具体讨论并筛选近期、中期和远期建设的重点项目事宜。

6. 解决中国新疆与中亚国家经济合作中的签证难、通关不畅等问题

目前，中亚国家对进出境限制较多，办理签证、劳务许可等手续繁复艰难且

办理时间较长①，加之新疆是中国仅有的两个还没有实现护照按需申领的省区之一，现行的签证政策也影响了新疆与周边国家人员往来的便利性。哈萨克斯坦、乌兹别克斯坦和土库曼斯坦的签证办理困难，尤其是劳务签证办理异常艰难，严重阻碍中资企业对中亚国家直接投资。

尽快由国家出面协调解决影响中资企业赴中亚国家投资经营活动的签证难问题，积极与中亚国家协商签订互免签证协议，或者缩短当地办理有效签证的时间，延长居留时间；与中亚国家协调解决通关制度不配套、通关不规范及海关、检验检疫等部门协作不力造成的通关不畅问题；加大口岸基础设施建设，改善双方的口岸基础设施条件，使边境口岸真正成为"丝绸之路经济带"便捷的贸易通道，加快实施已经签订的《上海合作组织成员国政府间国际道路运输便利化协定》。此外，充分发挥中哈霍尔果斯国际边境合作中心作为中国开辟中亚区域巨大市场的作用，优化两国海关监管模式，积极开辟双边经济合作新领域，加快整个口岸的贸易便利化进程，为深化双方经济合作提供良好的外部环境。

7. 加大对新疆基础设施建设的投资力度，给予新疆倾斜的核心区发展政策

新疆地处中国西北边陲，基础设施建设比较落后，特别是交通设施和口岸建设方面，与国家赋予的"丝绸之路经济带"核心区的战略定位不相匹配。基础设施建设已经成为影响新疆与中亚国家的区域经济合作发展的一大瓶颈。国家要充分认识到基础设施状况在新疆与中亚国家区域经济合作中的基础作用，加大对新疆基础设施建设的投资力度，特别是对口岸公路、铁路等交通设施建设以及对新疆各个口岸现代化建设的投资力度，从而改善新疆与中亚国家的交通条件，改善新疆与中亚国家的区域经济合作的基础条件。同时，要加强交通、能源、通信、口岸设施等基础设施建设规划、技术标准体系的对接，共同推进国际骨干通道建设，提升设施通达水平，建成中国—中亚统一交通物流网络，既为与中亚各国其他领域的合作提供更便利的条件，也为中国制造业赴中亚各国投资奠定基础。加快新亚欧大陆桥经济走廊、中伊土经济走廊、中巴经济走廊建设，启动中吉乌铁路建设。构建我国重要的能源资源安全大通道和中亚地区通往我国沿海最便捷的现代物流通道，最终形成铁路、公路、航空、通信、管道、电网等互联互通的立体综合交通体系。

国家除了在投资、项目方面给予支持外，还需要政策和机制体制创新赋予其"先行先试"的特权。建议将新疆纳入自由贸易试验区试点省区，实施特殊的对外开放政策，给予伊宁和喀什机场落地签证政策，允许新疆护照办理实行按需申领，积极与中亚五国协商签订互免签证协议，允许新疆周边有条件的国家在乌鲁

① 凌激. 中国与中亚国家经贸合作现状、问题及建议 [J]. 国际观察，2010 (5): 17 – 22.

木齐设立领事馆，近期可允许哈萨克斯坦和吉尔吉斯斯坦设立领事馆；进一步开放乌鲁木齐和喀什国际机场航权，吸引中亚、西亚、南亚和欧洲国家航空公司进入新疆市场。

8. 加快中国与中亚大数据云计算中心建设，推动双边"互联网＋能源＋贸易"的建设

推进"互联网＋能源＋贸易"并不是简单的两者相加，而是利用信息通信技术以及互联网平台，让互联网和能源与贸易进行深度融合，创造新的发展形态。目前，全球数据资源通过电视、手机、电脑等工具正在加速积累，所以应当尽快与中亚国家建设计算、社交、移动、物联网、大数据分析、人工智能等共享的信息平台。以云和大数据计算推动物流公共信息平台为支撑的现代国际物流体系建设无疑将对核心区的建设起到决定性的支撑作用。2015 年 3 月 12 日，中国（杭州）跨境电子商务综合试验区批准设立，成为我国首个跨境电子商务综合试验区。新疆作为"丝绸之路经济带"核心区，具有面向中亚国家发展"互联网＋能源＋贸易"的优势，国家应尽快批准跨境电子商务综合试验区落户新疆。

9. 树立长期投资、互利共赢的理念，重视非资源及民生领域的合作

中国企业面向中亚市场"走出去"，总给人"淘金""谋资源"的感觉，总想着如何把钱赚了拿回来，因此会走捷径，缺乏长期投资、互利共赢的理念和长远的规划。反思中国在与中亚等国家以往的合作过程中，由于偏重于强调能源的政治和战略属性，重视对经济利益的追逐，而忽视对当地社会发展的贡献，即使国家之间的经济合作关系良好，仍然遇到了来自地方政府、企业和居民的不合作甚至排斥问题。近年来，中国在东南亚、非洲开展的一些合作项目也遇到了同类的问题。这不得不引起高度的重视。

在"丝绸之路经济带"建设中，中国应该力求避免采用易招致排斥的贸易与产业合作方式，即单纯的能源获取，对当地就业和产业产生挤出效应的产品倾销、劣质产品、污染输出等，必须创新思路，采取能给当地带来就业和经济增长的合作方式。

要深化中国与中亚国家的经济合作，就必须树立长期投资、互利共赢的理念，重视非资源及民生领域的合作。中亚国家逐渐开始重视交通、旅游、金融、农业、通信、科技、教育等非资源及民生领域的合作，中国要加大与中亚国家在这些领域的合作力度，改变中国只关注中亚能源和资源的印象，中亚国民获得实实在在的好处和利益，多予少取，才能获得更多民众的支持，为合作奠定民心基础。

10. 确保中国（新疆）与中亚国家之间区域稳定及安全

中亚国家已成为世界大国博弈和竞争区域，这使得中国（新疆）与中亚五

国经贸合作和区域经济合作面临大国博弈的问题。由于该区域油气资源丰富，已成为美国、欧盟、俄罗斯、日本、西亚和中东等大国相互竞争的地区。中国的"一带一路"倡议与美国、日本等国的"亚洲再平衡"战略相冲突，这些国家可能会"唱衰""分化""干扰""一带一路"倡议，或怂恿部分国家的"三股势力"进行搅局，或利用中亚部分国家的国内反对派进行"二次革命"，破坏和平稳定从而制造障碍。这些在很大程度上制约着中国（新疆）与中亚国家的合作。为应对这些挑战，中国与中亚应当以上海合作组织为共同平台，加强政治互信和安全合作，采取一系列有针对性的应对措施，如进一步扩大联合防空演习、交流安全情报信息等，争取尽早成立中国与中亚各国反恐机构。在日益复杂的全球政治格局下，确保双边区域的社会、政治等方面安全的问题显得越来越重要，所以在互联互通建设过程中需要重视安全与经济的双轮驱动。

二、地方政府层面的能源与贸易互联互通的政策建议

新疆政府层面要充分认识促进与中亚国家能源与贸易互联互通建设的重要性，加强领导和组织工作。

1. 加强中国（新疆）与中亚国家能源和贸易互联互通合作

（1）加强基础设施建设合作。第一，加强交通基础设施建设。依托"丝绸之路经济带"核心区，积极承担跨境基础设施的修建和修复工作，加快新疆境内的交通基础设施建设。修建中吉乌铁路，若中吉乌铁路能排除困难得以修建，无论是从跨境运输价格还是从跨境运输时间考虑，都将成为连通中国（新疆）和中亚、西亚国家的最为便捷的运输通道。依据《关于推进新疆"丝绸之路经济带"核心区建设的行动计划（2014～2020年）》，加强新疆交通基础设施建设，增强新疆境内铁路运输网络的连接性，同时，继续建设航空和公路两大重要交通设施，建设阿勒泰、喀什、乌鲁木齐以及和田机场改扩建工程，启动莎车、若羌、图木舒克的新机场的建设。建设连通整个"丝绸之路经济带"的铁路、公路、航空综合交通运输体系。吸引各类资金，完善物流基础设施建设。积极利用世界银行、亚洲开发银行、亚投行等国际组织贷款资金进行基础设施建设。引导民间资本投向基础设施建设，允许民营资本参与经营性城市基础设施的建设；通过发行市政建设债券，引导民间资本投资；通过信托产品、委托贷款等融资方式调动民间资本参与城市基础设施建设。

第二，加强口岸基础设施建设与通关管理。为提高口岸货物吞吐能力，缩短客货通关时间，建议加大重点和发展潜力较大的口岸基础设施和信息化建设的投入。例如，在霍尔果斯口岸建立与集装箱运输配套的集装箱堆场、拆装箱库。同时，加大对口岸通关联合办公、口岸检验设备、口岸物流交易系统、口岸物流作业系统设备、口岸服务系统等方面的投入，适应口岸大通关集中办理、集中服务的需要。为进一步缩短通关时间，提升各口岸的服务形象，建议建立口岸工作人员培训机制，提高其业务素质和服务意识。

（2）规范和加强海关合作。以"中亚区域经济合作"组织下的八国海关合作机制和"上海合作组织"框架下贸易投资便利化机制为建设平台，建立和完善成员国间的交流合作机制，推动中国与成员国间的贸易便利化协作。

主动加强与中亚国家海关部门的沟通和协调，建立统一的、相互认可的法律法规制度。根据《京都公约》《TIR公约》原则，全面、系统并且有重点地对双方海关事务的各项制度进行交流、探讨，争取双方对海关机构、通关程序、关税、担保、信息技术的应用、海关与第三人的关系、海关提供的信息、决定和行政裁定、海关事务申诉等原则性规定，以及对提供报关单之前的海关手续、海关商品估价、货物的暂时储存、通关、相同状态复进口、进口税的免除、直接出口、海关仓库、自由区、转关、转装、沿海货物运输、进境加工、出境加工、退税、原产地、国内使用货物的加工、暂准进境、海关事务违法行为、旅客、邮件运输、商业性运输工具、储存、国际转运等具体规定达成一致的理解，为双方海关管理的协调性安排奠定基础，力争为实现双方海关手续简化、协调、统一和透明提供一个全面、合理、系统的解决方案。

解决数据交换数据共享问题。加大建立数据平台所需基础设施的投入力度，实现同哈萨克斯坦、吉尔吉斯斯坦、乌兹别克斯坦、塔吉克斯坦等国海关网站、贸易投资网站以及亚洲开发银行网站的全方位链接；积极探讨建立中哈双方统一信息平台的可行性，使双方海关能够便捷地交换业务数据和共享信息。

（3）促进新疆物流业发展，加强中国中亚物流合作。首先，加强对物流业的组织协调。建立由新疆发改委牵头，商务、经委、交通、铁道、民航、信息等有关部门参加的现代物流工作协调机制，按照"大物流、大平台、大服务"的思路，研究提出促进新疆现代物流业发展的政策措施，制定标准、统一的物流业务流程、技术标准等，协调物流产业各相关部门明确分工、各司其职、形成合力，共同推动物流业发展。其次，建设以乌鲁木齐为核心的，以重要城市和边境主要口岸沿边为主的区域物流体系。通过政策引导和扶持，推动各地区工业、商业、运输、货代、联运、物资、仓储等行业物流资源的整合，将各个分散的区域物流打造成物流节点网络体系，提高社会化、专业化公共物流服务水平，大力发展面向中国中东部地区和中亚国家的现代物流产业。最后，加快物流配套设施建设。以乌鲁木齐为中心城市加快商品集散地建设，以霍尔果斯、喀什为重点城市加快物流园区建设增加其辐射能力，以扩建、改建进出口仓储为重点，以进出口货物分装、加工、配送服务为基础，加快乌鲁木齐、霍尔果斯口岸、阿拉山口口岸、巴克图口岸、伊尔克什坦口岸、图尔尕特口岸、喀什航空口岸的物流配套设施建设。

2. 加强中国（新疆）与中亚国家能源和贸易互联互通的机制建设

为促进中国与中亚国家能源和贸易互联互通，应综合利用上合组织和CAREC两个平台，建立和完善以新疆为主体的与中亚地区其他国家的合作机制，包括多层次的对话机制建设、协商与决策机制建设、争端解决机制建设和信息交流机制建设。

（1）中国（新疆）与中亚国家多层次对话机制的构建。加强新疆地方政府与周边国家同级地方政府之间的磋商与交流、加强新疆与中亚国家各职能部门之间的对话与交流、加强新疆企业与中亚国家企业之间的交流，不但有利于及时发现中国新疆与中亚区域经济合作中存在的突出问题和主要矛盾，也有利于完善和加强区域经济合作机制内一系列规定、协议的理解与执行，有利于区域经济合作中突发事件及时有效的解决，最终有利于提升区域内经贸合作效果。具体形式包括：

一是，建立中国（新疆）与周边国家同级地方政府领导之间的定期会晤、互访机制，双方共同探讨如何推进 CARCE 制定的区域合作目标的实现，确定不同时期合作的重点，协商解决总体目标实现过程中碰到的各种突发问题，并向部长级会议提出进一步合作的具体建议。

二是，建立中国（新疆）主要口岸与中亚国家相对应口岸之间的对话机制。加强新疆主要陆路口岸，如阿拉山口口岸、霍尔果斯口岸、伊尔克什坦口岸、巴克图口岸管委会与中亚国家对应口岸管理机构之间的交流与磋商，及时处理和解决双方口岸之间通关过货过程中存在的问题，提高通关效率、保障通关过货通畅，增进口岸合作，降低进出口贸易交易成本。

完善和强化中国（新疆）与中亚国家区域经济合作论坛的作用，就区域合作开发中各类共同问题，邀国内和周边国家及区域合作组织的有关专家、官员、企业家进行交流与沟通，以促进技术、人才、资本、信息的交流与合作，建立区域经济合作与开发的支撑平台。首先，发挥好"中国亚欧博览会"下的各种论坛①的平台作用。其次，积极参与 CAREC 框架下的研讨和学术交流活动，提高乌鲁木齐举办研讨交流、培训等大型国际活动的能力。

中国新疆政府广泛邀请中国内陆以及中亚国家的各方代表，积极承办各种类型的博览会、展览会、双边实业洽谈会，从微观层次加强区域经济合作的对话与

---

① 中国亚欧博览会包括新闻部长论坛、丝绸之路金融论坛、科技合作论坛、丝路工商合作论坛、亚欧信息高速公路互联互通论坛、丝绸之路经济带环阿尔泰山次区域经济合作国际论坛及投资贸易洽谈会、首届丝绸之路法律服务合作论坛、"丝绸之路"国际物流高峰论坛等。

沟通。主要目的是为新疆与周边各国企业、跨国公司建立交流平台，促进新疆与中亚国家产业间的联系和合作。

三是，建立和完善中国（新疆）与中亚国家的金融机构之间的交流机制。目前，在上海合作组织下已经建立了成员国之间中央银行对话机制和银行联合体，为进一步推动区域内贸易与投资便利，应增强新疆与中亚国家金融机构之间的交流，尤其是加强与其他成员国之间商业银行的业务合作，提升商业银行顺畅贸易、促进投资的功能。如加强银行信息披露，加强对各国银行信用的动态评估；加强商业银行之间的合作，如建立全面代理行关系，拓展信用证、保函、托收等新的结算业务等；与各成员国商业银行应加强合作，共同构建区域信用评估机制和投资担保机制。通过交流区域各国企业的金融需求，提供贸易融资和贷款服务。

（2）构建中国（新疆）与中亚国家协商机制。研究表明，地方政府在区域合作机制中不应是一个旁观者和局外人，而应积极主动地参与区域经济合作的议事和决策体系。当然，不论地方政府在中国参与国际组织的合作与交流中占据多么重要的决策地位，中央政府始终都是国家外交最终和最权威的决策者。建议突出中国新疆在参与中亚区域经济合作中的协商和决策作用，具体包括建立对内协商机制和对外协商机制。

在国内协商方面，依据中国中央政府外交政策，新疆政府建立"中亚区域经济合作协调小组"，"协调小组"由新疆政府与 CAREC 框架下重点合作领域（能源、交通、贸易投资便利化和贸易政策）的中国国内相关部门共同组成。作为"协调小组"成员单位的新疆政府各部门都要设有专门办公室来处理 CAREC 涉及本部门职能范围的事务。其主要职责包含：一是作为一个整体参与中央一级的中亚区域经济合作政策与战略的制定。通过与中央政府各相关部委在职能、职责一致的协调系统中直接对应，增强新疆政府在 CAREC 事务上的决策作用。二是使新疆能及时得到中央的政策指导和支持。三是把新疆在参与 CAREC 上的利益诉求直接导入中央相关部门的决策过程。为推动新疆更好地开展与中亚国家的次区域经济合作，加快"走出去"步伐，为边疆民族地区的经济发展创造有利的条件。

在对外协商方面，首先，新疆政府应积极参与出席 CAREC 的各级别会议。自 CAREC 成立以来，其最高决策机构一直都是部长级会议。新疆应积极申请成为中国代表团重要组成单位，以提高新疆在其中的重要地位。其次，除了参与CAREC 各级别会议，新疆政府也应在中央政府的领导下相对积极地开展与CAREC 相关行为主体的对外交往活动。一是亚行作为 CAREC 的发起人和出资人，是区域合作的主要资金来源，新疆政府应重视与亚行的发展合作关系。二是新疆应积极参与 CAREC 框架下的培训与研讨交流活动，在 CAREC 框架下举办各种论坛，为新疆地方政府、企业参与合作规划和政策的制订搭建平台。三是新疆政府应在 CAREC 框架下积极建立与哈萨克斯坦、吉尔吉斯斯坦、塔吉克斯坦、乌兹别克斯坦和阿塞拜疆之间的双边合作机制，并确定框架内的定期会晤。通过主动出访 CAREC 成员国以及直接投资方亚行，发展和区域内其他国家地方政府间的双边与多边合作，以增进新疆与区域内各成员国的互信程度，为进一步开拓国际空间、获取更多国际资源奠定良好基础。

（3）建立中国（新疆）与中亚国家争端解决机制。对任何贸易体制而言，无论是全球性的多边贸易体制，还是区域性的双边或周边贸易体制，争端解决机制是其贸易规则中必不可少的内容。因为如果没有一套有效的争端解决机制作为经贸合作协议实施的后盾，成员国之间的贸易纠纷就无法得到及时有效的解决，区域经济合作框架内制定的实体规则就会逐步涣散，最终沦为一纸空文。因此，借鉴其他区域贸易争端解决机制的成功经验来构建中国（新疆）与中亚国家经济合作中的争端解决机制，对于实现次区域合作中各种经贸协定的有效运作，对于保证区域内贸易协定的目标与宗旨得以实现具有重要的现实意义。

区域经济合作中产生的贸易与投资争端主要通过协商、政府间对话、调停等方式解决。目前，中国与中亚国家的争端解决机制类似于政治解决模式。这种争端解决机制在现实经济运行中显得迟钝乏力，并不能有效、及时地解决成员方的争端，也无法给予受损害方及时的救济。因此，构建中亚区域经济合作争端解决机制要顺应其法律化的发展趋势，逐步建立、发展和完善法律导向的、具有严密程序的争端解决机制。具体包括争端解决机制的法律依据、争端解决机制的组织机构建设、争端解决机制的具体程序建设。

（4）中国（新疆）与中亚国家能源与贸易互联互通合作的执行机制。CAREC 是一个以实施贷款项目来主导各方开展多边合作的机制，任何一个 CAREC 项目都是经各成员方和亚行充分协商、讨论和论证后才予以立项，但在项目具体实施过程中，地方政府的参与和支持至关重要。目前与中国相关的 CAREC 项目绝大部分在新疆境内，由新疆负责执行和实施。作为执行主体，新疆完成项目及时与否、顺利与否、结果如何不但影响新疆与中亚国家经济合作的水平和效果，也直接关系到中国参与 CAREC 的绩效。

建立处理 CAREC 具体事务的政府机构，为推进与次区域的合作提供有力的组织保障。由于 CAREC 本身的政府主导特征和新疆欠发达的经济基础，政府在与 CAREC 相关的领域内充分履行自身职能依然是 CAREC 项目顺利实施的保障和根本。因此，为了实施 CARCE 规划下的各种项目，建议建立以政府主席为组长、分管副主席为副组长、自治区各部门、相关州（市）及有关科研院所主要领导为成员的"中亚区域经济合作协调小组"，进而形成新疆处理中亚区域经济合作相关事务的政府的网络机构。

在具体的项目实施（交通、贸易投资便利化、能源、贸易政策）中，积极实施 CAREC 框架各个项目下中国新疆阶段的组成部分。2000 年以来，新疆与中亚国家经贸合作发展迅速，运输需求的增长已经远远超过运输基础设施的能力。目前，新疆仅有一条铁路连通中亚，而担负主要运输任务的口岸公路等级也不高，制约了新疆与中亚国家的贸易合作。上合组织和亚行都非常重视区域内的交通运输基础设施建设、重视区域内过境运输合作。CAREC 计划投资 187.24 亿美元建设六条运输走廊，即欧洲—东亚、地中海—东亚、俄罗斯—中东（南亚）、俄罗斯—中国、东亚—中东（南亚）、欧洲—中东（南亚）运输走廊，其中有四条运输走廊与中国国内铁路（公路）运输网相连，其中在中国境内的道路建设主要在新疆境内。新疆应以此为契机，积极实施上述项目下中国新疆段的建设工作，改善经贸合作条件。另外，与运输基础设施建设一样，CAREC 也将贸易便利化建设放在首位，目前主要通过八国海关合作，即通过海关信息化建设、海关合作项目促进成员国之间通关便利。乌鲁木齐海关也应在中国海关统一部署下加快电子海关建设，不断提高口岸通关效率。

在战略上，新疆应在中国中央政府的指导下，继续发挥其在区域合作中的重要作用，强化连接区域国家的区位优势，改善合作的软、硬环境，积极搭建中国与次区域国家合作的桥梁和平台，把新疆建设成为中国面向中亚、西亚和南亚的经济贸易和友好往来枢纽，中国连接中亚、西亚和南亚的国际大通道。为此，新疆应在推进 CAREC 的合作进程中"积极构建经贸合作、投资开发、产业合作、科技文化交流等合作桥梁，搭建信息服务、贸易合作、金融服务、人力资源开发合作、公共事务合作等合作平台"。

3. 应该利用国家给予的特殊优惠政策，为新疆与中亚次区域经济合作服务

2007 年 9 月，国务院出台《国务院关于进一步促进新疆经济社会发展的若干意见》（即 32 号文件）明确表示，新疆将"实施面向中亚的扩大对外开放战略，建成中国向西的出口商品加工基地和进口能源的国际大通道"。2010 年 5 月召开了中央新疆工作座谈会，并出台了《中共中央、国务院关于推进新疆跨越式发展和长治久安的意见》，实施 19 个省市全面对口支援新疆政策，用 10 年时间通过对口支援方式所形成的合力来加快新疆经济社会全面跨越式发展，达到长治久安，确保在 2020 年与全国同步迈入全面小康社会。2011 年 9 月，国务院发布《关于支持喀什霍尔果斯经济开发区建设的若干意见》，支持喀什、霍尔果斯经济开发区的建设。2013 年 8 月，中国人民银行赋予中哈霍尔果斯国际边境合作中心跨境人民币创新业务试点政策。2014 年 5 月，召开了第二次中央新疆工作座谈

会，并出台了《关于进一步维护新疆社会稳定和实现长治久安的意见》，"社会稳定和长治久安"被确定为新疆工作的总目标，进一步明确了新疆工作的指导思想、基本原则、目标任务、主攻方向和政策措施，并提出采取特殊的财政、投资、金融、人才等政策，加大扶贫攻坚和民生改善力度，建设好"丝绸之路经济带"核心区。

在实施中国（新疆）与中亚国家能源与贸易的互联互通建设时，新疆要充分利用国家给予的这些优惠政策，把政策用足用活，而且要用各项优惠政策吸引一批具有技术和资金优势的国际企业进入，带动区域内产业结构升级，加强中国（新疆）与中亚国家的深度分工合作。

4. 建立中国（新疆）与中亚国家信息交流平台

设立双边或多边区域经贸合作信息交流机构。由新疆与周边各国派出工作人员共同组成，负责定期提供成员方有关贸易与投资领域法律法规的变更，以及投资环境和具体项目的信息。对区域内各成员方的市场需求结构、供给状况和投资项目信息进行搜集资料、评估和信息发布。通过联系有关部门采取多种形式开展在国内宏观经济调控、贸易调控等方面的立法和法律法规信息交流，通过网络、传媒和各种信息渠道定期地、规范地、详尽地发布各区域的区域经济信息，交流各国境内投资项目信息，并定期举行这些国家间吸引和推动投资的信息发布和推介活动，方便各方咨询、联系与洽谈。

与中亚各国签署信息交流多边或双边协议。信息交流协议将对各方信息交流的范围和程度做出细节性的规定，进一步保证区域经济信息交流的规范性、真实性和详细性，使任何一个地区增加经济合作中的可预测性，最大限度地减少由于相互信息封锁而导致的合作风险。

建设多样化的区域经济合作信息交流平台。首先，建立区域经济合作信息网站，作为新疆政府和企业与周边国家开展供需交流、项目合作等信息交流的有效平台。它不仅为经济合作提供方便，还为中国内陆企业和其他合作组织提供合作交流平台。其次，通过区域报纸、广播、电视等多媒体立体化宣传网络对该区域内各国家和地区的政治、经济、文化、社会等方面进行全面报道，为区域经济合作提供更多信息。

建立区域经济合作信息咨询点。构建中亚区域经济合作信息咨询点，主要由各成员方的标准计量认证委员会、出入境检验检疫机构组成。标准计量认证委员会主要负责区域技术合作、项目合作、商品交易等方面的标准化工作，参考上合组织、CAREC 及其他国际区域合作组织的有关规定，制定符合新疆与周边各国实际情况的商品、技术、项目合作标准，并推动相关部门着力执行。出入境检验检疫机构主要负责对本区域内在各国或地区边境上流通的商品质量和数量进行检测，对不符合技术法规要求以及卫生和动植物卫生措施的进口产品相关信息进行相互通报。

定期举办地方政府区域经济合作交流会。加强管理地方政府区域经济合作平台，通过交流、协商、达成共识、创新区域经济合作形式、建立共同开发区等方式加深区域经济合作的深度和广度。

5. 提升重点领域金融服务能力，强化金融对核心区建设的支撑作用

加大对基础设施建设类、产业发展类、贸易投资类金融支持力度，提升金融服务有效性和针对性。鼓励政策性、开发性和商业性金融机构与政府签订战略性合作协议，加大对地下能源管线、空中电网、通信和信息传输等通道建设，铁路、公路、机场、轨道交通等交通基础设施，商贸物流设施、口岸通关设施、文化科教、医疗卫生等重点项目设施建设的支持力度。积极设立基础设施类政府投资引导基金，加快组建水利、交通、教育、文化旅游等重点领域投融资公司，鼓励金融机构通过债权、股权等方式积极参与基金设立，解决重大基础设施和公共服务领域投融资。积极发展能源金融，设立能源交易所，探索能源企业股权、能源开采权、碳排放权等相关能源产权交易，建设立足新疆、辐射中西亚、欧洲地区的能源资源交易平台，打造能源交易和结算中心，推动石油、天然气、煤炭和电力等金融衍生品交易创新，提升能源综合定价能力。加大对战略新兴产业和先进制造业信贷和金融服务支持力度，支持核心区产业发展。积极支持符合条件的企业发行项目收益债、公司债、中期票据等中长期债券。大力发展消费金融。支持设立消费型金融服务公司，大力发展非金融机构支付产业，提高消费金融服务能力。积极推动互联网金融发展。加快第三方支付结算系统建设，创新网上支付工具，推动跨国资金支付和清算服务。支持有条件的金融机构利用互联网、云计算、移动通信、大数据等技术手段，建设创新型互联网平台，开展金融、保险、理财等各类网上金融消费业务。

6. 创新跨境融资方式，增强跨境金融服务能力，培育跨境融资中心

积极推动核心区金融机构积极参与上合组织框架下的金融合作，加强上合组织成员国金融机构之间在国际贸易、结算、融资等领域的合作。推动核心区金融机构积极开展与周边国家金融机构在境外设立合资金融机构，开展外汇、信贷、证券、保险、基金、技术援助等领域的合作，培育形成以人民币为核心的本外币跨境融资中心。借鉴上海自贸区成功经验，加快外汇集中管理、跨境双向人民币资金池等金融创新，满足跨境贷款、结售汇、跨境人民币结算的新需求，加快融资、信用证、债券等方面的创新。结合喀什和霍尔果斯次区域中心金融发展定位，以重点产业发展为导向，推进金融改革创新，积极推动开发区企业发行企业债、公司债、短期融资券、中期票据等金融产品创新和先行先试，提升对周边区

域的辐射带动能力。创新开展进出口保险 + 跨境人民币结算 + 出口退税账户托管项下远期结售汇服务，满足风险补偿、汇率避险与结售汇方面的需求，提升跨境金融服务能力，形成人民币对丝绸之路沿线各国货币的区域外汇交易中心。

7. 积极发挥中亚区域经济合作学院（以下简称"中亚学院"）的作用

2013 年 10 月，中亚区域经济合作第十二次部长会议在哈萨克斯坦阿斯塔纳举行，各方一致同意"中亚学院"落户中国新疆乌鲁木齐。"中亚学院"自虚拟运行以来，在增进 CAREC 区域合作方面发挥了积极作用。2015 年 3 月 2 日，"中亚学院"揭牌仪式及首期培训班在新疆维吾尔自治区乌鲁木齐市举行，实体化运行将为区域发展提供新的平台和起点。新疆 2011 年专门成立了自治区中亚区域经济合作领导小组，"中亚学院"建在乌鲁木齐，能更有效地利用在知识能力建设方面的投入，增强我国推进中亚区域经济合作的技术能力。依托"中亚学院"建立区域经济合作中心，组织中亚区域经济合作各成员方的学者、研究人员以及亚洲开发银行的学者就中亚区域经济合作问题进行系统的、多层面的学术交流与合作，共同促进中亚区域经济合作，不断拓宽合作领域，提升合作水平，形成"国际先进理念本地化、域内知识合作机制化、域内外经验交流双向化"的知识网络。新疆要有计划地建立参加 CAREC 技术援助项目和小额赠款研究项目的骨干队伍。以在乌鲁木齐建立实体学院为契机，增进新疆与中亚各国的经济合作和人文交流，推动"丝绸之路经济带"核心区的建设。

8. 加大新疆对中亚国家的投资力度，改变重贸易轻投资的倾向

虽然这些年来，新疆与中亚国家的经济合作有较大的发展，但主要局限在边境贸易领域；尽管新疆与中亚国家相互间也有投资，但对于双方实际利用的外资总量来说，都很少。21 世纪无论是对于新疆还是对于中亚国家来说都是一个充满希望的新世纪，都面临着新的机遇。如果新疆不能抓住机遇，则会失去很多投资机会，难以提高中国和新疆在中亚投资市场的份额。20 余年来，依靠"普通"贸易增加新疆与中亚贸易额的潜力已基本耗尽，要想进一步增加双方贸易额，应鼓励相互投资，改变以往重贸易轻投资的倾向。因为外商直接投资对东道国（主要是发展中国家）的对外贸易有显著的拉动效应，这主要表现在以下三个方面[①]：一是使东道国迅速进入全球分工体系，利用东道国的资源优势促进出口增长，以换取本国发展所需的外汇；二是提升东道国的出口结构，由初级产品出口向工业制成品出口转变；三是提升进口商品结构，由消费型进口转变为生产型进口。因此，要抓住当前"丝绸之路经济带"建设的有利时机，加大新疆对中亚国家的投资力度。

---

① 刘渝琳，刘丙运. 我国引进外商直接投资影响因素的实证分析 ［J］. 国际贸易问题，2006（6）：73 - 82.

专栏 9-1　中亚区域经济合作学院简介

"中亚学院"是由阿富汗、阿塞拜疆、哈萨克斯坦、吉尔吉斯斯坦、中国、蒙古国、巴基斯坦、塔吉克斯坦、土库曼斯坦、乌兹别克斯坦 10 个 CAREC 成员国共同发起成立的知识合作机构，于 2008 年开始依托亚洲开发银行虚拟运行。2013 年 10 月 24 日，CAREC 第十二次部长级会议同意将中亚学院实体化并落户中国新疆乌鲁木齐。

2015 年 3 月 2 日，中亚区域经济合作学院（以下简称"中亚学院"）揭牌仪式及首期培训班在新疆维吾尔自治区乌鲁木齐市举行，中国财政部副部长史耀斌、2015 年 CAREC 轮值主席国蒙古国财政部副部长苏仁杰夫・普瑞夫、新疆维吾尔自治区人民政府副主席钱智、亚洲开发银行副行长（以下简称亚行）张文才、"中亚学院"院长乌姆佐科夫以及来自 CAREC 成员国、亚行和外交部、国家发展和改革委员会、教育部等中方相关政府部门的 100 多名代表出席了揭牌仪式。

2016 年 10 月 26 日，中亚区域经济合作机制（CAREC）第十五次部长级会议在巴基斯坦首都伊斯兰堡举行，会议通过了中亚区域经济合作学院《政府间协定》文本。

"中亚学院"作为中亚区域重要的知识合作机制，将围绕互联互通、经济走廊、能源合作等重点合作领域，开展战略咨询及政策研究、提供能力培训、构建区域知识合作网络，为 CAREC 成员国政府官员、企业界人士和民间机构管理者提供研究、培训和交流服务，增强并提高 CAREC 成员国的发展能力，促进 CAREC 成员国之间的经济合作与发展。

9. 成立新疆中亚经贸信息研究机构，建立中亚经贸信息网络

截至目前，对中亚市场，包括商品市场、资本市场、劳务市场、人才市场和产业结构等方面，还缺乏系统、翔实的调研，企业家对中亚市场知之甚少，一方面难以跨出国门，另一方面"走出去"的企业存在盲目性，加强市场调研是建立市场竞争机制的重要基础条件。要按照国际和区域贸易的特点和需要，收集、整理中亚各国地理、人口、政治、法律、经济、文化、风俗、技术、交通运输、对外贸易、市场需求、商品分销渠道等有关商品的经济技术和市场信息，并对其进行分析研究，揭示出有关国家的市场需求及行情变化特点，并对其发展前景做出预测。

为加强信息研究工作，建议由政府出面成立新疆中亚经贸信息研究机构，通过各种渠道广泛收集中亚国家的政治、经贸政策、结构调整及市场等资料，建立

中亚经贸信息网络，加强中亚市场的分析和研究，为政府提供决策依据，同时也为边贸企业提供服务，以增强主动性，减少盲目性。为了推动新疆积极参与中亚次区域经济集团，取得尽可能大的比较利益，成立新疆中亚经贸信息研究机构已势在必行。

为了更好地为政府、企业服务，扩大对外开放和加大参与次区域合作的力度，新疆中亚经贸信息研究机构应建立"中亚次区域国际合作信息中心""中亚次区域合作动态信息库""中亚次区域国家基础资料库""中亚次区域合作重大项目库""中亚次区域国家法律法规库""次区域合作企业及产品数据库"等，为新疆及全国有关部门、企业提供系统、全面的中亚次区域合作信息、中亚国家投资法律法规和资料等，为企业联合开拓中亚市场创造良好的条件和信息服务。

10. 改善投资环境，实施"东联西出""西来东去""西来西去"战略

新疆应制定和完善比东部和中部地区更加优惠的招商引资、土地使用、税费征管、财政信贷、投资保障、人才引进等方面的政策，改善新疆的投资环境，积极引导东部的企业参与新疆与周边国家的区域经济合作。一是研究制定新疆鼓励外商投资产业指导目录；二是要在引资观念、招商主体、形式、利用外资方式上大胆创新；三是大力发展境外加工贸易，重点支持食品、轻工、建材、服务行业和资源开发企业到境外投资，带动国内相关行业的技术、设备、原材料及劳务输出。新疆应依托中国东部在轻纺、机电、机械等方面的技术优势，以及新疆在食品、家具、棉纱、建材、石油化工等产业的优势条件，积极引进内陆的技术、设备和品牌，加强新疆与东部省份的联合，特别是企业间的联合，共同开发中亚市场。通过加强新疆企业与中国东部企业的联合，可以把新疆企业所具有的经验与中国东部企业所具有的资金与技术优势有机地联合起来，实现优势互补，形成竞争优势，使新疆真正成为连接中国、中亚两个大市场的重要通道。并通过引进中亚国家的原材料以及中国东部的资金和技术，发展来料加工产业，使新疆成为"中国制造"商品的集散地，真正实施新疆"东联西出""西来东去""西来西去"战略。

11. 加快跨境电子商务综合试验区落户新疆，构建"互联网＋外贸"产业链①

2015 年 5 月 7 日，国务院发布《关于大力发展电子商务 加快培育经济新动力的意见》，提出加快电子商务国际合作，提升跨境电子商务通关效率，扩大跨境电子商务综合试点。鼓励发展面向"一路一带"沿线国家电子商务合作，

<hr>

① 程云洁，赵亚琼."丝绸之路经济带"核心区建设背景下促进新疆"互联网＋外贸"的发展对策研究 [J]. 新疆大学学报（哲学·人文社会科学版），2016（2）：24－31.

扩大跨境电子商务综合试点①。2015 年 3 月 12 日，中国（杭州）跨境电子商务综合试验区批准设立，成为中国首个跨境电子商务综合试验区。《关于大力发展电子商务　加快培育经济新动力的意见》出台后，全国各地纷纷制定相关政策措施，加快跨境电子商务综合试验区的申报和建设启动工作。2015 年 5 月 8 日，东莞决定启动东莞跨境电子商务试验区的申报工作，5 月 10 日大连跨境电子商务综合试验区暨中韩贸易合作区正式启动。全国各地都在积极加快制定跨境电子商务发展规划和申报跨境电子商务综合试验区，借助互联网平台发展对外贸易。

新疆作为"丝绸之路经济带"核心区，具有面向丝路国家发展"互联网＋外贸"地缘、人文、政策、资金等众多优势，新疆应尽快将跨境电子商务综合试验区申报落户，新疆跨境电子商务综合试验区可以"一区三园"格局，在南疆依托喀什综合保税区设立喀什跨境电子商务产业园、在北疆依托阿拉山口综合保税区设立阿拉山口跨境电子商务产业园区，依托乌鲁木齐众多优势，在乌鲁木齐高新区设立新疆跨境电子商务总部，打造服务新疆、辐射全国和"丝绸之路经济带"沿线国家的跨境贸易电子商务创新示范基地。

新疆要快速发展"互联网＋外贸"，需要构建完整的与互联网挂钩的对外贸易产业链（见图 9 - 1），并全面应用互联网与国际贸易相关技术。

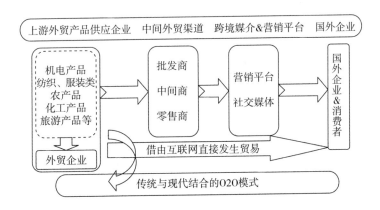

图 9 - 1　新疆"互联网＋贸易"产业链构建

第一，新疆"互联网＋外贸"产业链的上游生产企业（或外贸企业）可借助互联网向国外企业推广富有竞争优势的新疆特色外贸商品（跨境电商 B2B 交

---

① 国务院要求大力发展电子商务，加快培育经济新动力［EB/OL］. 中国新闻网，inance. chinanews. com/cj/2015/05 - 07/7260320. shtml，2015 - 05 - 07.

易），国内企业可直接利用互联网与国外厂商沟通而减少中介费用或搜寻成本。第二，国内生产企业（或外贸企业）可借助互联网向国外消费者推销产品（跨境电商 B2C），国外消费企业也可经由互联网加速贸易环节流动。第三，新疆外贸企业还可借助 O2O 模式促进传统贸易方式与新兴贸易方式的结合来开展贸易。总之，新疆要抓紧"丝绸之路经济带"核心区建设的历史时机，加强统筹规划，推动"互联网 + 外贸"产业链的构建和应用。

12. 加强国际贸易与网络关键技术研究，大力培养网络与贸易融合类专业人才①

由于"互联网 + 外贸"是将互联网与传统对外贸易跨领域结合起来的新型综合门类，具有很强的技术性、操作性。其中，关键环节需要涉及网络数据传输保密、大数据存储、电子支付、第三方认证技术等关键技术，并不是一般意义上对互联网的简单使用。因此，新疆应当在关键技术环节加大投入力度，着重在大数据存储、信息安全防护等关键领域加大投资建设，并在企业当中推广使用。政府、相关企业还可以鼓励员工创新研发，对于可使用的研究成果给予奖励。此外，新疆地区应当加强外贸公司与银行、海关外贸部门的团结协作，在合作中认识企业的优势与不足，企业还可以结成行业联盟，共同研究探讨在发展"互联网 + 外贸"中的一些关键环节，在探讨中发现问题、解决问题。

"互联网 + 外贸"发展需要大量网络与贸易融合类专业人才。《2014 年新疆电子商务发展报告》调查，2013 年底，淘宝、天猫平台上的新疆网商达 28000余家，新疆从事电子商务的专业人才需求将超过 7 万人，仅两个平台的电子商务就拥有如此大的人才需求，可见培养跨境电子商务、外贸、管理、金融、法律、经济等融合型高端应用人才势在必行。2013 年，新疆有 16 所院校开设电子商务专业，仅招收电子商务专业学生 806 人，加上物流与营销等相关专业，培养人数在 2000 人左右，这与大量的市场缺口相比少之又少。新疆应尽快制定培养跨境贸易电子商务专业人才的政策措施，应当进一步在全区各高校设立跨境电子商务专业，大力培养跨境电子商务融合专业人才，并对就业进行政策性鼓励与支持。另外，设立一些专门的跨境电子商务专业学校，为普通人才培养提供基地。此外，还要加紧培养高端、专业的跨境物流与管理人才。"互联网 + 贸易"是一个综合有机整体，需要整个行业的共同发展，新疆可以多从内地发展较好的地区引进技术人才，或邀请相关专家以巡回讲座的形式推进学习相关知识技术，着力建立素质较高、专业配套、层次合理、总量较多的适应区域合作与发展需要的各类人才群体。

① 程云洁，赵亚琼．"丝绸之路经济带"核心区建设背景下促进新疆"互联网 + 外贸"的发展对策研究［J］．新疆大学学报（哲学·人文社会科学版），2016（2）：24 - 31.

三、企业层面的能源与贸易互联互通的政策建议

1. 建立已进入中亚市场的企业联谊会和中亚区域合作的中介服务机构

建议由国家商务部牵头，新疆商务厅具体负责，与已在中亚南亚国家有较好业绩的企业进行联系，建立企业联谊会，并广泛吸收欲打入中亚市场的企业、特别是民营和私有经济企业参加，逐步形成联合参与中亚区域合作开发的企业家联谊网。喀什地区和伊犁州应建立企业联谊分会，由业绩好的企业交流介绍进入中亚市场的经验、投资环境、政策法规等，还可起到引路和牵线搭桥的作用，逐步扩大力量和市场份额。

另外，亟须建立一个服务组织网络化、服务手段现代化、运行机制市场化的中亚区域合作中介服务机构，其宗旨应是背靠政府、面向市场、服务企业、繁荣经济，充分利用高科技，特别是数字通信、因特网、电子商务等为企业和全社会提供市场信息、企业信用、项目评估等全方位的参与次区域合作开发的中介服务以及为在境外联合创办经营各类开发区，发展区域性境外经营的企业集团、综合商社、投融资机构，联合开展边境贸易，引进外资，对外投资等方面提供咨询服务。

2. 加快企业体制改革，使混合所有制企业发挥带动作用

结合国有企业改革，以拓宽民营企业投资领域、减少外向型民营企业的能源领域进入壁垒为契机，形成国有和民营股权合作的混合所有制企业，成为能源合作领域的新载体。在能源合作领域，国家要更加注重民营企业与国有企业同时"走出去"，形成国有企业和民营企业混合体，让这一混合体在中亚国家参与更为广泛的能源领域内部合作。为此，本书认为：一是借助"调结构转产能"这一国内改革推行的有利时机，推动产能过剩行业与国内垄断型能源企业组成新的混合所有制企业，鼓励此类企业率先走出去，参与广泛的能源合作和能源互通建设。这样做一方面减少了国有企业的投资风险，另一方面合理利用民间资本力量，发挥民营企业的市场化运作能力。此外还会提高中国整体资本运作能力，减少国内资本运作空间的过度竞争。二是所产生的混合所有制企业在中亚开展业务初期可以通过市场化竞争获得更多的合资合作子项目，从中边干边学，积累跨国运作经验，学会国际竞争。三是鼓励此类企业通过第三国形成更为复杂的合资合作股权结构，通过第三方途径参与中亚国家的能源合作。这样一方面避免了"中国威胁论"，另一方面也减少了中亚国家对中国企业投资的阻力，最后能够实现多边合作框架下的共赢局面。

3. 民间团体发挥更多作用，实现企业间的直接对接，加强安全和利益的保护

按照市场化运作规律，要推动企业实体"走出去"，在政府层面达成框架合

作协议或战略性意向之后，要鼓励和支持中国工商联和商会等半民间或民间组织的力量，创造更多的条件，实现中国企业家与中亚各国企业家之间的直接沟通。目前中国与中亚工商业层次的交流较多，但是基本上停留在召开论坛会、各种推介会、展览会等，实际效果并不佳。因此本书认为：一是给中国工商联和商会等组织更多的信息共享权力。一方面，鼓励工商联、商会等组织与上述国家的工商联、商会等对等组织直接开展业务联系，形成工商企业基本信息共享；另一方面，上述机构与中亚国家对等机构之间建立投融资信息和项目信息数据库，实现有条件共享。针对相关领域的重大项目，首先由工商联和商会等组织出面直接开展投融资对话。二是给工商联、商会等组织更多的项目谈判自主权。工商联部门根据国内企业要求或中亚国家对等机构的企业要求，可以及时安排各种投资对接，具体进行项目谈判的自主权。一方面，这将会降低层层上报带来的时间延迟；另一方面，工商联、商会等组织能够针对性地做好"走出去"企业的服务工作。

"丝绸之路经济带"的建设离不开民间资本的力量，相比于以基础建设为主的国有企业，民企的"走出去"更有利于切实密切中国与所在国的经济联系和民众联系。一方面，国家外交部门要加强对中国企业和民众安全和利益的保护，提高保护能力；另一方面，"走出去"的公民与企业应该在有关部门的协调下，组织民间商会、海外投资者协会等社会组织，增强自身的安全力量，提升与当地社会的谈判能力。还可以摸索具有中国特色的海外私人安保服务，让"走出去"的企业和个人能够通过市场来获得安全。

4. 建立开拓中亚市场的中国企业战略联盟，努力开拓中亚市场

在竞合时代，开拓中亚市场，提高中国企业竞争力，首先应加强中国企业间的战略联盟，其次应加强中国企业与中亚国家企业间的战略联盟。其运作形式主要有共同研究与开发、定牌生产、合资经营等。从实践操作角度看，中国企业若想获取战略联盟的成功，还应注意以下两点：一是合作伙伴战略目标应基本具有一致性；二是注重战略联盟伙伴的慎重选择。麦肯锡公司的研究表明，实力相当、业务互补是战略联盟成功的必要保障。最好先尝试以国内联盟促进国际联盟。

中亚市场容量大，除中国外，美国、韩国、日本等各国商人都在这里积极活动。但中国商品在中亚市场上还处于中低端市场，中国的名优产品还未成规模地进军中亚市场，中国企业还缺少一种在市场经济条件下如何赢得中亚市场的长远谋略。中国企业应认真研究中亚南亚市场，重视市场调查，制定占领中亚南亚市场的长远谋略：一是细分市场，根据自身特点，确定企业目标市场。二是实施以专业化分工为基础的商品经营策略，避免出现众多中国公司进出口商品种类单

一、竞争点太集中的现象。三是利用政府信誉推出"名、特、新"产品，实施名牌战略，让一批批高质量、精包装、品牌优、适销对路的商品进入中亚市场，增强产品市场竞争力，以适应中亚市场不断变化的环境，树立中国产品新形象。

5. 在新能源、清洁能源合作领域，让民营企业更加有为

在新能源、清洁能源等更广泛的能源合作领域，让民营企业成为合作先驱。目前国内许多民营企业重点研究新能源领域，主要集中在太阳能晶片生产、太阳能电站、风力发电站、火电站、水电站建设等。中亚国家大部分现在缺乏供电能力。尤其是冬季塔吉克斯坦、吉尔吉斯斯坦、乌兹别克斯坦等国家能源缺乏出现断电现象。上述国家工业化程度的进一步提高，工业和商业用电需求不断旺盛。民营企业应该拓展投资视野，不仅要关注化石能等传统能源领域的合作，更要注重起点高、具有长远发展潜力的新能源合作项目以及能够短期内对中亚国家产生实际效益的其他能源合作项目。民营企业"走出去"参与上述国家所需的新能源建设，不仅拓展了能源合作领域，还能够拓展能源领域的互联互通。企业要进一步拓展投资视野，更加关注对当地所需能源的生产和供应，与当地企业实现多方位、多层次合作。

6. 中国企业要主动参与和推动中亚国家工业化进程

中亚五国独立后面临的最大问题是如何实现工业化。通过近 20 年的努力，中亚五国基本解决了社会矛盾，经济也进入快速发展道路。但是如何实现民族工业化，如何通过提高国内产业竞争力实现民族经济的发展已经是摆在眼前的核心问题。为此，哈萨克斯坦提出"前进吧哈萨克斯坦"的工业化促进方案。乌兹别克斯坦一开始就鼓励民族工业化，对于国内能够生产替代品的产品实行高关税保护。吉尔吉斯斯坦作为中亚最早的 WTO 成员国，在投资便利化和外商投资政策方面有些自由度，但并没有放弃对国内民族工业的保护。目前，中国企业在中亚国家的直接投资比重比较少，主要集中在能源领域，在其他工业领域的投资较少。这一现象已经在中亚国家造成负面影响。因此，本书认为：一是中国企业在开展经贸合作的过程中要更加注重当地加工生产，在为当地的民族工业化积极贡献的同时，为生产和资本输出积累更多的经验，进一步提升中国企业对当地国家经济渗透力和影响力，进而实现开放环境下参与国际竞争的能力。二是中国企业在中亚国家实现落地加工后，更加注意当地工业化促进政策与中国企业传统生产优势之间的有机结合。尤其要学会如何把中国生产优势、技术优势和资本优势与当地工业化需求相结合进行生产，同时保留中国母公司的国际竞争力。三是中国企业在参与当地工业化进程中尽量避免出现垄断倾向，过度行业集中，实现空间上的合理分布和产业链的适度延长。在产业链各个环节上实现与当地企业的有机结合，形成你中有我，我中有你的和谐发展格局。

7. 中国企业要加快形成独特的国际形象

在"丝绸之路经济带"建设中，中国企业必须以崭新的姿态和形象出现在中亚各国。为此，一是提高中国企业家的心理素质和修养。中国"走出去"的企业家必须持有包容的姿态，必须以平等、平衡的心态，较高的心理素质应对各种合作难题，不要事事寻求高层、上级或通过金钱交易解决问题。二是要改变中国产品物美价廉（低端产品）的形象。其实中国产品完全可以做到物美价也不廉。2010 年后由于中国人口红利消失、人工成本提高、产品研发力度加大、原材料进口价格波动大等原因，使中国企业早就失去价廉这一基本特征。因此，中国企业一方面借助从贸易型转向资本和生产输出型，形成本地化生产的契机，一开始就形成物美价也不廉的新形象。另一方面融入当地经济建设的过程中利用当地市场保护机制形成物美价实、物美价适和物美高贵的新形象。三是要注重形成中国品牌。中国通过 30 年的来料加工、来件装配、补偿贸易等形成了强大的加工能力，但是忽略了中国自身品牌的建设能力。目前，中国有世界影响力的品牌很少，但是中国能生产出全世界 80% 以上的品牌产品。因此，中国企业"走出去"，尤其是在中亚的合作中必须注重创造属于中国元素的带有中国特点的品牌影响力。四是中国企业要熟悉当地文化和国际法律，尤其是中亚国家的社会文化和法律法规。要积极主动地了解当地社会风俗，文化上学会包容，价值观上学会求同存异，利益链上学会长远利益和短期利益的均衡等。尤其是在用工方面遵守当地法律法规，避免直接冲突，了解当地的用工标准和法律规定，实现广范围、深层次的利益协调，最终为实现中国提倡的共赢发展提供微观基础。

8. 依托东部优势产业和资金实力以及新疆的资源优势，努力向西开拓中亚市场

新疆应利用资源优势和面向中亚的独特区位优势，联合东部发达省区建立出口加工区，提高对外开放竞争力。新疆可以利用石油、棉花、甜菜、瓜果、畜牧的资源优势和廉价的劳动力资源，吸引沿海发达省区的资金和技术，投资建厂，形成各类出口加工基地，诸如"轻纺城""特色服装城""特色果品出口加工基地""石油化工工业园区""小型家电出口加工基地"等，让新疆成为沿海省区挺进中亚市场的重要出口加工区。也可以利用中亚国家的资源与市场，建成有较大规模的，以石油天然气加工、精细化工、稀有金属和有色金属为主导的，并以满足国内工业需求为导向的进口加工基地。新疆的发展必须实行全方位对外开放与联合，既要和中亚国家经济融为一体，又要与东部沿海省区合作共赢，真正实现东部沿海地区能够依托新疆开拓中亚国家市场、中亚国家也可以借助新疆进军中国内陆市场的目的，把新疆建成"东联西出""西来东去"乃至"西来西去"的商品加工基地（包括出口加工基地和进口加工基地）、商品集散基地和商贸旅游购物中心，实现多方优势互补、互惠互利、合作共赢。

参考文献

［1］ Ana Lucia Coronel. Dmirtiy Rozhkov and Alial – Eyd and Narayanan Raman. Republic of Kazakhstan: Selected Issues ［J］. IMF Country Report, 2011 (11): 151 – 156.

［2］ Asian Development Bank. Central Asia Increasing Gains from Trade Through Regional Cooperation in Trade Policy, Transport and Customs Transit ［EB/OL］. www. adb. org/statistics, 2006.

［3］ Asian Development Bank. Development through Cooperation, Central Asia Regional Cooperation Strategy and Program Update ［EB/OL］. www. adb. org/statistics, 2006 – 2008.

［4］ Bodin A. Gudoshnikov S. FOCUS: The CIS Customs Union (Belarus, Kazakhstan and Russia) – new Advances in the March towards Self – sufficiency in Sugar ［J］. International Sugar Journal, 2012 (13): 390 – 397.

［5］ Boris Najman, Richard Pomfret. The Economics and Politics of Oil in the Caspian Basin: The Redistribution of Oil Revenues in Azerbaijan and Central Asia ［J］. Resources Policy, 2008 (33).

［6］ Clifton W. Pannell. China Gazes West: Xinjiang's Growing Rendezvous with Central Asia ［J］. Eurasian Geography and Economics, 2011, 52 (1): 105 – 118.

［7］ David K Backus, Mario J Crucini. Oil Price and Terms of Trade ［J］. Journal of International Economics, 2000 (50).

［8］ Eastin I. , J. Turner. The Impact of the Russian Log Export Tariff on the Global Market for Logs and Lumber. University of Washington. Center for the International Trade of Forest Products (CINTRAFOR) ［J］. Cintrafor Newsletter Winter, 2009 (1): 3.

［9］ Fawad Shah. Dilemma of Third World Countries – Problems Facing Pakistan Energy Crisis a Case – in – Point, Muhammad Tahir Masood ［J］. International Journal of Business and Management, 2012, 7 (5).

[10] G. Ivashentsov. The Asian Vector of Russia's Energy Policy International Affairs, 2010, 56 (3): 7 – 8.

[11] Gael Raballand, Ferhat Esen. Economics and Politics of Cross – border Oil Pipelines—The Case of the Caspian Basin [R]. Working Paper, Published Online, 2006, 10 (24).

[12] Hertel T. , T. Mirza. The Role of Trade Facilitation in South Asian Economic Integration [Z]. Study on Intraregional Trade and Investment in South Asia. ADB, Mandaluyong City, 2009.

[13] Howell, Anthony, C. Cindy Fan. Migration and Inequality in Xinjiang: A Survey of Han and Uyghur Migrants in Urumqi [J]. Eurasian Geography and Economics, 2011, 52 (1): 119 – 139.

[14] Iftikhar A Lodhi. Pakistan's Energy Crisis: Challenges and Opportunities [J]. Conference on Geopolitics of Energy in South Asia, 2009 (6): 83 – 93.

[15] Irina Ionela Pop. China's Energy Strategy in central Asia: Interactions with Russia [J]. India and Japan UNISCI Discussion Papers, 2010 (24): 197 – 220.

[16] Irina Tochitskaya. The Customs Union between Belarus, Kazakhstan and Russia: An Overview of Economic Implications for Belarus [J]. CASE Network Studies and Analyses, 2010 (405): 1 – 16.

[17] James P. Dorian, Ut kur Tojiev Abbasovich, et al. Energy in Central Asia and Northwest China: Major Trends and Opportunities for Regional Cooperation Central Asia [J]. Energy Policy, 2006 (27).

[18] Jesus Felipe, Utsav Kumar. The Role of Trade Facilitation in Central Asia: A Gravity Model [J]. Eastern European Economics, 2012, 50 (4): 5 – 20.

[19] John Simeone. Timber Export Taxes and Trade Between Russia and China: Development of the Forestry Sector in the Russian Far East [J]. Forestry Chronicle, 2012, 88 (5): 585 – 592.

[20] Liu, Weidong, Clifton W. Pannell, Honggang Liu. The Global Economic Crisis and China's Foreign Trade [J]. Eurasian Geography and Economics, 2009, 50 (5): 497 – 512.

[21] Min Tang, Myo Thant. Growth Triangles: Conceptual Issues and Operational Problems [R]. ADB Staff Paper, 1994 (54).

[22] Northway S. , G. Bull, A. Shvidenko and L. Bailey. Recent Developments in Forest Products Trade Between Russia and China: Potential Production, Processing,

Consumption and Trade Scenarios. Forest Trends ［EB/OL］. Available at http：// www. forest – trends. org/documents/files/doc _ 501. pdf, 2009.

［23］ Panova Iryna O. Prospects and Consequences of Approach ment of Ukraine with the Customs Union of Belarus, Kazakhstan, and Russia ［J］. Business Inform, 2014 （2）：84 – 88.

［24］ Poyhonen P. A Tentative Model of the Volume of Trade between Countries ［J］. Weltwirtschaftliches Archiv, 1963 （90）：93 – 99.

［25］ Ramgopal Agarwala, Brahm Prakash. Regional Cooperation in Asia：Long – term Progress, Recent Retroression, and the Way Forward ［R］. ADB ERD Working Paper Series, 2002 （28）.

［26］ Ramon Clarete, Christopher Edmonds and Jessica Seddon Wallack. Asian Regionalism and Its Effects on Trade in the 1980s and 1990s ［R］. ADB ERD Working Paper Series, 2002 （30）.

［27］ Rutherford T. F. , D. G. Tarr. Regional Impacts of Liberalization of Barriers Against Foreign Direct Investment in Services：The Case of Russia' s Accession to the WTO ［J］. Review of International Economics, 2010, 18 （1）：30 – 46.

［28］ Silvana Malle. Energy and Central Asia：An Overview of Current Issues ［J］. Transition Studies Review, 2007, 14 （1）.

［29］ Solberg B. , A. Moiseyev, A. M. I. Kallio and A. Toppinen. Forest Sector Market Impacts of Changed Roundwood Export Tariffs and Investment Climate in Russia ［J］. Forest Policy and Economics, 2010, 12 （1）：17 – 23.

［30］ Tariq Husain. Pakistan' s Energy Sector Issues：Energy Efficiency and Energy Environmental Links ［J］. Lahore Journal of Economics, 2011 （15）：33 – 59.

［31］ Thomson, Elspeth and Nobuhiro Horii. China' s Energy Security：Challenges and Priorities ［J］. Eurasian Geography and Economics, 2009, 50 （6）：643 – 664.

［32］ Tinbergen J. Shaping the World Economy, Apendix VI. An Analysis of World Trade Flows ［M］. New York：Twentieth Century Fund, 1962.

［33］ Tyszynski M. World Trade in Manufacturing Commodities 1899 – 1950 ［J］. Manchester School of Economic and Social Studies, 1951 （19）：272 – 304.

［34］ Wilson J. S. , Mann C. L. and Otsuki T. Assessing the Potential Benefit of Trade Facilitation：A Global Perspective ［J］. The World Economy, 2005, 28 （6）：841 – 871.

［35］ Wong, Edward. China Quietly Extends Its Footprints Deep into Central Asia ［J］. The New York Times, 2011 （3）：4 – 10.

[36] Yu A. Shcherbanin, A. A. Golovaneva. Projecting the Development of the International Transport Corridor of the Customs Union between Belarus, Kazakhstan and Russia [J]. Studies on Russian Economic Development, 2013 (2): 125 –134.

[37] Игорь Томберт. Энергетическая Политика Стран Центральной Азии и Кавказа [J]. Центральная Азия и Кавказ, 2005, 4 (28).

[38] Мухамеджан Барбасов. Нефтепровод в Китай Как Фрагмент Борьбы За ПрикаспийскиеРесурсы [J]. Центральная Азия и Кавказ, 2004, 4 (34).

[39] 艾赛提江, 郭羽诞. 中亚五国贸易便利化程度分析 [J]. 新疆社会科学, 2012 (4): 75 –80.

[40] 敖丽红, 赵儒煜. 关于中日韩自贸区建设的理论与实证分析 [J]. 东北亚论坛, 2013 (4): 73 –81.

[41] 巴克拉诺夫. 自然资源在俄远东发展战略中的作用与中俄合作 [J]. 西伯利亚研究, 2008 (4): 13 –15.

[42] 白雪. 哈萨克斯坦与中国能源合作研究 [D]. 北京交通大学硕士学位论文, 2016.

[43] 白永秀, 王颂吉. 丝绸之路经济带战略实施: 目标、重点任务与支持体系 [J]. 兰州大学学报 (社会科学版), 2015 (4): 1 –6.

[44] 白永秀, 吴航, 王泽润. 丝绸之路经济带战略构想: 依据、目标及实现步骤 [J]. 人文杂志, 2014 (9): 25 –31.

[45] 白远. 中国企业对外直接投资风险论 [M]. 北京: 中国金融出版社, 2012.

[46] 保健云. 国际区域合作的经济学分析——理论模型与经验证据 [M]. 北京: 中国经济出版社, 2008.

[47] 保健云. 中国与中亚五国进出口贸易特点及存在的问题分析 [J]. 国际贸易问题, 2008 (7): 40 –45.

[48] 毕燕茹, 师博. 中国与中亚五国贸易潜力测算及分析——贸易互补性指数与引力模型研究 [J]. 亚太经济, 2010 (3): 47 –51.

[49] 布雷. 21 世纪初俄中在远东地区的合作成果 [J]. 西伯利亚研究, 2009 (4): 21 –22.

[50] 布娲鹣·阿布拉, 陈俭, 肖霞等. 中国与中亚国家的农业机械产品贸易研究 [J]. 新疆农业科学, 2012 (2): 384 –389.

[51] 蔡鹏鸿. 互联互通战略与中国国家安全——基于地缘政治视角的互联互通 [J]. 人民论坛·学术前沿, 2015 (7): 50 –63.

[52] 曹宏苓. 论自由贸易区对发展中国家 FDI 拉动效应的差异——从经济

地理条件角度对东盟国家与墨西哥的比较［J］．华东师范大学学报，2007（5）：105－110．

［53］曹守峰．中国与中亚五国棉花生产与贸易竞争力比较分析［J］．中国棉花，2011（5）：11－13．

［54］曹阳．俄罗斯加入WTO对中俄贸易的影响及对策［J］．东北亚论坛，2012（6）：27－32．

［55］柴利，段秀芳．政府在开拓中亚国家市场中应采取的对策［J］．新疆财经，2007（3）：21－25．

［56］陈德峰．构建"丝绸之路经济带"新疆核心区的战略思考［J］．新疆社科论坛，2014（4）：16－22．

［57］陈迪宇．云南与"大湄公河次区域经济合作机制"［J］．国际观察，2008（6）：16－21．

［58］陈继东，张仁枫．巴基斯坦加入上海合作组织：必要性与问题［J］．学术探索，2010（5）：62－66．

［59］陈军．新疆对外贸易结构优化研究［D］．石河子大学博士学位论文，2011．

［60］陈良玺，陈正，金玺等．俄罗斯联邦矿业投资环境分析［J］．中国矿业，2013（7）：37－41．

［61］陈敏，陈淑梅．多元化区域贸易协定背景下中国跨国产业转移——基于东亚经济一体化视角［J］．俄罗斯中亚东欧市场，2013（4）：23－29．

［62］陈明．俄对外资进入其战略性行业的国家安全审查制度［J］．国际石油经济，2009（4）：61－65．

［63］陈其珏．中国石油80亿增资中油勘探引中亚天然气［N］．上海证券报，2007－12－29．

［64］陈小鼎，王亚琪．东盟扩员对上海合作组织的启示与借鉴［J］．当代亚太，2013（2）：100－127．

［65］陈小萍．中巴贸易能源通道构想与前景［J］．南亚研究季刊，2009（1）：80－86．

［66］陈绪学．中土油气合作管理模式研究［D］．西南石油大学博士学位论文，2011：21－25．

［67］陈勇，唐世辉．中国参与中亚国家风险投资基金三方博弈分析［J］．问题探讨，2016（2）：65－67．

［68］陈媛媛，李坤望等．自由贸易区下进、出口贸易效应的影响因素——基于引力模型的跨国数据分析［J］．世界经济研究，2010（6）：39－45．

［69］程贵，丁志杰．"丝绸之路经济带"背景下中国与中亚国家的经贸互利合作［J］．苏州大学学报（哲学社会科学版），2015（1）：119－125．

［70］程贵，姚佳．"丝绸之路经济带"战略下人民币实现中亚区域化的策略选择［J］．经济纵横，2016（6）：98－100．

［71］程云浩．俄白哈关税同盟对新疆外贸的影响分析［J］．俄罗斯中亚东欧市场，2012（1）：40－43．

［72］程云洁，赵亚琼．"丝绸之路经济带"核心区建设背景下促进新疆"互联网＋外贸"的发展对策研究［J］．新疆大学学报（哲学·人文社会科学版），2016（2）：24－31．

［73］程云洁．"丝绸之路经济带"建设给我国对外贸易带来的新机遇与挑战［J］．经济纵横，2014（6）：92－96．

［74］程中海，罗超．丝绸之路经济带贸易便利化：理论、实践与推进［J］．石河子大学学报（哲学社会科学版），2015（2）：9－17．

［75］崔凡，覃松．论区域经济集团的多边融合与中国的战略［J］．山西大学学报（哲学社会科学版），2016（1）：110－114．

［76］崔同宜．欧盟、北美自由贸易区的发展对中国——东盟自由贸易区的启示［J］．经济问题探索，2008（7）：47－49．

［77］戴越，叶璐．俄罗斯加入 WTO 给中俄贸易带来的机遇与挑战［J］．商业研究，2011（9）：126－129．

［78］丹尼尔．哈萨克斯坦共和国投资环境的现状和发展前景［D］．华东理工大学硕士学位论文，2014．

［79］党菲．向西开放背景下新疆出口商品结构优化研究［D］．新疆大学硕士学位论文，2014．

［80］邓秀杰．中国与中亚国家油气合作的机遇与挑战研究［D］．中共中央党校硕士学位论文，2015．

［81］刁莉，罗培，史欣欣．我国对中亚五国的直接投资效率与对策［J］．经济纵横，2016（3）：69－75．

［82］丁文恒，高志刚．中国丝绸之路经济带战略视角下新疆开放型经济发展方向研究［J］．兰州商学院学报，2014（3）：87－90．

［83］董文娟．西非区域经济合作的发展及若干问题的思析［J］．南京大学学报（哲学社会科学版），1996（4）：142－149．

［84］董艳，贺兴时．基于 BP 神经网络的西安市宏观经济预测［J］．价值工程，2009（11）：88－90．

［85］董玉岭．俄罗斯利用外资的投资发展阶段实证分析——基于 1993～2005 年

的样本分析 [J]. 辽宁工业大学学报（社会科学版），2009 (2)：34 – 37.

［86］杜蓓蓓. 促进丝绸之路经济带货币流通——基于新疆跨境直接投资人民币结算问题的研究 [J]. 西部金融，2015 (2)：54 – 58, 95.

［87］杜亚平. 中国与中亚区域经济合作的前景分析 [J]. 亚非纵横，2004 (25)：32 – 35.

［88］段秀芳. 中国对上海合作组织成员国直接投资研究 [M]. 北京：社会科学文献出版社，2013.

［89］段秀芳. 中国对中亚国家直接投资区位与行业选择 [J]. 国际经贸探索，2010 (5)：37 – 42.

［90］段秀芳. 中国对中亚国家直接投资现状及对策思考 [J]. 投资研究，2010 (4)：39 – 44.

［91］尔保利. 吉尔吉斯斯坦与中国贸易合作发展研究 [D]. 哈尔滨师范大学硕士学位论文，2016.

［92］发扬丝路精神共建丝绸之路经济带 [N]. 新疆日报（汉），2013 – 10 – 23.

［93］方泗峥，任华. 俄白哈关税同盟对中哈经贸关系的研究 [J]. 新疆财经，2011 (4)：41 – 44.

［94］冯维江. 丝绸之路经济带战略的国际政治经济学分析 [J]. 当代亚太，2014 (6)：73 – 98.

［95］冯玉军. 俄罗斯与中亚的能源外交 [J]. 国际石油经济，2007 (6)：6 – 14.

［96］高潮. 高山之国：塔吉克斯坦 [J]. 中国对外贸易，2010 (3)：76 – 79.

［97］高全成，刘丹. 中国与中亚五国能源合作机制建设研究 [J]. 西安财经学院学报，2016 (6)：29 – 34.

［98］高铁梅. 计量经济分析方法与建模 [M]. 北京：清华大学出版社，2005.

［99］高欣. 俄罗斯对华直接投资的贸易效应研究 [J]. 技术经济与管理研究，2011 (4)：78 – 81.

［100］高欣. 俄罗斯对华直接投资的现状、问题与对策分析 [J]. 对外经贸实务，2011 (11)：77 – 80.

［101］高新才，王一婕. 丝绸之路经济带背景下中国与中亚国家贸易互补性研究 [J]. 兰州大学学报（社会科学版），2016 (2)：14 – 20.

［102］高新才，朱泽钢. 丝绸之路经济带建设与中国贸易之应对——基于引

力模型的研究 ［J］．兰州大学学报（社会科学版），2014（6）：1 - 8.

　［103］高永富．中国参与制定区域贸易协定争端解决机制初探 ［J］．世界经济研究，2008（7）：54 - 59，88 - 89.

　［104］高志刚，韩延玲．基于层次分析的中国新疆与中亚区域竞争力比较研究——以哈萨克斯坦为例 ［J］．新疆师范大学学报（哲学社会科学版），2012（1）：56 - 60.

　［105］高志刚，韩延玲．中亚国家区域经济合作模式、机制及其启示 ［J］．新疆社会科学，2014（4）：73 - 77.

　［106］高志刚，江丽．"丝绸之路经济带"背景下中哈油气资源合作深化研究 ［J］．经济问题，2015（4）：10 - 14.

　［107］高志刚，刘伟．"一带"背景下中国与中亚五国贸易潜力测算及前景展望 ［J］．山东大学学报（哲学社会科学版），2015（5）：24 - 34.

　［108］高志刚，刘伟．俄白哈关税同盟对中国与哈萨克斯坦经贸合作的影响——以"丝绸之路经济带"战略为背景 ［J］．新疆大学学报（哲学·人文社会科学社版），2016（3）：84 - 92.

　［109］高志刚，王彦芳，刘伟．丝绸之路经济带背景下中国—欧亚经济联盟自贸区建设研究 ［J］．国际贸易问题，2017（5）：80 - 90.

　［110］高志刚，王彦芳．构建"环阿尔泰山次区域经济圈"合作模式与合作机制的思考 ［J］．新疆财经，2015（6）：15 - 22.

　［111］高志刚，张燕，刘雅轩．丝绸之路经济带核心区重要增长极：新疆自由贸易试验区建设构想研究 ［J］．新疆社科论坛，2015（4）：34 - 38.

　［112］高志刚．"丝绸之路经济带"框架下中国（新疆）与周边国家能源与贸易互联互通研究构想 ［J］．开发研究，2014（1）：46 - 50.

　［113］高志刚．构建新疆与中亚次区域经济合作平台 ［J］．开放导报，2006（3）：54 - 55.

　［114］高志刚．基于三类模式的中国新疆与中亚次区域经济合作平台的构建 ［J］．俄罗斯中亚东欧市场，2010（10）：21 - 27.

　［115］高志刚．新疆参与丝绸之路经济带建设面临的问题与对策建议 ［J］．区域经济评论，2014（2）：92 - 94.

　［116］高志刚．新疆与中亚五国在区域开放中的战略地位与合作趋势 ［J］．开放导报，2005（1）：59 - 62.

　［117］高志刚．中国企业参与中亚次区域合作的模式与思路 ［J］．开放导报，2007（2）：78 - 79.

　［118］高志刚．中国新疆参与中亚次区域经济集团的条件、模式与对策

［J］．国际贸易问题，2005（7）：52 – 57.

［119］高志刚．中国新疆与中亚国家产业比较优势分析——以哈萨克斯坦为例［J］．开放导报，2010（5）：35 – 38.

［120］高志刚．中国新疆与中亚区域经济合作的经济技术对接［J］．俄罗斯中亚东欧市场，2005（3）：26 – 29.

［121］高志刚．中亚国家区域经济合作现状及发展缓慢的原因分析［J］．新疆财经大学学报，2013（4）：12 – 18.

［122］高志刚等．丝绸之路经济带背景下中国（新疆）与中亚区域经济合作方略［M］．北京：经济科学出版社，2016：121 – 133.

［123］郜志雄，王颖．中国与哈萨克斯坦经贸合作前景的实证分析——基于贸易、投资国际比较的视角［J］．国际贸易问题，2011（3）：52 – 60.

［124］戈特哈德·贝蒂·俄林．区际贸易和国际贸易［M］．逯宇铎等译．北京：华夏出版社，2008.

［125］葛飞秀，韩延玲．上海合作组织促进中国对俄罗斯及中亚国家出口的影响分析［J］．新疆大学学报（哲学·人文社会科学版），2015（4）：90 – 94.

［126］葛飞秀，李艳，高志刚．汇率波动对中俄、中哈贸易的影响：基于静态和动态面板数据的分析［J］．兰州学刊，2015（8）：167 – 173.

［127］葛飞秀．谈中国与俄白哈关税同盟经贸关系的拓展［J］．商业时代，2014（14）：34 – 35.

［128］龚新蜀，马骏．"丝绸之路经济带"交通基础设施建设对区域贸易的影响［J］．企业经济，2014（3）：156 – 159.

［129］古广东．对外直接投资与母国经济利益：理论分析与实证研究［M］．北京：社会科学文献出版社，2013.

［130］谷新辉．跨越式发展背景下的喀什外向型经济初探［D］．新疆财经大学硕士学位论文，2011.

［131］顾丽华．新疆对外直接投资与经济增长的因果关系检验［J］．淮阴工学院学报，2015（4）：42 – 47.

［132］关秀丽．国际区域经济合作新趋势及中国的机遇［J］．中国经贸导刊，2011（8）：37 – 40.

［133］贵浩，张建伦．推动丝绸之路经济带产业合作探讨［J］．亚太经济，2014（6）：105 – 108.

［134］郭波，吴平，穆鹏．中国近年来 FDI 迅猛增长的原因与动因分析［J］．经济研究导刊，2011（5）：93 – 95.

［135］郭飞，李卓，王飞等．贸易自由化与投资自由化互动关系研究［M］．

北京：人民出版社，2006：3.

　　［136］郭惠君，孙玉琴．中国对中亚国家直接投资的出口贸易效应研究［J］．现代管理科学，2016（8）：24-26.

　　［137］郭焦锋．以绿色开放发展理念谋划能源安全战略［J］．开放导报，2016（3）：23-27.

　　［138］郭菊娥，王树斌，夏兵．"丝绸之路经济带"能源合作现状及路径研究［J］．经济纵横，2015（3）：88-92.

　　［139］郭力．中俄直接投资便利化的经济效应分析［J］．黑龙江对外经贸，2010（10）：13-15.

　　［140］郭力．中俄直接投资便利化的实施路径分析［J］．俄罗斯中亚东欧市场，2010（12）：5-11.

　　［141］郭晓兵，高志刚．新疆丝绸之路经济带核心区建设探析［J］．新疆财经大学学报，2014（2）：21-27.

　　［142］郭晓兵．"丝绸之路经济带"框架下中国与哈萨克斯坦贸易便利化研究［D］．新疆财经大学硕士学位论文，2015.

　　［143］郭新明．对金融业关注和支持新疆能源大通道建设的思考［J］．新疆金融，2008（1）：7.

　　［144］韩立华．中俄能源环境分析与对策建议［J］．天然气经济，2006（1）：16-17.

　　［145］韩延玲，陈三景．基于 ARIMA 模型的哈萨克斯坦经济发展水平预测分析［J］．乌鲁木齐职业大学学报，2015（2）：27-31.

　　［146］何剑，王小康．中亚周边国家贸易便利化对中国出口贸易的影响［J］．商业研究，2016（5）：84-88.

　　［147］何伦志，安尼瓦尔·阿木提等．中国的中亚能源发展策略［J］．上海经济研究，2008（1）：37-46.

　　［148］贺书锋，平瑛等．北极航道对中国贸易潜力的影响——基于随机前沿引力模型的实证研究［J］．国际贸易问题，2013（8）：3-12.

　　［149］胡鞍钢，马伟，鄢一龙等．"丝绸之路经济带"：战略内涵、定位和实现路径［J］．新疆师范大学学报（哲学·人文社会科学版），2014（4）：1-11.

　　［150］胡见义，彭苏萍，李建忠等．新疆能源产业发展战略与思考［J］．中国能源，2012（1）：8-13.

　　［151］胡健．油气资源开发与西部区域经济协调发展战略研究［M］．北京：科学出版社，2007.

［152］胡毅．中国新疆与中亚区域经济贸易［M］．乌鲁木齐：新疆人民出版社，2006．

［153］胡颖，李道军．中国新疆与中亚诸国贸易竞争力与贸易互补性研究［J］．商业研究，2006（17）：192－195．

［154］胡颖．"贸易便利化"的学术论争与中国的改革路径［J］．国际商务，2016（1）：119－126．

［155］胡颖．"一带一路"倡议下中亚区域经贸合作机制比较与对接研究［J］．北京工商大学学报（社会科学版），2016（5）：23－30．

［156］胡颖．从中哈农产品贸易现状看提高竞争力的迫切性［J］．中国经济问题，2009（1）：59－63．

［157］胡颖．大开放背景下新疆参与中亚区域经济合作的机制选择与构建［J］．新疆财经，2010（6）：13－14．

［158］胡颖．利用 CAREC 机制促进"一带一路"贸易便利化建设［J］．国际经济合作，2016（4）：39－43．

［159］胡颖．新疆与中亚国家贸易便利化发展的探讨［J］．对外经贸实务，2011（9）：30－32．

［160］胡颖．中国对吉尔吉斯斯坦农产品出口增长——基于 CMS 模型的分析［J］．对外经贸，2012（8）：11－13．

［161］华晓红．国际贸易理论与实务［M］．北京：对外经济贸易大学出版社，2007：113．

［162］华晓红．国际区域经济合作——理论与实践［M］．北京：对外经济贸易大学出版社，2007：14．

［163］黄涛，孙慧，马德．"丝绸之路经济带"背景下新疆与中亚贸易潜力的实证分析——基于面板数据的引力模型［J］．新疆社会科学，2015（1）：79－85．

［164］黄烨菁，张煜．中国对外贸易新趋势的实证分析——基于扩展型贸易引力模型的实证研究［J］．国际经贸探索，2008（2）：23－28．

［165］惠宁，杨世迪．丝绸之路经济带的内涵界定、合作内容及实现路径［J］．延安大学学报（社会科学版），2014（4）：60－66．

［166］季志业．俄罗斯中亚油气政治与中国［M］．哈尔滨：黑龙江人民出版社，2008．

［167］加林·巴班，努尔兰别克·哈巴斯．新疆农产品面向中亚市场"走出去"的动因、制约因素及其对策建议［J］．首都经济贸易大学学报，2014（5）：92－98．

［168］贾刚．中哈能源合作的现状及其挑战［J］．哈尔滨师范大学社会科学学报，2013（3）：67.

［169］江丽，高志刚．中国与中亚五国商品贸易发展的比较研究［J］．亚太经济，2014（6）：91-96.

［170］江丽．中国（新疆）与哈萨克斯坦油气资源领域合作研究［D］．新疆财经大学硕士学位论文，2015.

［171］蒋建华．中亚局势变化新趋势及对策［J］．新疆师范大学学报，2008（4）：48.

［172］蒋田芳，张文斌．欧盟铁路互联互通技术规范及欧盟指令符合性认证综述［J］．铁道技术监督，2014（10）：1-6.

［173］缴双合，连艳辉，刘念．从中哈原油管道建设看两国能源合作的前景［J］．油气储运，2006（9）：6-9，63.

［174］解蕾，方小刚．丝绸之路经济带建设背景下中国与哈萨克斯坦能源合作的法律问题研究［J］．俄罗斯研究，2014（6）：181-196.

［175］金缀桥，杨逢珉．中韩双边贸易现状及潜力的实证研究［J］．世界经济研究，2015（1）：81-90，128.

［176］康晓玲，宁婧．丝绸之路经济带国际物流绩效对中国农产品出口影响的实证分析［J］．西北大学学报（哲学社会科学版），2016（2）：126-131.

［177］科尔茄巴邓夫，奥斯特洛夫斯基．国际经济危机背景下的俄中合作状况及前景［J］．西伯利亚研究，2009（4）：34-35.

［178］科尔茄巴邓夫．俄科学院西伯利亚分院与中国部分地区科技合作的现状与前景［J］．西伯利亚研究，2008（1）：14-15.

［179］邝光裕，戴黍．城市群建设：欧盟区域一体化的经验与启示［J］．安徽理工大学学报（社会科学版），2015（1）：40-46.

［180］拉德琴科．俄技术密集型领域吸引外国直接投资问题［J］．西伯利亚研究，2009（5）：83-84.

［181］郎一环，王礼茂，李红强．中国能源地缘政治的战略定位与对策［J］．中国能源，2012（8）：24-30.

［182］李聪．基于BP神经网络的股票指数期货价格预测［D］．青岛大学硕士学位论文，2012.

［183］李道军，胡颖．中国新疆参与中亚区域经济合作的机制比较与启示［J］．新疆社会科学，2011（3）：54-58.

［184］李东阳，鲍洋．俄罗斯和中亚四国投资环境评价［J］．中央财经大学学报，2009（12）：75-79.

[185] 李东阳，杨殿中．中国对中亚五国直接投资与双边贸易关系研究 [J]．财经问题研究，2012（12）：90 - 95.

[186] 李慧萍，李荣，翟玲红等．浅析中国新疆与中亚及俄罗斯能源合作前景 [J]．俄罗斯中亚东欧市场，2011（10）：30 - 35.

[187] 李计广．欧盟贸易政策体系及其决策机制研究 [D]．对外经济贸易大学硕士学位论文，2004.

[188] 李金叶，舒鑫．中亚交通设施建设中的大国博弈分析 [J]．亚太经济，2014（4）：64 - 69.

[189] 李莉，葛炬．中亚贸易物流现状与发展 [J]．中国物流与采购，2007（11）：72 - 73.

[190] 李留宇．中国企业投资哈萨克斯坦的五大有利因素 [J]．国际融资，2016（1）：45 - 47.

[191] 李宁．"丝绸之路经济带"的物流业基础与建设 [J]．理论月刊，2014（5）：134 - 137.

[192] 李鹏．中国与中亚国家能源合作问题——基于演化博弈模型的分析 [J]．北京理工大学学报（社会科学版），2015（6）：30 - 37.

[193] 李萍．中国对金砖国家出口贸易增长动态波动研究 [J]．国际贸易问题，2015（5）：82 - 91.

[194] 李钦，段秀芳．俄白哈关税同盟与中国贸易发展 [J]．商业研究，2012（428）：194 - 199.

[195] 李钦．SCO 框架内新疆—中亚—俄罗斯多边能源贸易合作动因及前景 [J]．农村经济与科技，2009（8）：49.

[196] 李钦．扩大中国与中亚五国双边贸易研究——基于新疆的视角 [J]．亚太经济，2009（1）：77 - 80.

[197] 李钦．新疆与中亚地区能源垂直一体化合作研究 [J]．北方经贸，2009（8）：20 - 23.

[198] 李锐，张秀娥，孙明远．关税同盟理论 [N]．国际商报，2010 - 10 - 13，2010 - 10 - 20.

[199] 李欣广．中国与东盟经济双向开放中的产业转移（之二）——中国与东盟国家双向投资中的产业转移 [J]．东南亚纵横，2007（11）：15 - 19.

[200] 李欣广．中国与东盟经济双向开放中的产业转移（之三）——中国—东盟区域经济一体化对产业转移的相关效应 [J]．东南亚纵横，2007（12）：54 - 59.

[201] 李秀敏，李淑艳．东北亚国家贸易引力模型实证检验及潜力分析

[J]．东北亚论坛，2006（2）：28－32.

[202] 李雪梅，闫海龙，王伯礼．丝绸之路经济带：新疆的布局与策略 [J]．开放导报，2014（2）：29－32.

[203] 李亚波．中国与智利双边货物贸易的潜力研究 [J]．国际贸易问题，2013（7）：62－69.

[204] 李言彪．中国与上海合作组织其他成员国能源合作研究 [D]．山东财经大学硕士学位论文，2013.

[205] 李杨，刘鹏．深化中国—东盟合作　打造自贸区升级版 [J]．国际贸易，2015（6）：62－66.

[206] 李英杰．中俄、中哈能源合作比较研究 [D]．复旦大学外交学院硕士学位论文，2011.

[207] 李豫新，郭颖慧．边境贸易便利化水平对中国新疆维吾尔自治区边境贸易流量的影响——基于贸易引力模型的实证分析 [J]．国际贸易问题，2013（10）：120－128.

[208] 李豫新，郭颖慧．中国新疆与周边国家边境贸易便利化水平研究 [J]．国际商务研究，2014（1）：24－33.

[209] 李豫新，倪超军．新疆在中国与中南亚区域经济合作中的战略地位与作用 [J]．中国软科学，2008（6）：74－87.

[210] 李悦，杨殿中．中国对中亚五国直接投资的现状、存在的问题及对策建议 [J]．经济研究参考，2014（21）：62－75.

[211] 李振超．俄罗斯矿产资源勘查开发投资环境分析 [J]．中国矿业，2013（4）：34－37.

[212] 凌激．中国与中亚国家经贸合作现状、问题及建议 [J]．国际观察，2010（5）：17－22.

[213] 刘红忠．中国对外直接投资的实证研究及国际比较 [M]．上海：复旦大学出版社，2001.

[214] 刘华芹．上海合作组织贸易投资便利化评估与前景展望 [J]．国际贸易，2013（11）：48－51.

[215] 刘佳．"新丝绸之路经济带"的战略考量 [D]．北京外国语大学硕士学位论文，2015.

[216] 刘军梅．俄罗斯对华贸易便利化诉求 [J]．俄罗斯学刊，2013（3）：42－49.

[217] 刘可．我国对外贸易存在的问题及其对策 [J]．国际贸易问题，2006（3）：21－25.

［218］刘启芸. 塔吉克斯坦［J］. 东欧中亚市场研究，1998（4）：62 – 64.

［219］刘瑞，高峰. "一带一路"战略的区位路径选择与化解传统产业产能过剩［J］. 社会科学研究，2016（1）：54 – 56.

［220］刘伟. 对口援疆经济效应分析与提升策略［D］. 新疆财经大学硕士学位论文，2015

［221］刘小波，陈彤. 中国农产品出口哈萨克斯坦的结构与比较优势分析［J］. 农业经济问题，2009（3）：81 – 86.

［222］刘英杰，马惠兰. 中亚国家与中国新疆农业合作模式及途径探讨［J］. 世界农业，2010（4）：9 – 12.

［223］刘育红. "新丝绸之路"经济带交通基础设施、空间溢出与经济增长［D］. 陕西师范大学硕士学位论文，2012：6.

［224］刘志中. "新丝绸之路"背景下中国中亚自由贸易区建设研究［J］. 东北亚论坛，2014（1）：113 – 118.

［225］柳天恩. 俄罗斯能源政策调整对中俄能源合作的影响研究［D］. 黑龙江大学硕士学位论文，2011.

［226］龙永图. 新常态下对外开放战略［J］. 中国金融，2015（4）：15 – 16.

［227］娄万锁. 国际制度视角下区域贸易争端解决机制研究［J］. 兰州学刊，2012（3）：160 – 166.

［228］卢冬艳. 中澳 FTA 对两国农产品贸易的影响研究［D］. 厦门大学硕士学位论文，2014.

［229］芦晴. 新疆建设面向中亚自由贸易区的金融支持研究［J］. 金融发展评论，2015（6）：93 – 106.

［230］陆南泉. 中俄关系现状与前景［J］. 新疆师范大学学报（哲学社会科学版），2015（1）：2，20 – 29.

［231］陆南泉. 中俄经贸合作前景分析［J］. 黑龙江社会科学，2008（1）：28 – 33.

［232］陆文聪，梅燕. 中国—欧盟农产品贸易增长的成因：基于 CMS 模型的实证分析［J］. 农业经济问题，2007（12）：15 – 20.

［233］吕承超，徐倩. 新丝绸之路经济带交通基础设施空间非均衡及互联互通政策研究［J］. 上海财经大学学报，2015（2）：44 – 53，85.

［234］罗清和，曾婧. "一带一路"与中国自由贸易区建设［J］. 区域经济评论，2016（1）：40 – 46.

［235］马惠兰，李凤，叶雨晴. 中国新疆与上合组织国家农产品贸易潜力研究——基于贸易引力模型的实证分析［J］. 农业技术经济，2014（6）：120 – 126.

［236］马静，马海．中国与发展中国家的贸易障碍与贸易潜力［J］．兰州大学学报（社会科学版），2009（6）：118－124.

［237］马骏．中国新疆与中亚国家贸易合作路径研究［D］．石河子大学硕士学位论文，2015.

［238］马幸荣．自由贸易区：中、哈区域经济合作发展的现实选择［J］．特区经济，2010（12）：19－22.

［239］麦迪娜·依布拉音．新疆与中亚贸易行为不规范表现及对策［J］．中国商贸，2012（34）：211－213.

［240］毛汉英．中国与俄罗斯及中亚五国能源合作前景展望［J］．地理科学进展，2013（10）：14－40.

［241］门小琳．组合预测方法在我国 CPI 预测中的应用［D］．南京财经大学硕士学位论文，2011.

［242］米·列·季塔连科．全球危机和维护国际稳定背景下的俄中两国合作［J］．俄罗斯中亚东欧研究，2009（5）：2－5.

［243］米洛夫．中俄能源领域合作前景：消除壁垒加强联系［J］．俄罗斯研究，2008（4）：58－60.

［244］穆雪茗，白长虹，李春晓，陈晔．欧盟经验下的京津冀旅游一体化利益协调问题研究［J］．未来与发展，2015（6）：80，92－95.

［245］倪超军．中国新疆与周边国家经济互补性与区域经济合作研究［D］．石河子大学硕士学位论文，2008.

［246］聂文元．中国新疆与周边国家区域经济合作机制研究［D］．石河子大学硕士学位论文，2008.

［247］牛勇平，姜爱英．中国与俄罗斯之间双边贸易回顾与展望［J］．江苏商论，2009（2）：78－79.

［248］欧葵．CAREC 成员国贸易便利化水平对中国（新疆）对外贸易影响研究［D］．新疆财经大学硕士学位论文，2015.

［249］"欧洲转型与世界格局"课题组．欧洲转型：趋势、危机与调整［J］．欧洲研究，2013（1）：1－5.

［250］庞昌伟．能源合作："丝绸之路经济带"战略的突破口［J］．新疆师范大学学报（哲学社会科学版），2014（2）：11－18.

［251］乔颖．NAFTA 对墨西哥经济的负面影响及其启示［J］．世界经济研究，2005（6）：80－84.

［252］秦放鸣，张力民，毕燕茹．从投资角度看中国与中亚国家区域经济合作［J］．开发研究，2012（2）：1－3.

［253］秦放鸣．对乌兹别克斯坦经济改革模式及经济发展的再思考［J］．俄罗斯中亚东欧市场，2006（3）：24－28．

［254］冉启英，刘凌．新疆与中亚五国贸易形势与对策［J］．中国经贸导刊，2013（4）：60－61．

［255］任华．俄白哈三国关税同盟给新疆外经贸带来的机遇和挑战——以哈萨克斯坦为视角［J］．国际商务论坛，2012（8）：36－38．

［256］任华．新疆在中亚贸易中知识产权保护的现状、原因及对策分析［J］．对外经贸实务，2010（8）：34－36．

［257］任华．中国新疆与中亚区域经济合作便利与前景——以经济全球化为视角［J］．国际贸易，2006（7）：34－37．

［258］任旭，刘延平．从社会交易理论看战略合作伙伴关系［N］．光明日报，2009－02－01．

［259］邵建春．我国对新兴经济体出口的影响因素研究——基于国别面板数据的实证分析［J］．国际贸易问题，2014（11）：80－88．

［260］邵一珊．新疆向西开放竞争力研究［D］．石河子大学硕士学位论文，2010．

［261］申恩威，王婉如．对外直接投资理论综述［A］//冯雷，夏先良．中国国际商务理论前沿（7）［M］．北京：社会科学文献出版社，2014．

［262］申现杰，肖金成．国际区域经济合作新形势与我国"一带一路"合作战略［J］．宏观经济研究，2014（11）：30－38．

［263］沈浩．基于新疆工业产业结构特征的中国与中亚油气合作研究［D］．新疆财经大学硕士学位论文，2010．

［264］沈铭辉，余振．APEC贸易便利化进展及变化［J］．国际经济合作，2009（2）：43－46．

［265］沈铭辉．中国—东盟自由贸易区：成就与评估［J］．国际经济合作，2013（9）：11－17．

［266］师博，王勤．丝绸之路经济带能源产业链一体化合作研究［J］．经济问题，2016（1）：20－25．

［267］石岚．中国中亚能源通道与中国能源安全［J］．东南亚纵横，2011（10）：86－89．

［268］石莹，何爱平．丝绸之路经济带的能源合作与环境风险应对［J］．改革，2015（2）：115－123．

［269］时宏远．试析巴基斯坦的中亚战略［J］．南亚研究，2008（1）：47－53．

［270］帅传敏．基于引力模型的中美农业贸易潜力分析［J］．中国农村经济，2009（7）：48-58．

［271］斯·日兹宁．国际能源政治与外交［M］．上海：华东师范大学出版社，2005．

［272］宋晶恩．基于贸易引力模型的中韩自由贸易区协定研究［J］．当代经济研究，2011（5）：81-85．

［273］宋明智，王立杰．巴基斯坦塔尔煤田投资风险综合评价［J］．煤炭工程，2012（9）：133-136．

［274］宋志刚，韩丽丽，魏浩．中国与俄罗斯双边贸易关系的实证研究［J］．中央财经大学学报，2010（5）：69-74，96．

［275］孙纲．外商直接投资与我国出口贸易关系的实证研究［J］．对外经济贸易大学学报，2010（2）：62-70．

［276］孙久文，高志刚．丝绸之路经济带与区域经济发展研究［M］．北京：经济管理出版社，2015：164-170．

［277］孙坤杰，段秀芳．"丝绸之路经济带"背景下新疆对哈萨克斯坦外贸发展探究［J］．新疆农垦经济，2015（5）：42-47．

［278］孙兰凤．新疆企业境外投资的若干思考［J］．新疆大学学报（哲学·人文社会科学版），2009（3）：9-14．

［279］孙林．中国农产品贸易流量及潜力测算——基于引力模型的实证分析［J］．经济学家，2008（6）：70-76．

［280］孙庆刚，师博．中国与中亚区域经济合作——多边合作还是双边推进？［J］．新疆大学学报（哲学·人文社会科学版），2013（1）：83-86．

［281］孙壮志．"丝绸之路经济带"：打造区域合作新模式［J］．新疆师范大学学报（哲学社会科学版），2014（3）：36-41．

［282］孙壮志．当前中亚五国政治形势及未来走向［J］．新疆师范大学学报（哲学社会科学版），2012（3）：23．

［283］覃晓阳．产业转移与中国—东盟自由贸易区发展［J］．广西大学学报（哲学社会科学版），2005（4）：5-8．

［284］汤一溅．关于构建中国中亚石油天然气国际安全通道的思考［J］．新疆社会科学，2007（1）：17-21．

［285］汤一溅．再论中国通向中亚的石油天然气能源战略通道［J］．干旱区地理，2008（4）：615-623．

［286］唐朱昌，陆剑．上海合作组织区域经济合作模式论析［J］．俄罗斯研究，2006（2）：9-13．

［287］特列季亚克．俄远东与中国东部的交通物流合作［J］．西伯利亚研究，2009（4）：50－51．

［288］田园，李娜．俄罗斯入世对中俄木材贸易的影响与对策［J］．对外经贸实务，2013（4）：89－91．

［289］佟家栋，张焦伟，曹吉云．FTA 外商直接投资效应的实证研究［J］．南开学报（哲学社会科学版），2010（2）：86－92．

［290］涂志玲．NAFTA 十年回顾与展望［J］．求索，2005（4）：12－14．

［291］涂志玲．从 NAFTA 十年成效看南北型区域经济合作［J］．世界经济与政治论坛，2005（4）：7－12．

［292］外力·依米提．中国新疆与哈萨克斯坦共建贸易合作区的战略研究［J］．改革与战略，2013（8）：121－124．

［293］汪颖博，朱小明，袁德胜，曹亮．CAFTA 框架下贸易成本、自由贸易政策与中国进口增长的二元边际［J］．宏观经济研究，2014（10）：41－51．

［294］王保忠，何炼成，李忠民等．金融支持"丝绸之路经济带"建设的重点方向及对策研究［J］．经济纵横，2015（5）：61－65．

［295］王传丽．国际贸易法［M］．北京：法律出版社，1998：503．

［296］王春婕．NAFTA 模式对我国的借鉴价值分析［J］．商场现代化，2005（16）：132－133．

［297］王栋民．中国（新疆）与中亚石油战略合作 SWOT 分析、模式选择与对策［D］．新疆财经大学硕士学位论文，2008．

［298］王海峰．积极推进全方位次区域合作机制建设［J］．国际贸易，2012（12）：45－54．

［299］王海燕．新时期新疆在中国与中亚国家地区经贸合作中的地位［J］．新疆社会科学，2005（3）：78－83．

［300］王海燕．日本在中亚俄罗斯的能源外交［J］．国际石油经济，2010（3）：52－55．

［301］王海燕．上海合作组织金融领域的制度安排与功能合作［J］．国际贸易，2010（2）：42－46．

［302］王海燕．上海合作组织框架下的中亚区域经济合作［J］．新疆师范大学学报（哲学·人文社会科学版），2008（2）：76－83．

［303］王海燕．土库曼斯坦天然气多元化出口战略1991～2015：一项实证主义分析［J］．俄罗斯研究，2015（5）：75－96．

［304］王海燕．在上海合作组织框架内中国新疆与中亚国家的产业合作［J］．俄罗斯中亚东欧市场，2006（8）：21－32．

［305］王海燕．中国与中亚国家参与周边区域经济合作机制比较研究［J］．新疆师范大学学报，2010（2）：59－61．

［306］王海燕．中哈自由贸易区：机遇、挑战与前景［J］．国际经济合作，2009（11）：33－38．

［307］王慧．中国与东盟互联互通渐入佳境［N］．人民日报，2012－09－18．

［308］王礼茂，方叶兵．国家石油安全评估指标体系的构建［J］．自然资源学报，2008（5）：821－831．

［309］王礼茂，李红强．中国与周边国家在油气领域的竞争与合作及其地缘政治影响［J］．资源科学，2009（10）：1633－1639．

［310］王龙林．页岩气革命及其对全球能源地缘政治的影响［J］．中国地质大学学报（社会科学版），2014（2）：35－40．

［311］王群飞，孙跃兰．中国—巴基斯坦自贸区贸易创造与贸易转移效应的实证分析［J］．改革与战略，2011（5）：173－175．

［312］王栓乾，黄俊，王海燕．中亚市场上的中国企业［J］．俄罗斯中亚东欧市场，2003（8）：15－20．

［313］王思璇．中欧贸易摩擦的趋势预测及其对双边关系的影响——基于引力模型的实证研究［J］．中国经济问题，2009（6）：37－46．

［314］王素芹．NAFTA 与 CAFTA 的对比分析［J］．经济经纬，2005（3）：46－48．

［315］王维然，朱延福，吴唯君．俄白哈关税同盟对中哈贸易影响的研究［J］．经济问题探索，2012（7）：92－98．

［316］王维然．哈萨克斯坦对外贸易的贸易引力模型实证研究［J］．俄罗斯研究，2009（2）：91－98．

［317］王文华．丝绸之路经济带背景下新疆与中亚旅游一体化可行性研究［J］．伊犁师范学院学报（社会科学版），2015（1）：67－70．

［318］王习农．向西开放战略与建立中国—中亚自由贸易区［J］．实事求是，2012（2）：36－38．

［319］王晓芳，于江波．丝绸之路经济带人民币区域国际化的渐进式路径研究［J］．经济学家，2015（6）：68－77．

［320］王晓峰，陈建萍．中国投资在中亚面临的制度风险及对策研究——以哈萨克斯坦为例［J］．开发研究，2013（1）：30－34．

［321］王晓峰，王林彬．中国在中亚直接投资所面临的法律及其风险探讨——以哈萨克斯坦共和国为例［J］．江西财经大学学报，2013（1）：113－119．

［322］王雅静．哈萨克斯坦经济发展情况分析［J］．大陆桥视野，2012

（7）：80 - 86.

　　［323］王彦芳，高志刚．中哈自由贸易区经济效应模拟［J］．兰州财经大学学报，2015（6）：1 - 9.

　　［324］王野．开放条件下新疆农产品国际贸易研究［D］．中国农业科学院硕士学位论文，2015.

　　［325］王永静，程广斌．中国（新疆）与中亚五国经济合作研究——一个文献综述［J］．商业研究，2009（1）：193 - 196.

　　［326］王玉主．区域一体化视野中的互联互通经济学［J］．人民论坛·学术前沿，2015（3）：17 - 29.

　　［327］王志远．中国与中亚五国贸易关系的实证分析［J］．俄罗斯中亚东欧市场，2011（6）：18 - 31.

　　［328］威廉·库珀，王宇．从 NAFTA 到 TPP（上）——纪念北美自由贸易协定签订 20 周年［J］．金融发展研究，2014（9）：3 - 7.

　　［329］韦丽红，王汉君．欧盟、北美自由贸易区的发展及其对中国—东盟自由贸易区的启示［J］．东南亚纵横，2004（1）：14 - 17.

　　［330］卫玲，戴江伟．丝绸之路经济带：超越地理空间的内涵识别及其当代解读［J］．兰州大学学报（社会科学版），2014（1）：31 - 39.

　　［331］魏修建，陈恒．物流发展驱动要素对经济增长贡献度的区域差异性研究——基于丝绸之路经济带西北地区面板数据模型的实证分析［J］．上海经济研究，2014（6）：14 - 22.

　　［332］文云朝．中亚地缘政治与新疆开放开发［M］．北京：地质出版社，2002：86 - 96.

　　［333］吴丹．东亚双边进口贸易流量与潜力：基于贸易引力模型的实证研究［J］．国际贸易问题，2008（5）：32 - 42.

　　［334］吴殿廷．区域经济学［M］．北京：科学出版社，2008：268 - 270.

　　［335］吴红艳．国际产业转移趋势及中国应对之策［J］．科技创业，2009（3）：57 - 63.

　　［336］吴玲蓉．区域经济合作模式：比较与借鉴［J］．南方经济，2005（12）：68 - 70.

　　［337］吴森，杨兆萍，周华荣等．中国新疆与俄罗斯西西伯利亚地区经济合作模式选择［J］．干旱区地理，2008（3）：470 - 476.

　　［338］吴巧生，金炬．突破能源约束的国际比较及对中国的启示［J］．宏观经济研究，2008（4）：85 - 95.

　　［339］吴荣庆，裴燕燕，姚彤．国外矿产资源勘查开发基本框架及其对策思

考［J］．中国矿业，2001（6）：4－10.

［340］吴学君．中国和俄罗斯农产品贸易：动态及展望［J］．经济经纬，2010（2）：43－47.

［341］冼国明．中日韩自由贸易区与东北亚经贸合作前景［J］．延边大学学报，2013（5）：22－26.

［342］向云，候亭，李振东．ARIMA 模型在云南省 GDP 预测中的应用［J］．时代金融，2014（3）：87－91.

［343］萧长啸．浅论中哈关系的演变［J］．科技信息，2010（7）：127－128.

［344］谢汉夫．中俄制造业吸收外国直接投资比较［J］．商业时代，2009（26）：35－36.

［345］谢乃明，刘思峰．离散 GM（1，1）模型与灰色预测模型建模机理［J］．系统工程理论与实践，2005（1）：93－99.

［346］谢随．巴基斯坦油气能源发展与我国金融合作探讨［J］．西南金融，2011（12）：30－32.

［347］谢婷婷，赵莺．丝绸之路经济带物流产业、金融发展对经济提升的驱动作用研究［J］．工业技术经济，2017（2）：139－146.

［348］谢晓波．区域经济理论十大流派及其评价［J］．浙江经济，2003（23）：34－36.

［349］邢广程．上海合作组织发展报告（2009 年版）［M］．北京：社会科学文献出版社，2009.

［350］徐斌．国际能源机制的理论与中国经验：一个合同执行的分析框架［J］．世界经济与政治论坛，2009（1）：101－107.

［351］徐德洪，张彩丽．新丝绸之路建设对中国与中亚贸易的影响［J］．价格月刊，2014（12）：32－35.

［352］徐冬青．中国与俄罗斯及中亚国家的能源合作——基于中国能源安全视角［J］．世界经济与政治论坛，2008（6）：75－80.

［353］徐海燕．危与机：2012 年塔吉克斯坦国家发展评述［J］．新疆师范大学学报，2013（7）：47－53.

［354］徐洪峰，李扬．"丝绸之路经济带"能源合作的大国因素分析［J］．国际论坛，2016（6）：30－36.

［355］徐慧．中国与吉尔吉斯斯坦的经贸合作［J］．俄罗斯中亚东欧市场，2007（7）：27－33.

［356］徐梅．当代西方区域经济理论评析［J］．经济评论，2002（3）：74－77.

[357] 徐维，贾金荣．技术性贸易壁垒对我国农产品出口的影响——基于引力模型的实证研究［J］．中国经济问题，2011（2）：45－51．

[358] 徐雪，夏海龙．发达国家农业补贴政策调整及其经验借鉴——基于欧盟、美国、日本的考察［J］．湖南农业大学学报（社会科学版），2015（3）：70－74．

[359] 许建英．"丝绸之路经济带"视野下新疆定位与核心区建设［J］．新疆师范大学学报，2015（1）：61－67．

[360] 许勤华．从中哈石油管道看中国与中亚的能源合作［J］．俄罗斯中亚东欧市场，2005（4）：33－34．

[361] 许勤华．新地缘政治：中亚能源与中国［M］．北京：当代世界出版社，2007．

[362] 许统生，黄静．中国服务贸易的出口潜力估计及国际比较——基于截面数据引力模型的实证分析［J］．南开经济研究，2010（6）：123－136．

[363] 许云霞．新疆对中亚地区直接投资的现状与对策［J］．开放导报，2010（3）：14－18．

[364] 闫海龙，胡青江．关于推进新疆丝绸之路经济带"核心区"建设的思考与建议［J］．经济研究参考，2014（61）：54－60．

[365] 闫海龙，胡青江．新疆对外经贸合作发展的制约因素及对策建议［J］．新疆农垦经济，2014（12）：47－52．

[366] 闫海龙，张永明．促进中国新疆与中亚经贸发展的战略思考——基于丝绸之路经济带的视角［J］．经济研究参考，2014（23）：38－41．

[367] 闫海龙，张永明．新疆构建国家能源资源陆上大通道的路径选择——基于丝绸之路经济带的视角［J］．新疆财经，2014（1）：53．

[368] 闫海龙．新疆丝绸之路经济带核心区建设现状与优发展途径［J］．对外经贸实务，2017（4）：24－27．

[369] 闫文虎．论当代伊斯兰复兴运动对我国安全的影响［J］．国际政治研究，2004（2）：91．

[370] 颜梅林，陈亮．比较借鉴视角下ECFA争端解决机制建构研究［J］．国际经贸探索，2011（6）：65－71．

[371] 燕学军．中乌两国经贸合作前景分析［J］．对外经贸，2012（1）：35－37．

[372] 杨方舟．21世纪以来中国与中亚国家的能源合作研究［D］．外交学院硕士学位论文，2014．

[373] 杨贵生，褚晓霞，杨浩然．吉尔吉斯斯坦矿业投资法律制度概述

[J]．矿产勘查，2012，3（6）：850 - 856．

　　[374] 杨国川．中加贸易互补性及贸易潜力探析 [J]．经济经纬，2010（2）：39 - 42．

　　[375] 杨为程，王芳．"丝绸之路经济带"金融中心建设的模式和制度安排 [J]．开发研究，2014（6）：30 - 33．

　　[376] 杨泽伟．共建"丝绸之路经济带"背景下中国与中亚国家能源合作法律制度：现状、缺陷与重构 [J]．法学杂志，2016（1）：18 - 28．

　　[377] 姚萍，李长青．收入分配对我国经济影响的动态分析——基于后凯恩斯主义的理论框架 [J]．宏观经济研究，2013（3）：48 - 57．

　　[378] 叶兴平．国际争端解决机制的最新发展：北美自由贸易区的法律与实践 [M]．北京：法律出版社，2006．

　　[379] 伊里旦·伊斯哈科夫．塔吉克斯坦社会经济发展情况 [J]．中亚信息，2003（1）：5 - 10．

　　[380] 伊万·沙拉法诺夫，任群罗．丝绸之路经济带背景下哈萨克斯坦产业投资环境研究 [J]．俄罗斯研究，2017（1）：130 - 160．

　　[381] 伊万·沙拉法诺夫，任群罗．中国企业在哈萨克斯坦投资环境评价及风险研究——基于 69 家中资企业调查研究 [J]．俄罗斯研究，2016（12）：169 - 202．

　　[382] 伊万·沙拉法诺夫，任群罗．哈萨克斯坦如何应对"荷兰病" [J]．俄罗斯研究，2015（2）：154 - 177．

　　[383] 殷红．建立东北地区对俄合作协调机制的必要性及可行性分析——基于俄罗斯远东国际合作地区协调机制的经验 [J]．东北亚论坛，2012（1）：106 - 112．

　　[384] 余晓钟，杨洋，魏新．新疆石油企业中亚竞合能力研究——基于"综合双钻石模型"的分析 [J]．新疆师范大学学报（哲学社会科学版），2016（1）：140 - 145．

　　[385] 玉素甫·阿布来提，玛依拉．中国与哈萨克斯坦金融合作探析 [J]．亚太经济，2015（2）：33 - 38．

　　[386] 袁丽君，高志刚．丝绸之路经济带下中国与中亚互联互通的制度探析 [J]．宏观经济管理，2016（4）：76 - 80．

　　[387] 袁丽君，高志刚．依托"跨国丝绸之路"加强区域经济合作 [J]．开发研究，2014（1）：55 - 58．

　　[388] 袁培，刘明辉，葛晓燕．"一带一路"背景下中国与中亚国家能源安全链构建 [J]．新疆财经，2015（4）：63 - 71．

［389］袁培．"丝绸之路经济带"框架下中亚国家能源合作深化发展问题研究［J］．开发研究，2014（1）：51－54．

［390］袁洲，何伦志．丝绸之路经济带核心区贸易关系分析与中国应对——基于扩展贸易引力模型的研究［J］．新疆师范大学学报（哲学社会科学版），2016（5）：41－50．

［391］约瑟夫·斯坦尼斯劳．变革中的能源格局：21世纪的最大挑战［J］．国际石油经济，2008（7）：1－6．

［392］岳立，杨帆．"丝绸之路经济带"中国与中亚五国能源合作的经验借鉴及路径探析——基于地缘经济视角［J］．人文杂志，2016（9）：23－31．

［393］曾寅初，刘君逸，梁筱筱．俄罗斯加入世界贸易组织对中俄农产品贸易的影响［J］．经济纵横，2012（9）：42－45．

［394］曾铮，周茜．贸易便利化测量体系及对我国出口的影响［J］．国际经贸探索，2008（10）：4－9．

［395］张晨阳．中国—中亚能源大通道与新疆口岸基地建设研究［D］．新疆大学硕士学位论文，2015．

［396］张春林．丝绸之路经济带框架下促进新疆对外开放与经济发展的建议［J］．中国经贸导刊，2013（33）：16－19．

［397］张贵洪，戎婷蓉．从博弈到共赢：中印在中亚的竞争与合作［J］．南亚研究季刊，2008（4）：10．

［398］张海冰．欧洲一体化历程对东亚经济一体化的启示［J］．世界经济研究，2003（4）：75－80．

［399］张会清，唐海燕．中国的出口潜力：总量测算、地区分布与前景展望——基于扩展引力模型的实证研究［J］．国际贸易问题，2012（1）：12－25．

［400］张建锁，马永强．构建国家能源资源安全大通道［J］．今日新疆，2006（8）：8－22．

［401］张姣，马惠兰．我国与中亚国家园艺产品贸易互补性分析［J］．广东农业科学，2013（6）：212－215．

［402］张金艳，范雯．金融危机下中国对欧盟农产品出口变化的成因分析［J］．国际经贸探索，2013（5）：17－26．

［403］张磊，高志刚．生态平衡与经济发展的冲突——有关新疆生态经济问题的探讨［J］．生态经济，2008（8）：56－61．

［404］张磊，赵桂香．中国西北能源通道建设的金融支持分析［J］．经济问题探索，2013（6）：58－62．

［405］张磊．"丝绸之路经济带"框架下的能源合作［J］．经济问题，

2015（5）：6-11.

［406］张磊．"通道+基地"：丝路经济带建设新模式［N］．中国石油报，2014-12-30.

［407］张磊．新疆油气能源基地产业体系建设路径研究［J］．石河子大学学报（哲学社会科学版），2013（5）：24-28.

［408］张磊．中国西北陆路能源通道构建的重大国际战略意义［J］．东北亚论坛，2013（3）：108-114.

［409］张磊．中国新疆与周边区域矿业经济合作辨析［J］．国际贸易问题，2008（10）：68-74.

［410］张利军．试析印度能源战略［J］．国际问题研究，2006（5）：62-66.

［411］张猛，丁振辉．上海合作组织自由贸易区：构想及其意义［J］．国际经贸探索，2013，29（2）：22-33.

［412］张娜娜，孙慧，刘媛媛．新疆能源产业集群显性竞争力评价［J］．资源与产业，2011（6）：135-140.

［413］张宁．中亚能源与大国博弈［M］．长春：长春出版社，2009.

［414］张飘洋．中国与中亚能源金融合作研究［D］．新疆大学博士学位论文，2016：121-132.

［415］张庆萍，朱晶．中国与上合组织国家农业贸易与投资合作——基于"一带一路"战略框架下的分析［J］．国家经济合作，2017（2）：63-70.

［416］张薇．"丝绸之路经济带"建设背景下深化中国与中亚经济合作探析［J］．经济纵横，2016（5）：90-93.

［417］张新花．中国的中亚能源策略［D］．新疆大学博士学位论文，2009.

［418］张新华．中国与中亚国家及俄罗斯能源合作探析［J］．新疆社科论坛，2013（6）：27.

［419］张亚斌，刘俊，李城霖．丝绸之路经济带贸易便利化测度及中国贸易潜力［J］．财经科学，2016（5）：112-122.

［420］张亚斌．"一带一路"投资便利化与中国对外直接投资选择——基于跨国面板数据及投资引力模型的实证研究［J］．国际贸易问题，2016（9）：165-176.

［421］张延萍．乌兹别克斯坦油气工业的现状与未来［J］．国际石油经济，2010（5）：52-56.

［422］张燕，高志刚．中澳自贸区贸易潜力的引力模型分析［J］．黑龙江八一农垦大学学报，2015（4）：117-122.

［423］张耀．上海合作组织框架内能源合作与中国能源安全［D］．华东师

范大学博士学位论文，2011.

［424］张晖，毕燕茹. 中哈霍尔果斯国际边境合作中心——区域经济合作新模式［J］. 石河子大学学报（哲学社会科学版），2009（1）：1-4.

［425］张晖. 中亚地区的大国角逐及对中国与中亚区域经济合作的影响［J］. 新疆社会科学，2009（3）：59-63.

［426］张英. 基于引力模型的中俄双边贸易流量与潜力研究［J］. 国际经贸探索，2012（6）：25-35.

［427］张中元，赵江林. 中国周边投资环境监测评估研究［M］. 北京：社会科学文献出版社，2014.

［428］张宗良. 俄罗斯对华贸易壁垒问题探析［J］. 特区经济，2009（5）：86-87.

［429］赵蓓文. 贸易投资一体化背景下 FDI 对美中贸易逆差的影响：理论分析与实证检验［J］. 国际贸易问题，2009（10）：32-41.

［430］赵丙奇. 东盟与其对话伙伴国贸易潜力的引力模型分析［J］. 软科学，2007（2）：12-15.

［431］赵常庆. 亚洲开发银行《中亚区域经济合作综合行动计划》与中国和上海合作组织的关系［J］. 俄罗斯中亚东欧市场，2009（5）：1-5.

［432］赵常庆. 中亚国家经济发展进程中的问题探讨［J］. 俄罗斯学刊，2014，4（20）：67-71.

［433］赵涤非，郭鸿琼，陈宴真. 基于引力模型的福建省贸易流量及贸易潜力的实证分析［J］. 福建论坛（人文社会科学版），2012（3）：139-144.

［434］赵会荣. 中国与中亚国家关系：现状与前景［R］. 国务院发展研究中心欧亚经济发展研究所网，2012-05-30.

［435］赵剑. 世界能源战略与能源外交［M］. 北京：知识产权出版社，2011：186-187.

［436］赵金龙，王斌. 我国"一带一路"FTA 战略的路径选择研究［J］. 世界经济研究，2016（12）：106-118.

［437］赵青松. 俄白哈关税同盟贸易效应及影响［J］. 商业研究，2013（10）：142-147.

［438］赵青松. 吉尔吉斯斯坦加入俄白哈关税同盟的利弊及其影响［J］. 国际经济合作，2014（10）：63-67.

［439］赵庆寺. 国际合作与中国能源博弈［J］. 江西社会科学，2007（6）：122-128.

［440］赵世璐. 国内贸易便利化研究现状及展望［J］. 上海海关学院学报，

2011（3）：83-91.

［441］赵旭，赵文丽．能源安全：合作、贸易、通道须全面多元化［N］．中国化工报，2009-01-20.

［442］赵义．入世背景下中小企业投资俄罗斯市场研究［J］．中国商贸，2012（33）：19-20.

［443］赵永波，郭淼．中欧班列对亚欧国家贸易潜力影响研究［J］．人文杂志，2017（3）：29-36.

［444］赵雨霖，林光华．中国与东盟10国双边农产品贸易流量与贸易潜力的分析——基于贸易引力模型的研究［J］．国际贸易问题，2008（12）：69-77.

［445］枕戈．中土再续能源前盟［J］．中国石油石化，2006（8）：24-25.

［446］郑国富．土库曼斯坦体制转轨与经济发展论析［J］．河西学院学报，2009（3）：62-67.

［447］郑好．中国与中亚国家贸易潜力研究［D］．兰州财经大学硕士论文，2016.

［448］中国人民银行克拉玛依中心支行课题组．丝绸之路经济带框架下深化中国（新疆）与中亚五国金融合作的思考［J］．金融发展评论，2015（1）：101-107.

［449］周明．影响中亚地区一体化的主要因素探析［J］．国际问题研究，2016（3）：33-50.

［450］周文贵．北美自由贸易区：特点、运行机制、借鉴与启示［J］．国际经贸探索，2004（1）：16-21.

［451］朱春红，刘畅．中亚区域物流客体现状及对策分析［J］．物流技术，2010（7）：37-43.

［452］朱华．投资发展周期理论与中国FDI发展阶段定位研究［J］．经济学动态，2012（5）：37-42.

［453］朱华．中国对外直接投资的发展路径及其决定因素研究［M］．北京：中国社会科学出版社，2012.

［454］朱金鹤，崔登峰．促进新疆与中亚五国扩大边境贸易之浅见［J］．天津财经大学学报，2011（5）：92-97.

［455］朱晶，陈晓艳．中印农产品贸易互补性及贸易潜力分析［J］．国际贸易问题，2006（1）：40-46.

［456］朱显平，邹向阳．中国—中亚新丝绸之路经济发展带构想［J］．东北亚论坛，2006（5）：3-6.

［457］朱新鑫，李豫新．中国与中亚五国农产品贸易竞争性和互补性分析［J］．国际经贸探索，2011（3）：17-22.

［458］朱新鑫．中国新疆与中亚国家农业区域合作机制研究［D］．石河子大学硕士学位论文，2011.

［459］祝慧．"内外兼修"保障中国的石油安全——访中国人民大学国际能源战略研究中心主任查道炯［N］．中国经济时报，2005-07-27.

［460］庄丽娟，姜元武，刘娜．广东省与东盟农产品贸易流量与贸易潜力分析——基于引力模型的研究［J］．国际贸易问题，2007（6）：81-86.

［461］卓凯，殷存毅．区域合作的制度基础：跨界治理理论与欧盟经验［J］．财经研究，2007（1）：55-65.

后　记

　　对本书所涉及的中国（新疆）与中亚国家能源与贸易互联互通建设战略的内容，能在前人研究的基础上有所发现、有所前进，我们深感欣慰。应该说推进"丝绸之路经济带"和新疆核心区建设的研究工作有待继续深入、不断深化。中亚国家内部差异性很大，包括经济、社会、资源、法律和政策体系等方面，未来的研究应该更多地着眼于中国（新疆）与中亚的某个国家的能源与贸易互联互通领域，研究深、研究透，提出具体的互联互通方略，以便增强针对性和可操作性，为推进"丝绸之路经济带"和新疆核心区建设提供决策参考。

　　在研究过程中，笔者怀着崇高的敬意汲取了前人研究成果的精华，受到很大的启发，本书对引用的研究成果都尽可能地给予了标注和脚注。如果由于笔者疏忽还有未能标注的成果，深表歉意；对前人成果的引述、评论如有不当，概由笔者负责。

　　参加本书撰写的有新疆财经大学的高志刚（教授）、韩延玲（教授）、肖春梅（教授）、胡颖（副教授）、张磊（教授）、苏来曼（副教授）、马远（副教授）、王宏丽（副研究员）、段秀芳（教授）、程云洁（教授）、陈闻君（教授）、葛飞秀（副教授）、任群罗（教授）、袁丽君（博士）、刘伟（博士）、梁江艳（博士）、江丽（硕士）、王彦芳（硕士）、贾晓佳（硕士）、陈三景（硕士）、郭晓兵（硕士）。高志刚负责全书修改、统稿与审定。具体撰写任务分工如下：前言（高志刚），第一章（高志刚、韩延玲），第二章（高志刚、袁丽君、刘伟），第三章（高志刚、袁丽君、江丽、王彦芳），第四章（韩延玲、马远、陈三景、贾晓佳）、第五章（张磊、苏来曼、高志刚、江丽）、第六章（胡颖、高志刚、刘伟、葛飞秀、郭晓兵），第七章（王宏丽、段秀芳、高志刚），第八章（肖春梅、高志刚、张磊、程云洁、陈闻君），第九章（高志刚、胡颖、苏来曼、任群罗、袁丽君），后记（高志刚）。

　　在本课题研究和出版过程中得到了国家社科规划办、新疆社科规划办和新疆财经大学领导的关心和支持，也得到新疆财经大学科研处、经济学院等有关部门和人员的帮助。对研究和出版过程中给予帮助和支持的所有部门和人员表示衷心的感谢!

本书得到新疆财经大学应用经济学自治区重点高峰学科经费资助。

由于笔者水平有限,有些观点难免失之偏颇,不妥之处,敬请专家、同行和广大读者斧正。

高志刚

2019 年 8 月